守夜人呓语

新星出版社 NEW STAR PRESS

敬文东 著

no.06 新人文丛书

新人文丛书编辑委员会

新人文：在思想与行动之间

王晓纯

"人文"一词，用法不一：古人将之与"天文"对举，今人把它与"科学"并列；它还常用来概称一种无论西方还是东方都存在的崇扬人性与人道的主义或精神。

"人文"与"天文"对举，最早出现于《周易》。《周易·贲卦》象辞中，有"观乎天文，以察时变；观乎人文，以化成天下"之语。根据后人的解释，"文者，象也"，即呈露的形象、现象。于人而言，包括人世间的事态、状况，并可以引申到个人气象与社会风貌。值得注意的是，文中强调"文明以止，人文也"。文明总是与人文密不可分。人而文之，方谓之文明。在中国传统中，"人文"主要指人类社会的礼乐教化、典章制度和道德观念。而文明在其本质上，乃是人类对"人之为人"在思想上的自觉和这种自觉在实践中的表现。

"人文"与"科学"并列，与西方近代分科之学的出现与发展有关。伴随科学与技术的勃兴和迅猛发展，人类社会传统的文化格局发生了重大改变，尤其通过科学与工业革命不断推波助澜，甚至形成了科学与人文之间所谓"两种文化"的分裂。

"人文"作为一种精神或主义，泛指从古到今东西方都出现过的强调人的地位和价值、关注人的精神和道德、重视人的权利和自由、追求人的旨趣和理想的一般主张。

当代中国思想者的研究视域从来没有离开过对中国社会的人文关注。如今，中国社会进入了一个重要的转型时期。新时期呼唤新人文，也不断催生着新人文。

新人文是一种新愿景。现代社会使人在工具理性和技术统治面前常感无力，物质的丰富与精神的幸福之间往往容易失衡。新人文将目光聚焦于人本身，重塑价值理性，高扬人性尊严，唤起内心力量，促进个性自由发展，让梦想不再贫乏，让精神充满希望。

新人文是一种方法论。唯人主义和唯科学主义是现代性的基本组成部分，但两者的分隔也有渐行渐远之势。新人文试图重新发现科学与人文的内在融通，增进科学与人文的互补互用，让科学更加昌明，让人文之光更加夺目。

新人文是一种行动哲学。继往圣、开来学不是思想者的唯一目标，理想与现实之间需要架设坚实的桥梁。新人文力图夯实人文基础，作为社会的良知而发出公正的呼声，着力提高全民族的文化素养和精神境界，让思想冲破桎梏，用行动构筑未来。

鉴于以上种种，我们编辑了这套"新人文"丛书，奉献给关心当下中国现代化进程和新人文建设的广大读者。

2012.10.19

献给我的导师袁公忠岳、张公德林

目 录

自序

近世以来，出版业的发达，已经让阿猫阿狗都能出全集了，这本"学术自选集"（好吓人的名字！），自然也是出版业嚣张的产物，根本不是因为收在本书里的文字有多么出色。

别人我不清楚，自己的情况则如鱼饮水，冷暖自知：每写完一篇文章，总觉得它像初生婴儿一样可爱、可怜；十天半月之后，就觉得它面目可憎，几乎不敢相信这家伙竟然出自我手。自从我接触到文字和写作这个行当以来，可谓从来如此，几乎没有例外。

上面这些话，听起来有"得了便宜又卖乖"的嫌疑。每个人都有敝帚自珍的心理，这也不是多么不可原谅的恶习；只要我们时时谨记自己的儿子并不如我们想象中的那么乖，或许一切都是可以理解的，"得了便宜又卖乖"的辛辣讥讽庶几可以免除。正是这一借口，构成了像我这样一个从不自信的人，也敢出版"学术自选集"的最好托词。

全书分为三个部分。第一部分的八篇文章，似乎可以冒充文学批评。《从野史的角度看》、《从本体论的角度看》、《我们时代的诗歌写作》写于1997年3、4月间，分别发表于《当代作家评论》1997年第6期、《郑州大学学报》2003年第2期、《文艺争鸣》2002年第6期，它们都收入了我的文论集《被委以重任的方言》（中国人民大学出版社，2003年）。写它们的时候，我在华东师范大学中文系读博士一年级。正应了那句人尽皆知的老话："初生牛犊不怕虎。"该说和不该说的，这三篇文章都说了。貌似漫长的十五年眨眼即逝，如今，我却不愿意为它们准备惭愧之意。另两篇文章《回忆八十年代或光头与青春》《追寻诗歌的内部真相》分别写于2000年和2001年，分别发表于《莽原》2001年第6期和《中国诗歌评论》第三辑（2002年，人民文学出版社），前文收入我的评论集《被委以重任的方言》，后文收入我的诗论集《诗歌在解构的日子里》（北京大学出版社，2008年），现在读来也不能让我满意，唯一值得惊讶的，还是自己的胆量。《历史以及历史的花腔化》写于2002年年初，发表于《小说评论》2003年第6期，《一部历史应该少到可以拿在手中》《灵魂在下边》写于2005年，分别发表于《新文学》第七辑（大象出版社，2007年）、《现代中国文化与文学》第八辑（巴蜀书社，2010年）。关于它们，也没什么好说的，"懒婆娘的裹脚布——又臭又长"。我很惊讶自己还有能力炮制这么糟糕的东西——尽管它们居然得到了一些朋友的谬赏。

第二部分的四篇文章，是从专著《失败的偶像》中挑选出来的。那本书完稿于2000年元宵节，时隔3年多，才由花城出版社出版，再过三年，才由远方出版社再版，又三年，出了台湾版。写这部书时，我刚从上海来北京工作，由于人生地不熟，顿起"歪解"鲁迅之歹念。当时估计"鲁学界"会群情激愤，没想到至今连泡都没冒一个——看起来，我连冒犯他人的本领都没有，真没劲儿透顶。

第三部分收了三篇长文，《中国的灵魂医生：孔子篇》《中国的灵魂医生：老子篇》写于2008年3、4月间，是我的专著《牲人盈天下：中国文化的精神分析》（广西师范大学出版社，2011年）的前两章，分别发表于《名作欣赏》2009年的第7期和第8期。作为一个永久性的学徒，一个只拥有"中国现当代文学"研究执照的人，我斗胆谈及老子和孔子，原本就没有想过遵守古典学的规范，依然想冒犯那些"国学家"，但人家就是不上套，奈何？《话语拜物教批判》是我的专著《随"贝格尔号"出游》（河南大学出版社，2009年）的导言，也是又臭又长，希望读者灌水和喷饭。

此书献给我的硕士生导师袁忠岳先生、博士生导师张德林先生，因为他们曾经给过我太多的关爱。当年我无知所以狂妄，狂妄所以无知，如今，我已年过不惑，终于懂得了感恩和人生究竟是怎么回事。把这些不成器的文字交到他们案前，希望他们批阅，希望他们能给我一个及格的成绩。

感谢我尊敬的史仲文先生。因为他，这部本来不该出版的"学术自选集"才能得以出版。我把它的出版，我无聊的僭越，当作最能满足我虚荣心的事情来看待。

是为序。

2012年5月5日，北京魏公村

第一辑　批评作坊

从野史的角度看

0. 开始

本文的目的，是想不自量力地为拿着长筒望远镜侦察文学的当代文学观察家，提供一种源自本土文化的视角。自然，任何一种"视角"都不可能是全方位的。"视角"一词业已表明，从"我"的角度能看到什么，也就同时强调了"我"还不能看到什么①。这是笔者在行文过程中时时谨记的一条戒律。本文丝毫没有"复古"或回到"古已有之"的企图——敬请"简体字国学家"不要在这方面对这篇粗陋的小文抱任何希望——它只想摸一摸新潮批评界的绿林好汉们在冲锋陷阵和行侠仗义时，暂时忘记或者看不上眼、看不顺眼的东西。也就是说，"西"瓜已被高明者捡走，我抱住的仅仅是个也许还长有疾病的"东"（冬）瓜。这就注定本文提出的看法不过是一担倒土不洋的杂货，值不了几文钱。

① 参阅巴赫金：《陀思妥耶夫斯基的诗学问题》，白春仁等译，贵州人民出版社，1994年，第13—40页。

顾准先生在艰难的岁月里给他弟弟写过一封信，简约但深刻地指出了中国文化是一种史官文化，"所谓史官文化者，以政治权威为无上权威。"[①]文学作为文化的组成部分，在这方面当然也不可能成为漏网之鱼。但顾准考察得更多的也许是中国的主体文化，对潜在于民间的下层文化多少有些忽视。事实上，与史官文化（正史文化）相对应、相对立、始终互渗却又始终相对独立的，还有民间的野史文化。也许，正是野史文化在正史文化大一统的天窗上凿开了一个小孔，使中国人的性灵、肉体有了一个苟延残喘的呼吸道。我认为，中国文学（尤其是中国的小说、戏剧）更主要是从野史文化发展出来的。这是一个对我来说过于艰难的课题，且让我们从正史文化与野史文化各自的理论支柱——儒道互补与杨墨互补——处开始。

1．儒道与杨墨／正史与野史

　　儒道互补是长期以来被人们经常谈论、引证或用以说明中国文化特色的命题，在学术界占有相当大的市场份额。它最直白的含义是，两种文化在不同的人生际遇中可以互为补充、发明并发挥各自的威力，以使国人不至于把价值关怀都给弄丢了。"达则兼济"鼓励国人要勇于入世、建功立业、不"悔教夫婿觅封侯"，而是"大丈夫处世兮立功名"（儒家）；"穷则独善"则承认国人有权啸傲山林、放浪隐逸或任性无为（道家）。事实的确如此。比如老顽童李太白就能把"仰天大笑出门去"和"明朝散发弄扁舟"毫不矛盾地搓成一团。然而，有一点却可以指出：儒也好、道也好、儒道互补也罢，在下层百姓（即"愚民"、"群氓"、"刁民"、"草民"……）那里从来都影响低微，它充其量在上流社会、文人士大夫阶层有那么点儿一鳞半爪的迹象[②]。比如古时发蒙的必读书《增广贤文》就大谈什么"知人知面不知心"、"逢人只说三分话"、"人为财死，鸟为食亡"……恐怕就既不合儒家"诚意"、"正心"的标准，也不合道家率性自然的宗旨。不过，我

---

① 《顾准文集》，贵州人民出版社，1994年，第224页。
② 参阅王以仁：《阿Q与韦小宝》，《文史知识》1992年第1期。

等小民恰好是在诸如此类的贤文、格言的言传身教中长大成人的。那是我们的胎教。话说回来，假如儒家"格物、致知、诚意、正心、修身、齐家、治国、平天下"的思想真的已经深入民间，掌握了群众，历朝历代的统治者也就无须反复强调教化，无须花大力气表彰烈女、节士，也无须朱老夫子高喊"革尽人欲，复尽天理"了。比方说，多出卿相、名儒、文人学士的地区，应该算得上儒术礼教的风水宝地了吧？但出了一大帮理学名臣的江西，其风俗有悖于礼教的就不在少数，《文武库》揭发说，通省则"少壮者不务稼穑，出营四方，至弃妻子而礼教俗日坏，奸宄间出"，活活扇了该风水宝地的耳光；各府如南昌"薄义而喜争"，建昌"性悍好争讼"，瑞州"乐斗轻死，尊巫淫祀……"①孟轲先生的仁义大道被弃若敝帚，道家的清静无为也早绝踪迹，更不用说"独善"什么"其身"了。江西如此，其他蛮夷之地似乎更可想见。

儒道互补并不属于民间下层百姓，它只是陈思和所谓的"庙堂"文化，与庶民百姓瓜葛不大。我们的学者在这里也许会错了意、表错了情。反过来说，民间文化也绝不是什么儒道互补，应该另有渊源②；仿照"儒道互补"的提法，不妨先提出个"杨墨互补"与之相对应③。鲁迅曾说"杨朱无书"。因为作书就是"利他"，有违"为我"本意——杨朱显然是个"说到做到，不放空炮"的主。孟子揭发说："杨子取为我，拔一毛而利天下，不为也。"④韩非则控诉道："畏死远难，降北之民也，而世尊之曰贵生。"⑤除此之外，韩法家还不依不饶地指着杨朱的鼻子鄙夷地说："今有人于此，义不入危城，

① 参阅谭其骧：《中国文化的时代差异与地区差异》，《中国文化传统的再估计》，上海人民出版社，1987年，第38页。
② 但这里有一个悖论：本文所找到的民间文化（即杨墨互补或称野史文化）依然是精英文化。这里显然有一个过渡：由于历史记载和文化传播的原因，我们始终缺乏对老百姓行为和生活的细节描写。本文将杨墨互补看作老百姓的文化基于如下事实：首先，它是对人性的内在描述，是现象学的，它当然属于包括精英阶层在内的所有人，但精英阶层还有着其他东西（比如儒道互补）作为支撑；其次，杨墨互补确实在下层百姓那里有着更大的市场，按照儒道互补的一贯口气，当然就是因为缺乏教化了。
③ 这个提法是王以仁先生的创举，参阅王先生的《阿Q与韦小宝》一文。
④《孟子·尽心上》。
⑤《韩非·六反》。

不处军旅，不以天下大利易其胫一毛。"①从"杨朱无书"后其他各家所载的只言片语来看，说杨朱的核心思想是"为我"，即今人所谓极端的个人主义，就不算冤枉杨朱。

"为我"直白地承认人对财、物存有私心是合理的、合人性的，"人为财死，鸟为食亡"，恰是其写照；也暗示了个人的不可替代性。后一点似乎更为重要：既然"个人"不可替代，"贵生"也就显而易见。"贵生"之"生"的确切意思，从孟、韩等人的说法里推测起来，大约既有"生命"的含义，也有"肉（身）体"的意思。因此，"贵生"不仅反证了"为我"之私的合理性，也为放纵感官、抒发肉体开了后门，江西瑞州人的"尊巫淫祀"恰可参证。而放纵了肉体，也就满足了私心的"为我"，也就从另一个更为隐秘的角度和更为私密的部位实现了"贵生"。道家堕落为仙道后，虽也强调肉体享乐，但那是出乎采阴补阳的考虑，算不得纯粹的放纵②。孟子对杨朱的批判，韩非站在法家立场的鹦鹉学舌，看起来都算摸准了脉搏。因此，从另一个稍大一点儿的角度归纳起来，我们不妨说，以家族血缘关系为主要组织形式的中国民间，它主要的思想就是"为我"，放大一点儿则是"为我的家族"。证之于史、证之于我们半夜才敢掏出来的人性和心窝子，怕是没有疑义了吧。

墨家的主要思想与杨朱较为相反。孟子说，"墨子兼爱，是为无父。"所谓兼爱，就是平等的、无秩序的爱。这就突破了家庭血缘的"为我"之私爱。孟子破口大骂墨家，从他的立场上不能说输理。但他也不得不承认："天下之言不归于杨即归于墨。"③可见"为我"、"贵生"的私心与渴求"兼爱"的观念，是多么深入人心。

依王以仁先生的看法，杨、墨的思想看起来相反，实则相成。一方面，自私之心，人皆有之，西谚说"人的事业从恶开始"，这个"恶"怕就是"为我"之私使然。但要想满足私欲，必须使自私的"为我"具有攻击行为

---

① 《韩非·显学》。

② 采阴补阳一向是道教仙术的常用方法，强调的是在男女交合过程中运用意念，在神秘的交感下采女性之"阴"而补男性之"阳"。讲究"九浅一深"、"久而不泄"。有关这一点可参见《医心方·房内》、《抱朴子》（内篇）等章节。

③ 《孟子·滕文公下》。

和攻击能力。康罗·洛伦兹（Kanrad Lorenz）从动物行为学的角度突然说到了人：攻击行为就像其他属人的行为一样，像动物的行为一样，也是一种本能，在自然情况下，它也和其他本能一样，对个性和种类的生存有很大的帮助[1]。攻击行为是"为我"的极端化。另一方面，当"个我"、家庭的利益受到来自别的攻击行为的侵害时，在个人与个人之间、家族与家族之间，有可能互相帮助以抵抗外在的攻击力量，这就是墨子所谓"顺天意者，兼相爱，交相利，必得赏"[2]。所以，自私和攻击行为不仅表征着自私的"为我"，也有可能表征着为我的"兼爱"——墨子说得好，"兼相爱"就是为了"交相利"。这是一种"双赢"的策略。不过，杨朱思想中暗含的放纵感官与墨子的"兼爱"虽不相互排斥，但也不相互制约。杨墨互补正是在这一点上错了位、相互扑了个空，以至于为放纵感官甚至为"肉体的盛宴"开了文化逻辑上的后门。除此之外，看起来形如水火，貌同胡越的两种观念，实际上正是合则肝胆、离则两伤，相反相成、缺一不可的统一体。

至迟从百家争鸣时代算起，儒道互补与杨墨互补的对立共存局面就已经形成，它们分别成为所谓精英（上层）文化与民众（底层）文化的主导思想。统治阶级的目的是要以儒道互补来证明统治的合理性，它要求一部分人（比如文人士大夫）勇于入世却又要限制在一定的范围内；另一方面，在这部分人不为统治阶级所看重时，则打发他们主动出世，遁入山林去当一个清静无为的隐士。至于"清静"是否就一定"无为"，以至于不会妨碍统治阶级的"与民同乐"和"太平盛世"，事实上虽然不敢保证，理论上至少如此。底层百姓的目的，是要让杨墨互补来为他们平安甚至放纵的日子作保证。杨墨互补既能给小老百姓平安放纵的生活做辩护律师，也能为他们平安放纵生活之达成，指出一条合乎内心愿望的隐蔽路径；另一方面，杨墨互补还能使我等草民有力量保护自己平安放纵的生活不受外来攻击的侵害，在一种"兼爱"的乌托邦假想中，实现自私的"为我"。

儒道互补与杨墨互补的双边关系中既有相互容忍的一面，也有相互对立的一面。它们始终在谈判、斗争，更多的时候也在草签和平共处的协议。

---

① 康罗·洛伦兹：《攻击与人性》，王守珍等译，作家出版社，1987年，第2页。
② 《墨子·天志上》。

当儒道互补承认杨墨互补处于一定限度内，以至于能让老百姓都成为顺民时，则对其放任不管，所谓"与民休息"；否则，就斥之为"刁民"、"流寇"，予以强行教化、血腥镇压。当杨墨互补承认儒道互补处于一定限度内，以至于可以让民众过上相对平安放纵的生活时，则同意它对自己进行统治，所谓真龙天子出，河清海晏；反之，则哪里有压迫哪里就有反抗，起义成风、革命上瘾就是自然的事情，所谓"予与汝偕亡"。更重要的是，庙堂与民间也有可能相互走向对方。如果说儒道互补更多是从统治和政权稳定的角度对人进行外在约束，具有浓厚超验的特性，杨墨互补更主要的却是从"人"的本性出发对人进行内在的描述，在更大的程度上，它是心灵的现象学。因此，精英阶层在高谈和大做儒道互补的"文明戏"时，也不妨切切实实暗唱杨墨互补的花脸。比如朱熹就曾与儿媳成奸，也曾为打击政敌不惜严刑逼供和栽赃。这就很难说是"正心"、"诚意"、"天理"以及"尽灭人欲"了。两者的复杂关系还体现在另一面上。比如唐朝清官李涉博士以一曲"他日不用相回避，世上如今半是君"，居然使打劫强人躬身退去[1]。与其说李涉急中生智，不如说强盗与李彼此惺惺相惜，互相爱重。而小百姓要想更好放纵自己以至于能高高在上地"兼爱"，厕身庙堂的打算也就应运而生，此即所谓"公门之内好修行"和"三年清知府，十万雪花银"的对举。因此，如果一定要说中国文化是什么互补，说儒道与杨墨互补也许更加合情合理。一部二十四史，何处不可为此作证！

儒道互补是正史文化（史官文化）的理论支柱，因为它给统治者的政治权威找到了上好理由；杨墨互补是下层民众的"野史文化"的理论依据，因为它给老百姓平安放纵的日子找到了有效的辩护词。正史文化与野史文化是两种有区别的看待世界的思维方式。我们也必须把正史文化与野史文化理解为相互不同的观察世界的角度。野史角度只有与正史角度相联系才能成立，也才能显出它的意义。巴赫金说，一切人类行为（包括思维）都是对话。放在此处的语境里，我们也可以说，所谓野史角度，就是和为统治阶级说话的正史角度相对立、相对应、始终互渗却又始终相对独立的一

---

[1] 参阅《唐诗纪事》卷四十六"李涉"条。

种观察世界的特殊角度，它首先表达的是小老百姓从自身立场出发对世界的种种看法。正史角度从统治阶级的立场出发观察世界获得的结论，从过程上看，乃是统治者对"王者皇也，王者方也，王者匡也，王者黄也，王者往也"[1]的回忆录；从呈现的状态看，则是对儒道互补理念的注释，其保守、空间的狭促显而易见。野史角度提供了另一种观察人生、历史与生活的角度，它也建立起了一套评价体系。它不断和正史角度对话，或完全反驳，或有条件地认可，它不断征引自己的评价体系，不断在实践中为自己的原初理论体系作注脚，甚至超出原初理论体系本身，或尽力接纳新的思想，以便更好地"为我"、"兼爱"和"贵生"。

2. 正史话语与野史话语

文学归根到底是一种在特定的观察世界的角度统摄下进行言说的话语方式；支撑它的核心思想固然重要，更重要的却是它表现出来的话语形式。现代话语理论告诉我们，话语是指语言在特定历史条件和主导思想的限制下，不同社会阶层的群体表现方式。"话语是没有单个作者的，它是一种隐匿在人们意识之下，却又暗中支配各个群体不同的言语、思想、行为方式的潜在逻辑。"[2]话语归根到底是一种语义政治学。由于正史角度和野史角度各自的思想底蕴决定了各自的"视界"，从正史角度和野史角度出发，也就有了各自的话语方式。我们不妨分别名之为正史话语和野史话语。任何话语都至少应该包括三种要素：文体形式以及文体形式显现出来的时间、空间形式。既然话语本质上难逃"语义政治学"之囚牢，文体形式及其时、空方式就既是群体的，又是有"阶级性"的。

正史话语的文体形式主要是诗、文和官史（比如《史记》、《通鉴》）。"文以载道"，这很好理解；官史更是为统治阶级说话的文体，梁任公直接

---

[1]《春秋繁露·深察名号》第三五。
[2] 关于这一点，米歇尔·拜肖（Michael Pecheux）在《语言、语义学与意识形态》中讲得最清楚，参阅赵一凡：《欧美新学赏析》，中央编译出版社，1996年，第92页。

指斥说，所谓二十四史，不过是帝王将相的家谱。"为亲者讳，为尊者讳，为贤者讳"的编撰旨趣很诚实地道破了天机：有悖统治集团利益的言论一概都在被"讳"之列。《左传》说得好极了："《春秋》之称，微而显，志而晦，婉而成章。"①这当然都是"讳"的苦心孤诣。好像是不过瘾似的，《左传》还意犹未尽地说："征恶而劝善，非圣人孰能为之！"②这充分说明了修史的目的。"孔子著《春秋》，乱臣贼子惧"也是这个意思。官史也因而绝好地坐实了正史话语。

诗的情况要特殊一些。人们常说"诗言志"，就在幻觉中以为真的可以"我手写我口"；最晚从陶渊明算起，由于道家入诗，更让许多天真的哥们以为诗真的纯粹在抒发灵性。如同文载道、诗言志只是文体功能的区别，文与诗也是互为补充，同属正史话语；而道家入诗，似乎恰好是儒道互补的具体表现。更重要的不在这里。按理说，既然诗的任务是"言"个人之"志"，诗也就有了走入野史话语大联唱的可能性，但问题的关键不在于诗表达了什么，更在于后人对它作怎样的解释。一般情况下，掌握了统治权的阶级，也能建立起符合自身利益和需要的话语规范。福柯（Michel Foucault）认为，只有掌握了话语权力才算真正掌握了历史权力。所谓温柔敦厚的"诗教"，所谓"发乎情，止乎礼义"，"诗无邪"的宗旨，注定"诗"只是"文"的茶余饭后，载道之外的闲情逸致，刚好外合于道是儒的"偏师"。且听《毛诗正义》口若悬河似的分解："诗有三训：承也，志也，持也。作者承君政之善恶，述己志而作诗，为诗所以持人之行，使不失队（坠），故一名而三训也。"历代儒生非常擅长以官方话语体系来"解诗"，《诗经》自不必说，它早已全票通过并内定为儒家经典，据说还有"六经皆（正）史也"的虎皮大旗。即便是《诗经》以外的"诗"，遭遇又何曾两样。③因此，本来可以成为野史话语的诗歌，解诗者的正史"解"法，使它也坐实为正史话语——正史文化的威风凛凛确实能让我等心上来冰。

---

① 《左传·成公十四年》。
② 《左传·成公十四年》。
③ 这方面的例子可以参证钱锺书：《管锥编》第一册，中华书局，1979年，第60页、79页、100—102页、109—110页、121—122页的相关论述。

野史话语不等于我们习称的野史，而是和儒道互补相异的观察世界的角度的话语表现。野史话语的主要文体形式是稗官、传奇、笔记、小说、戏剧，甚至还有抒发灵性的部分小品。其中最重要的是小说。从野史的角度看，小说称得上稗官、传奇、笔记等文体的集大成者。《汉书·艺文志》称："小说家者流，盖出于稗官。街谈巷语，道听途说者之所造也。孔子曰：'虽小道，必有可观者焉，致远恐泥。是以君子弗为也。'然亦弗灭也。"这既指明了小说的来源，也证实了野史话语和正史话语在文体形式上的分野，还一举点清了正史话语对野史话语的文体形式的鄙薄态度。但是，缘于民间下层的野史话语及其表现体式，仅仅把这种嘲笑当作了耳边风，更没有因此自动消"灭"，反而在其后的发展中愈演愈烈，活活让正史话语气歪了老脸——明清两代钦定的那么多禁书，就是五官失位的显明证据。体现在文体上，就是小说的勃兴与广为流行。米哈伊尔·巴赫金把小说视为一种不完整的、未完成的世界。小说不断产生新的形式，并且与其他主要体裁不同，不能固定为任何种类的形式特征。也就是说，在形式上，小说是未完成的，正如它所描写的世界一样。我们由此也可以这么认为：小说的兴起，正是正史话语世界被瓦解的结果[1]。学者们往往看重西方小说体式的传入对20世纪中国小说重大变革的作用；其实，如果把外来体式的"横的移植"，放在对野史话语传统体式的"纵的继承"这一维度中看，情形也许就会更为明了。

小说作为文体，始终和以野史角度观察世界的思维方式相适应[2]。这既证明了以儒道互补为基础的正史话语和以杨墨互补为根底的野史话语，各有文体上的承担者，也证明了小说与它代表的野史角度何以能永存人世。还是《汉书·艺文志》直截了当："闾里小知者之所及，亦使（小说）辍而不忘。如或一言可采，此亦刍荛狂夫之议也。"即小说道出了"为我"、"贵生"、"兼爱"的民间百姓自身的"视界"。而视界即渴求。

正史话语和野史话语还有各自不同的时间形式。时间是一个阐释性的

---

① 参阅凯特林娜·克拉克、迈克尔·霍奎斯特：《米哈伊尔·巴赫金》，语冰译，中国人民大学出版社，1992年，第331页。

② 对此问题的详细论述，请参阅本文第3节。

概念，是人类的胎教。虚无、庞大、永远流动而不着痕迹的时间是没有意义的，除非有人。但是，对时间的不同阐释决定了、生出了不同的关于时间的话语系统。对正史话语来说，时间永远是一维的，它只是伦理的时间和儒道互补的时间。从《史记》、《尚书》中，从《论语》、《老子》中……我们看到了时间的一维性：时间，它一方面从属于统治者集权话语的需要（儒），另一方面又从集权话语的线性发展中给时间一劳永逸地画定了方向——只能在山间、林下放歌或无为（道）。时间因此在千篇一律的模样中流动。而一维的时间最终走向静止的时间，也就可以理解了——黑格尔在他的大著中说中国是没有历史（时间）的国家，虽说遭到了我华土爱国学者的破口大骂，平心而论，黑格尔还是道出了某些真谛。所谓"天不变，道亦不变"，颇得庄子"心斋"真传的陆九渊所谓"千万世之前有圣人出焉，同此心，同此理也；千万世之后，有圣人出焉，同此心，同此理也"[1]，正悲剧性地成了黑格尔的隔代知音。也就是说，今天正是古人的昨天，古人的昨天正好是我们的今天或明天——黑格尔断语的精髓就在这里。帕斯捷尔纳克曾痛心疾首地指出："一个时间之流的断裂，却貌似一处静止不动、但动人心魄的名胜。我们的命运亦如此，我们的命运是静止的，短促的，受制于神秘而又庄严的历史特殊性。"[2]似乎也可以为此作一个小小的参证。时间竟可以是静止的，这正是"神秘而又庄严"的正史话语赋予时间的含义、预先送给时间的胎记。

野史话语的时间形式大不一样。它的时间是多维的。从野史的角度出发，它承认既有的历史事实，但又改变了对这个事实的看法。比如，董仲舒情急之下恶向胆边生似的引阴阳五行入自己的学说，创立了一套"天人感应"的皇权天定的形而上学体系，以论证皇权的必然性、神圣性，此时的时间是神圣的，是古往今来同一的，而野史则认为"有秦以来，凡为帝者皆贼"，[3]这就一下子把神圣的、古往今来同一的时间给捅了个底朝天。本乎此，野史话语提出了自己的时间观念——虚时间。虚时间一方面意味着

①《象山全集》卷二十二《杂说》。
②《帕斯捷尔纳克致里尔克》，刘文飞译，《世界文学》1992年第1期。
③ 唐甄：《潜书·室语》。

时间可以是多维的，①这就给静止、神圣的正史化时间硬加了新的维度，也为人们能够以"贼"视皇权，以"贼性"的发展流动视皇权的时间流动提供了武器；所以，另一方面，它还深刻揭示出，时间绝非一种面目，其他的面目目前或处于其他维度中，或处于时间潜在的可能性中，只是不为我们知道罢了。后一个方面尤为重要，因为它为小说的叙事带来了极大的内驱力和想象力。

野史化时间的另一大特征在于它的流动性。许多稗官、传奇、小说不仅为我们提供了时间的多重性解释，而且还能上天有路，入地有门。天上、地下的时间在叙事过程中流动；反过来，事件、奇迹在时间的流动中不断更换面目，因而彻底搅浑了静止的时间，并使它流动起来。在野史化的时间中，一天不同于另一天。这就彻底捅破了正史化时间的老底。海德格尔（Martin Heidegger）说："我们必须把时间摆明为对存在的一切领悟及对存在的每一解释的境域。"②时间，从野史的角度来看，终于在占统治地位的正史话语的时间形式的顶壁，打穿了一个小孔。透过这个小空，我们看见了外边的野史化的时间，看见了潜在的、可能的、多维的、流动的虚时间。因此，我们不妨说，时间的正史化最后是时间的死亡，时间的野史化则是时间的大解放。

与时间一样，正史话语和野史话语也有各自不同的空间形式。正史化的空间局限于宫廷、官场、庙堂……一句话，局限于"官"的活动场所。陆九渊在论证、举双手拥护了正史化时间的一统性、静止性后，又忙不迭地向空间的亘古不变性表达衷心："东、南、西、北海有圣人出焉，同此心，同此理也。"③也就是说，正史话语的空间方式，百官的活动场所，无论东西南北，都处在"天理"的绝对凌驾之下；官又是不轻易、甚至是不走向民众的，所谓"不与庶人同乐"，在通常情况下，正史化的空间必定成了高高在上、代表儒道互补的正史话语的符号。如果说，一部二十四史不过是帝

---

① 参阅斯蒂芬·霍金（Stephen Hawking）：《时间简史》，许明贤等译，湖南科技出版社，1995年。此处借用的"虚时间"概念是霍金的发明，但又对它进行了改造。

② 海德格尔：《存在与时间》，陈嘉映等译，三联书店，1988年，第56页。

③ 《象山全集》卷二十二《杂说》。

王将相的家谱，那么，这家谱是只记载、或只主要记载宫廷与官场的。野史化的空间则主要包纳闺房、厨房、田野、溪流、大地、密室……从野史的角度看，杨墨互补的主导思想使野史话语最关心的，是老百姓自己的利益，老百姓自己的生活，这一切大都在庙堂之外的广袤大地展开。"饥者歌其食，劳者歌其事"是一方面；"帝力于我何有哉"、"日出而作，日落而息"，又是一方面。和正史话语对野史化空间的漠视相反，野史话语是关心、包纳庙堂的，当然，这得从野史的角度看。

金庸的《鹿鼎记》就是这方面的杰出范本。主角韦小宝出身于扬州妓院，整日里周旋于婊子和嫖客之间，练就了一身可以成为流氓的看家本领，其后机缘巧合混进了皇宫。他在皇宫里一边业余干点儿儒道互补的"正事"，一边仍不荒辍他的主要工作：耍流氓。通过作者冷静而又戏谑的叙述，我们看清了、也悟到了一条真理：从野史的角度看，宫廷、官场和妓院相比，其脏有过之而无不及。皇太后是假冒的；养汉子的不仅有宫女、公主，还有太后。韦小宝假充的太监身份，当然不会妨碍他在宫中大玩女人。与他有过好几腿的不仅有宫女，还有高贵的郡主、公主。其实，韦小宝也正把她们当婊子看待。如此说来，野史化的空间恰好是对正史化空间的神圣性、自造的尊严脸上抹的大粪。借用后现代主义的概念，野史化空间正是对正史化空间的"解构"、"颠覆"和"瓦解"。

正是野史化的时间、空间形式迥异于正史化的时间、空间形式，才使得小说成为从野史角度来观察世界的所有要素的集大成者。这一点，我们马上就可以看到了。

3. 说教与叙事

正史话语是统治阶级为维护自己的统治人为设定的，野史话语是我等草民在"为我"与"兼爱"思想相反相成的导引下，为自己找到的观察世界的角度，同时也是为自己找到的出气阀门。与这个目的相对应，正史话语的主要特征是说教，说教是对儒道互补的注释引用过程。野史话语的基本特征在于叙事，叙事力图使杨墨思想在多重时间与包纳四海的空间的叙事结构中肉体化。说教必须在儒道互补的狭小圈子中进行，相对来说，叙事因为它自身的开放性，有可能在杨墨思想之外接受更多的东西。

说教与叙事是相互联系又相互对立的一对概念。按照早期维特根斯坦（Ludwig Wittgenstein）的看法，语言的逻辑框架必须对应于相应的世界图像；反过来我们也可以替维特根斯坦说，要想使自己拥有什么样的世界和世界图像，只要有一套相应的逻辑框架就行了。正史话语早已领悟了这个意思。它的一切目的都是为了自身的统治权、加固这个统治权，力图使自身不仅成为统治者的声音，也要成为民众的共同呼声。但统治者眼中的"刁民"也不是那么好对付的，因为他们也有自己的理论武器，完全可以与统治者的正史话语相抗衡——毛主席说"卑贱者最聪明"。但放任刁民胡作非为肯定有悖正史话语之大义，于是颇合中庸之道的说教便应运而生。孔子曰：诗"迩之事父，远之事君"①，就是在谆谆教诲小老百姓，要按照从正史角度解出的"诗"义去孝顺父母、忠于君王；"《关雎》乐而不淫，哀而不伤"②呢，当然就是在力劝我等能够克制肉体和本能，悠着点儿甚至是憋着点儿，好去听从和遵从天理的教导。因此，说教是正史话语的必然要求，并不仅仅是表达意念的写作技术。

野史话语不是听从正史话语的说教，而是"为我"、"贵生"与"兼爱"的对举。按萨特（Jean Paul Sartre）的说法，要想使生活、一维而静止的时间、亘古不变的空间一股脑儿都成为奇遇，只需要叙述就行了。人的幻想、本能、欲望，要想突破正史话语的牢笼从而使自己成为纯粹欲望的人，彻底达到"为我"、"贵生"，叙事就是必不可少的条件。叙事是野史话语的必然要求，绝不仅仅是表达渴求的写作技术。一句话，叙事与说教一样，既是手段又是目的，既是用又是体。

与野史角度和正史角度必须被看作一种观察世界的思维方式一样，说教与叙事也得作如是观。说教作为思维方式的前提是：正史话语认为这个世界就该成为一个被说教的世界；叙事作为一种思维方式的前提是：这个

① 《论语·阳货》。
② 《论语·八佾》。

世界就该成为一个可以让我的利欲自由行动、可以为该行动进行编码（叙事）的世界。因此，叙事与说教最终都是对世界的评价体系。由儒道互补引出的评价体系，始终被死死控制在该体系之内，所以我们可以说，说教道出的是一种无人称的真理——它不以个人而始终以集团为单位，它始终代表集团说话。由杨墨互补引出的评价体系，由于强调"为我"、"贵生"、"兼爱"，则有可能更重个体，顶多扩大为各个不同的家庭或家族；而且兼爱本身强调的正是"个我"对具体的他人的爱。它带有更多的个体性。也许正是在这一点上，西方的个性主义，鲁迅所谓的"排众数而任个人"，才能较为容易地深入人心。

正是在叙事中，野史话语终于突破了正史礼教话语的禁忌，把杨朱"贵生"思想中暗含的"抒发肉体"、"放纵感官"推向了极致。明人卫泳公开宣称："真英雄豪杰，能把臂入林，借一个红粉佳人知己，将白日消磨"，"须知色有桃源，绝胜寻真绝欲"。[1]以"隐于色"代替隐于朝、市、野，分明是讽刺、嘲弄了儒道互补中"道"这一极，也为色欲的合理性大开了方便之门。更令人吃惊的是，卫泳还在另一篇文章中，和正史话语中"儒"这一极的说教大唱反调，说什么尧舜之子，虽说没有妹喜、妲己，但他们的天下比桀纣亡得还早；并号召大家说："缘色以为好，可以乐天，可以忘忧，可以尽年"，胡说什么"诚意如好好色"。[2]这就挥戈直指儒家所谓的"三纲""八目"了。当然，这还只是理论而不是叙事（行动）。我们且听清代禁书《肉蒲团》的自我标榜："近日的人情怕卖圣贤经传，喜看稗官野史；就是稗官野史里边"，也"（独）喜爱淫诞邪妄之书"。（第一回）考虑到《肉蒲团》本身就是一部"淫诞邪妄"之书，此处的"淫诞"、"邪妄"就已经是动作而不仅仅是理论了。淫、邪作为人欲的两个方面，外显于行动，内化为纸上的叙事；正是在叙事的不断深入中，在野史化时间的不断流动中，在野史化空间场景的不断转换中，这两个方面得以一步步生长、丰满、浑圆并最终被肉身化。

西方小说的输入以及同时到来的诸多思想（比如个性解放等），与本

---

[1] 卫泳：《悦容编·招隐》。
[2] 卫泳：《悦容编·达观》。

土的野史话语的叙事上下其手以表达肉欲本能者，从不鲜见。我们说，野史叙事正是正史说教那封闭、狭促的天窗上的一个门洞，从这个门洞走出的都是些感性的人；当然，一开始差不多都是些幽闭多时之后精神不振的人。五四作家郁达夫发表的《沉沦》，仅仅稍涉性事，已是流言四起；丁玲因一曲《莎菲女士的日记》更被目为女流氓。其实，沙菲也好，《沉沦》中悲惨的嫖娼者也罢，仅仅算是从正史话语的门洞刚刚走出的人，还不免有些羞答答。而后则是肉体的盛宴：叙述身体，在叙事结构中表达身体的演义，裹挟着中西合璧的肉欲主义而使"肉体的盛宴"蔚为壮观。最有名的文本当数《废都》。主人公庄之蝶从书的开篇没几页就开始大搞男女关系，几乎直至最末一章，整个叙事结构几乎成为肉欲的表演舞台。肉欲充当了《废都》的叙事内驱力。从《废都》对肉欲的叙述当中隐含的精神气质来看，更多的是对野史话语的传承——据说，贾平凹的本意就是想把《废都》写成当代版的《金瓶梅》。恭喜他成功了。

叙事所展现的肉体盛宴只是野史这一评价体系的一个方面，它道出了"我"可以、也有权放纵自己的感官——其他都是别人的，身体总是"我"自己的嘛。如果说放纵肉体只是野史话语对人体一个隐蔽部位的张扬，当代版本是贾平凹，那么，放纵嘴巴作为野史话语对一个显在部位的抒写，其叙事结构上的当代版本则是王朔。王朔让我们看到的往往只是一张利嘴，也就是说，他的身体仅仅是一张快速张开、合上的大嘴。他和他的主人公嘴巴中吐出的话本身就是叙事结构。王朔的主人公玩世、嘲讽，向高贵打勾拳，向尊严吐酸水，偶尔也来点儿打情骂俏的胡椒……全在他对一张张利嘴的叙事编码过程中。最后，王朔的叙事向我们昭示了一个更为显在的内涵：嘴巴和那话儿一样是"我"的，是"为我"的，是可以放纵的，也是应该自由的。

王朔笔下几乎全是小人物。我们通常把王朔看成韦小宝。殊不知，王朔在戏谑的叙事过程中往往也有温情的一面，也有对小人物的同情、理解和关心。王朔站在小人物的立场发言并因此展开叙事。他自称是一位胡同作家。胡同正是民间、民众的代名词或符号。从野史的角度看，王朔的叙事的的确确是野史话语一个集大成式的当代版本。他的作品中，有明显

"兼爱"的一面（这当然是变形的兼爱了）。这一面在《我是你爸爸》、《修改后发表》等作品的叙事结构中，表现得十分明显。但是，与其说兼爱主要体现在叙事结构本身，不如说更主要是叙事结构眉宇间的精神气质。王朔同情小人物；他作品中的小人物们之间的互相理解，有条件的但又是毫不犹豫的互相体贴、同情、认可，凡此种种，使王朔在抒发肉体的"嘴"时，也有限度地表达了温情脉脉的爱。王朔在用"兼爱"制约"为我"、"贵生"方面是相当成功的！

刘震云的《一地鸡毛》更是典型作品，这是一曲寻常百姓灰色生活的咏叹调，整个故事的叙事起始于一斤发馊的豆腐。主人公小林夫妇痛恨自己的人生、生活与世界，却又为着自己而发疯地爱这一切；他们彼此口角、争骂又彼此把对方当亲人来爱。是的，相爱而且活着。也许这可以由许多理论来解释、来归纳甚至来支撑，但对于活生生的中国和活生生的中国人，也许正在于墨家的暗中教诲。夫妇的爱，早已突破了血缘关系。儒家把女人看作衣服、夫纲的一个符号；道家则把女人看作采阴补"阳"的矿藏。只有墨家为夫妻间平等的爱提供了依据，至少是提供了隐蔽的逻辑上的可能性，虽然这一切对民间百姓、"愚民群氓"只可能是潜意识的——是"百姓日用而不知"的；但如果真是这样，我们也正可以反过来说：是伟大的墨家准确地摸到了人性中温暖博大的一面。也许正是这样，从野史的角度看，王朔更能体现传统文化中的野史精神；夸张地说，他是纯粹从野史这一维度去观察、评价世界众相的。贾平凹貌似得野史之"道"的高"僧"，其《废都》实则仅是肉欲的欢叫，根本没有用兼爱去为"为我"、"贵生"节育。我丝毫看不出有什么叙事逻辑来表明，庄之蝶是出于"爱"才去和那么多的女人"做""爱"。从野史的角度看，当代文学也许更需要"抡圆了侃"的王朔，而不是号称对中国传统文化有所谓精深了解的贾平凹，至少也不能是《废都》。

但是，叙事与说教并不绝然对立。正如儒道互补允许杨墨互补在一定范围内才可能独立一样，叙事也要看说教的脸色。《肉蒲团》的"本意"不是要写成一部淫书，按作者的意思，反倒是想来一手"以淫止淫"、"以毒攻毒"的把戏（第一回），也号称要让我等小民从稗官野史中体会到说教的威风。①但该书到底搞笑似的成了被禁的淫书。于此之中我们或许可以窥测到：野史话语的叙事本身就为正史话语的说教所不屑；叙事结构要想争得自己的生存权利，在加强自身功能这个硬件建设的同时，也不妨来他个"曲线救国"：向正史话语的说教献献媚。《鬼谷子》说："口可以食，不可以言"②，活活为历代统治阶级戕除下层百姓说话之"口"画了像。远的不说，王朔要是在"文化大革命"中如此写作，他说话之"口"恐怕早就该为吃饭之"口"念悼词了。《肉蒲团》那值得怀疑的"本意"，与其观察世界的野史角度及该角度要求的叙事结构相悖，"本意"最终被野史话语的叙事所同化，因而《肉蒲团》也被正史话语的说教权威彻底排斥，这不仅是野史话语的一大幽默，更是对正史话语的一大讽刺。而庄之蝶可以一边参加政协会议，一边在政协会议的余暇大玩女人，并且手法层出不穷，新招和高潮迭起，——这显然就是叙事与说教关系的重要一面了。

它们的关系还有另外一面。从历史文化传承的角度看，传统正史话语的说教还可以反映在后起的野史话语的叙事结构中。"寻根文学"的代表作《棋王》是一个显著的例子。所有论者几乎一致认为棋王下的是道家的棋，作者的文风是道家的文风。这都不错。但作家把道家引进野史的叙事结构之内，并在叙事的起、承、转、合中，侧面描写了"文化大革命"主潮的一鳞半爪。在"革命不是请客吃饭"的说教面前，作者通过叙事结构用道家的口气说："人生就是为了吃饭。"道家思想在此被野史话语以叙事的方式转载，早不是原教旨主义式的庙堂思想，而是下凡落草于民间，化作了叙事结构眉宇间的精神气质，为全文的主要思想"人活着也不仅仅为了吃饭"服务——由此，道家也得到改造。其实这早不是什么新鲜货色，明清叙事性小品早已为此做出了榜样，《棋王》不过是将之发扬光大罢了。传统的正史话语在新的叙事结构中是否存在并不重要，重要的是它以何种方式

---

① 事实上，小说一开始被正史话语的说教承认，也就是因为它"虽是小道"，但对于教化方面仍"有可观"。比如宋人孙副枢《〈青琐高议〉序》："夫虽小道，亦有可观"；曾慥《〈类说〉序》："小道可观，圣人之训也"；据说还可以"资治体，助名教"。不仅如此，小说虽是小道，但可以为"正史补"，比如明人林翰《〈隋唐志传通俗演义〉序》："以是编为正史之补，勿第以稗官野乘目之。"诸如此类，其实都落在了教化上。
② 《鬼谷子·权篇》。

被野史话语的叙事结构同化。曾经作为正史话语的思想核心已成为野史话语本身，从前作为说教成分的思维方式，在叙事的关照下也变作了叙事的因素。传统就是这样被改造的。野史话语开放的空间，如今又承载了昔日威风凛凛、今日丧魂落魄的正史话语。

野史化的时间与空间在叙事结构中表现为时间与空间的大狂欢。"为我"、"贵生"、"兼爱"的相反相成，以及它们丰富的内涵，多种多样的表现形式，为叙事提供了内驱力[①]，在肉欲、私心、希望、痛苦的不断变化中，推动了情节的发展。叙事情节的每一片段中都包孕着一段流动的时间，每一段流动的时间也都包含着一个野史化的空间。上天入地的空间，现在、未来、过去等不同的时间段落以及可能的时间段落，两两相交、融合，组成了一个个纵贯六合、横跨古今的野史时空。在这些欢嚣的时空之中，各种活生生的灵魂在颤抖，在欢笑，当然，在哭泣。

4. 煞尾

对人生、社会来说，私欲和肉体的极度张扬未必就是好事。本文非常肤浅地指出了传统文化中儒道与杨墨的互补，并不完全基于传统本身，更基于我们如何把它们融入现时代的叙事结构中。不仅儒道可以互补，杨墨可以互补，而且儒道对杨墨还可以有限制，特别是墨家不能限定的杨朱思想中暗含的放纵感官、抒发肉体的那一面，使之不至于走向绝对的肉体大曝光、肉体的盛宴。诚如孟子所说："杨墨之道不息，孔子之道不著，是邪说诬民，充塞仁义也。仁义充塞，则率兽食人，人将相食。"[②]言辞虽然有

---

① 叙事在此处的语境里有两个层面的意思：一是本体论的，这是指叙事是构架世界的一种方式，与野史角度相契合；二是方法论上的，这是指叙事能以自己的编码方式生成小说文本本身。就本体论意义而言，我们可以借鉴什克洛夫斯基的看法，叙事使世界"陌生化"，即有别于正史的说教世界；也可以借鉴巴赫金的观点，叙事是谈论世界的不同方式，其中每一种不同的叙事都把自己装扮为透明的。参见华莱士·马丁（W. Martin）：《当代叙事学》，伍晓明译，北京大学出版社，1990年，第51页。

②《孟子·滕文公》。

些夸张，但也未必没有先见之明。儒道可以与杨墨互补，还基于如下一面：儒道本身在新的历史语境中已化作了野史的组成部分。传统是活的，在对传统进行真正打磨的勤劳的儿子那里，可以为儿子生出自己的父亲——这是克尔凯戈尔（Soren Kierkegaard）的话。对传统的改造需要花大力气。我们当然不必听从海德格尔的教诲，认为一种文化要是出了问题，医治的处方只能从该文化自身开出，但仔细审视本土文化无论如何都是应该的和必需的。

最后我愿意引用叶芝（William Yeats）的话："见解是不祥的。"而我并无见解：卑之无甚高论也。

1997年3月，上海。

从本体论的角度看

0．开始

　　小说早已是风行天下的文体形式了，无数前贤时俊也早已从理论上对它的各个方面进行了十分详尽的打磨。由于所谓"批评世纪"的兴起，形式主义、结构主义、符号学、解构主义、接受美学、新历史主义等新兴理论，也为批评家提供了解剖小说的刀、枪、剑、戟，一阵车轮战法后，小说理论最终的归结之一是"怎么写"。毋庸置疑，"怎么写"主要是一种操作方法，用中国传统哲学术语来说就是"用"。这当然很重要，因为它毕竟要比谈玄老实、实用得多。不过，我们似乎有必要从本体论的角度来重新看待小说；小说首先作为一种文体方式，也许有比"怎么写"更重要、更深层的原因。

　　在认识论、语言转向后的今天，我所说的"本体论"，当然也不全是从前意义上的本体论。我始终认为，小说在"怎么写"之前，应该有一个先在的前提，这个前提跟人看待世界的"世界感"有关。世界感是一种先于文体、先于"怎么写"而自为存在的看待世界的某种（类）观念①。假如说这就是"怎么写"的起点，正在这个意义上，它才具有了本体论性质。这绝不是什么新鲜货色；不过在20世纪，本体论较之于康德时代更是个近乎荒唐的提法，因而当代俊彦不屑于再拾起它罢了。华莱士·马丁说："显得很新的东西也许只是某种已被遗忘的东西"②，正是此谓。梯尼亚诺夫则说："在与父亲斗争时，孙儿最后与祖父相像。"③当然，也仅仅是晚期维特根斯坦所说的"家族相似"而已。

1．小说作为文体

　　小说首先是一种文体，这个看起来似乎不言而喻的常识，其实大有可嚼之处。我们不妨先作一个"大胆的假设"：文体的"体"字本身就已经向我们暗示：它必须被理解为一种观察世界的角度、体式，而且这种角度、体式较之于文本是先在的。我们通常喜欢说，有什么样的世界感，就有什么样的世界图像；有一千个人，就有一千种世界——这一切或许只想说明，人在观察同一个世界时，却有着不同的角度，得出的世界图像也由此会大相径庭。正如华莱士·马丁所云："当我们用不同的定义来绘制同一领域的版图时，结果也将是不同的。"④在这里，"不同的定义"恰好是看待世界的不同角度。这个世界首先总是"我"的世界，"我"不是肉体的、生物学意义上的"我"，而是拥有与"他者"的世界感相异的"我"。因此，文体作为一种观察世界的体式、角度，首先只能是与"世界感"相同一的东西。质言之，文体即"世界感"。⑤文体先于文本而自为存在。有什么样的世界

---

① 本文不打算讨论世界感的形成过程，宁取其已经形成的这个结果。世界感是个动态的过程，其形成与个人经历、时代、文化、历史等都大有关系。有关这一点请参阅沃林格（Wilhelm Worringer）：《抽象与移情》，王才勇译，第1章，辽宁人民出版社，1987年。

② 华莱士·马丁：《当代叙事学》，第18页。

③ 梯尼亚诺夫：《拟古与创新》，转引自凯特林娜·克拉克、迈克尔·霍奎斯特：《米哈伊尔·巴赫金》，第236页。

④ 华莱士·马丁：《当代叙事学》，第1页。

⑤ 参阅沃林格《抽象与移情》，第1章。

感，就有了想要表达的特定内容，也就内在地需要有与之相适应的文体形式。一个人之所以在特定时刻选用小说而不是政论，选用诗歌而不是散文，就是因为只有小说、诗歌这种文体，能与自己此时此刻的世界感相契合、相同一。反过来说，从文体（即世界感）出发，我们可以构架出在该种文体透视下的该种文体所需要的世界图像；所谓现象学意义上的纯客观世界，在此文体框架内早已变形、扭曲。我们之所以往往忽略这一点，不过是因为世界感（文体）只存在于"话语的体系和结构之上，它经常被隐藏起来"罢了。①陶东风说："文体就是文学作品的话语体式，是文本的结构方式。"②一般来说，这并不错；但必须指明，"话语体式"是先在的文体的根本要求，它和文体要构架的世界图像相适应；"文本的结构方式"更应该这么来看：从本体论的角度说，"文本的结构方式"与文体要构架的世界图像的结构相一致。

刘勰算是摸到了这一命脉所在："夫设文之体有常，变文之数无方，何以明其然耶？凡诗赋书记，名理相因，此有常之体也"，"名理有常，体必资于故实。"③有"故实"，即必有是"体"；有是"体"，乃是因了"有常"的"名理"。而"体"的由来又是怎样的呢？刘勰认为："夫情动而言形，理发而文见，盖沿隐以至显，因内而符外者也。"④很明显，文体是"情"、"理"由"隐"到"显"，由"内"至"外"的"符号"化过程。假如我们撇开刘勰的特定所指，而将"情"、"理"一般性地看作任何一种思维观念上的待定物X，文体的本体论性质、世界感的先在地位就很昭然了。"体式雅郑，鲜有反其习。"⑤——"体式"一旦定下，要表达的内容的大方向也就定下，不复有太大改观："习"有气质、禀赋、才情、习惯等义，这一切的和合也许正是世界感的原意。陆机说："诗缘情而绮靡，赋体物而浏亮"⑥，说的不正是这个意思吗？巴赫金的看法似乎正好能和刘勰"对话"，在老巴看

---

① 《权力的眼睛：福柯访谈录》，严锋译，上海人民出版社，1997年，第51页。
② 陶东风：《文体演变及其文化意味》，云南人民出版社，1995年，第2页。
③ 《文心雕龙·通变》。
④ 《文心雕龙·体性》。
⑤ 《文心雕龙·体性》。
⑥ 陆机：《文赋》。

来，文体是"一种特殊世界观的X光照片，是专属于某一时代和特定社会中某一社会阶层的观念的结晶"。因此，一种文体便"体现了一种具体历史的关于人之为人的观念"[1]。扬雄也说得很明白："言，心声也；书，心画也。声、画形，君子小人见矣。"[2]虽不专指文体，它的隐义和思维言路却可以为我借鉴：有何"心声"、"心画"，就有何"言"、何"书"；而"言"、"书"正是对一定世界感（"心声"、"心画"）的编码，这个编码又必定会以一定的话语体式（"言"、"书"）来体现。因此，仅将文体理解为一种书写方式（即"怎么写"），而不是将它纳入与世界感相同一的本体论高度上来看待，在"语言转向"后的当今哲学大流变中，未免有失肤浅之讥。诚如明人徐师曾所谓："夫文章之体裁，犹宫室之有制度，器皿之有法式也。"[3]很明显，"制度"、"法式"在建造"宫室"、"器皿"之先就已存在，一如马克思所说，最蹩脚的建筑师在修房子之前脑海中也早已有了房子的草图，哪怕这是一份拙劣之至的草图。英国人C. S. Lewis则说，文体"是一种表达模式化的经验的特定方式"（a particular kind of patterned experience）；这是一种"先在的形式"（the pre-existing form）。[4]其实，"模式化的"（patterned）也好，"先在的"（pre-existing）也罢，不过是强调文体作为世界感，较之于文本有它的先在性。

小说作为野史话语的主要表现体式，在中国出现伊始，就开始使用一种与正史文体（比如经、史、文）或多或少相异、甚至基本不同的打量世界的目光，就拥有不同的评价世界的体系。究其原因，正在于小说最主要是出自民间百姓、用以表达民间百姓悲欢离合的一种庸常体式，和为统治阶级说话的道貌岸然的正史文体有天壤之别。它引证的原初理念是杨墨互补。它不是对儒道互补的注释和引用。"中国古代小说观念有一个相当突出的特点，就是当它刚一出现便与经传形成了对立的局面。"[5]《汉书·艺文志》就此曾有言："小说家流，盖出于稗官，街谈巷语，道听途说之所造也。"

---

① 参阅凯特林娜·克拉克、迈克尔·霍奎斯特《米哈伊尔·巴赫金》，第335页。
② 《法言·问神》。
③ 徐师曾：《〈文体明辨〉序》。
④ C. S. Lewis：*A preface to paradise Lost*, Oxford University, 1963, pp. 2–3.
⑤ 宁宗一：《小说学通论》，安徽教育出版社，1995年，第97页。

剔除轻蔑藐视的成分，恐怕也算道出了实情。巴赫金则更进一步指出：不同的文体"都代表着一定的看法立场"，"都是通过语言体现出来的不同世界观"。①假如此说可以坐实，我们就可以说，不同的阶层有不同的世界观，自然也就有不同的文体。还是巴赫金能一语破的："真正的体裁（文体）诗学只能是体裁社会学。"②但"体裁社会学"的关键，仍在于不同阶层拥有各自观察世界和社会的不同世界感。

明朝的绿天馆主人曾说："史统散而小说兴。"③巴赫金则说："小说的兴起是史诗世界观瓦解的结果。"按照巴赫金的看法，小说可以是一种认识论意义上的不法之徒，是一个文本领域内的罗宾汉和莽张飞，小说能够瓦解任何社会的、官方的或上层的文化观念。④因此，小说作为野史文体在中国历史上一出现，就引起了正史文体的惊恐；正史文体意识到，自己一统天下的文体（世界感）空间不可能再次出现了。但正史文体仍有自己的高超手腕，它们采取对小说又"打"又"拉"的方式，使小说（世界感，或更加具体地说是杨墨互补支撑着的世界感）长期以来依附于正史文体。这可以分为如下几层来说。

先说"打"。正史文体在稍事恐慌之余，就各种型号的兵刃一齐出动，对小说大打出手。常用的方法就是鄙薄它文辞低劣，与大道不合。于此之中，我们似乎也不难看到，不同的世界感之间会有多么大的深"仇"巨"恨"。连一向在暗中对正史文体心存蔑视的庄周也曾助纣为虐："饰小说以干县令，其于大达亦远矣。"⑤这里的"小说"当然还不是指文体；但是，将作为文体的小说看作"小"、"说"的观念和态度，却也大抵始于此。汉人桓谭称小说为"残从小语"，⑥不过是庄周的应声虫；班固征引据说是孔丘的言论来指斥小说为"小道"，⑦明明从正史文体立场出发，为"小说"的"黑

---

① 巴赫金：《陀思妥耶夫斯基的诗学问题》，白春仁等译，三联书店，1988年，第254页。
② 巴赫金：《文艺学中的形式方法》，李辉凡等译，中国文联出版公司，1992年，第198页。
③ 绿天馆主人：《〈古今小说〉序》。
④ 参阅凯特林娜·克拉克、迈克尔·霍奎斯特《米哈伊尔·巴赫金》，第331页。
⑤《庄子·外物》。
⑥《文选》卷三十一江淹杂体诗《李都尉陵从军》注。
⑦《汉书·艺文志》。

五类"身份定了性。明人胡应麟作为一个颇有识见的学者，也称《柳毅传》"鄙诞不根，文士亟当唾去。"①《四库全书总目》更是斥责《拾遗记》"其言荒诞，证以史传皆不合"。即便是载首之器的《岳阳楼记》也被正史文体贬低，用以贬低的尺度则是给它贴上"传奇体耳"的标签②——这是很有些来历的老战术了——当然也就"非儒者之贵也"。③据说，西方也有同样的例子，小说在西方地位低下的迹象至今仍然可以发现④，似乎很可以互为参证、发明。应该说，在正史文体棍棒齐下之后，小说也有了一定程度的妥协：凌濛初作为一个被正史文体排斥的"小说家流"，也曾自轻自贱地指斥小说"得恶名教"，这当然是杨墨互补和儒道互补相互对立生成的事实——并且诅其"种业来生"。⑤虽说有失厚道，但也足见棍棒威力。

"打"不是目的，拿作为文体的小说为正史话语所用才是宗旨，于是又"拉"。"拉"的方式大抵是鼓励作为文体的小说中与正史文体里所包纳的世界感有重合性的那部分，并力图使之发扬光大。班固就曾向正史话语建议：小说"虽小道，必有可观者焉"⑥。为什么？应声虫桓谭回答道："治身理家，有可观之辞。""可观之辞"当然是戴上儒道互补的老花镜，在作为野史文体的小说中找到的。虽然"小说者，乃坊间通俗之说，固非国史之正纲"，⑦但可以"为正史之补"，⑧可以为"正史之余"，⑨可以为"信史"之"羽翼"，⑩可以"辅正史也"，⑪可以"与正史参行"，⑫因此，小说可以"资治体，助名教"，⑬于是，就有有心人鼓励小说努力向正史文体发展："此等文备众体，

---

① 胡应麟：《少室山房笔丛·二西缀遗》中。

② 陈师道：《后山诗话》。

③ 王充：《论衡·谢短篇》。

④ 华莱士·马丁：《当代叙事学》，第41页。

⑤ 凌濛初：《〈初刻拍案惊奇〉序》。

⑥ 《汉书·艺文志》。

⑦ 西阳野史：《〈新刻续编三国志〉引》。

⑧ 林翰：《〈隋唐志传通俗演义〉序》。

⑨ 笑花主人：《〈今古奇观〉》序。

⑩ 修髯子：《〈三国志通俗演义〉》引。

⑪ 袁于令：《〈隋史遗文〉》序。

⑫ 刘知己：《史通》卷十"杂述"。

⑬ 曾慥：《〈类说〉序》。

可见史才、诗笔、议论。"①而小说在正史文体的挤压下要想争得活命的口粮，不这样做，也许还真有麻烦哩。

"打"和"拉"的结果使作为野史文体的小说长期依附于正史话语。正史文体的世界感实际上就是统治阶级的世界观，目的是为了说明自己的统治有绝对的合理性、合法性，因此，其教化、说教就是免不了的。小说在饱经棍棒之后，在一定程度上终于成了孝子。且听凌濛初说自己的创作："说梦说鬼，亦真亦诞，然意存劝诫，不为风雅罪人，后先一指也。"②静恬主人也毫不含糊："小说为何而作也？曰以劝善也，以惩恶也。"③但更重要的是为正史文体的世界观（感）歌功颂德，并拍其合理性的马屁。明人沈德符在自己的大著中，就记载了一个为嘉靖皇帝找到了他必然当皇帝的"野对联"。④不仅龙心大悦，儒道互补高兴，正史文体满意，也为"孝子"画了像。

但小说毕竟首先是一种与正史文体相异的世界感，无论正史文体怎样对它拳脚相加、挑逗引诱，它先天的出发点决定了自身本有的整体性品貌。巴赫金认为，文体是艺术表达的典型整体。⑤从这个意义上说，正史文体不可能彻底同化作为野史文体的小说。小说真正从正史话语中最大限度地独立出来，大约是在明代；这个时候，小说才真正拥有了自己的话语空间，真正独立地用自己的眼光看待世界和人间众相，最大限度地与正史文体相异。由于世界感不同，观察世界的切入点、角度有异，小说从骨殖深处成为对儒道互补（世界感）的一种反衬、反讽。鲁迅曾指出："'讽刺'的生命是真实……它所写的事情是公然的，也是常见的，平时是谁都不以为奇的"，"现在给他特别一提，就动人"。⑥Thompson在论述T. S. 艾略特时也坚定地认为，讽刺是"一种存在着的超验的真实"（a transzendent reality

---

① 赵彦卫：《云麓漫钞》卷八。
② 凌濛初：《〈二刻拍案惊奇〉小引》。
③ 静恬主人：《〈金石缘〉序》。
④ 参阅沈德符：《万历野获编》卷二。
⑤ 参阅巴赫金：《文艺学中的形式方法》，第189页。
⑥ 鲁迅：《且介亭杂文二集·什么是讽刺？》。

that does exist)。①把鲁迅和Thompson合起来也许就更完备了：从正史文体的角度看，一切合乎规范的日常事物都是"不以为奇的"、"公然的"，从小说的角度看，不仅"就动人"，而且还带有许多"超验的"（transzendent）特性。比如正史话语鼓吹的"太上忘情"、"存天理，灭人欲"，就是近乎超验的神而不是现实的人的特征了。借用巴赫金的说法，任何小说都有讽刺性的本质，讽刺来源于两种不同世界感的互相反驳、对话，讽刺不仅仅是一种表达技巧，更是一种精神气质；讽刺是正反同体的，因而小丑就是国王；对话、反驳使任何神圣的事物都有可能归于尘土，所以臀部也就是头部。②借用北岛的诗说则是："我被倒挂在／一棵墩布似的老树上／眺望。"——在作为文体的小说那里，一切正史话语意欲维护的东西都可以被倒过来观察。请听正史文体对此的抱怨声：该死的《拾遗记》"或上诬古圣，或下奖贼臣，尤为乖迕"③。

正史文体常常褒"义"贬"利"，所谓"君子喻于义，小人喻于利"；所谓"仁义而已矣"，"王何必曰利？"义利之辨，有必要把性善性恶之辨拉在一起来考虑。虽然荀子也曾提出过"性恶"，但几千年来，"性善"论的确占有压倒优势。正史文体常以水来比性，水（性）是不动的，因而是善的，为恶者只是水之动；不过，当然是逆动了。站在反对党立场的李贽却阴阳怪气地说："夫私（恶）者，人之心（性）也。"④这就是说，人从本性上就是恶的、自私的，也正是这样，人在本性上才是真正不讲"义"单曰"利"的动物。从民间百姓观察世界的角度那里长出的小说文体，看到了太多这方面的事实，也就在潜意识深处认可了李贽的说法。对小说而言，"利"的本质在"财"。比如《金瓶梅》，在生殖器高高勃起的背后，矗立的是恶以及由此而来的"贪"（财、利），它的结论是"这世上无一不是乌龟王八蛋"——"恶"使之然也。虽说《金瓶梅》一书"乃采摭日逐行事，汇以成编，而托西门庆也"⑤，它的真正用意是想写出"上自蔡太师，下至侯林

---

① 参阅Thompson：*T. S. Eliot*，Southern Illinois University，1963，p. 15.
② 参阅《巴赫金文论选》，白春仁等编译，中国社会科学出版社，1996年，第163—185页。
③《四库全书总目》。
④《藏书·德业儒臣后论》。
⑤ 谢肇制：《〈金瓶梅〉跋》。

儿辈，何止百余人，并无一个好人，非迎奸卖俏之人，即附势趋炎之辈"①。张竹坡说，西门庆是混账恶人，吴月娘是奸险好人，玉楼是乖人，金莲不是人，敬济是小人，而王六儿与林太太等，直与李桂姐辈一流，总不得叫作人，蔡太师、蔡状元、宋御史皆枉为人也。②恶导致贪（利），似乎仅是一窗之隔。西门庆说得好，即便是佛祖西天，也只不过要黄金铺地，阴司十殿，也要些楮镪营求，人只要有钱，就是强奸了嫦娥，和奸了织女，拐走了许飞琼，盗了西王母的女儿，也不减老了的泼天富贵——财能带来一切，在恶的统摄下，你敢说不是如此这般吗？总之，正史文体站在自身世界感一边一相情愿地鼓吹人性善、唯义是举，没想到作为文体的小说三下五除二就将这层骗人的鬼把戏给拆除了：蔡太师、蔡状元、宋御史等辈，在正史话语看来是绝对应该成为圣人或准圣人的，在公开场合，他们也正是这么看待自己的。杨义先生在评价唐传奇《鱼服记》时说，它以鱼服取代官服而倒过来看世界的谋略，③实在是小说颠覆正史文体的一绝。这差不多正是鲁迅所说的"讽刺"，因为这种种特质都掩盖在儒道互补的正史话语之下，成了最常见的征候。

小说对正史文体最大的"解构"、"颠覆"还在于对情的张扬。正史文体认为，当"水"（性）不动常寂时，性就善，就能催生出君子圣人，因而也就最讲义；反之，当水动时，性就乱，就有恶，就会释放出一溜儿小人，当然也就唯利（财、贪）是举。而情正是恶的变种，正如同利一样："人之所以为圣人者，性也；人之所以惑于性者，情也。喜怒哀惧爱恶欲七者，皆情之所为也。情既昏，性斯匿矣。"④"圣人之常，以其情顺万物而无情"——"情顺"不是目的，"无情"才是宗旨。⑤正史话语所谓的"万恶淫为首"，并不是要见了生殖器才有的惊呼，是只要见了"白胳膊"就大惊小

① 张竹坡：《金瓶梅读法》第四十七。
② 参阅张竹坡：《金瓶梅读法》第三十二。
③ 参阅杨义：《中国古代小说史论》，中国社会科学出版社，1996年，第22页。
④ 李翱：《复性书》上。
⑤《二程集·答横渠张子厚先生书》。

怪的常举。①而"小说者"能将这种貌似神圣的说教"顷刻提破"。②"天理"、"道"（无论是儒家的"道"还是道家的"道"）向来是正史话语中万事万物的本体和亲娘，小说则有自己的"宇宙创生论"："天地若无情，不生一切物；一切物无情，不能相环生。"③"上天下地，资始资生，罔非一情字结成世界"，"情也，即理也。"④——情是创生世界的本体，"理"只是情的派生物，顶多是与情同一的玩意儿。小说这样做，有一个先在的目的："借男女之情真，发名教伪药。"⑤——不过是没有来得及使用后现代主义的"解构"一词罢了。而一向被正史话语崇拜得五体投地的儒家经典，在作为野史文体的小说眼中，也只能是"《六经》皆以情教也"，比如"《易》尊夫妇，《诗》首《关雎》，《书》序嫔虞之文，《礼》谨聘奔之别，《春秋》于姬姜之际详然言之"。⑥在正史话语看来，当然是一派胡言的野狐禅，却正是小说天然要颠倒正统世界感的命定结果。李渔也随声附和："《五经》、《四书》、《左》、《国》、《史》、《汉》"，"何一不说人情？"⑦这正是釜底抽薪的讽刺新战术：你正史话语口口声声称道的本体"天理"，在小说看来不过是情的派生物，而且你自己的经典中也有的是这号玩意儿！所以，纪晓岚代表正史话语指斥小说"大凡风流佳话，多是地狱根苗"的色厉内荏，⑧实在是用处不大；倒是"小说家流"西湖渔隐阴阳怪气地为正史文体化去了一点儿小尴尬："喜谈天者放志于乾坤之表，作小说者游心于风月之乡。"⑨——顶好你去你的"乾坤之表"，我去我的"风月之乡"，咱哥俩井水不犯河水。

小说对正史话语和正史文体的瓦解、颠覆、解构，更本质的是讽刺，是从性善开始，一直追剿到"义"、"道"、"天理"，代之以"性恶"、"利"和"情"。追究起来，不过是正史文体的出发点是"代圣人立言"，小说则是"代

① 鲁迅：《三闲集·小杂感》。
② 耐得翁：《都城纪胜·瓦舍众伎》。
③ 冯梦龙：《〈情史〉叙》。
④ 种柳主人：《〈玉蟾记〉序》。
⑤ 冯梦龙：《叙〈山歌〉》。
⑥ 冯梦龙：《〈情史〉叙》。
⑦ 《闲情偶寄·词曲部》。
⑧ 《阅微草堂笔记·滦阳消夏录》。
⑨ 西湖渔隐：《〈欢喜冤家〉叙》。

此一人立言"，①归根到底是由不同的世界感和支撑它们的不同原初理念决定的。诚如巴赫金所言：在小说与正史文体之间，甚至每一个词"都是一个小小的竞技场，不同倾向的社会声音在这里展开冲突和交流"②。——当然有些夸大，意思却是显豁的。而小说作为和杨墨互补天然结为亲家的文本体式，对拥有与自己不同世界感的正史文体进行讽刺，最直接的方法则是嘲笑，是像《好兵帅克》那样，把正史文体统摄下的世界看成一堆笑话。在这里，笑话和情一样，同样具有了本体论性质，这种本体论又内在地被作为野史文体的小说转化，从而成为小说自身的先于文本而自为存在的"世界感"；这样，讽刺也就作为一种对付正史文体的先在姿态，出现在作为文体的小说中。"古今来莫非话也，话莫非笑也"，"不笑不话不成世界"。③——这似乎算是对世界的笑话本体论所作的明确表述了。在这种世界感的统摄下，在小说眼中，"经书子史，鬼话也"；而世上众生，亦不过"或笑人，或笑于人，笑人者亦复笑于人，笑于人者亦复笑人"。——恰如《好兵帅克》所云，世界是一大堆笑话，也正如福楼拜（Gustave Flaubert）所说，在一个荒唐的世界上，唯一有价值的行为就是哈哈长笑了，但这正是作为文体的小说，对正史文体所昭示的道貌岸然的神圣性的彻底讽刺。"笑话"作为"解构"之物，不仅针对正史话语，也针对与小说自身相同一的世界感（即杨墨互补）："一笑而富贵假"，"而功名假"，"而道德亦假"，"而子孙眷属皆假"，"而大地河山皆假"。④"大地一笑场也。"——当此之际，难道除了讽刺、嘲笑，还有什么值得肯定的东西呢？然而，这正是小说拥有了更高意义上的世界感，在用更新、更高的世界感打量和审视小说与正史文体从前的纠葛、互相的斗争与谩骂。

正如常识告诉我们的那样，正史文体（经、史、文）的体式从先秦直到晚清并无质的变化，一向被正史话语表彰和鼓励的诗歌作为文体，按照徐敬亚的"刻薄"看法，两千年里不过是前进了三个字——由四言而为七言。⑤总之，都保持了文体上的相对稳定性。究其原因，也许正在于它们的

---

① 李渔：《闲情偶寄》卷三。
② 参阅凯特林娜·克拉克、迈克尔·霍奎斯特《米哈伊尔·巴赫金》，第269页。
③ 墨憨斋主人：《〈广笑府〉序》。
④ 冯梦龙：《〈古今笑〉自序》。
⑤ 徐敬亚《中国诗歌论纲》，民刊《非非》（成都），（前揭），1992年卷。

世界感（即儒道互补）在几千年中变化不大使然。这其实也是可以想见的。而小说作为文体，一旦走向相对独立，则体式变化愈来愈繁多，这大概是小说看待世界的多重、多样世界感使然。"五四"文学革命后，诗歌、散文等文体，与古文、古诗等体式相较差别何止天壤，小说体式上的变化相较于诗歌、散文却要小得多。这种种迹象或许可以说明，小说作为文体，文体作为与世界感同一的、先于小说文本而存在的看待世界的方式，差不多正是文体的"体"字所蕴藏的内涵了——而上述论述也大概可以当作我们"大胆假设"后的"小心求证"。

2．小说作为叙事

叙事通常只被看作小说写作的技巧，但我们如果把作为叙事的小说，和作为与世界感同一的文体的小说连起来看，情况也许就会有所变化。一般说来，小说的"体"一旦定下，小说由此展开的叙事从逻辑上看，似乎就必须理解为在"体"的笼罩下对世界、人生进行观照、思考和评价的思维方式。布托尔说得好："不同的叙述形式是与不同的现实相适应的。叙述这一现象大大超过文学的范畴，是我们认识现实的基本依据之一。"[①]这正是维特根斯坦要表达的：一种新的语言游戏处处体现着一种新的"生活形式"[②]——假如我们把叙事也看作认识现实的"语言游戏"的话。这一点似乎是完全可能的。按照西方语言哲学，这个世界正是一个语言的世界，没有语言就没有人，人的活动必须在语言风格中才能展开，才能被认识、被理解，恰可谓"言与天地为终始也"。[③]所以《圣经》才说："太初有言"（The Word）。我们或许可以这样断言：叙事方式的不同，正好表达了世界感的差异；正如我们说过的，在作为文体的小说里，世界感有可能是多重的、

---

① 转引自陶东风：《文体演变及其文化意味》，前提，第126页。
② 参阅诺尔曼·马尔康姆（Norman Malcolm）：《回忆维特根斯坦》，李步楼等译，商务印书馆，1984年，第115页。
③《汉书·艺文志》。

多样的，比如有以情为体的，有以笑话为本的。正是在这一点上，叙事具有了与世界感同一、重合的特质，也具有了本体论性质。

但叙事作为一种构架世界、"理解生活的必不可少的解释方式"[1]，更在于它从特定的、本有的世界感出发为世界和生活编码，按米兰·昆德拉（Milan Kundera）的说法是为人的行动编码。因此，叙事是与它所评价的世界、生活结构相适应的动态过程。这毋宁是说，世界、生活的变化流动，全处在叙事框架的变化流动中。这正是巴赫金想说的话：甚至在生活中，我们用叙事的眼光也能发现世界、人生的故事。[2]在此，叙事是一种在特定世界感观照下的行动，因而叙事也可以合理地被看作小说写作的技巧。但是，正如我们已经指出的，小说的叙事首先是作为一种本体论性质的技巧而出现，简言之，它是体与用的结合。作为世界感的小说文体和有本体论特质的小说叙事相对应；拥有"过程性"的"用"的性质的叙事，则是作为文体的小说和作为本体论性质的叙事的必然要求和逻辑展开：在这里，"体"只有具体化为"用"，"体"才能成立。

E.佛斯特（E. Forster）曾正确地说："小说是说故事"，"故事虽然是最低下和最简陋的文学机体，却是小说这种非常复杂机体的最高要素"。[3]没有叙事就没有故事。说到底，人生也不过是叙事的自行展开。一个人有什么样的世界感，必定会有什么样的生活，也就必然能构架自己在生活中的故事；小说不过是从特定的世界感出发，选择相应的故事并进行语言编码而已。因此，假如说现实主义不是作为一种技巧，而是作为一种精神气质，那么，任何关于人生故事的叙事都是现实主义的。从小说在中国传统文化语境中的出生、生存和发展历程来看，小说是对正史文体的一种反驳、疏离和瓦解，而且小说越是往后发展情形就越是如此。想要疏离、瓦解正史文体，幻想性叙事似乎就是不可缺少的方式之一。不过，需要指出的倒是，幻想性叙事不仅仅是指对超自然事物和对幻想所构架出的故事的陈述，更是泛指对某种渴求状态所构架出的想象故事的叙述；这种叙述也许没有现

---

① 华莱士·马丁：《当代叙事学》，第1页。
② 参阅巴赫金《文艺学中的形式方法》，第204页。
③ 佛斯特：《小说面面观》，苏炳文译，花城出版社，1982年，第21—22页。

实秩序中的合理性，但有心灵上的合法性。它同样是真实的。视界即渴求。

"子不语怪力乱神"，"六合之外，存而不论"。出于对自身安全的考虑，正史话语早已将对幻想性故事的叙述排斥在自己的世界感之外，正史文体一向将此贬为虚妄，有违"正心、诚意"大旨；更有甚者，把幻想性的神话史官化（比如《史记》中对三皇五帝的描述）。总之，正史文体对待幻想性叙事要么持彻底打击的态度，要么就是为我所用，唯皇权合法性的马首是瞻。但是，从民间百姓那里生根、发芽、开花、结果的小说，并不理会这一套，它有权、有足够的心理动机，为自己对某种生活的渴求状态进行编码。亚里士多德曾为此辩护过："一桩不可能发生而可能成为可信的事，比一桩可能发生而不可能成为可信的事更可取。"①第一个"不可能"与"可能"，恰好道出了心灵上的渴求状态；第二个"可能"与"不可能"，正是诸如"神话史官化"那一类的混账玩意儿。《庄子·齐物论》云："予尝为女妄言之，女以妄听之"——虽说道出了叙事的幻想性质，但"妄"字也刚好表达了对幻想性叙事的鄙薄态度。刘知己痛斥扬雄"爱奇多杂"，"观其《蜀王本纪》，称杜魂化而为鹃，荆史变而为鳖，其言如是，何其鄙哉！"②应该说，扬雄受到这种礼遇算是合该，因为在这帮正史文体的代表看来，连一向为正史话语呐喊的司马迁也是个怪物："今迁之所取，皆吾夫子所弃。"③不过，以正统自居的纪晓岚对此也只好无可奈何地承认"文人自有好奇癖，心知其妄姑自期"；④胡应麟为此也长叹不已："怪力乱神，俗流喜道。"⑤为什么？李渔作出了回答：这是因为"未有真境之所欲为，能出幻境纵横之上者"⑥。你看，"我欲为官，则顷刻之间便臻富贵"，自不需皇帝老儿的垂青；"我欲娶绝代佳人，即便王嫱、西施之原配"，根本不管时间的代谢，也不管一朵鲜花是否插在了牛粪上。而正史话语往往强调"天理"，灭绝"人欲"，幻想作为七情中的一种，自然也在灭绝之列。但作为叙事的小

① 亚里士多德：《诗学》第24章。
② 刘知己：《史通·杂说》下。
③ 黄震：《黄氏日钞》卷四七《史惑》。
④《阅微草堂笔记·观弈棋道人自题》。
⑤ 胡应麟：《少室山房笔丛·九流绪论》下。
⑥《闲情偶寄·词典部》下。

说却不管这一陈规陋习："文不幻不文，幻不极不幻。是知天下极幻之事，乃极真之事，极幻之理，乃极真之理。"①——这是小说作为幻想性叙事，打击正史文体假正经的最好说法。金圣叹在《水浒传》三十六回回评中说："此篇节节生奇，层层追险。节节生奇，奇不尽不止；层层追险，险不绝必追。"这差不多算是对幔亭过客上述说法一个操作方法上的注释。

正如与世界感同一的作为文体的小说，和正史文体基本上相互对立一样，小说叙事的基本特质之一是幻想性叙事，与此相对立，正史文体的叙事则是一种说教性叙事。由正史文体（世界感）出发看待世界，则世界必然应该是王法的世界；除了王法之外，不唯没有奇迹，也不需要奇迹。"人不奇不传，事不奇不传。"②这倒不假。但是，叙事作为小说构架世界、人生故事的方法，却专门要在凡人琐事中寻找奇迹。文言小说《世说新语》、历代笑话正是沿着这条线索展开，为正史文体的世界感抹了黑。与作为野史文体的小说是正史文体世界感的一种反衬、一个讽刺一样，幻想性叙事也是对说教性叙事的一种瓦解、颠倒，它是对人性具有的某种渴望状态这个隐私权的有意破坏。

幻想性叙事遵循自己的行动逻辑，这个逻辑由小说文体同一的世界感所推动。而它要表达的各种观念，又都是通过叙事并在叙事框架中逻辑地生成。在中国古代小说中，最大的幻想性叙事不是《西游记》一类的神魔小说，而是才子佳人式的大团圆作品。大团圆是小说文体中对美好、幸福、自由生活，甚至对情欲的渴求所抱的一种完美希望才出现的。正是在有头有尾的叙事中，在对现实生活不断疏离而向希望不断挺进的叙事框架中，大团圆作为理想的结果、极致，在叙事和故事的终端陡然出现。从常识的角度看，大团圆是不切实际的。大团圆之所以出现在叙事的"大收煞"而不是开端，是由小说自身的叙事逻辑决定的：一方面，对于情感与心理需要，只有经过大磨难，大团圆才有意义；另一方面，也只有在"大收煞"端出大团圆，叙事才更能成为幻想性叙事。大团圆并不是不具备悲剧性质，诚如陈子龙说《诗》那样："我观于《诗》，虽颂皆刺也——时衰而思古之盛王。"③对大团圆也应

---

① 幔亭过客：《〈西游记〉题词》。
② 寄生氏：《〈争春园全传〉叙》。
③ 陈子龙：《陈忠裕全集·论诗》。

该从反面去看：正是因为人间缺少大团圆，所以才需要小说中的大团圆；而要小说中有大团圆，只需要叙事逻辑地展开它自身就行了。萨特也说过：要想使凡庸的生活成为奇遇，开始叙事就成了。从今天的眼光看，大团圆的可憎之处仅在于它千篇一律、渐成套路。叙事在作为与"体"相区分的"用"时，自然会有多种变化，这是叙事逻辑天然就具有的功能，因而完全可以避开已成的俗套——避不开只是小说家个人才能低下使然。不过，这倒刚好是大团圆的难叙之处，同时也是幻想性叙事的难处。李渔就"大收煞"说："此折最难"，难就难在要"在无包括之痕，而有团圆之趣"。[1]而团圆趣就趣在"传奇原为消愁没，费尽杖头歌一阙"[2]。这算得上对大团圆的上好解释。人需要各种各样的幻想性叙事，正史文体不能提供，说教性叙事更是与此风马牛不相及，作为叙事的小说绝好地担当起了这一来自人性深处的使命。维特根斯坦在给一位朋友的信中说，如果美国不给俺侦探杂志，那俺也决不给它哲学，归根到底还是美国损失更大。难道不正是这个意思吗？[3]

3. 煞尾

总结起来，小说作为文体和小说作为叙事，是小说的两个重要方面，文体和叙事首先是与该种文体、该种叙事的世界感相同的东西，这是小说的本体论；即使叙事有"用"的一面，也必须与世界感（即本体论）联系起来看待才更完备。也许，正是在此基础上，才有小说"怎么写"的提出，对"怎么写"的研究也由此才有了落脚点和较为弘阔的视野。否则，小说研究似乎只能在技术的小圈子里转到更小的圈子——这差不多正是目下小说研究的主要弊端之一。

1997年4月，上海。

---

[1]《闲情偶寄·格局第六·大收煞》。
[2] 李渔：《风筝误》下场诗。
[3] 参阅诺尔曼·马尔康姆：《回忆维特根斯坦》，第29页。

历史以及历史的花腔化

1."花腔"释义

"花腔"无疑是李洱的长篇小说《花腔》最重要的词汇，也就是说，它是极具包孕性的词汇，是被作者有意挑选出来充当对整部小说具有统摄作用的象征性词汇——依靠"花腔"一词的自为运作，李洱甚至开出了对于整部长篇小说有着特殊意味的几乎全部艺术空间。

每一个语词都是自成体系的，诚如米哈伊尔·巴赫金所说，每一个词汇都是一个小小的、竞技性的语义场或语义世界。[①]恩斯特·卡西尔（Ernst Cassirer）针对M.米勒（F. Max Muller）的"有神论"语言观，以幸灾乐祸复兼斩钉截铁的口吻说："语词的巫术功能消失了，代之而起的是语词的语义功能。"[②]不过，事情并没有卡西尔想象的那么简单、那么美好，当语

---

① 巴赫金:《马克思主义与语言哲学》，参阅凯特琳娜·克拉克、迈克尔·霍奎斯特:《米哈伊尔·巴赫金》，第269页。
② 卡西尔:《人论》，甘阳译，上海译文出版社，1985年，第142页。

词真正的、原始意义上的"巫术功能"消失后，代之而起的，却是堪称另一种意义上的"巫术功能"：词汇的语义空间看起来很小，其实又很大；看起来很大，其实又很小。而词汇语义空间大小的变化，几乎完全取决于这个词汇面对的具体事境的大小；词汇语义空间在大小上的变化，有一种类似于六祖惠能"逢怀则止，逢会则藏"的特征。①套用北海若的句式我们也许可以说：因其所大而大之，则"词汇"莫不大；因其所小而小之，则"词汇"莫不小。②词汇能随着它所面对的事境空间在容积上的变化，改变自身语义空间的大小：在被它包纳和框架的事境需要它大的时候，它能陡然增大，在需要它小的时候，它不由分说地小了起来。它具有金箍棒在孙悟空手里按照需求能大能小、可大可小的能力。

每一个语词都倾向于是一根弹力近乎无限的弹簧、一具柔韧性近乎无限的腰肢。在极端处，它甚至倾向于将惠施所谓"至大无外"的"大一"空间、"至小无内"的"小一"空间，转化为这个词汇所具有的本己性空间。③这当然不是卡西尔指斥的所谓"诗语声音能够推动月亮"（carminibus vel coelo possunt deducere lunam）的"巫术"灵光，④而是词汇在漫长的演进过程中，合乎人类心理渴求需要和认知需要的一般化结果。⑤但是，在正常情况下（而不是在其极端处），每一个语词都有内外两个部分（"至大无外"、"至小无内"只是语义空间在大小上的两个端点），如同一个人既有外部的整体形象，又有内部的五脏六腑。李洱从众多以至于无穷的词汇中单单挑出"花腔"，分别从词汇的内部含义和外部含义来看，其实大有深意。

在李洱创造出的整一性语境中，"花腔"一词的外部含义是：说谎，扯淡，有意掩盖真相，但"花腔"也有它力不及"七寸"的时候——它并不是随时随地、每时每刻都能成功。它也有自身掩饰不住的"练门"。在小说中，花腔显然是一种精致的、需要通过专门训练才能学会的话语方式。按

---

① 《坛经·行由品第一》。
② 《庄子·秋水》："因其所大而大之，则万物莫不大；因其所小而小之，则万物莫不小。"
③ 对"大一"、"小一"的论述请参见《庄子·天下》。
④ 卡西尔：《人论》，第142页。
⑤ 参阅皮亚杰（Jean Piaget）《结构主义》，倪连生译，商务印书馆，1996年，第52—67页。

照小说中那位女歌手的话说，"花腔是一种带有装饰音的咏叹调，没有几年工夫，是学不来的。"为了证明这一点，李洱旋即通过第一个出场的叙事人白圣韬，命令那位自称"在马克思的故乡德国待过，在那里学过花腔"而转投革命圣地延安的女歌手亮了几嗓子，虽然她的唱腔按照白圣韬的耳朵的看法"跟叫驴差不离"，"还抖来抖去的"，但确实是"一咏三叹"，余音绕梁。千万不要以为此处的"花腔"只是一种音乐调门，在李洱普遍而持久的小说语境中，它影射的、显露的，恰恰是一种表征谎言的话语方式——谎言在绝大多数情况下，总是既动听又能给说谎者带来好处，所以它值得我们长时间地认真学习、细心体会。

正因为花腔不易掌握，所以它才显得异常昂贵和功能巨大。小说的主角兼第二个出场的叙事人阿庆尽管要尽花腔，出于种种原因，仍要对前来调查他反革命行径的"革命委员会"成员保证："俺有个长处，就是不耍花腔"，正是看中了花腔的巨大作用（或曰好处）；另一个叙事人白圣韬也要向抓住他的国民党中将范继槐（此人是小说中第三个出场的叙事人）保证，自己一贯就是"有甚说甚"，虽然他明知道后者并不全信他滔滔不绝的扯淡，但白圣韬肯定能够猜出一贯擅长花腔的九段高手范继槐，分辨得清他的话哪些是真的，哪些是假的——"惺惺相惜"和"心照不宣"的内涵在"花腔"的唆使下，被调笑式地发扬光大了。而为了逼真，白圣韬还不得不在真假之间，努力保持一种平衡，以便使他的话语流听上去更加真实可信：这分明就是花腔的昂贵性最主要的含义了。

但李洱的小说恰恰是借用"花腔"一词的外部形象，直指它内部的五脏六腑：李洱的真实目的之一，是想搞清楚或者想说清楚历史的花腔特性（或称"历史的花腔化"）。[1]因为在李洱看来——整部《花腔》都在帮助李洱向我们作出这样的暗示——历史的本来含义之一就是说谎，就是要花腔，虽然它也偶尔露出一点儿真相，那也不过是像聪明的白圣韬一样，仅仅是出于对平衡的考虑；而如果没有花腔的深层参与，历史就是不可能的。毕竟历史从来就不仅仅是"现象学"意义上的 [即柯文（Paul A. Cohen）

---

[1] 当然，李洱最真实的目的，恰恰是想在"花腔"导致的真与假相参杂的矛盾运作中，描叙一个知识分子型的革命者的"心路史"。而这，首先需要历史的花腔特性的帮衬。详论见下。

所谓的"事件的历史"]，它更是"阐释学"意义上的（这也是我们始终需要历史的重要原因之一）。而阐释，正如我们可以想见的那样，从根本上就意味着花腔，或者，阐释天然需要花腔的帮衬才能够稳稳站立（也就是柯文所谓的"神话的历史"），[①]毕竟我们对任何过往事件的解释，都是出于眼前的需要，或为了给当下事境作旁证（这就是施莱格尔（Friedrich von Schlegel）和克罗齐（Benedetto Groce）所谓"任何历史都是一部当代史"的含义）。正如小说的叙事人之一范继槐所说："干我们这一行的，最忌讳的就是醉酒。酒后吐真言嘛，还有什么比真话更危险的呢？"酒和醉酒是花腔的天敌之一，而真话也正好是历史最大的冤家对头。因为按照马克思的看法，酒有能力让最严肃、最坚定的革命者都丧失方向感，[②]而丧失方向感，恰恰是革命和革命者的巨大真实和最大隐私——我们的生活与人生随时都在为此作证、都随时准备为此作证。很显然，这是酒自身的醉，是酒自身的"醉后吐真言"。

在小说叙述开始后不久，李洱就从容地、然而也是很隐蔽地亮出了底牌：对于我们中国人来说，撒谎、扯淡、有意掩盖真相，不仅是一个学习过程，更是一个自觉运用的过程，因为花腔早已是我们的本能，早已是我们血液、肉体甚至遗传的一部分。白圣韬对那位自称在德国学过花腔的女歌手的反问，帮助小说道出了要的："花腔？花腔不就是花言巧语嘛，还用得着去德国学习？巧言令色，国人之本也。"因此，剩下来的问题无疑是：对于花腔，我们最主要的任务就是将它完美地运用到生活中与历史中。所谓学习过程，就是学会完美地使用它以便创造历史。因为历史促成自身的"老一套胜利"（蒙田语）最常用的技巧就是它。至于我们是如何习得花腔的，李洱对此显然不屑一顾，或者干脆有意将它掩盖和忽略了。

在其极端处，即从"至大无外"的"大一"空间来说，"花腔"一词的语义空间对应的是历史、历史的写法（即集体性的"大历史"）；从"至小

---

① 参阅柯文：《历史三调：作为事件、经历和神话的义和团》，杜继东译，江苏人民出版社，2000年，第2—12页。
② 参阅马克思：《评谢鲁与德拉奥德》》，《马克思恩格斯全集》第七卷，人民出版社，1999年，第321页。

无内"的"小一"空间来说，"花腔"的语义空间对应的是个人、个人对往事的言说（即个人性的"小历史"）。但无论是历史、历史的写法，还是个人、个人对往事的言说，从来都是有目的的行为。而花腔作为一种特殊的话语方式，它的"至大无外"、"至小无内"也从极端处证明了，历史（不论是集体性的"大历史"还是个人性的"小历史"）从来都包裹着一层厚厚的纱衣，这层纱衣就是由花腔编纂的"言语织体"所构成。在这里，"花腔"就是传说中那条能够永无休止地、能够无穷无尽地吐出细丝的春蚕；当然，这是永远不会老去的蚕，从人类拨开乌云看见青天那一刻直到现在，它的年岁既没有丝毫增加，也没有丝毫减缩。它永远保持现状，有如圣·奥古斯丁（Aurelius Augustinus）曾大声颂扬过的"不变而变化一切，无新无故而更新一切"的"我主"上帝。[①]长期以来，我们就是在这样的话语方式编织而成的历史"事实"网络之中长大成人的，聪明的李洱当然没有必要在小说中，就我们如何习得花腔浪费口舌：他只是替代性地向我们展示了"花腔"露出海面的那块"冰山"——实际上，整部长篇小说就是对那块"冰山"的演义。

因此，"花腔"一词被李洱挑中，并赋予它极大的包孕性，的确是意味深长的，也肯定是蓄谋已久的。[②]小说家李洱在具体的叙事中，始终命令"花腔"的内外含义相互牵制、争斗、交叉互补，命令花腔的语义空间不失时机地随时准备变大或变小，以期恰如其分地承载不同的"历史"事境内容，最后，终于从"大一"空间和"小一"空间两个方面（即"花腔"语义空间的两个端点）不断相互迎面向中间合围，构成了整部小说既错综复杂又并然有序的艺术空间。小说中三个叙事人（即白圣韬、阿庆和范继槐）在不同时段里的讲述，尤其是分别向不同倾听者保证"有甚说甚"、"哄你是狗"、"彼此彼此"，就已经非常雄辩地证明了：个人、个人对往事的言说与追怀（即"花腔"语义的"小一"空间所包纳的"小历史"），在何种程度上构成了我们习见的历史和对历史的写法（即"花腔"语义的"大一"空间所包纳的"大历史"）。这归根结底诉说的是历史的"老一套胜利法"。

---

① 圣·奥古斯丁：《忏悔录》，周士良译，商务印书馆，1996年，第5页。
② 参阅李洱：《花腔·卷首语》，人民文学出版社，2001年，第1—2页。

花腔一词所具有的内部含义与外部含义、"大一"空间与"小一"空间共同作用，终于构成了整部小说的特殊语境。而这，正是"花腔"一词自为运作最真实也最根本的含义。

有两点特别值得注意。首先是花腔的声音性质（"花腔"的语言性质是不言而喻的）。诚如小说中那位女歌手所说，花腔是一种带有"装饰音"的"咏叹调"。因此，花腔是对声音的有意扭曲、变形和修改——它让声音变得曲曲折折、绕来绕去；它反对声音的线性传播，它只有到了最后关头，才在五彩缤纷中释放出"带有装饰音"的"咏叹调"，但又绝不释放完发出声音的那张底牌或王牌。底牌或王牌攥在"花腔"它老人家手中，从来都秘不示人。这直接构成了历史的神秘性和"权势"，也由此构成了历史对我等的巨大威慑力。很显然，花腔就是声音上的修辞学：它修改了自然的声音，它的每一个变了形的声音的波段，都对应了相应的情感成色和人存身其中的充满了动作的时间段落。声音的修辞学在李洱这里最终意味着：历史是夸张的，是后人对某一个过往事件故意性的有声行为。它就是为了给真相制造"噪音"。但在制造出来的噪音中，却包含了对历史中人的许多严格要求：让他们死或者活，让他们快乐或者痛苦，都被嘈杂的声音明确而严正地提了出来。

第二是"花腔"的戏谑性。李洱在小说中有一种抿着嘴浅笑、偷笑和皮笑肉不笑的内敛式幽默。而这种幽默归根结底就来源于"花腔"的戏谑性。花腔的戏谑性是指：尽管作者和所有叙事人都明知历史就是要花腔、自己对往事的叙说就是要花腔，历史早就有将自己花腔化的潜在渴望，即是说，历史的真相是难以获得的，但所有叙事人都保证自己"有甚说甚"、"哄你是狗"，作者本人也煞有介事地去追逐所谓的真相。真相和真相的不可获得与难以获得之间的差价、追逐真相的巨大努力与得到的真相战利品之间的差价，正是戏谑性的由来，却也刚好附带性地构成了小说的"狂欢化"特质——将"不可能的转化为可能的"向来就有两种结果：要么是悲壮的，要么就是搞笑的。李洱显然在更大程度上倾向于后者。但这同样是"花腔"自为运作的基本后果。小说中的叙事人之一——阿庆——代替李洱一语道破了个中要的："人民是历史的母亲。虽然谁也没有见过人民的二奶长啥样，可历史还是人民生出来的。"

2．讲述

　　《花腔》的主体构架，是三个叙事人白圣韬、阿庆（赵耀庆）、范继槐分别在抗日战争年代（1943年）、"文化大革命"期间（1970年）和20世纪末（2000年）向不同的人的"口述纪实"。所有人的陈述，都围绕二里岗战斗中"死"于日本鬼子枪弹之下的共产党人葛任展开。虽然葛任被延安的报纸报道为"以身殉国"、"英勇战死"，但实际上他并没有死，而是非常幸运地只身一人逃到了一个名叫大荒山的小地方担任小学教师，一边养病（肺结核），一边潜心写作自传《行走的影子》，当然也一边等死——小说暗示道，尽管葛任有很多机会逃走，以避免来自国共两方面的追杀，但他最终还是选择了死在此处。葛任是一位著名诗人、翻译家，但首要身份却是革命家。他曾东渡日本留学，北上苏联学习马列主义，拜见过托洛茨基，聆听过列宁的演讲，即小说中一个小角色（但不是小人物）所谓"如果葛任活到今天（即20世纪末——引者注），他恐怕就是见过列宁的唯一一人了"。三个叙事人都与葛任有着千丝万缕的关系。虽然白圣韬是延安的锄奸科捉拿（？）或解救（？）葛任的特派员，阿庆和范继槐是国民党军统说降葛任的钦差，但三个互相猜忌的叙述人（他们互相怀疑另外两方想置葛任于死地）都想放葛任一马，但最后，还是只好以"爱"的名义杀了他。这个错综复杂的过程，在三个人的"口述纪实"中被充分显露了出来。

　　讲述是李洱采用的主体叙事方式。这当然不是他的发明（从小说文体的角度来看就更不是了），在更大程度上，他倒主要是听从了"花腔"自为运作的本己要求和"花腔"的内在律令："花腔"就是想看看那些历史事件的亲历者在他们的讲述中，如何撒谎、扯淡、有意掩盖真相，如何像埃里克·霍布斯鲍姆（Eric Hobsbawm）所谓的患上了"撒谎综合症"。更重要的是，讲述也使这段历史充分地声音化了，而不仅仅是语言化或者文字化了："花腔"始终具有将自己声音化的潜在渴望——恰如我刚才所说。历史的声音化意味着，每个人口中吐出的言辞泡沫，看起来都是对一件发生过的事情的真实陈述；我们似乎也只有从被声音包裹起来的亲历者的陈述中，才能准确知道历史事件的真相，而不只是从文字化和语言化的历史中——

比如记载了该历史事件的书本中——去寻找真相。历史的声音化倾向于不信任历史的语言/文字化，正如朱利安·巴恩斯（Julian Barns）在《福楼拜的鹦鹉》中借主人公之口所说："书籍告诉人们：她为什么做这件事；生活告诉人们：她做了这件事。书籍是向你解释事情的前因后果，生活就是事情本身。"声音化的历史相信只有它自己才距离事情本身最近。按照柯文的看法，声音化的历史是活体的历史，是有见证人的历史，更是亲历者的历史；历史的声音化在相当大的程度上，就是确立"个人时间坐标"，来讲述已经发生过的事件[①]。因此，历史的声音化归根结底意味着：声音化的历史的真实性不言而喻。它的内在音色是：难道还有比亲历者和见证人的讲述，更配授之以"真实"和"真相"的光荣名号吗？《乐记》说："是故审声以知音，审音以知乐，审乐以知政。"[②]放在此处的语境，我们满可以再追加一句：通过审视声音，我们还可以知道什么是历史，尤其是所谓真正的历史：这肯定就是历史的声音化的最大自信了。白圣韬宣称自己的讲述是"有甚说甚"，阿庆自称"哄你是狗"，范继槐更是信誓旦旦："我说的都是实话，大实话"，并且是"出于对历史负责的精神"，还号称要把"这段历史留给后人"。凡斯种种，大可看作对历史的声音化的内涵的上佳注释。

李洱确实像个"诡诈"的历史学家一样，在小说叙事中，高度利用了历史的声音化来获得历史的真相（不过，在大多数情况下，这当然是值得打引号的真相），最起码，他"解决"了一个重要问题：葛任作为革命者、苦闷者、失败者的一生，尤其是作为知识分子型的革命家尴尬的一生，在讲述中得到了最大限度的展示或"再现"。三个叙事人的讲述在对葛任生平的描述上，也确实起到了承前启后的叙事学作用。从他们的讲述中，在他们有声的言辞中，我们拼贴出了一副葛任之为葛任的全景图：一个坚定而又动摇的革命家，一个确信而又充满怀疑主义的知识分子，一个胜利了的失败者，一个失败了的胜利者，一个死于含义暧昧不清的"爱"的刀剑下的悲剧性人物——而归根结底，这个复杂的人物被包裹在层层声音组成的多重纱衣之中，对后人来说，在绝大多数情况下，他甚至就是声音的产物。

---

① 参阅柯文：《历史三调：作为事件、经历和神话的义和团》，第3页，第59页。
②《乐记·乐本篇》。

而这，才是小说家李洱的真正目的之一。

像一大把马克思所谓正试图对利润蠢蠢欲动的资本，李洱为了达到为自己设置的目的，既跃跃欲试地赋予了讲述（即历史的声音化）过分的可信度，又兴高采烈地高度透支了这种可信度——长篇小说《花腔》的主体构架，就是非常机智、非常幽默地建立在这上边的。从这个角度看，我们似乎不能轻易认为三个叙事人"有甚说甚"、"哄你是狗"和"本着对历史负责的精神"，没有透露出丝毫真实的讯息，而"花腔"在它力不及"七寸"时偶尔透露出来的值得打引号的真相，也为真实讯息的出现提供了支持。

但"花腔"的自为运作和本质定义，从一开始就给这些讲述者的讲述，打上了喜剧色彩和狂欢色彩：它让他们尽可能多地出够了洋相。他们越是信誓旦旦，他们距离真实性就可能越远；距离真实性越远，就使得讲述和真相之间的差距越大。这就是说，历史的声音化并不是它暗示的那样必然表征真实，借用孙子和文子的话说就是："声不过五，五声之变，不可听也。"[1]声音也是可以做假的——难道谎言不首先是一种动听的、悦耳的、撩人心志的声音吗？而这，直接传达了花腔导致的戏谑性的喜剧效果。

伯高·帕特里奇（Burgo Partridge）从近乎于力的作用力和反作用力规律的角度精辟地说过："任何节制都会带来某种紧张状态……于是，各式各样的紧张状态就导致了一种释放，即狂欢。"[2]但历史，尤其是早已花腔化了的历史，并不懂得什么叫节制，它天然就呈现出了狂欢色彩，它天生就是个纵欲狂，它向来都在用滔滔不绝的腔调戏弄我们，它浑身上下都是奔涌不息的力必多，只是我们将它误以为是节制的、理性的，并美其名曰"客观的历史规律"。"客观的历史规律"是人的思维出于各种目的，强加给历史事件的观念虚构物，并不是实存的事件或事件的状态。所以，真正看清楚这个问题的人，在对历史的陈述上，倾向于采取和伯高·帕特里奇相反的思路：正因为历史是狂欢的、纵欲的、非理性的，所以要在叙述中给它充分节育。李洱一方面动用了"花腔"的声音特性和戏谑特性，另一方面，又限制它们在自身跑道上的漫无边际，将它们限制在小说叙事的境域之内。

---

① 《孙子·势篇》，《文子·道原》。
② 伯高·帕特里奇：《狂欢史》，刘心勇等译，上海人民出版社，1992年，第1页。

但这并不是什么"历史规律"所致（再说一次，历史的客观规律只存在于观念和思维中，不存在于事实中），而是小说写作者与"花腔"的整体语义之间相互搏斗、相互妥协的结果。这是一个不断与词语商量从而反历史狂欢化的艰苦过程，是对伯高·帕特里奇观点的反向介入。

花腔的"大一"空间和"小一"空间的矛盾运作、内部含义与外部含义的交叉互补，始终让三个叙事人的讲述呈现出相互重叠、延续、交叉、互否的特性。他们的讲述显然有把似乎已经很明白的历史之水搅浑的嫌疑。这其实就是历史的狂欢化特性所致，也是"花腔"的戏谑性的附带后果之一，更是"花腔"的基本语义（即外部含义表征的说谎与内部含义表征的历史的花腔化）得到限制、得到充分节育之后的产物。在这里，个人性的小历史的有意失真，直接导致了集体性的大历史的必然搀假——在这两者之间，几乎有着形式逻辑上的高度谨严性。历史的声音化在对真实性的陈述上，露出了它可疑的尾巴。虽然这种种特征早已包含在"花腔"一词的语义空间之内，但李洱翻手为云、覆手为雨的叙事，在不断随叙事需要改换"花腔"语义空间大小的写作行动中，在长时间对此忽而遮掩忽而显露的过程中，似乎有意让人难以分辨。但这不恰好曲曲折折显透了历史的某些"真相"吗？说到底，历史就是迷雾，它只是偶尔露出真相，但又不针对任何懒汉或没有眼力的人。而这，仍然是对历史的狂欢化进行辛勤"节育"之后，逼迫历史吐露出来的珍贵部分。

李洱选取的讲述方式证明：历史是声音最大的消费者，也是声音最大的浪费者。历史总是首先倾向于选取声音的纵欲术，作为自我表达的重要方式。声音比文字和语言更早来到对历史进行陈述的境域之中，这几乎是不争的事实。雅克·阿达利（Jacques Attali）就说过："不是色彩和形式，而是声音和对它们的编排塑成了社会（当然也塑成了"历史"——引者）。与噪声同生的是混乱和与之相对的世界。……在噪音里我们可读出生命的符码、人际关系。""当人以特殊工具塑成噪音，当噪音入侵人类的时间，当噪声变成声音之时，它成为目的与权势之源。"[1]这完全可以看作"花腔"

---

① 雅克·阿达利：《噪音：音乐的政治经济学》，宋素凤等译，上海世纪出版集团，2000年，第5页。

的声音纵欲术之目的性的最好说明。李洱的高明或者"狡诈"之处正在于：尽管他明知道历史的狂欢化在声音上的效果就是无边无际的噪音（"花腔"的声音特性也为噪音的出现提供了跃跃欲试的支持），但动用花腔一词的"大一"空间和"小一"空间的矛盾运作对声音的限制，始终使声音在"大一"、"小一"两个端点之间游弋，按照自身需求迫使花腔的语义空间增大或者变小，它像一个被打劫出来或被营救出来的特写镜头，既使历史所具有的"权势"特征更加醒目，也使历史对声音的浪费更为惊心动魄。但李洱繁复的小说叙事还是较为彻底地道明了：这种"权势"始终或主要是寄居在声音中，它安坐在声音的中心，直仿佛它倒成了声音的源头而不是相反——一般说来，历史也确实具有这种鸠占鹊巢、喧宾夺主和偷鸡摸狗的能力。

这毋宁是说，李洱选择的主体叙事方式（即讲述）最终把声音给历史化了。仿佛亲历者的讲述就是历史本身。最起码从小说叙事学的角度看，小说家兼"历史学家"的李洱似乎有必要这么做，因为他的目的，是想考证一个怀疑主义的知识分子型的革命家的心路史。这种心路史必须建立在相对真实的基础上。心路史归根结底是心灵的"阐释学"，但它必须首先是心灵的"现象学"。雅克·德里达（Jacques Derrida）说："为了很好地了解声音的能力寓居何处，形而上学、哲学、作为在场的'存在的规定'凭什么而成为控制对象——存在技术的声音的时代，为了很好了解技术和音素的统一，那就应该思考对象的对象性。理想对象是诸种对象性中最具对象性的对象"，而"对象的理想性只是相对一个非经验的意识而言的存在，它只能在一种因素中被表述，这种因素的现象性并没有世俗的形式。声音就是这种因素的名字。"[1]按照德里达的看法，并把德里达的看法放在此处的语境里，使我们似乎可以给出一个判断：声音的历史化中蕴含的真实性、历史的声音化的"在场"特性，在李洱看来，似乎可以帮助小说完成这一重要目的。

三个叙事人的讲述既是声音化的小历史，也是历史化的小声音。之所

---

① 雅克·德里达：《声音与现象：胡塞尔现象学中的符号问题导论》，杜小真译，商务印书馆，1999年，第95—96页。

以是声音化的小历史，是由于它仅仅是亲历者的个人性讲述（即花腔的"小一"空间所包纳的内容），而亲历者本人并不知道自己参与的历史事件将会对大历史（即花腔的"大一"空间所包纳的内容）构成何种意义。亲历者并没有先见之明，对于未来，哪怕只是半小时之后的"未来"，任何亲历者都是《圣经》挖苦过的那位"瞎子"[①]，诚如小说家罗伯特·戴维（Robert John Davi）在《奇迹大观》中写到："默林常常发出奇怪的笑声。""他笑躺在粪堆上悲叹自己命运不好的乞丐；他笑那个不厌其烦挑选鞋子的纨绔青年。他笑是因为他知道粪堆里面有一只金杯，能使那个乞丐变成富人；他笑是因为他知道那个爱吹毛求疵的青年在新鞋的鞋底变脏以前将与别人大吵一架；他笑是因为他知道接下来会发生什么事。"[②]而真正窥见全局的，只有"花腔"和"花腔"在李洱的语境中获得的重要含义，在此，花腔等同于默林。和那个洞穿过去与未来的默林一样，"花腔"绝不把自己知道的事件的来龙去脉及其未来走向，合盘托向每一个具体的人（比如白圣韬），它只调笑他们，支配他们，只让他们在"小一"空间之内来回穿梭，让他们自以为"小一"就是他们的整个世界和整个历史，有如柏拉图描绘过的那位既自负又可怜的"洞穴人"——因此，三个讲述人的讲述归根结底只能是声音化的小历史，也只配称作小历史。

三个叙事人的讲述之所以是历史化的小声音，是因为讲述者的声音只是一面之词，暂且还没有得到旁证或得到证伪。这同样基于那个等同于默林的"花腔"：它拒绝对讲述者的声音之真伪提出指控，对他们在语调上的过于夸张和言辞上的惊人浪费三缄其口，也暂且认为对于历史来说讲述者的声音就是"在场"的。它调笑式地鼓励他们说下去，直到完成"花腔"给他们派定的任务——过渡消费声音和浪费声音，由此将声音的纵欲术发扬光大，以等待李洱或李洱新派来的叙事人为他们节育。这既推动了小说叙事（因为它呼唤出了新的叙事人，并由此呼唤出了相应的叙事），也揭示了历史的花腔化的某些真相——很明显，声音化的小历史和历史化的小声音同样意味着对声音的浪费和噪声性质。

---

① 参阅《圣经·路加福音》6:39。
② 参阅柯文：《历史三调：作为事件、经历和神话的义和团》，第49页。

但三个叙事人在讲述过程中呈现出的不同型号的小历史，并不必然构成大历史："小一"的集合并不必然等同于"大一"。对李洱和《花腔》来说，"大历史"的到来，还需要另外的参与者。

3. 考证

这个参与者就是《花腔》中的"我"（也许该人差不多约等于李洱本人）；"我"是小说的第四叙事人。这个叙事人在小说中作用重大。与另外三个叙事人不一样，"我"的主要叙事学任务，就是调出所有能够找到的关于葛任的"档案"，包括另外三个人的口述纪实、对有关当事人的采访记录、记载了相关事件的旧报旧刊、相关人士的回忆录等——全景式地侦察出和拼贴出葛任的心路史。这就是说，第四叙事人充当的是侦探角色，这个侦探需要的是真相，需要的是一个知识分子型的革命家的心路史真相。和波德莱尔笔下的巴黎业余侦探家很不一样，第四叙事人是葛任心灵和灵魂的侦探，但又绝不是医生：他只负责甄别、记录，但拒绝提供针对灵魂的处方。该侦探才是"拼贴"的主语，另外三个叙事人则是"拼贴"的宾语。正因为白圣韬、阿庆和范继槐是宾语，是被拼贴的对象，所以才会在总揽全局的"花腔"的操纵下出尽了洋相，被等同于默林的"花腔"调笑了许久而不自知。顺便说一句，这正好暗合了花腔的戏谑特性，也构成了小说语境中抿着嘴浅笑的幽默质地。正是第四叙事人的出现，才使得葛任的生平、生平中显露出来的心路史成为全景式的——由于他的出现，"花腔"的语义空间等待已久的"大历史"才成为可能。

第四叙事人在小说语境中首先是"花腔"的象征，因为他和"花腔"一样在总揽全局，知道事情的来龙去脉，也知道所谓事情的来龙去脉都是"花腔"自为运作的结果。正是在这个意义上，第四叙事人等同于罗伯特·戴维笔下那位全知全能、未卜先知的默林。其次，第四叙事人又是"花腔"的坚决反对者，因为作为侦探，他要的是真相，可"花腔"并不能直接提供他所需要的东西。花腔在历史权势的帮助下，始终在有目的地修改过往事件，让历史真相处于海德格尔所谓的"迷误"之中。因为"花腔"的外部含义表征着说谎，扯淡，有意掩盖真相；"花腔"的内部含义在李洱营构的语境中，恰好显露了历史的花腔化（即历史的花腔特性），它本身就意味着失真。"花腔"的内部含义包含着"花腔"语义的"大一"空间和"小一"空间，以及这两个端点之间的所有不同容积的空间；而两个端点恰恰分别对应的是个人性的"小历史"和集体性的"大历史"。由于"花腔"外部含义的说谎嘴脸，或直接或间接地导致了内部含义的有意失真，所以也就为"大一"空间包纳的"大历史"和"小一"空间包纳的"小历史"天然打上了假象的烙印。这显然意味着：无论是个人性的"小历史"，还是集体性的"大历史"，假象都是先在的。这才是声音化的历史的"在场"性在小说中获得的根本含义。海德格尔说："迷误乃是历史的本质空间。在迷误中，历史性的本质因素迷失于类似于存在的东西中。因此之故，这种历史性地出现的东西就必然被曲解。"①在此，很显然，第四叙事人的叙事目的与"花腔"一词的语义天然发生了对立，所以，第四叙事人成为"花腔"的反对者也是先在的。

有趣的是，第四叙事人最后却又毋庸置疑地变成了"花腔"的同盟，因为既然对所有过往事件的陈述都是"花腔"自为运作的结果，所谓的真相也必然包含在"花腔"之中（从花腔这边来说，这恰恰是它力不及"七寸"的地方，也正是它的"练门"之所在），所以，第四叙事人只有和"花腔"本身结为同盟，以便深入了解它的脾性、它自为运作的方式、它的句法构成、它的声音形式，才能分辨出它不经意间的"酒后吐真言"。诚如我们所知，"花腔"本身也有醉的时候。"花腔"自身的醉，正是历史狂欢化和戏谑性的声音表征。第四叙事人在此分明采用了一种类似于深入虎穴、与虎谋皮、与狼共舞的伎俩，因为历史的花腔化早已昭告于天下：真相只有在假象中获得。第四叙事人深知这是危险的：他要么在假象中攫取合乎目的的战利品得胜而还，要么深陷于假象的泥潭之中无力自拔；但第四叙事人更知道堡垒最容易从内部攻破。佛陀对须菩提说："……如来说有我者，

---

① 海德格尔：《林中路》，孙周兴译，上海译文出版社，1997年，第345页。

即非有我；而凡夫之人，以为有我。须菩提，凡夫者，如来说即非凡夫，是名凡夫。"为了进一步开导须菩提者流，佛陀随即还增说了一偈："若以色见我，以音声求我，是人行邪道，不能见如来。"①与此类似，第四叙事人要想见到"真相"，有如志在修佛的"凡人"想见到如来，必须透过"花腔"带来的迷雾重重的"色"、"音声"去寻找，甚至涉险进入"色"、"音声"之中。这中间的困难当然可想而知。

　　为达到目的，第四叙事人"我"在万般无奈之下做起了考证工作。他号称掌握了一大堆资料。他既是档案保管员，又是侦探。但这个集档案保管员和侦探于一身的人，正是吉尔·德勒兹（Gilles Deleuze）所谓的新质保管员。德勒兹将这一名号免费赠送给了老友米歇尔·福柯。他认为福柯之所以是福柯，关键就在于他发明了一整套重新看待档案的思维和陈述方式。德勒兹大声称颂说："他（福柯）将沉醉于一种对角线图之中。"②李洱通过"花腔"一词的自为运作，唆使他的第四叙事人也找到了重新看待档案的方式，像那个狡猾而又幸运的福柯一样，李洱的第四叙事人也有他将要醉心沉入的"对角线图"。毫无疑问，在小说中，这个"对角线图"就是李洱式的"考证"。

　　李洱式的考证显然是盗用了实证主义式的考证之名的"考证"。它冒用了乾嘉学派的考证方式。第四叙事人杜撰了大量档案：既有有声的，又有无声的。顺便说一句，第四叙事人杜撰档案的行为并不"卑鄙"，倒恰好是模仿了历史的花腔化的一贯行径：难道二十四史真的就是过往事件的罗列史而没有丝毫（？）杜撰成分？——杜撰正是历史"老一套胜利法"必备的工具之一，但归根到底是历史权势的胜利，是某种残忍的历史伦理叙事的胜利。在具体操作中，第四叙事人力图引用无声的文字记载（即历史的文字化），去印证或者证伪那些已被声音化了的历史。他既调笑式地让声音化的历史现出了原形，也发掘出声音化的历史中的真实成分。尽管历史的声音化和历史的声音本身就意味着噪音，噪音一如阿达利所说确实对应的是混乱的世界，但噪音之中也无疑包纳了一鳞半爪的所谓真实（尽管它仍然

①《金刚经》。
② 参阅德勒兹：《福柯·褶子》，于奇智译，湖南文艺出版社，2001年，第7-8页。

是混乱的，尽管花腔在它力不及"七寸"时掩盖不住的真相仍然处于混乱之中）。李洱式的考证就是首先引证各种无声的档案资料，为历史的声音纵欲术节育，以便让它有限度地闭嘴，然后迫使它"醉后吐真言"。这当然是一个艰难的"去伪存真"的过程，也是李洱在"花腔"的敦促下，为自己找到的"对角线图"。在此，"对角线图"作为一种重新看待档案的思维与陈述方式，完全在讲述中被行动化、动作化了，它不再是一种静止不动的观念，或者不仅仅是一种观念。它跑动起来了，它要在跑动中与那些档案们发生新型的、不可分割的关系。

但第四叙事人作为"花腔"的盟友，始终处于清醒之中：他始终明白无声的档案也是"花腔"自为运作的结果之一。所以，在小说语境中，出尽了洋相的不仅是声音化的历史，同时也是文字化的历史。这同样要归功于第四叙事人对无声的档案（即文字化的历史记载）进行的考证。这最明显不过地意味着：文字也有它的纵欲术。但那无疑是更有目的的纵欲术：它想让时间怀孕、生产，最后在浩若烟海的文字记载中，隆重生下一个让所有当事人几乎完全不认识的"历史""事实"。朱淑真说："笔头去取千万端，后世遭它恣意瞒。"[1]差不多就有这个意思在内。而在李洱"杜撰"出的小说语境中，文字的纵欲术同样来自"花腔"一词的自为运作，因为"花腔"的内部含义表征的是整个历史的花腔化（或历史的花腔特性），该花腔化并不单单针对历史的声音化的花腔性质。按照K．詹京斯（Keith Jenkins）的观点，历史仅仅是"一种语言的虚构物，是一种叙事散文体的论述"[2]。有这样精辟的言论壮胆，我们几乎完全可以下结论说："语言的虚构物"正是"花腔"的本来含义之一。所以，"花腔"的内部含义表征的历史的花腔化，也天然要针对历史的文字化透露出来的花腔嘴脸。在这里，第四叙事人将考证的手术刀，毫不迟疑地对准了历史的文字化的下部：他也要为语言的纵欲术的输精管结扎、节育了。

第四叙事人始终将自己和自己的考证穿插在另外三个叙事人的讲述之

---

[1] 朱淑真：《读史》。
[2] K．詹京斯：《评什么是历史：从卡尔、艾尔顿到罗迪、怀特》，转引自葛兆光：《中国思想史》（第二卷），复旦大学出版社，2001年，第51页。

中，他让无声的档案和有声的档案连在了一起。在"花腔"的自为运作下，李洱唆使第四叙事人的考证方式，最终带出了历史的声音化和历史的文字化相互间狗咬狗的有趣局面。这刚好部分暗合了"花腔"本有的戏谑特性。更重要的是，历史的声音化和历史的文字化之间的搏斗、交锋，终于使小说的真正主人公葛任的心路史全景图一步步完整起来了。这既是考证的目的、侦探的渴望，也是所谓"大历史"的由来。

但绝对的真相依然是不可获得的。"花腔"的语义空间的确是一根弹力近乎无限的弹簧，一具柔韧性近乎无限的腰肢，在李洱的操策下，在需要它小的时候，它规规矩矩地小了，比如需要它以文字化的历史去校正声音化的历史的时候；在需要它大的时候，它也毫不迟疑地大了，比如在第四叙事人的叙事穿插在"讲述"的过程中，来展示"大历史"的时候。但"花腔"的天然说谎特性，使它无论在语义空间按照需要变大的时候还是变小的时候，都脱不了假象的内在神色。这使得第四叙事人紧锣密鼓忙活了大半天，仍然在最后发出了深深的哀叹："真实其实是一个虚幻的概念。"这正合钟鸣所言："人们留在地面上的是哲学、幻影和恐惧，而埋在地下的，却是真理和考古。"[①]

4．爱与死

葛任在二里岗战斗后拖着病体残躯只身一人逃往大荒山，在一所小学暂时安住下来。但他还是很快暴露了行踪：在他从延安出发奔赴二里岗之前，应一位在香港办报的老友的盛情约稿，寄去了他多年前写成的一首诗（即《蚕豆花》）的修改稿，由于邮路不畅，发表时已在二里岗战斗之后、葛任被认为"死难"之际。敏锐的国共两方都从《蚕豆花》发表的时间上，嗅出了葛任可能还活着的蛛丝马迹，也都随即作出了迅速的反应：三个身负追杀葛任或者说降葛任重任的叙事人，分别从重庆和延安出发奔赴大荒

---

① 钟鸣：《徒步者随录》，东方出版中心，1997年，第7页。

山。他们风尘仆仆的脚步声在他们对事件的讲述中清晰可闻，直仿佛匆匆的脚步也构成了历史的声音化的一部分。

延安方面想置葛任于死地——既然他已经被报道为"英勇就义"、"以身殉国"，他就是不想死也由不得他了；重庆方面则想将其说降——既然他是共产党的重要人物，既然他并没有杀身成仁、引颈取义，一旦说降成功，不仅于党国大有用处，也够长期敌对的共产党喝一壶。双方的算盘都打得叮当作响，目的不可谓不明确，计划也不可谓不周详，但都在某一方面失算了：他们派去的人都与葛任有很深的关系；他们可能没有想到，这些执行任务的特派员和钦差们，都在为如何放葛任一马殚精竭虑。

这个错综复杂的过程在小说有意味的艺术空间中，显然有意识地涉及到了"爱"。延安方面认为，葛任只有死才能保住名节，现在杀死他也只能理解为被爱所驱使。一个叫窦思忠的袖珍领导人在向白圣韬交代任务时，说得再明白不过：

（我们）都深爱着葛任。哎，他当时若是就义，便是民族英雄。可如今他什么也不是了。他若是回到延安，定会以叛徒论处。要晓得，大多数人都认为，在急风骤雨、你死我活的斗争面前，一个人不是英雄，就是狗熊。总会有人认为，倘若他没有通敌，他又怎能生还呢？……不杀掉，他也将打成托派，被清理出革命队伍。即使组织上宽大为怀，给他留了条活路，他亦是生不如死。……我们都是菩萨心肠，可为了保护他的名节，我们只能杀掉他。……如果我们还像往常那样深爱着他，那么除了让他销声匿迹，没有别的好办法。

这真是掷地有声的爱的宣言。这是爱的声音化，似乎与历史的声音化无关，实际上又太相关了。因为爱这个人才去杀掉这个人，却又要为此进行长篇大论、滔滔不绝的解释或辩护，正是历史的声音化的本义之一，也是历史的声音纵欲术的引论之一，更是历史的狂欢化被随意利用的结果之一——历史的狂欢化被加以利用的方式几乎是无穷的，既然它本身就是非理性的、没有明确方向的，正说明它有可能处处都是"正确"的方向。甚至这种用声音包裹起来的解释或辩护，也已经直接构成了历史的声音化的一部分。这非常清楚地表明：在死亡面前，一切语言的纵欲术和声音的纵欲术并没有失效，尽管切切实实的死亡本身并不需要这些嘈杂和饶舌。但对死亡的辩护和解释的目的依然很明确：它要让人安然地甚至是快乐地引颈就死。因为这就是爱，是"花腔"的自为运作赋予"爱"的内在律令。它无可辩驳的理由早已被充分地、滔滔不绝地声音化了。

重庆方面则认为，只要说降葛任，就可以给共产党难堪，也就可以为"攘外必先安内"之达成添砖加瓦。这样做也是为了民族大义。而这同样是出于爱的考虑：牺牲了葛任在共产党那里至高无上的神圣名节，却又为民族解放大业贡献了力量，在国民党眼中，这两者之间的差价葛任看来是不费什么成本就能白白赚到手，说到底还是便宜了葛任；如果说降不成，那就只好将他杀了。在重庆方面看来，这也是爱的意思：不让葛任为共产党效力，也就使党国少了一大敌人——我们早就听说了，国民党始终认为只有它自己才能代表国家和民族，它从一开始就拍着自己的胸膛说过：兄弟我历来都是赞成"天下为公"的。在这种情况下杀了葛任，意味着迫使葛任牺牲自己成全民族，尽可以让他留名青史，这不是爱他又是什么呢？可是尽管如此，我们还是不妨来看看阿多尔诺（Theoder Wiesengrund Adorno）在《启蒙辩证法》中为此类行径下过的一个判断："只要有人被当作牺牲品，只要牺牲包含了集体与个人之间的对立，客观上牺牲中就包含了欺诈。"[1]尽管阿多尔诺老兄的看法恰可谓诛心之论，但古往今来的文明史早已证明：他的担忧并没有任何实效，因为历史的操作者必须最大限度地利用历史的狂欢化、驯服历史的狂欢化以使它走上"正确"的方向来为自己服务——葛任不过是这中间并无新意的又一例而已。

总之，在爱的笼罩下，在牺牲的广泛吁请下，葛任肯定不会有任何活路，除非他答应逃离这个由各种型号的"爱"编织起来的是非窝。所以，国共两方在这次行动中，都不约而同地给葛任取了一个相同的代号：0号。意思是没有、不存在——有关这一点小说写得很清楚。因此，葛任的死早

---

① 转引自耿占春：《改变世界与改变语言》，社科文献出版社，2000年，第267页。

就是预定的。爱与死在这里终于像一对幸福的情侣一样手挽手地联在了一起。在小说语境中，死是爱的结果，但同时又是爱的条件：没有死，爱就无从体现。这真是一个类似于"阐释学循环"的怪圈，但也是一个能够让人潸然泪下或仰天长叹的笑话。有趣的是，以爱的名义让葛任彻底变为一个have nothing，在国共双方看来，不仅仅是出于对集体（即集体性的"大历史"）的考虑，更是出于对葛任本人（即个人性的"小历史"）的爱护。不过，问题倒在于，葛任对此有何意见呢？这就不必考虑了。他们以爱的名义早已替他想好了。他只需接受就行。

  三个叙事人出于对葛任的私人交情，都想放了葛任：白圣韬不惜降了军统特派员范继槐中将，因为他终于看出后者也有放掉葛任的心思，因为放了葛任他姓白的回到延安毕竟只有死路一条；阿庆为此还杀了他的同僚——另一个也想救葛任而不为阿庆所知的军统特务杨凤良。应该说，这三个人对葛任的爱基本上都是针对葛任本人（即爱的私人化），并不惜冒着背叛国共两党的神圣旨意的危险。但已是病体残躯的葛任拒绝了他们的好意。他似乎早已心灰意冷，不再作生还的打算。"无端歌哭因长夜，婪尾阴阳剩此时。"[1]他的朋友们在万般无奈之下，只好杀了他。有趣的是，他们都没有亲自动手（当然也不能或不忍亲自动手），而是借一个日本人川井——也是葛任的朋友——完成了这项艰巨的工作。更加有趣的是，选用这种方式，据说也是出于爱。按照范继槐的讲述，情况是这样的：

  现在毙掉他，其实也是在成全他。既然他说国民党一定要倒台，共产党一定要胜利，那我杀了他，他不就成为烈士了吗？……不，我不能亲自动手。……最好是川井来把这件事给办了。这样一来不管谁赢谁输，不管历史由谁来写，民族英雄这个桂冠葛任都戴定了。哎，知我者，谓我心忧，不知我者，谓我何求。天地良心，我是因为热爱葛任才这么做的呀。

---

[1] 谭嗣同：《感怀》。

谁胜利，历史就属于谁，这当然不言而喻。W．本雅明（Walter Benjamin）就曾多次说过，历史向来只和胜利者共鸣，只愿意和胜利者的心相印；但无论谁胜利，民族大义都是攥在这个胜利者手中用以解释胜利合理性、必然性的重要筹码，于是杀死葛任的历史理由就更加充分，他被"零"处理的合法性也就更加坚固。历史的狂欢化特性在这里的作用暴露无遗，如同在漆黑的大地上星星的意义昭然若揭：那些历史的胜利者自以为驯服了历史的狂欢化，没想到，他们仅仅是被历史的狂欢化特性当作长枪使用了一把；不过，让历史的狂欢化特性倍感难堪的是，历史的胜利者确实是胜利了：他们也利用了历史的狂欢化特性成就了自身，他们强行把历史的狂欢化特性又一次强行拉到了于己有利的一边，至少是在杀死葛任这件事情上。

李洱一边动用讲述（即历史的声音化），也一边动用第四叙事人的"考证"，将爱与死紧紧联系在了一起。由于"花腔"一词自为运作带出来的历史的花腔化，让人感到爱与死互为因果式地联为一体，既过滑稽又太过严肃。以历史的名义来看待一切事情，生与死也就被置于历史的链条上，生与死的意义也被置于历史的网络中；在一切以历史点头才能作数的境域内，爱作为生与死之间相互转换、相互过渡的中间环节或核心内涵，也就顺理成章。这就是说，爱也最终被历史化，爱成了一个具体的、历史性的概念，丧失了它本来应该具有的绝对性，容不得解释上的半点儿闪失。但由于历史的花腔化或花腔特征，已被历史化的爱也天然打上了花腔的嘴脸。它看起来在逻辑上无懈可击，却经不起来自心灵的真正推敲。E．云格尔（Eberhard Jungel）坚定地说："死必须严格限制在那个界限：没有任何人有权设置它，因为没有任何人能够取消它。"①云格尔的看法未必逻辑严密，但它合乎我们"凡夫"的内心。我等草民从来就不愿意历史的、具体的爱导致的死无端降临到我等头上。但历史的花腔化和花腔化了的爱，却往往倾向于拒绝来自心灵的考量。不用说，它们当然有自己的道理。

---

① E．云格尔：《死论》，林克译，三联书店，1995年，第121页。

为此，李洱在小说中为爱的含义有意设置了惊心动魄的一幕。葛任的爷爷非常宠爱一只名叫咪咪的小猫，其宠爱程度甚至超过了对孙子葛任的爱。但这位老人在临死前，将咪咪熬成一锅汤喝了下去。他认为那是对猫最好的爱。第四叙事人引用相关档案对此大发议论：爱也会带来灾难，爱就是殉葬！而这，放在小说的语境中，正可看作历史的花腔化带来的有关爱与死的伦理学。这种伦理学为"爱就是殉葬"提供了合法性上的论证，也让那种在爱与死之间建立起来的类似于"阐释学循环"的玩意儿，顷刻之间拥有胆豪气壮的正当性。爱与死的伦理学从根本上证明了历史的花腔化和历史的狂欢化带来的残忍，但历史的花腔化和被历史的胜利者驯服了的历史的狂欢化，却往往将这种残忍看作"必然性"，这就是历史的车轮不可阻挡的真实意思。出于亚里士多德所谓"必然性不听劝说"的硬性原因，对于这样的庞然大物，我们又能说什么，还能说什么呢？但在此我们依然可以站在"凡夫"的立场问一句：历史的车轮的确"必然性"地滚滚向前了，但凭什么偏偏让我为它做出牺牲？谁给了它这样的权力？更加重要的是，谁知道历史的滚滚车轮最终会驶向何方？人真的有力量随心所欲地调控历史的狂欢化特性，让历史的车轮奔向命定的目的地吗？

正是历史的花腔化带来了小说语境中的历史伦理叙事。历史伦理叙事意味着：必须以历史必然性的名义来判断一个人的死法，也必须从有关爱与死的伦理学的角度判断爱与死的意义。尽管死亡是最大的平均主义者，但每一个人的死法却又各个不同；对于任何一个身处历史伦理叙事网络之中的人，他们的死没有任何自由可言：他的生与死只能接受历史伦理叙事的裁判，何时死、怎样死，由此得到了规定和派生出了严正的意义与超人的价值。值得注意的倒是，第一，在这个行进过程中，历史的"权势"特征始终包裹在声音化和语言化的境域之内；第二，历史的花腔化跟历史的权势有相当大的、"逻辑"谨严的关联：为了达到或获得历史伦理叙事的严正性，撒谎就是主要方式之一，也是最有效的方式之一。当然，历史伦理叙事也有它自身的爱：在极端处，比如，在李洱营造出的小说艺术空间中，它宣称爱与死是一对联体的双胞胎，砍去一半，另一半就不能独活。在小说中，我们看得很清楚，历史伦理叙事定义下的"爱"，最终体现出了狰狞的嘴脸，但它又是以答应你"青史留名"来自我完成的。这当然矛盾得让人难以在二者之间做出选择，因为那远不是一个"鱼与熊掌"的问题，因为已经声音化（甚至语言文字化）的历史"权势"无法逃避。但它似乎又是必然的，难以改变的，一如顾维诺所说："凡必然之物，都令人痛苦。"①

　　不过，历史伦理叙事恐怕是彻底遗忘了一件事情：死人是不可能称颂历史的花腔化的，哪怕历史的花腔化确实伟大得有如上帝。正如《圣经》所言："阴间不能称谢你（即上帝——引者），死亡不能颂扬你，下坑的人不能盼望你的诚实。只有活人，活人必称谢你，像我今日称谢你一样。"②要是所有人都在爱与死的伦理学、历史的花腔化与历史伦理叙事的要求下死无葬身之地，还剩下谁去称颂它们呢？可以想见，滚滚向前的历史列车也终将空无一人。而历史的花腔化与历史伦理叙事在寂寞无聊中，难道会像卡夫卡所说的魔鬼们那样互相争斗，③以至于为了解决寂寞和孤独，为了满足它们各自好斗的品性，也为了"花腔"语义的圆满实现，去重新定义在爱与死的伦理学关照下必死的魔鬼同志吗？在这里，W. 布莱克（W. Black）对于某种残忍的"爱"发出的睿智之言，无疑值得我们深思：

　　我们愿意放弃爱
　　根除地狱的森林
　　这样，我们必能回来看见
　　快乐的永恒世界。

---

① 参阅舍斯托夫：《雅典与耶路撒冷：宗教哲学论》，张冰译，浙江人民出版社，2000年，第3页。
②《圣经·旧约·以塞亚书》38：18—19。
③ 卡夫卡在1912年7月9日的日记中写道："只有成群的魔鬼才能构成我们尘世的不幸。它们为什么不互相杀光，只剩下一个呢？或者它们为什么不隶属于一个伟大的魔鬼呢？"（《卡夫卡全集》第6卷，孙龙生译，河北教育出版社，1997年，第227页。）

5. 小说中的时空形式

讲述以声音化的历史为方式，诉说了一个错综复杂的、有关追捕与反追捕的故事。它的时空形式相对来说较为简单：白圣韬从延安出发经察哈尔、武汉到达大荒山，阿庆、范继槐经重庆到达大荒山，最后三人汇合在一起，互相猜忌、明争暗斗和各自机关算尽，最后在爱与死的伦理学参与下，在历史伦理叙事的严正要求下，在痛苦中结果了葛任的性命。整个过程持续了一个月左右。考证以引述文字/语言化的历史为方式，从所有可能的角度勾勒出了葛任的生平。它是通过对"对角线图"的醉心沉入，通过对声音的纵欲术的节育，也通过第四叙事人对语言的纵欲术的节育，在"花腔"语义空间大小的不断变换中，对追捕与反追捕真相的解剖、印证、证伪和清理。和讲述寄居的时空形式比起来，考证的时空形式要复杂得多。从时间方面来看，它牵扯到了从葛任出生直到死去及至死后的漫长段落，当然，也包括这些时间段落里不断推演的各种事件；从空间方面来看，它涉及了世界上的许多角落：葛任到过的地方、与葛任有关的人到过的地方、与葛任有关的人到过的和葛任有关的地方，也都包括在这中间了。

时空形式不仅是人的生命形式，也不单是生命存活的形式，在小说中，更有象征意义：正是小说中具体的时空形式赋予了"花腔"用以推演自身、完成自身的时空舞台。"花腔"对历史的重要性、对李洱小说中诸多人等的重要性，通过上面的论述，我们也许早有耳闻。作为语词，"花腔"当然有它自身的空间形式，但花腔的语义空间并不能单独存在，因为在缺少具体事境的情况下，它缺少必要的时间形式。没有时间形式的语义空间是抽象的空间，是饱具形而上学性质的空间，是正待开发的空间，或者，它仅仅是静止的空间，更是处于密谋状态的空间，是正在等着伺机而动的空间。它是不是空间的那种空间。它必须找到意欲框架的具体的历史事境内容，从而找到具体的时间形式，才能调整自身的空间焦距，并最终催生出既适合事境大小需要、又能让自身语义空间显现出来的具体空间。这有点儿类似于海德格尔所说的"存在"的"显现"和"澄明"的过程。实际上，在晚期海德格尔那里，语词在很大程度上就是存在的意思。正如一切事情、事物都处于时间之中，正是面对具体的历史事境内容时，花腔的语义空间才获得了自身的时间性。这是任何一个语词行动起来、"显现"出来并让我们看见的最内在标志。也正是在此基础上，我们才说作为语词的花腔的自为运作创生了李洱的小说艺术空间。李洱在更大程度上仅仅是听懂了、听从了来自花腔自为运作的基本律令。

实际上，无论是在讲述中，还是在考证中，花腔的语义空间都获得了时间性，因为小说的叙事始终面对的是具体的、活生生的事件与情节。在讲述和考证的叙事学功能的推演下，花腔的语义空间随着时间的变化，也在不断合乎自身与事境大小需要地变大或者变小。时间性的到来，给花腔的语义空间增添了广泛的具体性。而李洱的小说之所以能有如此这般的时空形式，也恰好是建立在满足"花腔"语义空间对自身变化的渴望上。李洱构造出如此复杂的、存在于讲述和考证之中的具体的时空形式，也恰到好处地实现了"花腔"语义空间的要求：后者需要既细致入微而又无所不包、无所不至的时空形式。

小说的时空形式以其本有的具体性（比如白圣韬从延安经由察哈尔、武汉到达大荒山的过程），在使"花腔"语义获得具体性与行动起来、"显现"出来的过程中，也在花腔对于历史的形而上学的作用下，使自身形而上学化了。小说中的时空形式始终具有象征意义，在李洱这里，象征意义无疑是从"花腔"处获得的。这是一个至关重要的问题。"花腔"的内部含义表征的历史的花腔化本身就意味着形而上学，它需要行动起来的、具体的时空形式"分有"它的含义，沾染它的光芒，从而让历史的花腔特性肉身化，并获得具体内容以及跳荡的、搏动的五脏六腑，也就是说，当"花腔"一旦获得时间性，马上就会在脱去形上性质外套的过程中，把这件衣服披在具体的时空形式之上，有如盐一遇到水在毁灭自己的过程中也把水给弄咸了。它让具体的时空形式和时空形式中包纳的事境内容、历史事件，"分有"了它的形上光芒，从而为小说中具体入微的事件打上了抽象色彩。这毋宁意味着，时空形式在具体中始终有着抽象的一面，而这，为李洱的小说带来了重大后果：它直接对应了、也部分催生了小说中反复显露的历史伦理叙事和爱与死的伦理学的抽象性。这是李洱为了小说更有概括作用，也更具有"公式"般的解释能力，在听取了"花腔"语义的内在要求后，专门为小说发明的至关重要的内在气质——尽管这一点很难被我们发现。

小说中的时空形式在考证和讲述中，伴随着"花腔"的自为运作，也给了爱与死的伦理学和历史伦理叙事存身的后花园：它们同样需要具体的时空形式才能使自己充分地肉身化。从空间方面来说，爱与死的伦理学和历史伦理叙事有了施展才能的广袤舞台，从重庆到延安，从东京到莫斯科，从大荒山到巴黎……无处不有爱与死的伦理学和历史伦理叙事它们的影子，它们命令一切人在任何可能的地方干它们需要一切人干的一切事，它们保证一切人做的一切事都有坚定的合法性、正当性，无论是杀死葛任，还是为了葛任杀死其他人（比如杨凤良及其一家老小），无论是让葛任死于共产党人手下，还是死于国民党人或日本人手下。当然，在李洱翻手为云覆手为雨的具有调笑性质的空间形式中（无论是抽象的还是具象的），历史的狂欢化和花腔带来的戏谑性也被空间化了，毕竟历史的花腔化和花腔带来的戏谑性也必须有它们能够存身的具体空间。这当然是空间形式的具象性了。

海德格尔说："在空间现象中所能找到的内世存在者的存在规定性不是其首要的存在论规定性：既不是唯一首要的，也不是诸首要规定性之一。"[1]把海兄的话误读式地置入此处的语境里，毋宁是想说，在"花腔"语义赋予空间形式的抽象性的帮助下，历史伦理叙事和爱与死的伦理学也获得了抽象性。它意味着，无论在任何地方，高居我们头上的可能不是康德所谓的"宇宙星辰"，存在于我们内心的也不是什么"道德律令"，而是静止的、随时准备与之抱成一团的爱与死的伦理学和历史伦理叙事。它们永恒不动，但又在永恒不动中随时准备行动，随时准备向某一个恶时辰扑去。

从时间角度说，爱与死的伦理学和历史伦理叙事更加具有坚定性。它们从具体的时间段落获得了对自身具体的、历史的定义。它们由此从时间的角度给了自身绝对的必然性。这种必然性的内在音色是：一切都是具体

---

[1] 海德格尔：《存在与时间》，第139页。

的时间段落中的具体事件给予了它们合理性——因为人最不可抗拒的东西并不是毁灭，而是时间；甚至毁灭本身在绝大多数情况下，也只是一个时间概念。因此，或许正是时间而不是空间给予了"民族大义"以幌子的特性，也给予了为民族大业而死获得的"民族英雄"桂冠以戏谑性。葛任死后几十年人们对他的评价几起几落："文化大革命"中他是叛徒，"改革开放"中他成了英雄，就既说明"花腔"天然需要最大（或最小）的时间段落，也说明语言纵欲术（在第四叙事人的引证和考证中）和声音的纵欲术（在阿庆的讲述中）依然还在发挥作用，更说明时间导致出的必然性在戏谑之中包含的残忍。时间能让一个已死的人依照时间的需求不断改头换面来到我们中间，以适应我们所寄居的时间段中包纳的爱与死的伦理学和历史伦理叙事的当下规定性——这刚好和彼德·达米安（Peter Damian）在中世纪宣称"上帝能够使曾经发生的事成为不曾发生的"相反。这正是小说家李洱的深刻之处，也是《花腔》的杰出性最显明的证据之一。

　　建立什么样的时空形式和怎样建立这种时空形式，往往能显示一个作家才能上的大小，也是判断一部小说成功与否的指标之一。不是说时空形式错综复杂、时空形式广袤无边的作品就是成功的，而是说，对时空形式的理解、对时空形式在何种程度上规定了主人公对自身行为的理解，尤其是时空形式在具体性中显露出了何种抽象性（即形而上学化），该抽象性在如何运作和被运作，它具有何种程度的概括能力，才是构成一部作品成功或失败的要素。李洱通过"花腔"一词的自为运作，通过作者本人不断与"花腔"的语义进行长时间的协商，强行赋予了"花腔"的语义空间以如此这般的时间性，在使它被迫跑动起来之际，也迫使它乖乖带出了历史的花腔化、历史的狂欢化、历史伦理叙事和爱与死的伦理学的具体性、肉身化形式以及它们各自的残忍性。这种种东西并非只存在于一时一地，在李洱的叙事中，它们还存在于过去和可以预计的未来。它有浓厚的形而上学特征。因此，在这里我们可以说，李洱的小说并非只是发明了一套和小说语境相适应的时空形式，同时，这套时空形式因了它的形而上学色彩，更具有总结作用和解释作用。应该说，这并非每一个作家——甚至每一个优秀的作家——都能做到的。

6．知识分子的心路史

上述种种，都被李洱具体地置入了讲述和考证组成的叙事框架之中。三个叙事人承前启后的讲述，基本道明了葛任逃往大荒山直至被"爱"杀死的全过程；第四叙事人通过考证、对"对角线图"的醉心沉入，补充和解说了葛任从生到死的几乎所有重要事件，尤有甚者，还诉说了葛任死后在时间构成的"必然性"中所获得的来自于"必然性"的褒贬。更为重要的是，通过讲述显露出来的声音化的爱与死，通过考证最终得到的有关爱的内涵的含混与暧昧，[①]都水乳交融地统摄在一个相互交叉而又整一的叙事框架中。上述几项相加，有关葛任心路史的全景图（"大历史"）终于出现了。

很显然，讲述的叙事学功能是：它基本上道明了私人性的爱对历史的狂欢化和花腔的反抗，尤其是对历史伦理叙事在具体的时空形式中赢得的具体定义的反抗。所谓私人性的爱，在小说语境中，就是对死的反抗，就是帮助另一个在爱与死的伦理学的裁判下的必死之人逃离黄泉之路。考证的叙事学功能是：它基本上道明了葛任为什么要拒绝这种私人性质的爱，为什么要在自我矛盾中，选择对历史的花腔化、历史的狂欢化和历史伦理叙事的臣服。

爱与死的伦理学在这里和私人性的爱发生了深刻的矛盾。前者处处以历史必然性为准则，而后者则以类似于马丁·布伯（Martin Buber）所谓"我与你"之间的亲善关系为基准。前者倾向于无情，按照《圣经》的口气就是"死是罪的工价"；[②]后者则貌似多情，即E．云格尔所说："死的本质是无关系。为了抵制趋于无关系之致命倾向，履行应尽的义务，最好的方式始终是创造新的关系。"[③]放在小说语境中，这两者之间的冲突（即无情和多情之间的冲突，无关系和新的关系之间的冲突）就更加严重。它的特

---

①《花腔》的结尾在谈到为什么川井没有把葛任死于大荒山的消息传播开去时，范继槐抢着说："他跟我们一样，也是因为爱嘛。"第四叙事人议论道："这句话很入耳，但有些笼统。所以至今我还不知道，范老所说的'我们'是谁，'爱'的对象又是谁。"

②《圣经·新约·罗马人书》，6；23。

③云格尔：《死论》，第121页。

殊性在于，作为私人性的爱的享用者——葛任——还是一位知识分子型的革命家，而革命家的身份不允许他只单方面接受和享用私人性的爱。在中国20世纪前半叶救亡图存的广袤语境中，葛任成为一个革命家是有充分历史依据的。[1]但一个走遍了世界许多地方的知识分子，和革命之间却有着深刻的矛盾。葛任在内心深处始终是个自由主义者、个人主义者（第四叙事人引证各种档案多次暗示过这一点），而革命则始终以集体的名义来限制个人主义，以革命纪律来消除自由主义。这两者之间的冲突构成了知识分子型的革命家苦闷的内心。在中国，知识分子始终与革命之间有着深刻的矛盾。在说到似乎有着同样经历的瞿秋白时，李泽厚先生这样写道："瞿秋白在二三十年代便典型地最早呈现了这种具有近代教养的中国知识者，在真正的血火革命中的种种不适应的复杂心态。从《饿乡纪程》到《多余的话》，由一个纯然知识青年到指挥斗争、领导革命，在残酷的阶级斗争和党内斗争中，瞿秋白深深感到力不胜任……深深感到自己虽然向往革命、参加革命、领导过革命，临终也终于不过是一个'中国的多余的人'。"[2]据小说介绍，葛任写过一首题作《蚕豆花》的小诗，在其艺术空间中，就明显包含着类似于瞿秋白所遇到过的问题，其中有如下句子：

谁曾经是我，
谁是我镜中的一生，
是窑洞中的红色火苗，
还是蚕豆花瓣那飘飞的影子？

谁于暗中叮嘱我，
谁从人群走向我，
谁让镜子碎成一片片，
让一个我变成了那无数个我？

---

① 有关这一问题，请参阅青年鲁迅的深刻而又充满激情的论述，见《坟·文化偏至论》、《坟·摩罗诗力说》等文。
② 李泽厚：《中国现代思想史论》，东方出版社，1987年，第239页。

很明显，这完全是个人的心声。在革命眼中，这种个人主义的伤感、迷惘、怀疑、自我分裂甚至隐隐的颓废，都是值得唾弃和鞭挞的。革命似乎天然要以消灭个人主义为职事，至少在完成革命目标的行进过程中就是如此。对于葛任来说，作为一个知识分子，他把自己终于能幸免于难逃离二里岗、逃离延安"窑洞中的红色火苗"当作天赐良机，他正好可以写他的自传《行走的影子》，在回忆中打发最后的岁月；作为一个革命家，他把自己平静的、逃离革命语境的纯个人生活视作可耻行径。他两者都不想放弃。而这直接构成了葛任明知道自己可以逃走（在私人性的爱的帮助下），但依然选择了对"花腔"语义在具体时空形式帮助下获得的历史伦理叙事的臣服。这肯定不能简单地归之为自戕，更不能简约化地理解为置生死于度外。在这里，和那个瞿秋白一样，还有着更为深刻的内心隐情。

由于葛任的特殊身份，既然他享用了私人性的爱，也就得享受私人性的爱和爱与死的伦理学之间的冲突。这种冲突在李洱幽默的叙述中显得惊心动魄——李洱的叙述表明：说到底葛任就是这两者之间激烈冲突的牺牲品或蔺粉。由于爱与死的伦理学在"花腔"语义那里赢得了亚里士多德所谓"不可商量"的必然性，葛任的牺牲品和蔺粉的身份也就具有了相当强裂的必然性。但它仍然要以葛任内心的极端矛盾、极端苦闷为代价和成本。

葛任不愿意离开大荒山，宁愿安然就死，接受牺牲者的身份认证还有另外的原因。那就是他的肺结核。从古至今，有许多关于人的传说，有许多关于人的故事、关于人的灵魂的传奇。而在这些故事中，按照刘易斯·托马斯（Lewis Thomas）的看法，占据中心地位的人类两难处境几乎从来就是疾病。[①]身体肯定是我们思想甚至一切最主要的疆界，一个知道自己的身体因为疾病离毁灭已经不远，那他就完全有可能不把生死太当一回事。也就是说，这个身体不会给爱与死的伦理学、私人性的爱、革命、个人主义以及历史伦理叙事提供太多的机会。考虑到葛任的伤感、怀疑，这一点几乎是不言而喻的，那么，即使充当某种冲突的牺牲品，又有什么大不了的呢？葛任真的准备破罐破摔了吗？

---

① 参阅刘易斯·托马斯：《水母与蜗牛》，李绍明译，湖南科学技术出版社，1997年，第37页。

第四叙事人引用相关档案对此有过明确描叙：葛任说，他既不愿意回延安，更不愿意投降国民党，哪怕老蒋允诺他组织新党，并在政府内给他的新党五个席位。他只想休息。睡觉是小休息，死亡是大休息，他想大休息。瞿秋白临死前的诗句放在这里，正能体现葛任"大休息"的本意："夜思千重恋旧游，他生未卜此生休。行人莫问当年事，海燕飞时独倚楼。"作为革命家的葛任并没有选择平静的死去，而是选择了让别人杀死。这在苦闷的知识分子型的革命家那里，放在小说和20世纪中国革命的双重语境中，有着双重含义：让别人杀死既满足了伤感的个人主义者"大休息"的愿望，也满足了革命的历史伦理叙事对革命者的权威性，从而让革命者为革命作出了最后的贡献。葛任由此两方都不亏欠了。他赢得了尊严和平静。

千万不要忘记"花腔"语义中还包含着真实的一面（这就是第四叙事人为什么要和它结为同盟的原因）。这完全可以看作"花腔"的聪明之处和可爱之处；当然，说它是花腔自身的"醉后吐真言"也未尝不可。正是因为这一点，讲述和考证才有了可能，大历史的出现才有了可能，葛任的心路史全景图的昂然现身也才有了可能。至少历史的花腔化（也包括历史的狂欢化、历史伦理叙事和爱与死的伦理学）本身是真实的，讲述和考证对历史的花腔化本身进行叙述，也就是强迫"历史"讲出了它如何被"花腔化"或如何自我花腔化的真相。正是在此基础上，葛任作为知识分子型的革命家才能在历史的声音化和历史的文字化中现出"本相"。

在本文的语境中，大历史的含义既是集体性的历史，也是集体性地讲述和考证道出来的有关葛任的全景图。葛任的心路史不仅仅是他自己的个人史，也是集体性的历史。由于"花腔"语义的"小一"空间包纳的小历史，在三个讲述人和第四叙事人的叙事运作下，不断相互补充、相互完善，也在相互补充、相互完善中不断将"小一"空间迎面向"花腔"语义的"大一"空间推进，尤其是第四叙事人拉出了葛任死后几十年间历史伦理叙事不断改变对葛任的看法或评价，更加证明："大一"空间包纳的大历史不仅是葛任的个人史，也是葛任存身于其中的整个时空形式的历史。从空间上说，它广袤无边，从时间上说，它绵延近百年。葛任就是这个时空中被作者有意挑选出来的一个点，但他始终是这个时空的中心点。从这个意义上说，葛任的心路史全景图就是大历史本身，尤其是考虑到李洱小说中的时空形式具有的概括、总结与解释作用，葛任的心路史全景图成为大历史就更容易理解。但这同样是对"花腔"语义空间渴望行动起来、"显现"出来的呼应。

尽管如此，我们还是有理由说，葛任在小说中并不是实存的，他确实像他的自传的题目所宣称的那样，只是一具"行走的影子"。他在更大程度上，只是声音化和文字化的产物，是声音的纵欲术和文字的纵欲术的产物。他只存在于讲述和考证所寄居的时空形式之中。我们只有透过讲述和考证的重重迷雾才能窥见他。他就坐落在声音和文字的中心。他是"花腔"自为运作的产物，是"花腔"为了显示自身有能力强行拉一个人入伙的产物——直仿佛葛任的出场、现身，只是为了证明历史的花腔化自身的真实，也为了历史的花腔化向人们显示它究竟有多大的能量，如何以"必然性"的名义对我们施行戏谑性的统治。葛任的影子身份充分证明：如果我们不扫荡历史的花腔化（尽管它千百年来的确是实存的"事物"），我们每一个人，也包括那些大人物，都可能最终只剩下影子，并不具备实体的性质，只能存身于"他者"对我们的讲述和考证寄居的具体然而又是虚拟的时空形式中，只存在于文字的纵欲术和声音的纵欲术之中，尽管这样也能构成花腔化的大历史。

7．普通话，方言

历史的花腔化需要声音的纵欲术和语言的纵欲术来体现，李洱也恰如其分地找到了历史的花腔化所需要的一般话语方式。我将这种一般性的话语方式称之为普通话。普通话是指在特定的历史阶段，饱具权力、权势色彩的可通行、可公度的话语流，类似于赫伯特·马尔库塞（Herbert Marcuse）所谓"全面管理的语言"。[①]它既具有滔滔不绝的语势（以保证自

① 参阅赫伯特·马尔库塞：《单向度的人：发达工业社会意识形态研究》，刘继译，上海译文出版社，1989年，第78-94页。

己理由在握、道理在手），也具有高度的挤压力——对其他话语方式将形成极大的威慑，以期保证自己的无限权威性。普通话就是历史的花腔化在声音和文字方面的表现，它合乎历史的花腔化在语调、声音和"语法"方面的要求。在李洱的小说中，普通话包括两个组成部分：革命话语和小说所包纳的时空形式中不同时代、不同空间中的时尚话语。李洱的幽默在于，他经常有意识地命令三个叙事人——尤其是阿庆和范继槐——在讲述中故意搞语言方面的"拉郎配"：阿庆在讲述死于1943年的葛任时，经常把"文化大革命"语言套在葛任身上（比如"狠斗私字一闪念"、"毛主席说"），范继槐在2000年向人讲述葛任时，也将20世纪90年代的时髦词汇套到葛任身上（比如"酷"、"哇噻"、"崔永元"、"实话实说"）。这样做不仅仅是幽默的需要，也曲曲折折暗示了：普通话是如何掌握群众的，如何让群众一开口说话就下意识地使用普通话暗含的权力，来为自己壮胆。这正如罗兰·巴尔特幽默之言所谓：语言"既不反动，也不进步，它只不过是法西斯，因为法西斯不是阻止人说话，而是强迫人说话"。[1]不过，这归根结底和历史的花腔化，尤其是历史的狂欢化有关。

　　普通话最大的功能是促成了历史的花腔化，并最终创造了历史。因为那种被称之为"历史"的东西，并不是过往事件的排列史，而是过往事件在声音和语言文字中的叙述史。按照罗兰·巴尔特的看法，几乎所有的年表、编年史、汇编表现出的实在的"过去"，都是没有意义的，意义只存在于"组织完好的、流动性的话语中"，历史就在这种声音化或文字化中，才有了超越"固定"、"事实"的丰富性。[2]在李洱小说的时空形式中，这当然具体地涉及了历史伦理叙事和爱与死的伦理学。实际上，后两者既是"创造历史"的中介、桥梁，也是创造历史的必要技术和巴尔特所谓的"写法"：历史伦理叙事以天纵的"必然性"豪情，要求所有人对它采取臣服的态度；爱与死的伦理学则以它经不起来自心灵推敲的"阐释学循环"，最终导致了

---

① 参阅路易－让·卡尔蒂：《结构与符号——罗兰·巴尔特传》，车槿山译，北京大学出版社，1997年，第221页。
② 参阅罗兰·巴尔特：《历史的话语》，洪谦主编：《现代西方历史哲学译文集》，上海译文出版社，1984年，第92—94页。

一种无情的哲学，尽管它貌似非常多情。阿庆为了救出葛任，杀死了他的同僚杨凤良，为免除后患，还一并杀了杨的姘头以及他们的小孩，并将全部尸体抛入河中。手段之残忍，连同样志在搭救葛任的白圣韬也看不下去。但阿庆在"文化大革命"期间振振有词地向前来调查葛任的"革命委员会"成员说：

> 你们问白圣韬在干啥？咳，快别提了。他甚至比不上一条鱼，鱼还知道吃敌人的肉，啃敌人的筋呢。可他呢，竟然敌友不分，拉着俺的手，问俺知不知道自己在干啥？屁话！脑袋长在俺肩上，肩膀长在俺身上，俺怎么会不知道？阶级斗争，一些阶级胜利了，一些阶级消灭了，这就是历史，这就是几千年的文明史。当俺把那一家三口扔到河里喂鱼的时候，俺其实就是在创造历史。

这是对普通话表达历史和创造历史最生动、最细致入微的表述，当然也是最惊心动魄的表述。爱与死的伦理学、历史伦理叙事在其中的作用清晰可辨：从阿庆滔滔不绝、自鸣得意的讲述中，我们看出了语言的纵欲术和声音的纵欲术在如何构成、折射或体现爱与死的伦理学以及历史伦理叙事的伟大权威性。但也正是从阿庆的讲述中，我们确实窥见了历史的花腔化特性：它确实在撒谎，扯淡，有意掩盖真相。这个被遮掩起来的真相正在于：阿庆的真实身份是打入军统的共产党员，他如果救不了葛任，他就只有死路一条；而如果阿庆看了白圣韬从延安带来的对葛任进行"零"处理的密令的话——白圣韬毁了那封信，因为白圣韬才真正想搭救葛任——他也就不会这样创造历史了，他肯定会改用另一种可以想见的方式来"书写"历史。这不正是历史的狂欢化和人对它有意识的驯服、利用又是什么呢？

但方言依然存在。方言是纯个人的语言，是语言中的个人主义，是表达个人内心最真实的语言。它是窃窃私语式的，甚至是自言自语式的。它在很多时候甚至是拒绝倾听的。尽管普通话无处不在——因为历史的花腔化和历史伦理叙事寄居在可以想见的所有时空形式之中，但方言也无处不在。据说甚至连蜜蜂的语言中也有方言，当然，先在条件是蜜蜂也有可通用、可公度的普通话。①假如说普通话是权势的、权力的话语，是对历史"权势"的最好表达，是看似有序的噪音，方言就是弱者的心灵话语，是最深厚、最个人化情感的秩序化言说。它不是噪音。说到底，即使是强人也有软弱的时候，即使是强人在制造普通话来制造历史的时候，作为活生生的个人，他也需要方言来表达自己的内心隐私。如果说普通话是扩张的、外向的、处于中心的，方言无疑就是内心的、收敛的、处于边缘的。由于历史的花腔化、历史伦理叙事的巨大作用和它们天然就具有的"无情"特性，普通话挤压、威胁方言以期维护自己的权威性与合法性，就很容易得到理解。

阿庆在讲述中要尽花腔，为了洗刷自己，不惜把一切罪行都推到早已作古的老熟人宗布身上。当然在完成这一行为的过程中，他充分动用了普通话的巨大威力，充分利用了普通话在诉说历史事件时的巨大作用，也充分利用了普通话在听他讲述的"革命委员会"成员那里天然存在着的"可信度"。但在私心里，阿庆却觉得很对不起宗布，尽管他这样做的另一个目的确实是为了葛任身后的名节。第四叙事人从他掌握的档案库中，调出了阿庆藏在枕头下的日记：

今天，审查组的同志们找我，了解葛任同志最后的英雄事迹。……我不得不提到了宗（布）。反正宗（布）早就灰飞烟灭，死无对证了，俺发扬痛打落水狗的精神，将他臭骂了一通。宗布，若你地下有知，一定要体谅我。我对不住你，我给你叩头了。不说那么多了，因为咱们马上就要见面了，我会当面（向你）赔罪的，我会割耳朵（为你）下酒的。我会让你知道，这都是为了葛任好……到了那边我就啥也不怕了。吃饭吃稠，怕它算屎，吃饭吃稀，怕它算X……

这显然是方言在暗中对抗普通话的有效方式之一，它既让我们看到了

---

① 参阅Von Frisch：《蜜蜂语言中的方言》，王士元主编：《语言与人类交际》，广西教育出版社，1987年，第14—23页。

历史的花腔化在大胜利中的小失败，也让我们窥见了私人性的爱，在怎样暗暗对抗爱与死的伦理学。顺便说一句，阿庆之所以要把日记本藏在枕头下，正说明方言在某些时候——尤其是在普通话大力挤压和排斥方言的时候——是拒绝倾听的。这和周伦佑在《谈谈革命》一诗中所谓"英雄临死前振臂高呼：／'毛主席万岁！日记本在枕头底下'！"显然大不一样。因为后一种掩藏在枕头底下的日记本记载的恰好是普通话，是带有方言体温却渴望走出枕头底下的普通话。是被方言包裹住的小小的野心。

在李洱的小说中，体现普通话对方言的挤压最显著的例子，是对葛任内心隐情的拒斥。作为一个知识分子，葛任似乎天然需要有较之庸众更为广阔的私人话语空间（即方言）。他逃往大荒山，远离革命阵地其实就是为了给自己赢得这一空间，他在那里潜心写作《行走的影子》，回忆自己的一生，以打发最后的日子。可以说，那段时间才是葛任最幸福的时光。但作为一个颇有经验的革命家，他懂得普通话和普通话所代表的历史伦理叙事迟早要找上他，要让他为此作出牺牲，并创造出普通话的语义空间所要求的历史。是的，他肯定懂得"以天之高，而不敢举首，以地之厚，而不敢投足……以六合之大，匹夫之微，而一身无所容焉"①的凄凉含义。葛任的死，不仅是历史伦理叙事和爱与死的伦理学所致，也是方言与普通话之间的对抗所致。葛任的自传《行走的影子》最后被范继槐以保护葛任名节的名义化为灰烬，正可谓普通话对于方言的权威性的鲜明"意象"。

假如说讲述中使用的主体方式是普通话，讲述的时空形式是普通话化了的时空形式，在具有集体性的同时，也具有概括、总结和解释能力的抽象性（即一切时空都是普通话化了的时空，和"普天之下莫非王土"性质相若），考证就是想动用对"对角线图"的醉心沉入，逼迫历史具有方言化的时空形式，也就是说，最终将葛任的心路史全景图从普通话的时空形式中层层剥离出来。很显然，小说在这方面失败了，但这方面的失败，恰好合乎逻辑地、深刻地证明了小说本身的成功。

---

① 荀悦：《汉纪》卷二五。

葛任死了，进入了他所谓的"大休息"境地，彻底抛弃了普通话和方言对他的分裂性裁判，也放弃了历史伦理叙事、爱与死的伦理学和私人性的爱对他的争夺。值得注意的是，即使是在"大休息"之后，有关他的历史的花腔化仍然还在继续进行。李洱的长篇小说就是这方面最近的范本。对于葛任和葛任所代表的每一个人的历史的花腔化，还得进行下去，至少我们现在还看不出有丝毫止歇的迹象。

2002年1月1日-13日，北京丰益桥。

一部历史应该少到可以拿在手中

袖珍人类史或五香街

"一部哲学应该少到可以拿在手中。"保罗·瓦莱里（Paul Valéry）在他的《杂文集》第24篇，说出了这句至为精彩的睿智之言；但早在《杂文集》第12篇中的某处，瓦莱里就提前给出了这部哲学应该包纳的主要内容和它必须完成的任务："我过去、现在和将来都要追求我所谓的'完整的现象'，即包括意识、关系、条件、可能与不可能在内的一切……"1985年或1986年某日，正在向美国听众吹嘘百科全书式的小说是何等优异的卡尔维诺（Italo Calvino），在引用了上述言论后，并没有忘记向他的听众暗示：《杂文集》就是一部可以拿在手中的哲学；诗哲瓦莱里近乎完好地实现了他的夙愿①。

实在应该感谢瓦莱里，因为他给我们提供了一个好思路。仿照他的看

---

① 参阅卡尔维诺：《美国讲稿》，《卡尔维诺文集》，萧天佑译，译林出版社，2001年，第413页。

法，我们完全可以设想一部应该少到可以拿在手中的袖珍人类史。和可以拿在手中的哲学必须表达出"完整的现象"一样，袖珍人类史也绝不应该出于体型瘦小，就必定内容稀少，恰恰相反，正因为可以拿在手中，其密度倒是应该成倍地增大。对于袖珍人类史，密度的加大，绝不仅仅意味着事件与事件的相互拥挤或相互叠加——那显然是编年史的勾当——而是关键细节一个不少地集合在同一个容量有限的时空内；密度的加大，也不仅仅意味着关键细节在数量上的单纯罗列——那是学究们撰写通史时玩弄的小伎俩——而是各个关键细节之间通过相互磋商、搏斗，最终指向人类亘古不变的主题，或人类历史中最重大的问题。所谓关键细节，无疑是指最能通向历史秘密的细节。从比喻的意义上说，袖珍人类史和那些体积不大、几乎已渐成宇宙垃圾的中子星颇有些类似，即密度超凡，但又和绝对沉默、只吃不拉的中子星迥然不同：后者早已魂归太虚，前者却始终是活体，是正在与喧嚣着、踢踏着的历史一起俯仰运动的有机物。很显然，历史也拥有一张充满肉欲气息的婚床，淫乱才是它的根本旨归。

无论是从袖珍人类史的体态、面容的角度，还是从它对关键细节苛刻要求的层面，我都愿意说，残雪女士写于1988年的长篇小说《五香街》[①]，正绝好地符合袖珍人类史各项指标的要求，尽管从表面上看，《五香街》只是一部小说，难以进入史书之列。但先哲有言：史书上的人名都是真的，但事情很可能是假的；小说中的人名都是假的，但事情很可能是真的。也许是有鉴于此，素以实证主义门徒自居的美国汉学家史景迁（Jonathan D. Spence），在研究中国清代山东某个小县城（即郯城）的灾变史的过程中，居然将《聊斋志异》中的某些片段当作信史，援引进板正、严肃的历史研究[②]。本人斗胆将《五香街》看成史书，并想就历史或历史哲学的角度来一

---

① 2002年，《五香街》由海峡文艺出版社重新出版。据残雪2005年7月18日告诉笔者，"海峡版"《五香街》是中国大陆迄今为止第一个未删节本。本文的所有立论都建立在"海峡版"的基础上。
② 参阅史景迁：《王氏之死》，李璧玉译，上海远东出版社，2005年，第85页以下。

番扑腾，充其量只能算作对史景迁的拙劣模仿①。除了上面已经陈述过的原因，说《五香街》是一部袖珍人类史，倒不是因为它的叙事人在行文中，不断戏谑性地提到过"历史"、"历史进程"、"历史作用"、"改变了历史"等撩拨人心的语词，而是说，它确实在神神道道的叙事结构之内，将几乎所有关键性的历史细节全部会聚在了《五香街》，并通过叙事行为产生出的奇异的化学反应，揭示了贯穿整个人类历史的重大问题；在《五香街》这个少到可以拿在手中的叙事空间当中，那些重大问题和人类一样古老，只要人在，它就在。整部《五香街》浑身上下都充满了这种自信的口气，虽然它在叙事上，故意采取了一种幽默的、自贬的、敌我不分的反讽性姿态。至于那些重大问题究竟是什么，接下来本文将会一一分解。这里先要申说的仅仅是，本着这一要求，《五香街》既合乎逻辑地充满了感性（因为它首先是小说），也必然性地具有了高度的抽象性（因为它同时也是概括性的史书）。

据叙事人介绍，五香街是一条长达十里的街道，至少拥有一条"致命的斜坡"、一个在历史情节和概括能力方面富有包孕性的十字路口，当然，还有发表各种重大信息的黑板报、适合各式各样人从事各式各样活动的各式各样的房子、公厕、大会堂、户籍管理处、卖瓜子的炒房、垃圾回收站，等等②。总之，从纯粹地形学的角度说，它的位置、形貌和诸般构架，与我们现实生活中的任何一条街道没什么区别；从最为宽泛的政治学的层面上说，它善于讲求秩序、必须讲求秩序、口口声声以传统审美观念自

---

① 尽管残雪在为日文版《五香街》写的介绍性文字中说："主要人物X女士作为作者艺术自我的化身操纵一切，但她自身却是没有实体的、完完全全空灵的影子，她必须依靠五香街的各色人等来确定其存在。于是从这些'下里巴人'们粗俗的议论之中，从他们围绕着'性'展开的乌七八糟的活动中，艺术自我赫然现身。通过五香街人滔滔不绝的关于性，关于爱情的遐想和'胡言乱语'，东方艺术家在追求理想的途中批判世俗自我，突破性观念的困惑，力图让艺术与现实之两极相通的努力，以及由此而产生的痛苦得到了表达。……书中作为两极对立的主要人物是寡妇和X女士，可以说，寡妇属于受到作者全盘否定的世俗形象的化身，X女士则相当于纯理念。二者缺一不可，正如肉体与精神之间的相互依赖。"（残雪：《五香街简介》，打印稿，未刊）但本文将避开残雪申说的主题，只在必要的时候对此才有所涉及。
② 如果我们就"五香街"中的"五"来一番词源学上的考辨，也许是有意思的。因为"五香街"或许正是依靠中国文化对"五"的过分推崇或迷信，暗示了这条不那么大的街道上恰恰有着无穷无尽的细节、无穷无尽的众生相（对"五"的考辨参阅葛兆光：《中国思想史》第一卷，复旦大学出版社，1998年，第140—141页）。

律的做派，也和我们现实生活中的街道共用同一副面孔；就它的人民群众具有相互窥探、时而同仇敌忾时而钩心斗角的品性来说，更和我们天天寄身其中的街道毫无二致。但就是这条看起来普普通通、肉欲而性感的街道，却极富抽象性：我们既不知道它来自何方，也不知道它将延伸到哪里；它既有可能是对人类空间的截取，又有可能在本质上充当着人类空间的全息图，甚至干脆就是人类存身的空间本身。《五香街》五迷三道的叙事风度还通告我们，这条不确定的街道恰恰因了它的不确定性，给五香街的历史打上了广泛的恍惚性。明眼人稍加思索肯定会清楚，在《五香街》中，历史的恍惚性，正好构成了历史的重大问题或重大主题之一，恰好是袖珍人类史和袖珍人类史叙事必须关注的重大问题。所谓历史的恍惚性，不过是指历史在自身看似谨严的秩序中的不断摇摆：它既不直线前进，也不迈着八字步做螺旋式上升，而是跳着迪斯科（Disco），忽左忽右、忽前忽后。像吃了摇头丸一样。《五香街》通过诡异的叙事知会我们，历史遵循的主要规律甚或唯一规律，其实就可以被比喻性地称作摇头丸规律。毫无疑问，这也是人类历史亘古不变的重大主题之一。现在，请允许我们仓促间先给出一个结论：正因为摇头丸规律的坚实存在，所谓的进步神话最终只能等同于鬼话或黑话①。当然，历史的恍惚性附带给了"创造历史"的人——比如五香街人民——以严重的摇摆性，就更是历史的重大主题或重大问题了。历史之船如此乘风破浪，不堪摇摆的群众于是开始晕船和呕吐。有意思的是，五香街人民似乎人人都走得很稳妥，或自以为很稳妥，除非有破坏这一稳妥的外来分子——这算不算人类史上又一个有趣的问题？就是在这里，表面上平稳行走实则晕船、呕吐的人，以自己充满矛盾的动作/行为，组建起了自盘古王开天辟地到《五香街》中的故事开始之前五香街的几乎所有历史。说故事开始之前五香街的历史是平静的、稳妥的，不过是五香街人民心造的幻影，目的是为自己脆弱的内心，找到一个看起来不那么脆弱的

---

① 爱因斯坦就说："关于人类始终不渝地向进步方向发展的信念，鼓舞着19世纪的人们，现在，这种信念已经让位给普遍的失望。……我们根据自己固有的经验知道，所有这些（即科学技术——引者）成就既不能从本质上减轻那些落在人们身上的艰难，也不能使人们的行为高尚起来。"（爱因斯坦：《R. 凯泽尔的〈斯宾诺莎〉序》，许良英等编：《走进爱因斯坦》，商务印书馆，2005年，第207页）。

靠山；好在历史的根本含义之一，本来就不是为了记住而是为了忘却。五香街人民毫不费力，就成功地忘掉了历史上几乎所有风起云涌的事件，恰好为我们的论点做了一个准确的注脚。但笔者此处愿意违背积习和原则随大溜，干脆卖五香街人民一个面子得了。因为据《五香街》那个鬼头鬼脑的叙事人说，五香街人民个个温文尔雅、自信得有如传说中的磐石，坚硬、强硬而又温驯和富有耐心。

和通常的史书不一样，作为袖珍人类史的《五香街》，是通过象征而不是仰仗纪实，才完成了它的袖珍人类史身份。从表面上看，《五香街》中汇集的所有关键性历史细节都荒诞透顶，以至于根本不可能宣称它是对现实与历史的真实揭示；只有等到"一篇读罢头飞雪"后，我们才有可能恍然大悟：唯其荒诞到极致，才处处体现出它对现实境遇、历史境遇具有近乎照相般的真实性和说服力。难道我们的现实和历史居然不是荒诞的？在残雪的私心中，象征的多解化带来的力量，显然超过了单纯写实具有的魔力。或许正是这样，这部混合着卡夫卡（Franz Kafka）和博尔赫斯（Jorge Luis Borges）之珍贵气质的袖珍人类史，才格外引人注目；也可能正是出于这个原因，这部仅仅三百余页的小说，才有资格成为一部袖珍人类史、真正意义上的人类史。

现在，是到介绍小说故事梗概的时候了。由于这个故事实在太简单，我们似乎可以用很少的文字来转述：X女士和丈夫在五香街开了一家卖瓜子的炒房，并借此谋生，但X女士偏偏不务正业，热衷于"迷信活动"，热衷于"创造奇迹"，天天在家照镜子、研究显微镜，迷信眼珠的颜色变化，信奉音质优异的声音，从不参与五香街人民热衷的所有事情，比如集体纳凉、说闲话、以五香街人民特有的方式偷情，等等。因此和全体居民格格不入。这显然足以惹恼按部就班的人民群众。后来，突然传说她和来自五香街之外的Q男士有奸情，经常在十字路口约会——十字路口在这里显然充满了象征意味——居民们顿时群情大哗；五香街人民一方面对X女士破坏传统审美观念十分气愤，另一方面，则有了使五香街的历史恢复平静的义务，从而找到了他们对五香街的历史责任——天天为生计奔波劳碌的人民群众，于此之中，总算找到了提升自己境界和道义的机会。看起来，这是一件双赢的好事情，但就是在上述两个方面的共同作用下，最终，引发了一场X女士和全体居民之间旷日持久的对立。不过，到最后，小说还是以X女士被五香街的居民强行推选为五香街的代表而结束。也就是说，五香街人民经过沉痛反思，迫于某种他们并不认可的历史规律的压力，终于认可了X女士的荒诞行径，并把她尊为五香街的形象代言人。

X女士是五香街的外来户；被人民群众指认为与她通奸的Q男士也是外来户。从叙事人幽默的口气中推测：或许正是他们破坏了五香街安静的历史、稳妥行进的历史步伐；是X女士的到来，最终让顶多只有本事迈着八字步做螺旋式上升的历史，开始了迪斯科舞蹈。按照叙事人的话说，从前的五香街可是风平浪静、水波不兴（参阅《五香街》，第148—149页）。的确，外来户，无论是以某个具体的人物为形式、还是以某个特殊的意念为形式的外来户，才是故事或事故的开端；我们将会看到，残雪通过《五香街》、《五香街》的叙事结构以及叙事结构带出来的特定结果，颇有说服力地给出了关于一切人类历史叙事的普适公式，这或许就是海登·怀特（Hayden White）在作古正经当中，屡屡称道的元叙事① ？《五香街》及其叙事结构对此顶多只是会心一笑，因为它的起始，恰恰就在五香街的安静历史被打破的那一刹。由此，袖珍人类史开始了它的叙述。这无疑是一个创世纪的故事：

关于X女士的年龄，在我们这条五香街上，真是众说纷纭，莫衷一是。概括起来，至少有28种意见……

群众史或摇头丸规律

早在19世纪末叶，威廉·奥斯勒爵士（Sir William Osler）就曾严肃地将鸦片视作上帝之药② 。这个命名确实堪称神来之笔；只是我不太明白，为什么见识超群的奥斯勒爵士没有将鸦片和人类史、尤其是人类文明史和精

---

① 参阅海登·怀特：《元史学》，陈新译，译林出版社，2004年。
② 参阅马丁·布思：《鸦片史》，任华梨译，海南出版社，1999年，第100页。

神史联系在一起。那样做不是更能说明问题吗？不是更能明白我们的历史和历史规律是个什么玩意儿吗？难道鸦片和人类的精神经历、文明历程没有关系？作为一种迟到和渺小的补救，我愿意在此续上爵士大人的未竟之言：作为较鸦片晚出多时的人造物，摇头丸也是上帝之药；不过，它更是一种具有戏谑特性的上帝之药。其药效的施力方向与鸦片正好相反：鸦片使人安静，使人进到飘飘然的太虚幻境；摇头丸则让人癫狂，让它的被掌控者迈入毫无方向感的运动当中，恰如我们的历史一般。的确，如果仔细追究起来，人类制造摇头丸自有它的必然性。从某种意义上说，摇头丸就是作为历史规律一个象征性的物化形式，才得以应运而生；从比喻的角度上说，它对应了历史自身所拥有的毫无方向感而又奔涌不息的力比多；从罗兰·巴尔特（Roland Barthes）十分擅长的符号学角度说，这或许就是摇头丸身上沾染的最为重大的文化学价值。作为一部袖珍人类史，《五香街》对此肯定心知肚明，也自然心领神会。

在没有外来户搅和局面的情况下，一如五香街的著名群众、五香街人民心悦诚服的"五香街代表"即受人宠爱的寡妇所说，五香街依靠传统审美观念，确实在一定程度上维持着自身历史的平静和平稳发展，五香街的历史仿佛就这样直线前进——至少人民群众愿意这么看待问题（参阅《五香街》，第201页）。看起来，传统审美观念才是五香街人民心目中的历史规律，或历史规律的真正内核；谁反对或试图打破这个规律，谁无疑就是五香街的敌人，谁就是阻碍五香街历史向前滚动的绊脚石。历史，那可是不能随便招惹的东西呀。但让传统审美观念至为难堪的是，命中注定的敌人来了，那个名叫X的女士来了，裹挟着她的种种怪癖以及对传统审美观念的高度蔑视。就是从这个看似无足轻重，实则至关重要的当口开始，《五香街》贡献出了一大批象征性的关键细节；经过这些细节的反复酝酿，经过这些满载着历史秘密的细节在相互争斗与配合之后实施的曲径通幽运动，那个亘古不变的重大主题终于被揭发出来了：历史规律的真正内核，不是平静的传统审美观念，而是历史的恍惚性；历史进程不遵循传统审美观念给出的线性逻辑，而是遵循表征着没有任何方向感的摇头丸规律；历史没有理性，只有奔涌不息的力比多。这情形，恰如一位高人所说：历史有规律，但没有历史规律。而从《五香街》即袖珍人类史叙事的开端，我们可以看出：从前至为和谐的五香街的历史，于此之间终于恍惚起来；五香街的人民群众，终于开始了他们命中注定的眩晕和呕吐——假如历史可以再一次被比喻为一艘船的话。

《五香街》极富象征性的袖珍人类史叙事从它的第一句话起，就这样起航了。但《五香街》的叙事人和《五香街》的作者一样清楚，在这条仅仅产生于梦境和灵感的十里长街上（参阅《五香街》，第148–149页），亘古不变的摇头丸规律，终于和被它掌控的群众勾结在一起，并彼此从对方或抽象或感性的运动中得到了体现：摇头丸规律通过群众的动作/行为上的摇摆性，让自身得到了实现；群众则通过对摇头丸规律的下意识遵循，从而创造性地创造出了五香街的新历史。在此，我们必须像敞开魔术师的后台让观众参观一样，必须坦率地承认，我们的论述从一开始就具有浓厚的倒叙特征：我们预先给出了摇头丸规律的实质，然后，才在已经起航的袖珍人类史叙事当中，寻找它的生产过程。"倒叙"之所以合法的原因仅仅在于：《五香街》成色浓厚的袖珍人类史叙事，首先就将摇头丸规律当作了自己的当然出发点，然后才像通常所说的概念先行那样，去寻找和袖珍人类史叙事相契的关键细节①。同样没有多少疑问的是，这个生产过程与所有其他形式的生产过程非常不同。常规的生产过程一概由人控制，并经由这一过程，制造出了人们念想中能够预见的产品——大到宇宙飞船，小到一根针；更为关键的是，这个过程和这个过程的终端即产品，始终外在于人——我们总不能说宇宙飞船、针和我们的面孔同一，或就在我们的身体之内。摇头丸规律的生产过程和经由这一过程而来的产品（即摇头丸规律自身），却从来就内在于人——这就是历史、历史规律与人之间的血缘共生关系。我们必须将历史、历史规律和对历史规律的生产及其生产过程，理解为内在

---

① 按照卡尔·波谱尔（Karl Popper）的看法，从来就不存在感性上升到理性的事情，有的只是从理性出发去寻找能够证明理性命题的感性证据（参阅卡尔·波谱尔：《通过知识获得解放》，李本正等译，中国美术学院出版社，1996年）。但依照我的看法，这个问题肯定比波谱尔想象的还要复杂。首先，理性命题确实是从感性材料中得来的，但作为一个有意识的人，通过教育，我们早已掌握了命题，因此才能从理性出发去寻找感性证据。这中间绝不止一种循环（参阅敬文东：《随"贝格尔号"出游》，未刊稿，2004年）。

于人的事物，否则，按照《五香街》典型的袖珍人类史叙事的暗示，我们就不能真正理解这一切。原因很简单：我们不仅处于历史之中，而且我们本身就是历史；规律不仅存在于历史，而且我们本身就是规律。即使没有《五香街》及其叙事结构，我们大概也能知道这一结论。这实际上意味着：作为一件始终属人的礼物，历史的摇头丸规律通过人对它自觉或不自觉的运用，被递交到人手中；人自觉或不自觉地接受了这件礼物，并创造性地生产出了新的历史和历史的摇头丸规律之本身。摇头丸规律、摇头丸规律的生产过程，始终和人紧密团结在一起，并内化到了人的动作/行为上。此情此景，打个不那么恰当的比方，颇有些类似于海德格尔论述作为一种礼物的语言和人之间的关系①。但海德格尔念想中的人和语言之间的关系，较之人与历史、历史规律之间的关系，实在要简单得多。

残雪对此当然是太清楚不过了，因为她就是这一切的炮制者，因而洞穿了这一切，并且她洞穿的东西，还是我们目下所遵循的论证逻辑的引擎；我们甚至可以说，满本《五香街》几乎就是对这一隐秘性生产过程的全盘演示，但它又分明征得了无数关键细节的认可与赞同，从而重新构造出了这一生产过程，以及这一生产过程的终端产品即摇头丸规律。负责任的读者都能看出，无论是群众对X女士之奸情的窥视、监督，还是对X女士之"迷信活动"的跟踪、尾随，无论是群众在公共厕所（那是五香街的信息集散地）里，对X女士的怪癖发表评论，还是群众在精英人士才能参加的"黑屋会议"上，对X女士的口诛笔伐，在满载着倒叙特性的《五香街》充满反讽和幽默的袖珍人类史叙事构架中，都不过是对摇头丸规律的精确呈现，不过是摇头丸规律在小说中构造自身、生产自身所需要的关键细节。

在此，本着实事求是的精神，我们必须承认：按照某种教义的宣谕，历史确实是人民群众创造的；但我们似乎不能因此忘记另一个更为基本也更为隐蔽的事实：历史的最终来源从来都是外来户，不管他是人、先知还是理念或精神。这绝不仅仅是说，如果没有外来户，传统审美观念统治下

---

① 参阅海德格尔：《在通向语言的途中》，孙周兴译，商务印书馆，1997年，第5-24页。

的人民就没有历史；毋宁更是说，如果没有外来户，历史规律与历史本身和人一道，根本不能得到有效的生产。《五香街》早已暗示过我们，这绝不是说外来户才是历史和历史规律的生产者，而是说外来户只是创世者，只是历史和历史规律的发源地，他们也只满足于创世者和发源地的身份；真正的生产者从来都是人民，都是我们这些群众。诚如我们知道的那样，外来户是突然闯入的，正如X女士像那个毫无出处的孙猴子一样，毫无征兆地进入五香街；外来户是不明飞行物，正如《五香街》花了二十多万言，也未能清楚地交代出X女士的身份和出处——更有甚者，连X女士的年龄和身段都未能弄恰切。但正因为如此，外来户才处处体现出历史的摇头丸规律的题中应有之义。但外来户一词中所谓的"外来"，从《五香街》诡秘的叙事中推测起来，恐怕绝不仅仅指称某个确定的空间，反倒更应该指称一个几乎完全没有出处的地方。就是在这里，《五香街》专门给出了一切人类历史叙事必须遵从的普适公式：历史从外来户开始——因为外来户最有可能裹挟了摇头丸规律，也最有可能通过自己的动作／行为生产出摇头丸规律。

群众，相互簇拥而来相互簇拥而去的群众；群众，那些相互吐口水然后相互忘掉的群众[1]！但我们必须放下这些实在想法，而又着实无聊透顶的感叹，因为我们此时此刻必须首先要搞清楚的是：在我们迫不得已才实施倒叙行为的论述模式中，群众，那些具有上述滑稽特征的群众，究竟是怎样内在性地生产历史和摇头丸规律的？考诸《五香街》和袖珍人类史叙事，答案或许只有一个：通过群众的动作／行为和动作／行为自身沾染的恍惚性。只要稍微细心阅读《五香街》，我们就能明白：群众们那种种表面上至为清晰的动作／行为，其实在骨子里都充满了恍惚性。这没什么好笑，也没什么不可理解，因为它正好是我们这些被统称为人民群众者的生存常态：我们动作／行为上的恍惚性，既是对摇头丸规律的绝对遵从，也是在此之中，对摇头丸规律或主动或被动地生产。《五香街》极为诡异的叙事，包括它对群众的基本动作／行为故意采用的那种极为恍惚而不确定的语气，正明确无

---

[1] 此妙论来自钟鸣。参阅钟鸣：《旁观者》，海南出版社，1998年，第299页。

误地昭示了：掩盖在肉眼可视的动作/行为之下的，正是动作/行为所拥有的肉眼不可视的力比多，那四处奔涌的、毫无方向感的晦暗之物。这一切，除了上述原因，在袖珍人类史的叙事构架中，还来源于摇头丸规律本身所拥有的内在矛盾。这很可能只是一个附带性的缘由，但并非不足为训：一方面，摇头丸规律表征着历史的毫无理性，显示了历史的力比多毫无方向感的极度紊乱；但另一方面，《五香街》通过自身叙事结构揭示出的摇头丸规律却极为理性，几乎容不得解释学上的半点儿花招。这就像我们不能说测不准原理本身就测不准一样。但就是这种集理性和非理性于一体的规律，伙同上面已经申说过的缘由，共同导致了群众在动作/行为上的种种品性；这种集理性和非理性于一体的规律也通过群众的动作/行为，在群众那里内在性地生产出了摇头丸规律之自身。残雪的高超才能或许正好显现在这里：为了表达这个亘古不变的历史主题，她故意在叙事中采用了一种极为恍惚、极不确定的语调。也就是说，本着她的目的，残雪发明了一种和袖珍人类史相匹配的语调，发明了一架可以穿透肉眼不可视的力比多的高倍显微镜。残雪借此看清楚了历史的摇头丸规律的丝丝缕缕、肠肠肚肚。她渡过了这一黑暗的桥梁，但她真的能代表我们这些人民群众找到光明的未来吗？

在此，受人宠爱的寡妇——也可以说成传统审美观念的宠物——是个好例证。说该宠物是好例证当然是有原因的。首先，据叙事人说，"寡妇不是由于她的个体的特殊性，正好是由于她的普遍性与代表性，才在我们五香街获得如此显赫的地位，受到众人爱戴，成为一个巾帼英雄的人物的。"具体说来，情况的由来大致上是这样的：第一，和五香街每一个基本群众一样，该寡妇也具有强烈的性欲，到老年仍丝毫未减（这值得庆贺）；第二，让五香街人民敬佩的是，寡妇遵循传统审美观念，自始至终都将自己的性欲在压抑中给打发掉了，从未与丈夫之外的其他男人发生过关系（这值得景仰）；第三，寡妇目光敏锐，正好代表了五香街人对外来户极度敏感的基本素质（这应该受到革命群众的礼赞）；第四，寡妇对敌友有着良好的辨别力，正代表着五香街人的集体品德（这更应该成为我们这些鼠目寸光之辈学习的好榜样）。（参阅《五香街》，第286-294页）综上所述，寡妇显然称得上传统审美观念的坚决捍卫者、五香街之平静历史进程的创造者和维护者；她的种种动作/行为（不管是恍惚还是不恍惚），证明她完全是传统审美观念的奴仆和生产者。但就是这个人在"X女士事件"中，对自己的所作所为有过相当深刻的检讨：

> 我注定了是一个传统的维护者。……我不否认我有弱点，也不否认由于我个人的弱点影响了历史的进程，如果我再坚强一些，警觉一些，不那么单纯，轻信，好多事情一定是另外一种面貌。……我愿意承担由于这个缺陷造成的损失，也愿意从灵魂深处找原因，因为我是使大家犯错误的关键人物，本来一切全是可以避免发生的，而对这种令人沮丧的局面我心中有愧。（《五香街》，第201页）

尽管据《五香街》的叙事人十分幽默地说，十里长街上的几乎所有群众，都自认为是五香街历史进程不可或缺的关键人物，但依照上面介绍的四条理由，寡妇肯定更有资格成为关键人物；同样毫无疑问的是，在五香街上，该宠物还是洞悉了摇头丸规律之奥秘的少数几个人之一，否则，她不会做出如此坦诚的检讨。或许正因为这个缘故，她才能较为清楚地意识到自己的动作/行为中暗藏着的恍惚性，并为自己对此无能为力深感内疚：因为这个捍卫传统审美观念的人在不知不觉间，居然参与到了对摇头丸规律的生产过程当中。这是她一万个不答应的事情，却又是不得不在身不由己的动作/行为上，予以坚决支持的事情。此人因此违背本愿地成为了五香街历史上著名的悲剧性人物。或许，这就是她后来坚决支持将X女士推选为五香街代表的心理动因？

就这样，《五香街》从象征的角度，给了我们的人民群众——无论他是黄头发的还是白皮肤的，无论他是蓝眼睛的还是黑面孔的，更无论是他还是我——一部至为简洁的历史。《五香街》保证，从创世的最初那一刹，我们这些群众受制于摇头丸规律并跌跌撞撞开创新历史的种种品性，就已经跌跌撞撞地开始了。在《五香街》那里，这部历史具有亘古不变的特性；只要袖珍人类史叙事摆明的、具有如此这般秉性的群众史没有实质性的改变，无论我们今天拥有了多少肯德基、E－mail，无论我们能够上火星或是下深海，我们的人类史都不能假借群众的名义，宣称我们已经取得了实质性的进步①。那顶多是黑话或鬼话。我们更没有必要依照历史主义的教导，居然去历史地看待群众的历史问题，也没有必要把群众史仅仅理解为一个历史问题——以这种方式看待群众史，恰恰意味着我们只能用恍惚的眼光，去打量早已恍惚和摇摆的群众；我们也将在方法论上，永远受制于历史的摇头丸规律。历史主义是一条绝路。从表面上看，《五香街》在用一种极为游弋和恍惚的口吻叙说故事，但从效果上看，唯其游弋与恍惚，才更能给群众史一个坚定不移的、近乎于形而上学般的说明：它就是这样，至少到目前为止，它还称得上亘古不变。任何一个负责任的读者都应该看出，叙述如此这般群众史的袖珍人类史（即《五香街》），恰恰以它跳出了历史主义、历史的恍惚性、历史的摇头丸规律为前提。顺便插一句，这也是《五香街》之所以具有倒叙特性的根本缘由。它单位容积中容纳的关键细节之多，即使是我们这些群众在跟随《五香街》的叙事结构参观自己的历史时，也有一种喘不过气来的感觉。这都是因为《五香街》说得太真实、太让我等信服。因此，面对有关方面想方设法铲除摇头丸而不得的尴尬局面，袖珍人类史叙事完全有资格和它开玩笑说：得了吧，老兄，人民之所以需要摇头丸，不过是因为他们必须遵循历史的摇头丸规律，必须义务性地生产出这种规律。在此，我，一个深受历史主义之戕害的小知识分子，愿意斗胆接上《五香街》在其叙事逻辑中想说却来不及说出的话：这才是我们这些人民群众自盘古王开天辟地到而今的真正经历、亘古不变的本质性经历。

① 无论学者们如何争论，有一点可以肯定，进步神话是历史主义的产物，它的逻辑建立在时间的线性即不可逆性的基础上。历史主义本来是想为人类提供一个美好的未来，但它最终给我们带来的是绝望（参阅卡尔·波谱尔：《开放社会及其敌人》，郑一明等译，中国社会科学出版社，1999年）。

伪先知史或纯粹理念

和一切号称以写实、纪实为务的作品截然不同，《五香街》在本质上是一种形而上学式的写作。这种写作方式的最大特点，就是对事物变动不居的表面不屑一顾或深怀疑惧，倾心向往的，却是事物的深层结构——它致力于从历史主义看来无物常驻、变动不居的事物当中，寻找支配各种易于消失的事物的那个岿然不动者、那个恒常恒新的本质。在一个历史主义大行其道的时代，人们普遍愿意相信也喜欢说：形而上学式的写作真的已经过时了，而且不值得哀悼。具体到《五香街》，我们可以断言，形而上学式的写作应该直接等同于袖珍人类史叙事，尽管从逻辑的角度看，残雪发明的袖珍人类史叙事，只不过是形而上学写作的方式之一。因为肯定还有更多的方式有待我们去发明和寻找。但毫无疑问，探索无物常驻的人类史中常居常在的事物，无疑是形而上学式写作最偏爱、最关心的主题——这只要默想一下形而上学的语义就足够了。

这种特殊的，在肤浅、平面而又快速的当下近乎失传的写作方式，导致了一系列打眼的叙事学问题：人物形象必须具有高度的抽象化和象征化（这显然有违老牌"文学概论"的教唆）；人物的动作／行为必须具有模糊性与不确定性（以求象征性地对应历史主义所谓的变动不居），但又必须在此之中，清晰地揭示出确定无疑的东西（以求达到形而上学式写作的根本要求）……应该说，《五香街》在它的叙事结构中，恰切地完成了这一系列高难度的动作，也体现了这一系列高难度动作所要求的那种微言大义，并在这个过程中，循环性地构筑出了形而上学式的写作之本身[①]。但要真正达至形而上学式写作的要求，还需要一种类似于二元对立式的思维逻辑。理由很简单：形而上学式的写作就需要善恶对立，就需要"一"与"杂多"对立。对此，《五香街》的处理方式很简单，也合乎形而上学式写作的美学要求：

①此处之所以要专门性地说"循环性地"，显然与前边说"倒叙"时的原因一样，即《五香街》完全是一部概念先行的小说，无论是从表面上看还是从深层上看，都是这样：先有一个观念，然后再由此出发去寻找细节。具体到这里，就是先确定形而上学式的写作本身，然后再由此出发去寻找关键性细节，并让关键性细节成就形而上学式的写作本身。这或许是残雪所有小说共同使用的思维方式。

它在描叙亘古不变的群众史的同时，须臾也未曾忘记，在我们的人类史中还隐藏着一部伪先知史。无论是在《五香街》还是在《五香街》的念想中，群众史和伪先知史都是相辅相成的。对于五香街人民，没有先知的历史总归是不可思议的；对于伪先知，没有群众也就没有生存的机会。群众是伪先知的营养和充满了营养的鸡大腿。

伪先知是这样一种人：尽管他不是真先知，但他的一切仍然只是传说，和真先知一样，他依然只能存在于群众的言谈当中，他栖息的地方，只能是语言纵欲术营造出的太虚幻境，但他又能奇迹般地、真实地对群众发生作用；他们一般都从事着贱业，但他们能预言未来……总之，伪先知表征着一种新的生活方式、表征着历史那种种毫无方向感的突变。在《五香街》中，作为群众的对立面，作为一个外来户，作为群众讨厌的对象，X女士正充当着伪先知的角色。最重大的证据是：极其讨厌她的五香街人民，最后不得不承认她虽然生活在当下，但实际上过的是未来的生活；而那样一种生活，依照被五香街人被迫接受的摇头丸规律，就是五香街人民不久后将过的生活，而且这种生活与这种生活的得来，在思维上颇类似于基督教所谓的末日审判。X女士依靠在群众那里受到承认的未来性成为了先知。在人民群众的传说中，她，X女士，还有过诸般"神迹"：她完全和群众不一样地热衷于星象，热衷于创造无以名之的奇迹；她匪夷所思地不用眼睛却能看见、不用耳朵却能听到；她还古里古怪地痴迷于镜子和显微镜；而让早已丧失翅膀的群众们无比惊讶的是，她甚至会飞，尽管并没有人真的见到过；她的爱情观尤为离奇：寻找伴侣主要看对方眼珠的颜色的变化、声音是否迷人、是否有一双优秀的手……反正，X女士绝不是传统审美观念的生产者或奴仆。

传说是先知（无论真伪）的必备条件。这也是一个亘古不变的铁律。即使是土老冒陈胜，也要在夜半的坟堆后装鬼叫、往鱼肚子里塞私货。据说，在远古时期，我们的先知（我指的是尧、舜、耶稣、穆罕默德而不是陈胜之流）在诞生时都有来自上天的预兆。但伪先知诞生前的预兆却不来自上天，而是来自群众们的传说。这一点，即使从最善良的史官们笔下都可以看出。陈胜之所以等而下之，就在于关于他的传说首先来自他本人。毫无疑问，真先知的时代一去不复返了，现在是一个伪先知的历史时期。

更为要命的是，我们根本不知道这个时期从何开始，从何而终。因此，在《五香街》中，作为伪先知的X女士的所有"神迹"，都在愤愤不平的群众口中越传越庸俗，连她的性生活史也被群众搞得沸沸扬扬："她的性观念绝不是与上床毫无关系，而是密切相关的，上床是这件事的目的和高峰，是无比美妙的瞬间，简直可以说是她的理想的实现。"（《五香街》，第61页）看起来，在群众眼中，X女士只是一个热爱性交、喜爱淫荡的先知。可历史上有热爱性交的先知吗？这无疑意味着，在古往今来漫长到永无休止的伪先知的历史时期，对伪先知的传说从来都是流言蜚语。很显然，传说在这个几乎亘古不变的历史时期，无可奈何而又充满必然性地赢得了新的语义。因此，看得出来，当传说经过从来自上天到来自群众之口的转渡后，群众对伪先知就没那么恭敬了；相反，伪先知倒成了群众调笑和试图加以改造的对象——只要想想耶稣的某个门徒因偶尔不信任耶稣竟然悔恨得几乎跳崖，就不难明白个中区别。而《五香街》的主题之一，或者说，形而上学式写作、袖珍人类史叙事的目的之一，就是要在二元对立的思维逻辑中，揭示出群众和伪先知之间相互争斗的敌对史。先知与群众发生冲突是显而易见的；但就是在这里，《五香街》无疑给出了又一个亘古不变的历史主题：自真正的先知（比如尧、舜、耶稣和穆罕默德）不幸消失后，伪先知从此与群众展开了旷日持久的搏斗；而真的先知在人民群众的传说中，无时无刻不与群众联为一体。而这，正再一次深刻地意味着：我们的人类史从此进入了一个漫长的、或许永远无法结束的伪先知的历史时期。

所有的伪先知都是外来户。在群众的传说（即流言蜚语）中，所有的伪先知不过是一群自私自利的个人主义者；他们威胁了传统审美观念的安全，引发了历史的不稳定；他们从不和群众往来，从不和群众通奸、上厕所、集体纳凉、打麻将、开黑屋会议，只想过一种自绝于人民的生活……本着形而上学式写作的本己要求，《五香街》援引了来自人民群众的无数关键细节，终于证明伪先知即X女士，确实是个荒诞不经、毫无性感的蠢妇。即使是对性感问题，在群众雪亮的锐眼中，X女士也表现出极其愚蠢的一面："她完全置'生理功能'于不顾，荒唐地认为自己的性感来源于她那双丧失了视力的眼中的波光。"（《五香街》，第59页）更重要的是，即使X女士有意（？）显露神迹，比如她在海上被浮冰紧紧粘住，既不撤退却又能完好无损地抽身而出，也被五香街的人民群众当作虚妄之谈，予以迎头痛斥。让我们从历史主义的角度和逻辑的角度鼓掌称颂：还有什么比如此这般看待"神迹"更能打击"神迹"的炮制者呢？此时此刻，作为懵懂的读者，我们自然要问：这种情况的发生，真的只是五香街人民没有宽容心吗？他们干吗那么敌视X女士？毕竟她和五香街人民前世无冤，近日无仇。面对这一疑惑，《五香街》以袖珍人类史叙事的严谨口吻通知我们：破坏传统审美观念，只是群众敌视X女士的表面原因，更深层的缘由尚存在于其他地方。

来历不明的X女士来到五香街后，马上就以其怪癖、以其伪先知的种种做派，引起了五香街人民的严重不安；当然，五香街人民对她的传说和诽谤也接踵而至。但掩盖在这个简单事实之下的，是堪称惊心动魄的实质。在此，且让我们斗胆一一道来：作为伪先知，X女士才是摇头丸规律的最初生产者，她像个恐怖分子一样，携带这一自制的重磅炸弹来到五香街，也就意味着将摇头丸规律抛掷进历史进程原本十分平静的十里长街；作为伪先知，X女士自然知道饱受摇头丸规律之苦的群众对她恨之入骨，自然知道群众们必然编织针对她的种种谣言，以解心头之恨；但同样作为一个伪先知，X女士就是要报复性地来到和逗留在五香街，她要亲眼看一看，那些敌视她的人究竟在如何接受摇头丸规律带来的痛苦，更想实地考察一下五香街人民在被胁持中，如何创造性地生产他们不喜欢的摇头丸规律——就像他们本来是想生一个大胖小子，最终却生了一只没有毛的公鸡；作为一个伪先知，X女士预先知道五香街人民最终会被迫接纳她，就像他们最终被迫接纳了摇头丸规律；同样作为一个伪先知，她发誓要将这项历史游戏进行到底。《五香街》的叙事人在说到X女士显露神迹时，十分会意地写道："她现在的态度是：决不挪动。即决不违背自己的心愿，这就是说她要把这出戏演到底……"（《五香街》，第222页）

《五香街》成色浓厚的形而上学式的写作口吻，在很多地方都向我们暗示过：X女士其实也是摇头丸规律的受制者，尽管她是该规律的发源地和初级生产者。她一定要来五香街，一定要对五香街的人民群众有上述种种做派，正是对摇头丸规律的公开响应。这实在怪不得X女士，因为她只是一个伪先知历史时期中的伪先知，受制于历史规律、在受制于历史规律之中再一次地生产出历史规律，是她必尽的义务。只有上帝那样的先知——当然上帝不是或根本不屑于充当先知，折中一下，我们就当他是所有先知们的先知吧——才只创造规律而绝不受制于规律。因为上帝不是人。他只是上帝。

和《五香街》透过变动不居的事物表面、通过征集关键细节揭示亘古不变的群众史相似，《五香街》使用形而上学式的写作方法（即袖珍人类史叙事），同样给出了一部伪先知史。和群众史的基本面孔相同，伪先知史在《五香街》的叙事结构中，同样具有亘古不变的特性。和群众史是对古往今来所有群众的历史的本质性总结一样，伪先知史也是对古往今来所有伪先知的历史的本质性总结。残雪发明或使用的形而上学式写作方式，无论是从技术上、从写作学上还是从叙事学的层面上，都有力地支持了这种本质性总结，也支持了这种本质性总结的过程本身。但更令人吃惊的是，这种写作方式还给出了一个更令人震惊的消息：

X女士这个若有似无的人物，将给我们的历史留下数不清的谜语，她的某个似曾实施之行为，是绝对不能运用逻辑、理智去判断的，因为这个人物本身，即属一种不可靠的假定，就如一棵华盖巨大，根子浅薄的大树，轻轻地摇撼即会使其倒地不起，确定的只有那种虚幻感，那永恒的迷雾和烟云，激起我们无比浓厚的兴趣。（《五香街》，第176页）

这无疑是在暗示：与形而上学式写作或袖珍人类史叙事恰相契合的是，伪先知史的真正主人公或曰内核，差不多只是一个纯粹的理念。它像一道遥远的反光，空虚、悠长、落寞，满载着本质性总结所带有的那种惆怅。这当然是形而上学式写作的题中应有之义。不过，即使在《五香街》中，这个纯粹的理念最终也要由X女士来承担，不管是以她的肉身，还是以她脱去了肉身的影子，也不管在五香街人民的流言蜚语中，这个肉身或影子是几乎不存在的还是肯定存在的。重要的是，作为一个伪先知，X女士的确是群众传说中的那样，是一个个人主义者；但正是这一点，更让《五香街》动用袖珍人类史叙事，轻而易举就得出了更进一步的推论：在一个漫长得无以复加的伪先知的历史时期，唯一称得上先知的，仅仅是那个彻底的个人主义者。X女士在五香街上决绝的做派，正昭示了什么才叫彻底的个人主义者：所谓彻底的个人主义者，在伪先知的历史时期，意味着只有我一个人，绝对的一个人。这个先知无论携带了何种历史规律，无论昭示了何种形式的新生活，他能给人民群众的，只是群众对他的敌视。我不知道《五香街》在它的叙事结构中洞明了这一切后会有什么感觉，尽管它确实以反讽实则高度赞扬的口吻，赞扬了X女士的勇敢与魅力。

史官的诞生或反讽主义者

《五香街》的叙事人在不少时候自称"笔者"，有时忍不住又大言不惭地自称"艺术家"。从他的动作/行为遗漏出的信息看，他显然是五香街"致命的斜坡"、公厕、各式房屋的穿梭者，是"黑屋会议"的参加者，是群众中的一员，虽说有时候不那么招群众待见；但五香街人民更愿意将他称作"青年速记员"，意思是，他只是伪先知和人民群众的起居注的撰述人。《五香街》的叙事人一开始对这个称谓还有些反讽性的反对，后来在反讽本身的教诲下，反讽性地认可了这一称谓或头衔。尽管此人很好地完成了五香街人民赋予他的历史使命、寄予他的重托，但该叙事人最终却出乎五香街人民意料地，将起居注变成了一部袖珍人类史，并且违背起居注之本意地极具抽象性和象征性。此人之所以能够成功地偷梁换柱、仅仅拿狸猫做钓饵就换回了太子，端在于暗中将自己的速记员身份置换成了史官身份，并且还成功地麻痹了几乎全体五香街居民；另外，他在撰写五香街人的起居注时，还鬼鬼祟祟地使用了一种叫作形而上学式的写作方法。他肯定很清楚，这种写作方法显然违背了起居注的撰写法则，不但不能给事情一个清晰的面孔，反而把人民群众清楚明白地创造出来的历史，搞得神鬼莫测。

怀揣着一个重大的革命秘密，为骗取五香街人民的信任，该叙事人假装站在群众一边，还口口声声"我们五香街人"如何如何；更为恶劣的是，为了让人民群众相信他撰写的起居注纯属实录，不惜在群众面前泪如雨下，假装诚心诚意地接受群众的指教，赌咒发誓要弄出让人民满意的作品。玩弄了这些花招之后，该人在暗中收集了大量关键性的历史细节，并将这些符合形而上学式写作之要求的细节，混装在形而上学式写作的叙事框架中，成功地搞出了一部颇具先验色彩的群众史，一部专门出人民群众之洋相的伪先知史。尤其让人民群众不解的是，该人竟然吃里爬外，暗中通匪，对伪先知的态度显然是小骂大帮闲（或者根本就没有骂），对那个淫荡的X女士崇拜得五体投地，却对人民群众明褒暗贬，极尽讽刺之能事……但就是依靠这种不诚实的、滑稽的品性，一个令人称道的史官呱呱坠地了。

该史官是漫长的伪先知历史时期最应该诞生的人物。凭着他小丑一样的行径，他把自己弄成了隐藏在历史中的探子。从目前已经能够看到的这部袖珍人类史的角度讲，恐怕再没有人能像他那样精通历史哲学，像他那样掌握了一整套历史的撰写方法。而且，公平地说，这个史官还是个类似于董狐那样的良史，但又修改了传统意义上的良史的含义。董狐以秉笔直书让后人尊敬，他只记事；以青年速记员为掩护的史官则要发问，因为他面对的所有事情据他说都是不确定的，他收集的所有关键细节，都不幸散发着摇头丸规律的瘴气因而模糊之极。但他给自己设定的目标，却是一个近乎于不可能完成的任务：一定要写出一部清晰的、坚定的、毋庸置疑的袖珍人类史，而且是那种本质上的袖珍人类史。鉴于上述原因，我们可以设身处地也善解人意地说，该史官遇到的难题和董狐遇到的难题，完全不在一个量级上。实际上，我们从《五香街》曲里拐弯的叙事风度中处处都能发现：像《城堡》中那个倒霉的K始终无法进入近在咫尺的城堡一样，我们的小丑史官也无法轻易获得事情的真相，尤其无法获得对他的袖珍人类史具有说服力的关键细节。但最终，该史官却比K幸运得多：他达到了目的，进入到了K梦寐以求却不得其门而入的城堡，那个单单属于这位历史哲学家的城堡。

在这里，唯一的诀窍只在于：青年速记员、艺术家、笔者，那个史官，在看似与人民打成一片的过程中，将自己从人民中剥离了出来；在看似置身于五香街人民创造历史的现场，将自己从历史现场撤离了出来。比全体人民幸运，甚至比伪先知X女士幸运，在整条五香街上，我们的史官才是唯一一个不受历史摇头丸规律整治的人。因为只有他，这个史官，才是唯

——位洞悉了摇头丸规律之奥秘的人，而且他还是唯一一个成功地从摇头丸规律中逃逸而出的幸运者。因此，他既不屑于遵从摇头丸规律，也不屑于参与到对摇头丸规律的生产过程当中。他在动作/行为上的恍惚，只是一种故意性的行为，目的是为了麻痹群众；他在群众面前的种种花招，全是伪装和诡计。只有他才是群众的敌人；尽管他只是个史官，不是先知，甚至连伪先知也算不上，群众对他也毫无传说。但群众和X女士共同受制于历史的摇头丸规律以至于互相敌对、互认对方为仇敌，却完全忘记了暗藏在他们身边的这个小丑。这究竟是历史摇头丸规律的故意性行为，还是它的失察？也只有这个史官才配得上先知的尊号：对不受历史摇头丸规律支配却又能洞悉它奥秘的人，我们无以名之，只能称他为先知。

和以董狐为代表的传统史官不一样，应和着形而上学式写作方式的要求，应和着袖珍人类史叙事的严正目的，该史官大胆动用了一个估计董狐想都不敢想的绝招：反讽。但反讽在该史官手中，绝不仅仅是修辞行为，尽管它首先是一种旨在麻痹群众的修辞行为；反讽在《五香街》中更具有本体论的色彩。仰仗这一绝技，史官先生才有能力透过无物常驻的事物表面，深入到事物的核心部分；他也才有能力发现，在事物的核心部位，确实存在着一个亘古不变的结构，就像欧阳江河在某首诗中宣称的：水在果实中从不流动。经过滑稽的叙事行为，该史官最终把自己搞成了一个反讽主义者（ironist）。对此，理查德·罗蒂（Richard Rorty）有如下之言：

> 反讽主义者（ironist）必须符合下列三个条件：（一）由于她深受其他语汇——她所邂逅的人或书籍所用的终极语汇——所感动，因此她对自己目前使用的终极语汇，抱持着彻底的、持续不断的质疑。（二）她知道以她现有语汇所构作出来的论证，既无法支持，亦无法消解这些质疑。（三）当她对她的处境做哲学思考时，她不认为她的语汇比其他语汇更接近实有，也不认为她的语汇接触到了在她之外的任何力量。……相对的，反讽主义者是一位唯名论者（nominalist），也是一位历史主义者（historicist）。①

---

① 理查德·罗蒂：《偶然、反讽与团结》，徐文瑞译，商务印书馆，2003年，第105—107页。

很显然，我们所谓的反讽主义者在某种程度上，恰恰是罗蒂的反讽主义者的反面。因为我们的史官的最大目的，就是要找到那个"终极"，就是要反对那个"历史主义"。他之所以不受摇头丸规律的摆布和整治，没有像人民群众那样被摇头丸规律修理得死去活来，仅仅是因为他早已跳到了摇头丸规律之外而又始终身处历史之内。要做到这一点，实在应该好好感谢反讽。在该史官看来，反讽、反讽主义者之所以能做到上述一切，全有赖于反讽的自然特性：反讽能把表面上看似真实的东西重新颠倒过来；能把流动的事物留驻；能在一个历史主义盛行的时代滑稽地倒退到形而上学的黑暗时代。反讽的最大特性恰好在于，它就像那个被伏契克（Julius Fuik）礼赞过的好兵帅克一样，无师自通地掌握了一套让派他打仗的人输掉战争的艺术。因此，到了最后，反讽居然有能力将那个看起来几乎无处不在的伪先知X女士，处理成一个纯粹的理念。而这个理念，无论在何种意义上说，都只能是我们在这个伪先知历史时期所能达到的最高果位——就让我们做那个彻底的、只有一个人的个人主义者吧。

我们虽然不能冒险说该史官就是《五香街》的作者残雪，但我们基本上能够断定：叙事人的史官身份至少是残雪的变体之一；我们当然不能冒险说残雪已经摆脱了历史的摇头丸规律，但她通过自己的变体却勇敢地表达出了对摇头丸规律、对历史主义的绝对厌恶，至少她像那个史官一样，在理念中摆脱了历史主义，也对那些人民、那些唧唧喳喳的群众寄寓了无限同情，对那个伪先知X女士则给予了高度首肯——因为在一个伪先知的时代，X女士是我们的最高楷模。但也许这个人、这种人从来都是不存在的；存在的，只是关于这个人、这种人的理念。我们甚至可以说，那个摆脱了历史摇头丸规律的史官，最终也仅仅是存在于残雪脑海中的一个理念，一道灵感，一阵微风或一个深深的绝望。

2005年7月20—23日，北京丰益桥。

灵魂在下边

寓言性写作和形而上学

在"权力三部曲"①的第一部——《检察大员》——开篇之后不久，有一个看似闲笔实则不可或缺的片段，说的是那位神秘的、骑着高头大马的检察大员，带着随从自京城来到某著名监狱时的情景：

检察大员骑在一匹威风凛凛、通体银白的高头大马上，看上去体格相当瘦小、单薄，两只脚都没法踩到马镫。大员的穿着打扮也并不考究：一顶沾了不少灰尘的猩红色无檐帽、七成新的中式夹袄；为了御寒，裤腿用两条黑色的带子裹束起来。六十出头的大员可能是长途跋涉的缘故，面容显得疲惫，连拉紧缰绳的气力都没有。他努力睁大眼睛，仔细辨认监狱大

①"权力三部曲"是笔者为张小波的三部中篇小说《检察大员》、《法院》、《重现之时》取的总名称。三部小说一并收入了张小波的小说集《重现之时》（新世界出版社，2002年）。凡是对小说内容的引用均见该小说集。随文只注页码。

门左侧木牌上的字样，然后回过头来低低唤了一声："娄儿，咱们是到了么？"娄儿看上去无疑是大员的扈从，几乎是个孩子嘛，怎么样也不会超过十七岁。此时，他正跨在自己那匹灰不溜秋的云南矮种马上东张西望，听到大员招呼才转过神来，连忙驱马上前几步，肯定地道："大人，没错，这上面就写着兰桥监狱哩。"（第7页）

如果孤立地看待这个片段，很容易让人觉得小说的背景设在古代中国。高头大马、中式夹袄、娄儿（那无疑是"喽啰"的谐音或戏称）、云南矮种马、大人等极具古典中国特色的语词，明显地暗示了这层意思。但凡是看过《检察大员》前两页的读者恐怕都不会不明白，这实在是一种非常错误甚至堪称荒谬的结论。实际上，与上述指称着中国古典生活内容的语词交织在一起的，始终是部长的照片、听取上级命令和通知的电话、向囚徒发布指示的话筒、电影演员、《司法年鉴》等富有现代气息的语汇。从表面上看，这种词汇上的搭配与组合，确实能给人一种异常古怪的感觉，很容易让我们联想到堂吉诃德和他的桑丘·番沙。通过如此这般的语词拉郎配，"权力三部曲"很自然地制造出了一种十分奇特的氛围：它炮制出了一个令人倍感滑稽的杂交时代。的确，任何一个心思细密的读者，都不可能确切地指出"权力三部曲"中的故事究竟发生在何年何月，甚至不能肯定它们一定发生在中国。作为粗心的读者，我们中的绝大多数人，顶多只能从一些具有中国特色的地名上大致推知（因为"三部曲"中几乎没有确切的、像样的人名，有的只是人物的代号，比如典狱长、检察大员、M、L、我、小何、X等）：这些故事很可能发生在某个杂交时代的中国。即使只是首肯很不像样的这一结论，也需要冒着被人嘲笑的危险；但这或许正是小说家张小波的故意性伎俩，也是他小说智慧的从容体现。很明显，这种智慧充满了聪颖、幽默和淘气，但又不无考究——它有着经由游标卡尺丈量过后的那种精确性。遍阅"权力三部曲"，我们就会发现，这种性质的伎俩又以各种变形和变脸在"权力三部曲"中反复出现，像一个皮笑肉不笑的主旋律，最终，形成了一种可以被名之为寓言性写作的小说方式。在《检察大员》中，当典狱长等人为了向即将到来的检察大员献花，来到监狱中某座高楼顶部查看花园是否鲜花盛开时，张小波有过十分会心的，但又是皮笑肉不笑的描写：

> 典狱长他们似乎正在进入一个隆重的、很可能载入史册的仪式，只能跟在引领人后面缓缓上升。这时候，如果站在稍远的下方观察他们的背影是非常有趣的：他们的脚板在每一级台阶上都要停顿一下，简直是早期动画片里的一群生物；或者说，他们几乎越来越远离人类，弄不好就要进入寓言。（第12页）

　　寓言一词在小说家（即张小波）的操纵下，显然是在反讽的语义层面上才得以展开自身的；在此，寓言意味着虚假、滑稽、年华虚度、远离真实的人类生活。总之，它是可笑的。更具讽刺意味的是，不仅是典狱长等人，而且是"权力三部曲"中的所有人物，都早已跑步进入了寓言、预先进入了寓言的城堡。有意思的是，这个寓言还是人家张小波在某种更高级别的目的无意识的推动下炮弄出来的。

　　在我们这个以时尚著称、以写实为旨归的年代，寓言性写作据说已经大大地过时了；它被绝大多数狂热的快餐爱好者自觉或不自觉地定义为简陋、肤浅和粗糙。早在18世纪前半叶，维柯（Vico）就说过："一切野蛮民族的历史都从寓言故事开始；"[1] "诗性人物性格就构成寓言故事的本质。"[2] 不管维柯是出于赞美，还是出于嘲讽才提到寓言，他的精辟洞见除了说明寓言的古老特性外，丝毫没有能力从逻辑上证明寓言必然简陋、必然该遭灭绝的命运。古老的并不意味着过时的，何况古老的事物有的是机会在现时代借尸还魂，或被现时代某些别有用心的人重新赋予深意。张小波不过是其中一位充满善意的招魂者罢了。看起来，他掌握的招魂术功力还不错。仿佛是为我们作证似的，理查德·克莱恩（Richard Klein）就以毋庸置疑的口吻讲到过："上古的智慧和技术中的绝大部分已无可挽回地失传了，所

---

[1] 维柯：《新科学》，朱光潜译，人民文学出版社，1986年，第102页。
[2] 维柯：《新科学》，第103页。

谓现代文明，不过是重新发明其中的一部分而已。"①在W．G．谢巴德的《土星之环》中，主人公兼叙事人在破译一部古老的航海日志的情景时这样写道："每当我破译出一条记录的时候，我便震惊地看到早已从天空或水面消失了的一道痕迹在这张纸上依然清晰可见。"谢巴德的主人公说，我始终在思考"书面文字奇迹般的幸存"②。考诸《土星之环》的整一语境，我们能够下结论说，智慧如谢巴德者之所以这样做，绝不是出于纯粹自恋式的怀旧心理，而是因为这样做具有极大的有用性。张小波在一个快餐时代不无矛盾地动用寓言性写作，或许正是看中了古老的寓言性写作对他要处理的主题具有高度的有用性——毕竟人人都知道，只有需求才是一切写作技术完成和完善自身最为充足的理由。当然，文学前辈卡夫卡、博尔赫斯、马尔罗（Andre Malraux）甚至马尔克斯和陀思妥耶夫斯基在这方面的成功经验给他以启示，可能也是一个重要原因。实际上，我们在"权力三部曲"中，随处都能见到这些大师们的身影，随处都能感觉到他们粗重而匀称的呼吸。

　　和古老的寓言故事（比如《伊索寓言》）在大多数情况下，仅仅是为了说明某个具体而特定的人间道理较为不同，张小波的寓言性写作本质上就是一种形而上学，或严格地根植于某种形而上学。这种性质的形而上学绝不是通俗马克思主义者所谓的具有静止、孤立、片面的特征，恰恰相反，即使它真的不幸感染了这些不良习气，也是因为它首先来源于某种急迫性，来自于某种根深蒂固的现实。但根深蒂固的现实，绝不是从表面上变动不居的现实中就能轻易攫获的，它需要我们的小说穿过无物常驻的现实表面，寻找到那个恒常恒新、固定不变的现实，本质的现实。这就是"权力三部曲"植根于某种、而不是随便哪一种形而上学的根本原因。很容易想见，杂交时代就是这种无以名之的形而上学在小说叙事中的附带结果——但它至关重要，无论是对"权力三部曲"，还是对我们这些粗心而简陋的读者。所谓杂交时代，在某种形而上学的帮助下，就意味着一切时代；更有

① 理查德·克莱恩：《香烟》，乐晓飞译，中国社会科学出版社，1999年，第111页。
② 参阅苏珊·桑塔格（Susan Sontag）：《重点所在》，黄灿然译，上海译文出版社，2004年，第63页。

甚者，它还是关于一切时代的元时代（Meta-Times），是一切时代之所以注定会是某个具体时代和个别时代的根本大法、根本的语言表达式。这就是那个无物常驻的流动的现实之下，潜藏着的恒定的现实、本质的现实。张小波之所以要在一个形而上学看似蹬腿咽气的时尚时代、写实时代，动用这一古老的、看似拙劣和逆潮流而动的写作方式，肯定跟他要处理的噬心主题密切相关。这个主题就是权力（是power而不是right）。在形而上学或寓言性写作的帮助下，在"权力三部曲"中作为主题甚或真正主人公的权力，也被理所当然地纳入了杂交时代，被纳入杂交时代之中的权力，则立即变作了一种无时间性的权力。但无时间性的权力并不表明权力居然不需要时间，居然可以从时间中全身而退，从而把自己干净、彻底地摘取出来，而是说，和权力变动不居的具体性相比，权力具备着某种亘古不变、历久弥新的特性。它根本就不在乎时间不时间的，也不看重自己一千年以前、"现在而今眼目下"或者一千年以后的模样会有何不同。权力对此倒是颇为自信。它或许真的拥有孤立、静止、片面的形而上学特性？由此，张小波的寓言性写作最终给出了权力一种元权力（Meta-Power）的嘴脸和秉性。和元时代一样，元权力从逻辑上讲，也是关于权力的语言表达形式；通过这种类似于明修栈道暗度陈仓的方式，"权力三部曲"最终变成了叙事性的权力哲学。这情形至少在表面上看，正合理查德·罗蒂（Richard Rorty）在考察自由主义时所说：

> 每一个人都随身携带着一组语词，来为他们的行动、他们的信念和他们的生命提供理据。我们利用这些字句，来表达对朋友的赞美，对敌人的谴责，陈述我们的长期规划、最深层的自我怀疑和最高的期望。我们也利用这些语词，时而前瞻时而回顾地述说我们的人生故事。我称这些语词是一个人的终极语汇（final vocabulary）[①]。

和"权力三部曲"隐蔽、含蓄的行文比起来，罗蒂可能说得太直白、

[①] 理查德·罗蒂：《偶然、反讽与团结》，徐文瑞译，商务印书馆，2003年，第73页。

太露骨了，尽管他的话另有所图。但正是在这些类似于"终极语汇"的东西的帮助下，才给"权力三部曲"精心营造出的氛围，打上了广袤无边的朦胧感和迷雾感。"权力三部曲"中的各色人等，连带着他们各自的动作和行为，无不感染了这种迷雾；所有的小说主人公甚或配角的行动轨迹，不过是在这个无边无垠的迷雾中，画出的一条条看似杂乱实则至为有序的痕迹。这就是无往而不在的、在变动不居中始终保持恒定面孔的权力的痕迹；那些表面上的杂乱，不过是显示了权力在坚毅的冷酷中偶尔的失察。对权力来说，这自然算不了什么。这些偶尔的失察，仅仅是权力在完成自身时必须付出的代价；但这个代价，只能假手权力掌控下的臣民——权力是空的，如果它没有掌握群众。于是，我们看到了：虽然行走在这个寓言空间当中的各色人等，都有着至为敏捷、极为高雅的步伐，由于迷雾过于巨大带来的能见度上无法排除的困难，却使他们的步伐都如同动画片里的卡通鸭子一样僵硬，就像在冰柜中冷冻过一样。他们都不无反讽性地走进了寓言；他们都在努力用充满细节的具体行动，共同组成了一个关于权力的寓言。这个寓言以它貌似的孤立、静止、片面的不良特性，绝好地对应了变动不居的现实之下那个亘古不变的现实、本质的现实，附带还给了近世以来饱受诟病、惨遭各种拳头之袭击的形而上学以新的血液——绝经若干年的铁树就这样稀奇古怪地开花了。

元罪

在"权力三部曲"的叙事逻辑中，罪与罪犯归根到底是权力的产物；或者说，正因为有了权力，所以才有了罪与罪犯，正如有了枪，敌人的存在就更加具体、更加直接也更为理所当然。这听上去是一种奇怪而荒唐的逻辑，但又明显透露出了某种真实而坚定的讯息。鉴于寓言性写作导致的无时间性的权力以及无时间性权力的强硬存在，罪也立即获得了它的无时间性，即罪的绝对性。对于杂交时代的人民群众来说，这种罪是一种元罪；它不同于基督教的原罪，但又有某种程度上的异曲同工。和权力的无时间性一样，元罪不过是应和着元权力的基本要求和基本逻辑，自动生成的特殊事物。相对于罪，无时间性的权力无时无刻不充当着上帝的角色：权力是一种变了形和变了质的宗教、发霉的宗教。作为一个象征，《检察大员》中那具巍然耸立的绞刑架暴露了这个命题的实质。

作为权力最重要的物化形式之一，绞刑架在一个同时拥有电灯、电话、机关枪、酒吧、甜爱大街和高头大马、中式夹袄、娄儿的杂交时代，似乎真的过时了。它确实显得机械、呆板、不人道，在执行死刑时也过于啰唆，远没有枪毙来得直截了当和开门见山。在兰桥监狱操纵绞刑架的刽子手，也因此失业达三十年之久，改行在监狱内某座被废弃的高楼顶部种花种草，像一个古怪的隐士。此人之所以失业、退休多年，还赖在监狱不愿挪窝，是因为他的事业尚未完成。那是权力赋予他的事业。因此，他，这个监狱隐士，和他的绞刑架一样心知肚明，当然也在暗中祈祷：作为权力的代表性形式，绞刑架也具有亘古不变的功能，其特性并不随时间的流逝而有所改变——它不会被权力忘记。失业刽子手和绞刑架的看法与祈祷是合乎逻辑的。果然，让人觉得最不可思议的一幕——也是最惊心动魄的一幕——在《检察大员》的结尾处终于发生了：检察大员在刽子手的带领下，参观三十年未曾使用的绞刑架时，大员的随从和典狱长的下级，从背后强行将典狱长送上了绞刑架。也许他们是想试探一下绞刑架的性能？情况看起来还算好：绞刑架并不因为多年来没有为权力工作而失去任何才华，典狱长在一瞬间蹬腿毙命，就是对它的才华的极度恭维。有意思的是，典狱长究竟犯了什么罪，小说没有任何交代，或者说没有任何像样的交代。看起来这完全是一次毫无由来、毫无道理的行刑。但这个充满神秘色彩的结尾确实是意味深长的，既合乎寓言性写作的需要，也合乎逻辑：它近乎完美无缺地证明了权力的宗教色彩和权力对罪所拥有的上帝身份，也迹近白璧无瑕地证明了权力定义下的罪行不需要任何理由——如果有理由，那仅仅是无时间性的权力自身。这是一种看似神秘、晦涩实则过于直白的逻辑运算，刚好能让寓言性写作放声长笑或会心一笑。

一如"权力三部曲"暗示的那样，无时间性的权力掌握群众的主要方式，就是给它的人民的自我内涵注射一针元罪制剂，以便让他们无论走到哪里，无论干什么，无论是在春秋还是在冬夏，都必须顾及自己有罪的身份。至于这一针的剂量究竟有多大，得看权力的脾气。总地说来，权力并不是一个平均主义者，也不主张大锅饭："权力三部曲"中各色人等的罪行不一，就是上佳证据。而在那些自我之臀挨了一针的悲剧性人物当中，如果有谁不知趣，权力就会自动提醒他；如果有谁比较知趣，权力就会梦见他。"权力三部曲"的第三部《重现之时》说的是权力的提醒功能；第二部《法院》说的则是权力的做梦（或梦见）功能。

《重现之时》中的X医生基本上是一位成功人士。他安分守己、恪守公德，擅长治疗人体下三路的袖珍疾病并善于为患者保密，因此自认为是个良民。这就有点儿不大知趣了。于是，他在某一个傍晚被人从家里莫名其妙地带走了，像《诉讼》中那个倒霉的K一样——只不过K被带走的时间是早晨，那是个容纳半个梦境，而不是容纳整体审判的时间段落。带走X医生的那个女人（即L）告诉X，组织上需要他去干一件十分重要的工作，必要的时候还需要他为组织献身、为组织堵枪眼，假如组织居然也会有漏洞的话。实际上，X医生从生下来直到这天傍晚从来没有听说过那个组织，也不知道要去干什么，更不明白他为什么要这样做——作为读者的我们对此也是满头雾水。看起来X医生只不过是被权力偶然踩住了尾巴。这同样是出于他的有用性。权力的神秘莫测或许正在这里。长话短说，在经过一系列具有神秘色彩的事件的起承转合之后，X终于回到了原来的生活之流当中，只是他惊奇地发现，他完全变成了另一个人：他原来的身份（包括姓名和住房！）被别人全方位地、一丝不落地取代和顶替了。也就是说，当组织上给予的任务被大而化之地完成后，X医生完全不知道自己是谁了，或者仅仅是个纸人，是个徒具形式的影子？反正把他塑造成型的那堆人肉是无以名之的。千万不要以为张小波在用小说的方式，玩画家高更（Paul Gauguin）"我是谁？我从哪里来？我往何处去？"一类的勾当，他不过是在寓言性写作的内在律令的要求下，神神道道摆明了某种可以被称之为实情的东西：权力始终在提醒他的人民有罪，因此人民有义务听从权力的召唤，随时准备扑向某一个目标。就像现实中的公民有服兵役的义务，士兵在面对敌人的猖狂进攻时有舍身炸碉堡的责任。在这方面，X医生可以是任何一个人，正如他的名字X所暗示的；但究竟是哪一个人，必须遵照权力（或代表权力的组织）的旨意，必须接受权力或组织的提醒。

《法院》的主人公"我"是个专治痔疮的大夫，因为臭烘烘的肛门事件被捕（他在为某女士治疗痔疮时不小心碰到了那位女士的隐蔽部位），一直在看守所等候法院的宣判而不得。此人像《城堡》中的K梦想咫尺之遥的城堡那般，天天梦见他亲爱的法院；但像一对深情而默契的情侣一样，法院只是温柔地梦见他却拒绝对他进行宣判。因为他是个比较知趣的人，还大致上知道自己的罪行，所以权力暂时不准备理睬他；权力首先想做的事情、最想做的事情，是提醒而不是宣判。对于权力，宣判不过是件水到渠成的事情——提醒是权力的基础性工作。只要在提醒的帮助下让某个人意识到自己有罪，让某个人感觉到元罪制剂给他带去的疼痛，权力的任务也就完成了一大半。这似乎也是一种荒唐的逻辑。

和几乎所有自认无辜的罪犯相仿佛，《法院》中的"我"一开始也不那么知趣：他居然以为自己无罪，权力是在故意冤枉他。从小说叙事的字里行间推测起来，作为读者的我们也看不出他有罪。但这都无关紧要——毕竟长痔疮的肛门距离所谓的生命之门，只有区区一厘米之遥。因为"我"有没有罪，乌合之众的说法根本不算数。于是，提审他的好几拨预审承办人员都对他进行了耐心细致的提醒，直至他终于认识到自己的罪行，直到他渴望宣判而不想再待在等候结果的看守所。就是在这里，权力完成自身的另一个隐蔽的招数公然现身了——所谓罪，不过是在当事人的不断供述中成长起来的：

我对于预审承办人员及地方检察院把我送上法庭的努力心底里暗藏感激。我没什么怨怼；对他们反反复复的供述使我感到了罪的增长——这也就必须投入到一个专门机构中去加以洗涤。越到后来，虽然我改不了在嘴上跟他们抬杠的脾性，但我们的目标已经越来越清晰一致了。（第113页）

"我"和听取"我"供述的预审承办人员在目标上终于达成了一致；"我"的罪行由于"我"反复的供述终于长大成人，以至于足以让"我"进入到某个具有洗涤功能的专门机构，比如法院或监狱。这就是说，权力掌握群众仅靠一针元罪注射剂是远远不够的，还需要一个辅助性的三位一体给予帮助。这个三位一体，就是提醒、法院与罪犯相互梦见，以及让罪在供述中不断成长以至于最后成为罪的总和。没有这个三位一体，元罪就不可能落到实处，权力也就失去了保真性。实际上，让无时间性的元罪显形为有时间性的、具体的罪行，正得力于这个三位一体。依靠它，无时间性的权力才能像上帝向摩西显形一样，显现自己庞大的身影——尽管那只是个大而化之的轮廓，也只在电光石火之间。但这个过程至关重要，因为于此之中，权力也被具体化了：权力逃离了无时间性的囚牢，但又像放飞鸽一样，在狠赚了一笔之后，再次主动回到那个无时间性的囚牢当中，以保证自己亘古不变的形而上学特性，并沉下心来精心筹划即将实施的、又一轮的三位一体。

在"权力三部曲"的叙事构架中，除了三位一体，权力还有一种体现自身较为有趣的方式，这就是权力的幽默感。《法院》中的"我"日也思来暮也想地等候宣判，哪知道法庭对此不感兴趣，完全不领"我"自动认罪这个人情，搞得"我"只能天天和预审承办人员、律师一类货色打一些言不及义的交道。这都快让"我"发疯了。但突然有一天，有关方面告诉"我"，"我"被开释了。这看起来很荒诞，但原因却至为简单，也合乎逻辑：在"我"这桩案子上，"过去编排的那套法律程序因某一环节超过了时限已经自行取消了"（第64页）；而"在法律程序因为某方面的故障被破坏后，被告是完全可以不再遭指控的"（第77页）。这是权力的幽默感的第一种版本。第二种版本是这样的：那些自以为是在向某一个目标献身的人，最后发现根本不知道是在向谁献身。这显然是一种酒后才吐真言的幽默方式，但又绝不能被理解为权力的顽皮和故意失察。它倒反而容易让人联想到阿多诺的名言："只要有人被当作牺牲品，只要牺牲包含了集体与个人之间的对立，客观上牺牲中就包含了欺诈。"《重现之时》通过云遮雾罩、神秘兮兮的叙事，正好表明了这层意思：

"是我们把自己弄出了鬼魂一样的生活，呃——"博士被呃得晃荡了一下，气味马上弥散开来，"灰溜溜的生活。我现在越来越掌握不了，我想放弃啦，或者说，我想脱身出来。我不知道我们到底为什么献身。"……"我们在相互奴役，我们都是对方的傀儡，我们两人当中每一个人都比另一个脆弱，为一种虚妄的东西反目成仇不值得啊。"博士神经质地唠叨着……（第201页）

　　博士先生陀思妥耶夫斯基式的反省无疑是较为深刻的，但他的自我反省至少有一小半无疑又是错误的：他居然认为"鬼魂一样的生活"是他伙同几个"别人"炮弄出来的。他显然喝多了——他说这番话时的确在一个神秘的酒吧喝酒——以至于完全忘记了他作为权力之工具和符号的身份。这真是该死。但一如《重现之时》其后的叙述表明的，自有人会来提醒这个酒醉之后才敢向权力提抗议的家伙；也正如《重现之时》接下来的叙述所暗示的，包括博士在内的所有人等，最终都没有放弃他们的使命。这充分证明权力的幽默感并不拥有仁慈之心，也不懂得什么叫谦虚，它仍然不过是为权力服务的工具，最多只能算是权力的某种省力方式或者换气方式。两种版本的幽默感只是为了给权力增添表面上的佛光。权力很清楚，仅仅向它的臣民注射元罪制剂，并由此强迫臣民向权力效忠是不行的，因为这样做会激起民变——毕竟水有载舟和覆舟的双重功能。因此，权力允许它的人民偶尔撒娇、失态、使点儿小性子，权当心理治疗；权力也允许自己偶尔"失察"，权当与民休息。权力精通平衡之道，通晓它与它的臣民之间的黄金分割在哪里。那是它和它的臣民共同的练门与要穴。这情形很有些类似于美国前总统尼克松（Richard Nixon）所描述过的那种情况：

　　没有坚强的意志，不是强烈地要求突出个人的人，成不了伟大领袖。……我还从来没有认识过一位不是自我主义者的伟大领袖。有些领导人装出一副谦虚的样子，但没有一个人是真正的谦虚。谦虚是一种姿态，一种装饰品。[1]

---

[1] 尼克松：《领袖们》，刘湖等译，世界知识出版社，1983年，第380页。

无论何种版本的幽默感都不过是权力的某种弱化形式，目的是在貌似温柔与谦虚中，保证三位一体被顺利实施。这样做，既能体现权力的威风凛凛，又能将其凛凛威风落实到每个人的脑袋上、心跳中和血液里。换句话说，权力的幽默感仅仅是罪、罪犯与权力之间的一种契约，一个缓冲地带。正是这一点，保证了权力与罪犯之间千百年来的相安无事，也保证了"权力三部曲"的叙事得以成立、寓言性写作得以顺利实施，更保证了无时间性的权力和元罪在小说里具有亘古不变的形而上学特性。

动作失常

寓言性写作自始至终针对杂交时代（即元时代），但更具体地针对杂交时代意欲显透的那个亘古不变的现实、本质的现实。在这种性质的现实中，有一个标志性的建筑物，那就是无时间性的权力；无时间性的权力依照它的本义，必须落实到具体的人与事身上，才能让自身得到实现。无论是三位一体还是权力的两种幽默版本，归根到底都为此目的而设置。这毋宁是说：无时间性的权力最终要落实到被它掌握了的基本群众的动作/行为上；唯有基本群众的动作/行为，才能真资格地反射、显透和体现无时间性的权力。基本群众的动作/行为是权力的肉身化；无论权力何其高大、勇武、英气逼人或者寒气逼人，只有肉身凡胎才是它最后的试验田，勉强也算是它最低程度上的归宿——类似于当今的下岗工人领取的"低保"。

"权力三部曲"通过精彩、繁复、迷宫般的叙事，绝好地表达了这一原则。但它首先是给叙事中才慢慢涌现出来的各色人等的动作/行为赋予了高度的紊乱性。通过稍微细致的阅读就能发现：配备了动作紊乱性的各色人等在叙事结构中的表现，颇有点儿类似于时下电视节目里常见的卡通人物。卡通人物令人哑然失笑的动作失常，大半是出于制作技术上的考虑，另有一小半，是为了获得特殊的视觉效应以便让观众记忆深刻——这是文化小商人的小阴谋，根本不值一提；"权力三部曲"中各色人等的动作失常，则完全是因为权力的神秘性。从表面上看起来，卡通人物的动作失常、"权力三部曲"中诸位角色的动作紊乱，都能给观众和读者带来滑稽感，但不用太多的情感转换和逻辑演算，我们就会知道，这显然是两种不同性质的滑稽感：前者让我们哈哈大笑，后者则让我们不寒而栗——它让我们体会到生存上深入骨髓的、真实的艰难和不言而喻的危机四伏。

让我们暂时放弃思辨这一不良爱好，仅仅从最直接、最简单的例证开始。我将从"权力三部曲"的每一部中各取一例，以便公平地说明问题——否则，朋友们会认为我是在以偏概全、装神弄鬼。《检察大员》有一个会心的描写。检察大员带着他的娄儿、骑着高头大马从京城去兰桥监狱时途经一个小村庄；可能是娄儿无意间犯了什么小错误，检察大员刚借宿到村办公室就批评了娄儿。现在让我们看看主仆二人的表现，那无疑是非常有趣的：

"我又闯祸了，"娄儿敛眉低眼地道，"您惩罚我吧。"说着，他滑到大员背后在他肩上轻轻地敲了起来。大员叹气道："前例可鉴，好多事会坏在你们这帮秘书跟班手里。正经的见识没长多少，尽学些糟粕……你尽捶一处干吗？"（第22页）

考诸《检察大员》精彩的叙事，大员无疑是或只是权力的暂时代理人，如同莫名其妙上了绞刑架的典狱长是或只是兰桥监狱的偶然掌管者。他们都是权力世界中昙花一现的玩偶，存活期不会超过权力规定的一刹那——只是权力特殊的记时方式，此处来不及详论。总而言之，对于无时间性的权力，所有人都是群众，所有人都是过眼云烟。但正如俗语所说的，"一朝权在手，便把令来行"。大员显然懂得并深谙这一律令；该律令被包裹在流动的现实中的记时方式之内，并组成了这种性质的记时方式的内在纹路。果不其然，大员对娄儿轻描淡写的批评，马上引起了娄儿在动作上的突变："滑"字在此显然表征着快速、胆怯以及由胆怯引发的恐慌。但这一切都包含在快速之中、首先包孕在快速之中。随着叙事的深入，权力的佛光开始向幽微之处发展：伴随着大员不怒自威的斥责，娄儿的动作更加紊乱了——他在敲击大员的肩头时，居然只专心致志地敲击某一个固定的地方，完全忘记了大员的肩膀的疲劳是全方位的。它需要"散"打而不是"点"射。这显然违背了权力按摩术的一般规则。按说，像娄儿这类精通此术的屁儿精，不会犯下这等低级错误，但在权力面前就是另外一回事了。海德格尔在某处说过，人总是首先在他的行动中而不是在理论中领会他的存在。娄儿用实际行动证明了老海的总结、概括能力。在此，娄儿的动作再真实不过地表明了：无时间性的权力处处可以假借有罪的群众之手将自己现实化，它能将一切带把或不带把的人，都改造成本质上的试验田。

娄儿较为拙劣的表现，不过昭示了权力驱使动作紊乱和失常这个规律的表面现象，最多只能算这个规律的初级症候。如果只是到此为止，权力就没什么了不起，也没什么让人危惧的。它还得拿出更具威慑力的方式。"权力三部曲"提供了这种方式。《重现之时》在写到X医生从家里被带走的第一晚发生的事情时，有过如下描写，非常善解人意地为我们的论述提供了证据，只不过此时的叙事人不再是X，而变作了第一人称"我"——"我"是X医生的即时显形：

她（即L——引者）仰着脸，似乎脚下就是祭台。除了渐渐加重的呼吸外，看不出她的面部表情有什么变化。她对我的试探无动于衷，甚至眼睫毛也不曾抖动一下。……这么说来，连她面庞上闪烁的情焰也是一种假象喽？不过我更倾向于是这样的：她的身心已经进入一个更幽深、更不适合语言的世界。她的听觉暂时关闭了。她根本不知道我在絮叨什么。于是我们的身体靠上了栏杆，嘴唇长久、愚蠢而又不可遏制地燃烧在一起……（第155页）

是无时间性的权力，而不是"我"在她（即L）身上迷狂和紊乱的动作使她丧失了听觉。和味觉接受五味相似，听觉接受五音；和权力可以随意摆布和调控相仿，权力也能随意驱使和支使。它能让人在某些时段听觉格外敏锐，面对科长的前程和五分钱也会面色赤红；它还能使人在另一些时刻听觉格外麻木甚至完全关闭。L只是权力历史上丧失听觉的一个小例证。具体到《重现之时》，情况很可能是这样的：组织上委派一个性感、漂亮、高雅、既像野鸡又像淑女的L来胁迫X医生，很可能把X医生的见色起意都预先考虑进去了；L之所以在X医生"组织为何物"的试探性发问面前装聋作哑，显然也在组织的算计之内。因此，到了最后，她，L，唯一能做的，不过是回应X医生的挑逗。《重现之时》迷宫般的叙事能够知会我们，即使在最投入和最为顶峰的时刻，L秉承着组织原则也不会有任何实质性的反应。即使叫床也只是生理性的。而此处所谓的生理，仅仅是未经权力打磨过的意思；权力之所以对叫床这等大事居然不闻不问，是因为叫床暂时不危及权力，或在此时此刻对权力有用。所有的实用主义者都知道，有用即真理；而真理，向来就不是我们这些人民群众能够违反得了的。

现在，我们可以进入到权力驱使动作失常这个规律的较为重要的部位。那实在是一个敏感的、需要层层包裹和小心呵护的部位。《法院》有一个小情节暗示的就是这么回事。当"我"再次、再一次向预审承办人员供述自己的罪行，以便罪行更进一步长大成元罪时，突然感到十分无聊，于是干脆做起梦来：

> 梦境不可能很长，但我似乎游历了法庭的所有房间……并且打开一只司法黑盒看到了我无法说出的东西——我是同时看到和做到这一切的——身体被不断地减去一些重量，最后因为没有掌握好重心而一下子跌坐在地上。……椅子也翻在我身上。这时候我显然还没来得及进入现实，也就不感到疼痛。法官指着我大笑不止，他忘记了自己还有一只手在书记员白皙的脖子上。她也吱吱地笑着，但我看得出来，她并不是从我身上取乐子，只是内心的颤抖用错了表现形式罢了……（第79页）

人犯竟然在预审承办人员面前公然做梦，预审承办人员当着人犯的面竟然公开调情，这究竟意味着什么？考诸《法院》营造出的整一语境，唯一的答案只能是：权力使人疲惫。尽管权力拥有三位一体所昭示的种种功能，拥有两种版本的幽默感所昭示的那种温柔，但权力很可能忘了这一切都是不够的：老让人处于三位一体的场域之中，再生猛的人也会倍感疲惫——不只人犯如此，权力的低级代理者（比如那些预审承办人员）也会如此。更重要的是，这种性质的疲惫还带出了一个额外的结果，它将使权力大惊失色：老是让人疲惫的权力及其辅助性的三位一体不值得正经对待。人犯做梦以至于摔倒在地、办案人员一边提醒人犯一边忘我地调情，大体上说明了不值得正经对待究竟是什么意思。这或许就是权力的幽默感的第三种版本。和前两种版本不同，第三种版本的幽默感是人民群众强加给权力的。因此，第三种版本的幽默感较之前两种版本的幽默感，更能暴露权力更多的实质；实际上，"权力三部曲"越来越接近这个实质了。

不仅那些看起来明显反常的动作是紊乱的，一些初看上去至为正常的动作其实也是失常的：它们只不过从反面更加深刻地证明了动作失常与紊乱的无处不在，正如意识必须依靠紊乱的潜意识来支撑，清明的自我向来都由杂乱的本我来体现。在说到检察大员进入兰桥监狱的大门时，《检察大员》有过十分精彩而暗含几分幽默的描写：

大员深深吸了一口气……突然发现左手一幢外表刚刚粉刷过的三层小楼里走出四五个人……其中有一位姑娘发现了大员。……然后，几乎是不约而同，他们一起撒腿，绕过门前的小花圃，啪嗒啪嗒地奔将过来。这个开场显然出乎大员所料。……不到一分钟，这群人就奔到大员跟前。然后，他们喘着气，举行了显然是预先设计好了的仪式：一齐把手举向天空；而且像魔术师那样每人手里都多了一束花儿——他们舞动花束，嘴里发出欢呼声。（第9页）

撒腿，绕过，奔将，奔到，喘气，举手，舞动，欢呼……这一连串漂亮流畅的动作，初看上去是如此自然、质朴和令人熨帖，但它们不过是权力驱使动作紊乱这个规律的表面现象或初级症候，如同娄儿敲打、"点"射检察大员肩膀的同一部位。这一连串动作一气呵成，无疑把娄儿的"滑"中包孕的速度给大大强化了：所谓"不到一分钟"。快速向来都是权力滋生动作的题中应有之义：在一般情况下，权力不允许被它掌握了的群众动作游弋、迟缓，它要求坚定和疾速，因为革命目标据说总是拥有"一万年太久只争朝夕"的怪癖。正是从这里，我们看到了掩盖在正常之下的那个巨大而隐蔽的动作失常。实际上，整部"权力三部曲"

无处不在暗示我们：无时间性的权力的根本要义之一，就是驱使所有的动作紊乱，尽管所有的动作在绝大多数时刻看起来都正常之极。所谓正常之极，不过是我们长期身处其中以至于熟视无睹罢了，正好比入鲍鱼之肆久而不闻其臭。

上述场景显示的都是局部性的动作紊乱，看起来只是个别人在个别时刻的动作失常。这样说当然算不得大错，只是不够周全和过于短视。因为还有一种更为严重、范围更大的动作失常——整个"权力三部曲"就是明证，"权力三部曲"就是承载动作紊乱的巨大容器。当然这是个寓言性的容器，正好对应着寓言性写作。无论作为读者的我们如何细心，也不可能知道，检察大员从京城骑着高头大马千里迢迢来兰桥监狱干什么，难道就是为了处死那个敬业的、间或有点儿神经质的典狱长？如果检察大员只是为了亲自验证绞刑架才华卓著，而且无论流年利与不利都不肯改变自己的秉性，作为一名权力的洞悉者，检察大员难道不早就知道这个常识吗？为什么还要大老远跑来干这么一件无趣的事情？即使有了权力的做梦（或梦见）能力做底，即使把权力的各种幽默版本（甚至包括第三种版本）都考虑进去，我们还是不知道，法院为什么不对"我"进行宣判，难道预审承办人员代表权力提醒"我"、梦见"我"、逼"我"供述，只不过是为了把"我"开释？我们更不知道，借重X医生的那个组织究竟是干什么的，尽管它让自己的群众干了那么多莫名其妙的事情，也为此驱使和引诱了那么多神秘莫测、不知出处的人物。这就是"权力三部曲"经过繁复和神神道道的叙事，贡献出的集体性的动作紊乱。

但"权力三部曲"在叙事中为上述问号提供的所有理由，都不过是表面上的理由，不足以说明各色人等的动作为什么会如此这般的紊乱。它显然是小说家的故意性伎俩，也是小说家的智慧的暗中表达。既然如此，我们只有从别处寻找原因——但要顺着小说家的伎俩和智慧。排开所有型号的无谓纠缠，考诸"权力三部曲"的叙事逻辑，解决这个问题我们至少有两条线索可用，而且这两条线索还相互关联。第一条可用的线索，就是植根于某种形而上学的寓言性写作。按照我们不无强硬的解读，张小波的寓言性写作的目的，就是要寻找到变动不居的现实之下那个亘古不变的现实、本质的现实。从逻辑上讲，这种性质的现实只有一个要求：必须有一个流动的现实，而且这个流动的现实必须体现出亘古不变的现实的根本特性；至于流动的现实中各色人等之间的关系、各色人等的动作/行为之间的关系究竟怎样、究竟有没有逻辑性，概与不变的现实无关。在这一点上，本质的现实表现出了巨大的宽容心。经过过于复杂的叙事，"权力三部曲"展现出来的现实刚好有两类：变动不居的现实、潜藏在变动不居的现实之下的不变的现实。鉴于上面说过的原因，导致流动的现实中集体性动作紊乱的理由，肯定不能充当不变的现实中集体性动作失常的根据。它不过是不变的现实的必然结果，而不是相反。就在这个当口，像计算好了一样，另一个线索说来就来了：这就是和寓言性写作密切相关的无时间性的权力，尤其是无时间性权力的神秘性。是权力的神秘性导致了被权力控制的每一个人在动作上的内分泌失调，也导致了集体性的动作紊乱与失常。这恰恰是形而上学和寓言性写作的题中应有之义：它只需要一些表面上飞速发生的事情就行了，它只需要一些差强人意的幌子为自己作证。形而上学嘛，总是一方面强硬无比，另一方面又得过且过、稀里糊涂。

悖论就在这里：权力的神秘性导致了人民群众的动作失常，人民群众也会以自己的动作紊乱证明权力的大小便失禁。无时间性的权力的神秘性的最大实质就在这里：它也不知道自己究竟是个什么东西，更不知道自己究竟要到何处去。它唯一要做的，不过是以元罪为工具让自身得到体现，并顺带证明自己还活着，早上起来能又一次看见太阳。它同样会为此在暗中感恩戴德，毕竟没有任何一种人间的权力会超过太阳。在此，诸如"好死不如赖活"、"活着仅仅是为了活着"一类属人的格言，正好也悲剧性地属于无时间性的权力。就这样，权力更深刻的嘴脸在此暴露出来了：它是一个板着面孔的嬉皮士，依靠它的臣民的动作紊乱维系自己的生命，但又给了自己一个最为冠冕堂皇的面孔。作为一个嬉皮士，权力不得不偶尔容忍它的臣民不那么正经地对待它。正是这种"不值得正经对待"的方式，比如面对权力的代理者公然做梦，面对权力的惩罚对象公开调情，恰恰打中了无时间性的权力的软肋，也进入了无时间性的权力使用种种伎俩——比如三位一体以及幽默的两种版本——拼命维护的那个老巢，那个隐秘的、让人窥谷忘返却又屡屡伸手而不得的三角区。

权力的技艺

依靠三位一体和权力的第一、第二种版本的幽默感，权力既将元罪制剂成功地注射到了人民群众的自我之臀当中，又围绕着自身、以自身为第一代领导核心（当然也是最后一代领导核心），组建起了一整套优质而复杂的艺术系统。这就是权力的技艺。秉承着寓言性写作悠长的召唤，权力的技艺在"权力三部曲"中，得到了淋漓尽致的表达。我们从"权力三部曲"迷宫般的叙事中，至少可以抽取出权力的技艺的三种样态：赎罪技艺、杀人技艺、组织技艺。这三者之间并无必然的逻辑联系（当然也不是毫无逻辑联系），重要的是，它们都以各自的呼吸、心跳与生殖，分别体现了权力的技艺某一个不可或缺的侧面。

元罪的首要指令是：人必须在权力面前赎罪，但元罪却不准备给赎罪者以任何形式的宽容。考虑到权力的准宗教面孔，自我之臀挨了一针元罪制剂的基本群众需要赎罪，就更是理所当然的了。赎罪的技艺至为复杂，《法院》不过是提供了一种具体的方式。情况大致上是这样的：专司肛门职事的痔疮大夫"我"某一天在给一位女患者治疗时，不经意间碰到了患者的私部（整个事件不超过五秒钟），却被患者指控为性骚扰。于是"我"就来到了某个看守所。考诸"权力三部曲"的整一性语境，尤其是考虑到具有浓厚形而上学特征的寓言性写作及其基本要求，问题根本就不在于是否有过性骚扰，因为那顶多只是个由头；问题的根本实质恰恰在于：元罪需要一个就坡打滚的由头。也就是说，"我"就这样被元罪机缘巧合般挑中了。这自然会让权力和元罪大为欣喜，但这只是我们这些碰巧捡了一笔小钱的群众的常人之见；因为对权力和元罪来说，那不过是题中应有之义。我们看得很清楚，权力见到由头之后，马上就使出了自己的绝技：所谓三位一体，即提醒、法官与罪犯相互梦见以及罪在供述中不断成长的总和，成了赎罪的开端甚或前提。赎罪被划定在这个狭小的圈子内。于是"我"开始了漫长的供述。而供述，正是对赎罪技艺的直观表达。正当"我"为等待宣判（这是赎罪技艺的目的之一）劳神费心之时，突然被开释了。换句话说，肛门大夫自由了。但这种自由显然不是真的自由，权力的各种版本的幽默感对此无济于事，即使是第三种版本对此也一筹莫展。按小说中的话说，那种自由仅仅是猪的自由："我"仍然是有罪的，无论是在大街上还是在家里，情况都将是这样。在此，一个看似闹剧实则悲剧的情景出现了：自由了的"我"还将在此后漫长的岁月里不断赎罪。这就是赎罪技艺的高妙之处：它把赎罪权递交到每个个体身上，让每个个体随时都处在变了形的看守所、或无从变形的三位一体的密切监控之下，却又拒绝对每个个体进行宣判。他们余下来的后半生的唯一任务，就是满足赎罪技艺的要求。他们是赎罪技艺拼命榨取的剩余价值。

但也有一些幸运者注定要被宣判。和处于赎罪技艺制造出的滑稽氛围中的那些个体相比，被宣判的人无疑是幸福的，尤其是那些被判了死罪的人。这种令人作呕的语气和结论听上去荒谬透顶，却不关我的事，因为那是权力给出的逻辑的注定结局。这种逻辑的要诀仅仅在于：人死后，不再需要包括赎罪技艺在内的一切形式的权力技艺。死人处于权力的管辖之外，尽管按照权力的本义，它是连死人也不会放过的。就是在这里，我相信我们逼近了一个有趣的结论：尽管权力拥有宗教的面孔，但它不制造来世，也不生产天堂和地狱。它是一种具有唯物主义特性的宗教。若干年来，人类为处死罪犯，不辞劳苦地发明了许多精致的杀人方式，各种匪夷所思的消灭肉体的技艺被炮制出来，并被重复性地落到了实处，大体上能够说明这种唯物主义性质的宗教的本性。总地说来，感谢权力，杀人技艺在历史的长河中，总算逐渐由残忍变得相对温柔，由血腥变得比较温和。为此，《检察大员》贡献了一个非常有意思的例证。在接待检察大员的晚宴上，典狱长向大员汇报了他们新近发明的杀人技术。典狱长说：

"那天晌午，一个年仅十八岁的劫机犯被带进了我的办公室——当时，高院对他的死刑命令已经下达，但我们并没有急于向他宣布——全部原因基于这一点：任何人都有免于恐怖的自由。他进屋时，神色异常慌乱，以致脚步都有点儿不稳。我向他微笑，并且命人除去了他的手铐，而且还邀请他坐在我的对面。通过一段时间的聊天，我终于使他平静下来，而且还暗示其极有可能被免于极刑——'如果你的行为得到完全的实施，你自己的命运就是另一类情形喽。'他几乎有点儿喜形于色，而且差一点儿就要跪下去谢恩。我连忙站起来，绕过桌子过去阻止他这样做。这时候，我见到这个孩子眼睛里已经泪光闪闪了——这是一个很好的时机，我的双手搭住他的肩膀的一刹那，一位行刑队员已经戴好手套悄悄贴近他身后，一枚染有剧毒的纤细的钢针举了起来，毫不犹豫地刺进了死囚的耳后……"（第31页）

看起来权力是仁慈的，因为它愿意给血液中流淌着元罪制剂的人犯以温柔的闪击，以便让他在幸福中安然毙命。那个只有十八岁的少年确实在幸福中死去了，但为什么让他死去的典狱长会发出惊恐的大叫（关于这一点我们的引文省略了）？权力的仁慈看来只对死者有效，对制造幸福感的杀人技艺和实施这个技艺的人完全失效。它只带来恐怖。典狱长大叫一声摔倒在地，就很准确地昭示了这层意思。对权力的技艺来说，这无关紧要，因为它只针对罪人。不管怎么说，杀人的技艺对于被杀者越来越接近仁慈和善意。福柯讲得好："犯罪使个人处于整个社会的对立面。为了惩罚他，社会有权作为一个整体来反对他。这是一种不平等的斗争，因为一切力量，一切权力和一切权利都属于一方。"[1]福柯无疑道出了实情。基于这个坚硬的事实，杀人的技艺越来越接近仁慈和善意就是值得称道的。关于这一点，《检察大员》还有更为深刻的描写：典狱长就是在幸福中被拖上绞刑架的。作为一个深谙杀人技艺的资深的权力代理者，典狱长在临死前除了必不可少的幸福感外，附带还有一点儿叹息：他想起了临死前那晚上和他的女秘书堪称动作紊乱的做爱，就是这个娘们伙同他人将他送上了绞刑架。典狱长肯定知道，那显然是让他得以幸福的必要环节，是仁慈的杀人技艺必不

---

[1] 米歇尔·福柯：《规训与惩罚》，刘成北等译，三联书店，1999年，第99-100页。

可少的步骤。在到达生命极限处的那一刹，典狱长的叹息是极为深刻的："连最后那几下抽搐的快乐其实都是替别人准备的。"

和前两种权力的技艺形式比起来，组织技艺似乎更为隐秘、更为复杂，也充满了更多的悖论。《重现之时》中的X医生被组织胁迫后，就被不断地告知了很多组织原则，诸如"不要提问"，"尽可能地利用黑暗"，"在组织里，事态一经宣布就注定是正确的"。组织技艺的唯一目的，就是要在妙到毫巅的艺术性中，尽可能保证权力的神秘性不受到任何形式的破坏。只有神秘的东西才能让人害怕。权力谙熟这一秘密。它显然利用了巫术，或者权力本身就是一个大巫师。此处不妨引用一段较有说服力的话。这是一位土人对前去调查他的人类学家说的：

> 我们怕天地之间的一切精灵，所以天长日久，我们的祖先才定下了那么多规矩；这是从世世代代的经验和才气中得到的，我们不知道，也猜不出原因在哪里，我们遵守这些规矩，是为了平平安安过日子，凡是不知道的东西我们都怕，身边见到的东西我们怕，传说和故事里讲的东西也怕，我们只好按老规矩办，只好遵守我们的禁忌。[①]

但问题显然不在于组织技艺本身，也不在于组织为什么有那么多自相矛盾、充满各种悖论的规则，问题在于权力的技艺必须假借组织原则，才能将自己的神秘性贯彻到底；通过这一技术，才能保证元罪制剂在人民群众的自我内涵中永久性地发挥作用。自我之臀生来就是挨针的，这也是一种技艺。

赎罪技艺让人一劳永逸地获得了罪人身份，杀人技艺让人一劳永逸地免于一切权力的技艺形式。在这两种情况下，人要么永远只有一种身份（罪人身份），要么永远不再需要身份（死人无所谓身份）。比上述种种有过之而无不及的是组织技艺：它最终让人失去了身份却又命令人活着。这是一种更为严厉的惩罚。无论在任何时代，一个没有任何身份的"肉人"都

---

① 转引自王学辉：《从禁忌习惯到法起源运动》，法律出版社，1998年，第9页。

是不可思议的。他只是一个纸人、一道阴影；因此，指称这个"肉人"的"他"必须转渡为"它"。在这里，所谓"比死还可怕"的俗语不是修辞，而是事实。根据《重现之时》的叙事逻辑，不仅X医生，而且是被《重现之时》包纳进去的所有人等，最后都将在组织技艺的操策下，落得丧失身份的下场。比方说，那个肉感而触手可得的L是谁？那个酒后吐真言、无意间被权力的第二种幽默版本掌控了的博士是谁？反复出现的那个"泥表妹"是谁？他们从哪里来？他们究竟在干什么？他们分别是妻子、丈夫或别人的情人吗？而顶替X医生的那个家伙又是谁？难道他在组织技艺的密切关照下，最终不会成为另一个将被别人全方位顶替的X医生吗？

如果说权力的神秘性带来了各色人等在动作上的紊乱和失常，从逻辑上讲，权力的技艺则会给各色人等带来动作上的迷雾感和虚幻感。这是一种集体性的迷雾和虚幻。在此，所谓迷雾，就是不清晰；所谓虚幻，就是不真实。无论一劳永逸地成为罪人、一劳永逸地不再忍受权力的技艺的折磨，还是彻底丧失身份而又坚强、无奈地活着，各色人等在动作/行为上都充满了迷雾和虚幻。是权力的技艺让他们时而往东时而往西，是权力的技艺让他们像无头苍蝇一样随意出没，像幽灵一样既没有背景，也没有出处。在权力的技艺的操策下，每一个人都是本质上的非人，每一个人的动作看似目标明确实则毫无目的。他们都是胡奔乱窜的力比多，是毫无方向感的自由电子。因此，假如说动作的紊乱和失常让我们窥见到权力的嬉皮士面孔，动作的迷雾感和虚幻感则让我们看到了权力的诗人本性。但它无疑是一个精于计算和算计的诗人：它总是在计算和算计被它掌控了的人民群众的动作。一方面，它极具想象力，头脑始终处于亢奋发热的状态，以至于让它的人民群众疲于奔命；另一方面，在它掌握下的所有人的动作都得到了它的精心考量。正是在权力的技艺如此这般的摆布下，"权力三部曲"中的各色人等归根到底都不需要身份，因为身份是无关紧要的；集体性的动作迷雾和虚幻才是目的。他们都是"肉人"。"权力三部曲"的寓言性写作导致的叙事，正给了表达上述意念以极大的方便。

灵魂在下边

现在，我们终于可以较为直接地说到"权力三部曲"植根其中的形而上学究竟是什么意思了。无论我们在前边如何啰啰唆唆地讲述过杂交时代、权力的无时间性、元罪等什物的种种特性，它们最终都不过是指向同一个东西，就像传说中的九九归一那样：它们都指向不变的、本质的现实。这个不变的、本质的现实既是上述一切的结果，又以上述一切为内容。在"权力三部曲"中，这差不多是自然而然的事情，正好对应了寓言性写作的基本要求。至此，我们看得异常清楚，所谓的形而上学只具有表面上的神秘性，它不过是指称一种无时间性的历史：无论时间如何无事忙般忙着它的流逝，也无论时间在永恒的流动中带出了何种具体的、面孔各异的现实，但以权力的无时间性、罪的绝对性为根本内容的不变的本质的现实，始终是无时间性的历史的恒定内容。由此，"权力三部曲"最终给出了对于历史的另一种解读法：我们的人类生活中，始终存在着一种形而上学的历史；具体展开的、具有唯一现实性的流动的历史，不过是对形而上学的历史热火朝天的体现。在这里，不变的、本质的现实全方位等同于形而上学的历史：两者互为形式和内容，也互为"因为"和"所以"。但它们在骨殖深处，不过是关于权力的哲学的不同说法或不同名称而已。

从表面上看，形而上学的历史和黑格尔的历史哲学差不多：前者以权力和罪的无时间性为根本，后者以绝对观念为实质。但这显然是一种荒唐的结论、穷措大的结论。大体说来，黑格尔的历史观是所谓绝对观念的无时间性的自行推演，它有自己的目的，其最高形式据老黑保证说，就是他神圣的普鲁士王国；"权力三部曲"提供的历史形式尽管也是无时间性的，但它从来就不曾在无时间性中自行推演，而且在具体的推演过程中，带出了集体性的动作紊乱和失常、集体性的动作迷雾和虚幻，因而形而上学的历史根本不存在一个最高形式的目的或终极归宿。黑格尔的历史是在绝对理性的层面上理性地展开，否则不会合乎逻辑地达到一个最高形式，而且碰巧还是他的普鲁士王国；"权力三部曲"给出的形而上学的历史从表面上看，也在理性的层面上理性地展开，诸如三位一体、前两种版本的幽默感就是出于理性的考虑而设置，但它最终的后果却是非理性的，否则就不会有集体性的动作紊乱和失常、集体性的动作迷雾和虚幻。更重要的还是杂交时代的出现。杂交时代显然具有双重性（出于写作技术上的考虑，本文一开篇只强调了它的形而上学特性）：一方面，它获得了本质的现实、无时间性的历史的授权，因而具有高度的不变性；但另一方面，它又是框架三位一体、各种幽默版本、权力的神秘性和权力的技艺的时间容器。因此，杂交时代归根到底只是一个临界点：它一头连接着本质的现实，另一头则连接着流动的现实。它是一个桥梁。正是这一点，隐隐约约暗示了形而上学的历史根本不会有所谓的最高目的、最后归宿。它只是它本身。

千万不要以为"权力三部曲"是在为形而上学的历史叫好，虽然"权力三部曲"的叙事逻辑能够让我们很容易得知，形而上学的历史才是一切流动的现实的逻辑依据、一切流动着的历史展开自身的唯一出发点。"权力三部曲"不过是在揭示出形而上学的历史已经存在的基础上，对形而上学的历史展开的批判罢了。这就是"权力三部曲"的基本目的之所在。即使是最为粗心的读者，也会较为容易地从"权力三部曲"中，窥见各个叙事人对这种亘古不变的历史掩饰不住的厌恶、情不自禁的憎恶。"权力三部曲"之所以不惜以精湛的笔法，揭示、暗示、昭示权力以及辅助性的三位一体、元罪以及它所需求的各种赎罪方式、幽默版本、权力的神秘性以及它带来的后果、权力的技艺以及它的各种表现形式……是因为它最终想表达对形而上学的历史的绝对憎恨。这实在是没什么好说的了。

小说和哲学相比有一个极大的区别：小说为动作编码，哲学为动作下结论；小说直接面对动作并以动作体现小说的目的，哲学则直接赋予动作以意义并将动作掩盖起来。"权力三部曲"通过寓言性写作、通过寓言性写作带来的具有临界点性质和桥梁性质的杂交时代，对权力、元罪进行层层追剿，最终将权力落实到人民群众的动作上。但那不是一般的动作：它就是我们反复提及的集体性的动作紊乱和失常（由权力的神秘性提供）、集体性的动作迷雾和虚幻（由权力的技艺提供）。虽然这两者都导致了历史的非理性，但对于权力本身，它们仍然有着巨大的差别。前者表征的是无时间性的权力的嬉皮士面孔，后者则揭露了权力的诗人面目。嬉皮士面孔暗中昭示了权力的失败和无能，诗人面目则公开表明了权力的绝对成功。前者告诉我们：我们有能力以自己的动作紊乱和失常破罐破摔地反抗权力，推翻加在我们头上的元罪；后者则表明：我们最终不过是权力掌控下的虚幻的人、虚构的人——如果考虑到权力的诗人面孔所表征的对动作的计算和算计，情况也许就更加明显。

尽管"权力三部曲"表达了对形而上学的历史的绝对厌恶，但它也清醒地道明了：从盘古王开天辟地到而今，权力大体上是成功的，否则，根本就不存在不变的、本质的现实，根本就没有形而上学的历史这种人类的基本生存事实；毕竟敢于动用权力的第三种幽默版本（即权力不值得正经对待）的人，总是少之又少，即使有人偶尔勉强动用这一幽默版本，也始终处于偷偷摸摸之中，就像革命时期的床上行为一样——那也是一种反抗。少数勇敢者的出现，根本不足以说明任何问题，更不足以动摇形而上学的历史的根基。何况少数勇敢者的目的，也不是要去动摇人家的根基，而是想从人家的宫殿上分一杯残羹冷炙，想充当人家的临时代理人。因此，我愿意十分悲哀地说，许久以来，无数的哲人、恒河沙数的思想家和艺术家对人类精神的赞扬很可能搞错了，因为他们给了人类精神、人类灵魂以某种向上的姿势。这刚好和权力命令我们低头有着根本性的抵触。当然，向上的姿势值得我们永远尊敬，但它无疑是悲壮的，也不那么可信。或许和许多前辈大师们的作品一样，"权力三部曲"中的种种描写才算道出了一鳞半爪的真相，尽管这真相让我们震惊，却不能让我们欣喜。毕竟真相总是让我们沮丧。"权力三部曲"通过对动作的编码，通过对权力及其各种特性、本质的现实、元罪及其各种表现形式的揭发，给了我们的灵魂一种现实中的去处。这个现实同样是本质的、不变的现实。

在《检察大员》临近结尾处，多年前差一点儿被兰桥监狱的绞刑架绞杀的检察大员和即将亲自验证绞刑架之功能的典狱长，讨论了绞刑架与灵魂之间的关系：

"……这么多年来老夫一直放不下一个问题：如果事情没有转折，我究竟会怎样死去？此前我还以为自己被绳索扯离地面一点点死去哩，谁知道死亡是朝着相反的方向——是坠入死亡，是永劫不复的……"

"呆会儿我会领您去下面那间看看，"典狱长说，"那口石槽也要被更换。"

"我就不下去了。老夫对灵魂方面的事情兴趣不大。"（第38页）

《检察大员》接下来简短、令人目眩的结尾会更清楚地告诉我们：只要作为权力的物化形式的绞刑架存在一天，我们的灵魂就始终处于下边。上了绞刑架的典狱长亲自证明了这一结论：灵魂在下边。这是权力运作的结果，是形而上学的历史中和本质的现实中亘古不变的内容，也是人类生活史上最为隐蔽的内容。无论是三位一体、权力的幽默版本还是权力的神秘性、权力的技艺及其三种表现形式，都以它们的合力而不是以它们各自单独的力量，始终在矢志不渝地促成这一内容的不断生成。通过集体性的动作紊乱和失常、集体性的动作迷雾和虚幻，我们的灵魂在不断地一步步向下、再向下。那里，是我们灵魂的居所；那里，才是我们最终的家园。多少年来，一切美妙的彼岸承诺，一切超生和超升的说教，一切向上飞翔的姿势，既是对"灵魂在下边"这个基本事实的持久反抗，因而让我们为之感激莫名；又是对形而上学的历史的根本要求的暗中回应，这让我们每念及于此，不禁万念俱焚。没有人会比权力本身更清楚如下事实：所有形式的反抗，最终没有哪一次不是在给"灵魂在下边"这个坚硬的命题以巨大的推动力。这就是不变的、本质的现实最为内在的含义：

一个不分主次记述事件的历史学家，所遵循的是这样一条真理：对于史学来说，过去发生的任何事情都没有消失。确实如此。不过，人类只有获得赎救才能全盘接受它的过去——也就是说，人类只有获得赎救，其过去的每一刻才是可喜可贺的。到那时，它所经历的每一刻都将受到嘉奖——而那时便是最后审判日。[1]

2005年2月12—16日，北京丰益桥。

---

[1] 瓦特·本雅明：《历史哲学论纲》，《本雅明文选》，陈永国等译，中国社会科学出版社，1999年，第404页。

追寻诗歌的内部真相

1. 事境与情景

事境是包围我们的全部生活事件的总和，它本身就构成了一个巨大的场域。它对各种型号的人都充满了诱惑。我们一出生，就既被事境包围，又主动加入到事境之中，并构造出某种对我们来说十分有效而且有着明确目的的事境。千百年来，人在不断增加，奇怪的是，事境的性质并没有因此改换门庭。这里的事境无疑是指现象学水平上的生活内容，它既包括我们与他人摩擦、碰撞然后生产出的事件，也包括我们与事物之间的各种交道。它首先是原生态的吃、喝、拉、撒、对话、交流、交易甚至搏斗，是现象学水平上的生活内容之总称，也基本上相当于诗人臧棣所谓真正值得我们为之倾注如潮心血的那个"生活的表面"，而不是"生活的深度"。[①]的确，从来就不存在不带任何心灵目的的动作、表情、神态直到生活事件，

① 臧棣：《假如我们真的不知道我们在写些什么》，《中国诗歌评论》第二辑，人民文学出版社，2000年，第267页。

但我们仍然可以把事境首先仅仅看作纯粹的现象。凡生活过的人都不难理解，这中间最值得考虑的因素就在于：生活首先是为了生活而生活，绝不是为了高于生活本身的任何附加值。臧棣所谓"生活的深度"，至少需要一种价值赋予或者价值挖掘才能得以现身。它一开始是作为我们在事境中的奢侈品，最后才作为我们的必需品。相对于事境本身，生活的深度是一个后置性问题。这里有一个"公式"值得充分考虑：价值赋予的力道越大，生活的深度也就越甚。"司空见惯浑闲事，断尽苏州刺史肠。"（刘禹锡：《赠李司空妓》）从价值赋予的角度看，生活的深度是天然有着意义需求的人强行赋予事境的品貌，并不是事境随身携带出来的固有特性。肝肠寸断的苏州刺史在司空见惯的事境面前，之所以有如此夸张的失态，很可能就是在使用价值挖掘器试图偷挖出"生活的深度"时出了问题。正如西川非常睿智地写到过的：

> 从前我写作偶然的诗歌
> 写雪的气味
> 写钉子的反光
> 写破门而入的思想之沙
>
> 而生活说：不！
>
> 现在我要写出事物的必然
> 写手变黑的原因
> 写精神的反面
> 写割尾巴的刀子和叫喊
>
> 而诗歌说：不！
> （西川《札记》）

在诗歌与生活（事境）之间，始终存在着某种相互对抗的关系；其后有可能得到的和解，需要心灵更多的付出和灵魂更猛烈的投入，以及某种为诗人所特有的平衡术——归根到底，从事境内容到诗歌的生成必须经过多重转换。

事境只有在语境中，才可能得到较为准确的说明和完好的储存（这当然只是一种理想状况）。我赞同梅洛—庞蒂（Maurece Merleau-Ponty）的口号：语词是世界的血肉；但我更赞同让—保尔·萨特的教诲：语词只是掠过事物表面的阵风，它只是吹拂了事物，并没有改变事物——这和语言拜物教信徒的虚妄看法不幸正好相左。作为一种会说话的动物的创造物，事境当然得有语言的深层参与。在"生活的表面"（即事境）中，语言的首要功能就是描述。事境对语言的基本要求就是它就事"说"事的能力。在此，并不存在高于事境本来含义的价值赋予。极端地说，纯粹的事境首先需要语言的描述功能；语言在此仅仅充当了将事情说清楚的英雄角色。在这种情况下，事境和语境有可能是同一的，尽管这种同一性仅仅存在于语言网络之中。勒内·贝尔热（Rainer Berger）在《从镜子到后历史》一文里有如下陈述："如果说语词历来应该是物的指称，以至二者长期以来一直混淆不清，那么我们今天正在发现，语词现在是，而且始终是铸造工具：正如语言学家所充分证明的，语词之所以是工具，是因为语词从一开始就始终是器械和机制。这种器械和机制以一致同意的指号和符号为出发点，其功能在于必须建立一个社会的成员相互沟通所需的工具。"①对于原生态的事境，语词的首要任务恐怕也正在这里。臧棣在一首诗中，很轻松地借助语言的描述功能，描摹了事境的一个小侧面，语境看上去确实和事境同一了：

> ……一个人的总结听上去像针对
> 另一个人的忠告。我知道这样说
> 有点过分。而我憋在心里的话
> 似乎更过分，就像腹语：

① 参阅雅克·施兰格（Jacques Seagram）等：《哲学家和他的假面具》，社会科学文献出版社，1999年，第91页。

没有我作引擎，她将如何回家。

（臧棣《爱情发条》）

　　语言拜物教信徒很可能忘了，任何一种语境都只有存在着对象化的事境时才更可能有效。事境有它自身的向心力，它有能力让所有人都行走在事境之中，既不轻易允许他们超重，从而被事境吞没（像加缪号召的那样首先思考自杀与否的人，毕竟少之又少），也不轻易同意他们失重飞升（即便是在神学时代或信仰天命的时代，人们也不是首先想到有上帝或天老爷才活下去的）。语境是对事境的语言表达。事境只有在语境中才能显示它内部的各种关系并为我们所把握；但语境恐怕永远不能直接替代事境，事境在语境中的真实，也许永远只能是语境的"真实"。很显然，语境的真实并不必然等同于事境的真实。就事境的本义来说，它是现象学层次上的，并没有多少价值论维度上的意义可言。此时，对事境的语境框架，只需要仰仗语言的描述功能就足够了。在事境身上的一切附加值都被悬置的理想状况下，我们可以把如此这般的语境大而化之地看成和事境相同一的结构，我们也可以把语言的描述功能催生出的该种语境称作同一性语境。同一性语境是事境对语言框架的首要呼唤，是事境对语词提出的最基本的要求。

　　虽然语词的确如萨特所说，并未改变事物（或事境），但我们有理由认为，语词至少能改变我们对事境（或事物）的看法。尽管事境是原生态的、现象学的，在语言中，却可以显透出诸种不同的意义（价值）。事境宛若无言的土地，价值就是建筑在它之上的各种房屋；房屋的大小、形状、内部设置……则因人的价值癖好而定，尽管这一切能且只能在语言中生成。这样一种面对事境生成的语境，依靠的将不再是语言的描述功能，而是隐喻功能。在此时，语境和事境的关系并不必然就是同一的，在更多的情况下，倒有了断裂的表情。我们不妨把依靠语言的隐喻功能生成的语境称之为意义语境。但丁（Dante）在《致斯加拉大亲王书》中，声称语词有字面义（即描述功能）、寓言义、道德义和神秘义，并将后三者全部装配在一个名叫隐喻的容器中①。按照但丁牌另类神学的看法，意义语境的生成，必须依靠语言的隐喻功能。顺便说一句，人作为一种价值动物，隐喻的出现是必然的——也诚如但丁所说。为事境赋予意义，是人的本能。20世纪90年代名声大噪的诗人西渡，在《悼念约瑟夫·布罗茨基》中准确地说明了这一问题：

> 犹如电视天线从虚无中
> 搜索着电波，在屏幕上
> 呼唤出活跃的图像，我们
> 在词语中搜索，命令它
> 在意义的空白处开出
> 异乎寻常的花朵……

在了无意义的现象学层次上的事境中寻找意义（或者强行赋予该种性质的事境以意义），一如西渡所言，的确是一种强制性行为。与米歇尔·福科说历史是断裂的几乎相类，意义语境和真实的、活生生的事境的断裂也差不多是必然的，或者说，它和事境的连接正是以断裂为形式来获得的。相对于真实的事境，意义语境只是某种虚构（是某种，不是随便哪一种）；凡生活过五天以上的人都会知道，人是天然需要价值虚构的。从这个意义上，我们可以断言：诗歌天然就应该站在虚构一边。在这里，诗歌显然起发明的作用。它具有一种不能预见但可以描述的结局。这种结局表明了某种价值的变化，也表明了人对事境的超逸企图。诗歌依靠意义语境制造出一个个虚构的世界，尽管这些因人而异、因时而异、因地而异的众多世界，很可能在有些人那里距离事境太过遥远，显得过于缥缈难寻，但对这些世界的制造者，依然是有效的、重要的。

自20世纪80年代以来，汉语诗歌所构造的诸多语境，都有某种挣脱事境引力以求失重飞升的欲望。这种欲望是如此强烈，以致在今天的许多人眼里，既显得幼稚可笑，又让人感慨欷歔。在今天，我们宁愿相信，这种

---

① 参阅Lionel Trilling ed. *Literary Criticism: A Introductory Reader*，New York，1970，pp. 80-81.

欲望已经不那么真实可信了。追求一种不真实的东西，不用说，既让人鼓舞，也让人感伤，尤其是考虑到已经有许多人为此付出了沉重代价。在这方面，最值得一提的案例是海子和李亚伟①。海子试图通过语言的某种神秘力量，进入到大诗的境地、元素的境地，直接在元素层次上进行歌咏（海子："黑夜降临，火回到一万年前的火／来自秘密传递的火，他又是在白白的燃烧／火回到火，黑夜回到黑夜，永恒回到永恒／黑夜从大地上升起，遮住了天空。"）②；李亚伟试图通过语言营造的狂欢化功效，使自己可以进到无所羁绊、随意施溺灌肠、大喊大叫的绝对自由境地（李亚伟："我有时文雅，有时目不识丁／有时因浪漫而沉默，有时／我骑着一匹害群之马在天边来回奔驰，在文明社会忽东忽西／从天上看下去，就像是在一个漆黑的论点上出尔反尔／伏在地面看过去，又像是在一个美丽的疑点上大出大落。"）③。没有必要反对他们的诗歌追求，以及他们由此展示的令人惊叹的诗歌才华，也没有必要反对他们分泌出的诗歌样态。只是他们不同程度地误解或者夸大了事境和诗歌语境之间的关系，过分凸显、放纵了语言超常的隐喻能力，却是不能不指出的危险。

汉语诗歌在20世纪80年代之所以有海子、李亚伟出现，排除其他种种可能因素（比如时代的、年龄上的等征候），语言的自述功能就是值得考虑的原因。虽然语言归根结底是人造的（至于它怎样被创造了出来至今仍是一个大秘密），但语言这种人造物和其他人造物区别很大：它有自我完成、自我实现的要求和能力（即自述性），它能由此牵引人走向某种彻底脱离事境内容的虚幻境地。尽管我们在大多数时候通过和语词商量，也能控制它的走向，但并不是每一个人在每一个时刻都有可能成功。语言的自述性从功能的角度看，可以当作语言的隐喻功能的派生产物。语言在创生初始，

---

① 应该说，在这一点上，整个20世纪80年代的汉语先锋诗歌（也许除朦胧诗外）都有着同样的性质，无论是"整体主义"的文化诗，还是"史诗运动"寻找本民族的文化之根的现代大赋，无论是"非非主义"的语言乌托邦，还是"莽汉主义"的大喊大叫，大都对事境采取了一种否定态度。虽然他们的思路不一，目的不一，程度不一，但试图超越眼前事境以活在纯粹虚幻的精神（意义语境）之中，则有着相当的一致性。只不过海子、李亚伟是其中走得较远的人罢了。
② 参阅海子：《诗学：一份提纲》，《海子诗全编》，上海三联书店，1997年，第889—913页。
③ 参阅李亚伟：《流浪中的"莽汉主义"》，民刊《创世纪》，1993年第1期。

就有朝向意义语境自我努力、自我运动的势能（《圣经》："太初有言。"）。这种势能相对于事境无疑是增加了的势能：它依靠隐喻功能，不断将处于水平面的事境中人的肉体以精神的名义向上超升。在势能无穷大的地方，我们无以名之，姑且把它称作天堂、至境、极乐世界。语言的自述性是语言内部的力比多，它有不断自我膨胀的天然能力，也有强制使用它的人顺从自述性自身的本己力量。当一个诗人一任该种力比多的控制放纵自己的诗情，大有可能出现海子凄美的"天堂"诗句："太阳向着赤道飞去 飞去 身体不在了／赤道向着太阳飞去 飞去 头 不在了。"（海子《太阳·诗剧》）在这一刻，很显然，也很让我们伤感：事境和意义语境之间的断裂呈现出了最大的态势。

无论我们怎样善意地设想语境与事境的同一性，都有一个不可变更的事实：语言和事物之间只存在一种幻真性。如果一个诗人仅仅听任语言自述功能的牵引，就很有可能错误地理解了（或夸大了）事境的真实内容，由此，语境对事境的存储功能也会得到大幅度的修改。这种极端的诗歌语境有可能彻底丧失了对象化的事境成分。20世纪80年代汉语诗歌的普遍语境已经显示了这一危险。

我们很可能既无法用事境内容去证明诗人的成就，也不能把诗人的工作仅仅看作对事境内容的机械反应和生理反应。但在诗人和事境之间，无疑有一种互探的关系。所谓互探关系，借用勒内·笛卡尔（René Descartes）的话说就是：诗人戴着面具进入事境并能动地参与对事境的修建。1619年，笛卡尔在《开场白》里这样写道："上场的演员们为了不让观众看到他们脸红，都戴上一副面具（persona）。像他们一样，我在登上这个世界舞台时，也戴着假面具出场。"不过，诗人戴着面具进入事境，却不是为了躲避读者，在更大的程度上，倒是为了和事境捉迷藏：在现象学的事境之外，寻找一种虚构的可能性空间（即本文所说的意义语境）。就是在这种捉迷藏式的、寻找式的互探关系中，诗人和事境的关系变得异常暧昧、含混和复杂。事境和诗人的互探关系的几乎所有秘密，差不多都可以从那副面具中找到相关答案。对于诗人，毫无疑问，这个面具就是语言以及由语言的隐喻功能（特别是自述性）构成的意义语境。

在风起云涌的20世纪80年代，海子和李亚伟是非常打眼的诗人，最主要的原因就是他们极端的形而上学冲动。他们赋予了自己身处的事境以某种虚幻的价值。我愿意把这个价值组成的空间（即意义语境）称作情景。如果说事境由人的行动导致的生活事件组成，情景就是事境在意义语境的框架中生成的阐释性空间，是通过各种幽暗的门洞从而达成的语义结构。尽管生活事件本身也有语言的参与，但原生态的事境中的语言一般都是就事"说"事的。海子和李亚伟愿意在事境与情景之间设置遥远的距离，我们且不去管它，问题是，在事境和情景之间只可能有这样的关系吗？

尽管人的确需要在诗歌中获得情景，以获取对价值的消费，尽管现实确实一如约翰·墨菲（John Murphy）所言"只是一种长久不衰的解释"，但是，虚构的世界（即意义语境，即情景）必须限定在有效的范围内；势能不可趋向于无穷大。这不仅仅是因为它不可能达到无穷大，更是因为高蹈和灵魂远游的时代很可能已经过去了。事境的引力越来越大；并不是我们挣脱引力的能力越强，我们就越有力量。在情景和事境之间，并不存在这种正比关系。诗歌的确对事境有发明作用，但是，20世纪80年代的普遍事境已经消失了，有眼睛和心灵的人不难感知这一点，因为一种新的速度已经给予了事境的整体。正如埃里克·梅舒朗颇为感伤地说到过的："发明是一种天赋——就像古罗马的占卜官用他的棍子的一端在天空划一个圆圈，在这个圆圈里，时间所带来的一切——飞鸟和云彩——将提供解释和估量时间的材料。"[1]

2．描述与阐释

20世纪80年代的汉语诗歌无论从表面上看多么纷纭复杂，其实大多时候都是在青春与力比多的指引下，对事境进行的远距离的价值赋予（即虚构），是一种古老的形而上学冲动在作祟。从海子、李亚伟等人身上，我们

---

[1] 参阅雅克·施兰格等：《哲学家的假面具》，第138页。

看见了，他们为了达到这一目的，为了构筑"别处"的"生活"，纷纷使用了一种远距离的修辞方式。事境是以近乎虚拟的形态进入诗歌语境空间的：事境只是一个幌子。他们之所以不得不这样做，是因为他们飞在空中。青春时期的力比多有它自身的逻辑。青春时期的力比多和语言的自述性在20世纪80年代很自然地结盟了。

在20世纪80年代的汉语诗歌营造出的诸多情景中，我们看到了很多没有方向感的诗歌语言流向。其中最主要的样态看似流向了两个极端：一个走向了绝对的神灵的神秘境界，几乎完全漠视具体的事境内容（比如海子）；一个走向了绝对自由，但又似乎只是行走在具体的事境内容之中（比如李亚伟）。但归根结底，它们都是形而上学的，是语言的自述性和青春的力比多在特定时期上下其手的产物。无论海子还是李亚伟，他们在诗歌营造出的意义语境中，都表达了事境的"应是"（在语言的隐喻功能的指引下），而不是事境的"所是"（在语言的描述性功能的帮助下）。按照康德和黑格尔的看法，"应是"不可能绝对转换为真实的事境要素，但它也许可以指导事境的可能流向。这种"可能性"之所以有化作"现实性"的希望，仅仅是人对价值的消费本能使然。

康德把"应是"冲动看作人类根深蒂固的形而上学冲动。这个愿望的实现——更多的事实业已表明——只能存在于人创造的各种意义语境之中，而不是同一性语境之中（维特根斯坦：人的语言的界限就是人的世界的界限）。语言除了描述性地指称事物，更重要的任务之一就是对事境（即人的生活事件）进行价值授权。落实到20世纪80年代的汉语诗歌，我们满可以将这种形而上学冲动（价值赋予）看作对事境的阐释。当然，我愿意善意地说，海子和李亚伟对事境的阐释有在事境面前防卫过当的嫌疑。他们夸大了事境对我们构成的伤害，也夸大了事境的了无意义因此必须赋予事境以某种更高的价值，从而在这种心理作用的暗示下，走上了语言自述性早已预设好了的"应是"之路。他们在虚妄之中，似乎已经挣脱了事境的强大引力而失重飞行，也似乎走入了一个全新的世界。但这个世界似乎永远只是语言的世界，距离真实事境的实存世界太过遥远。在全新世界和真实事境之间，有一种相互扑空的尴尬表情。

应该说，这种样态的诗歌对事境的"阐释"并非没有力量，因为它喊出了一代诗人的心声，也揭示出了20世纪80年代中国现实事境的某些真相。何况80年代的普遍事境也给了它们（诗歌）对之进行如此阐释的允诺。80年代允许他们（诗人）飞在空中，也允许他们使用远距离的修辞。如果我们现在打开80年代汉语诗歌的词典，我们会看到许许多多在今天已经显得十分陌生、十分抽象的形而上学化词汇：神，上帝，高处，狮子，老虎，玫瑰，宝剑，麦地……

远距离的修辞方式既是意义语境必须借助的中介，也是将事境提升为趋近于无限高度的情景的脚手架，既是诗歌满足人类价值消费的可能方式之一，也是阐释的诗学得以生成的最方便的工具。它在把事境提升为虚构的情景的过程中，也挥霍掉了事境中丰富的、凡庸的细节，或者丰富而凡庸的细节已经被形而上学化了（想想海子的"麦地"、"麦子"意象也许就不难明白）。远距离的修辞看重的是事境的"整体"，它是对整体事境采取的某种大而化之的、简单化的情绪，是对整体事境的情绪化反应。远距离的修辞表明：80年代的情景化诗人，意义语境的爱好者，价值虚构的出产商兼收藏家，尚不具备详细观察事境细部、细节、侧面的能力——毕竟远距离的高蹈的天鹅比起俯首帖耳于土地的老黄牛，既优美又容易得多；超越、飞升、逃脱事境引力的心理渴望，几乎是青春期的本能。阐释的诗学仰仗远距离的修辞方式，走向了对事境的过度阐释，也把价值虚构推向了可能存在着的极端程度。

远距离的修辞方式无疑表明：80年代的诗歌太看重语言的自述性，允许语言带领诗人沿着语言自身的路向前进。这种自述性恰好可以被看作语言中最具活力的部分，可以看作语言的青春部分。语言也有自己的力比多。语言的自述性一旦与80年代青春诗人的力比多合谋，对事境的过度阐释也就是最可能出现的情形了。它为80年代的阐释诗学提供了忽视、忽略事境细节的技术和心理支持，也使阐释诗学不大可能懂得法国元帅德·萨克森（Marshal de Saxe）对细节的礼赞："虽然那些关注细节的人被视为凡夫俗子，但在我看来，这种成分是必不可少的，因为这是基础。不懂得它的原理，就不可能建起一座大厦或建立一种方法。仅仅喜爱建筑学是不够的，人们还应该懂得石工技术。"①阐释的诗学由于在心理上显得过于年轻、过于青春，所以它几乎忘记了，"细节"本身早就是神学的重要范畴：在上帝眼中，再大的东西也大不过一个细节，再小的东西也要受到他老人家某种意愿的支配——整部《圣经》到处都在这样训诫他的子民。阐释的诗学过于仰仗语言的隐喻功能和自述性，忘记了事境中的砖、石、泥、瓦；阐释的诗学在极大满足了人的价值消费之外，也令人遗憾地放弃了、掏空了事境的细部。剩下的很有可能只是一具空壳似的事境的"整体"。

　　语言的隐喻功能和自述性天然葆有一种浪漫主义情怀，它向往高处的位置，也向往别处的生活，向往逃脱对事境的贴近式陈述。本雅明说得好："浪漫主义的核心是救世主义。"但在20世纪80年代汉语诗歌形成的语境中，更应该说成是"自救"；自救是80年代阐释诗学最核心的部分。它充分表达了整整一代诗人在严酷事境面前的整体性焦虑。

　　但语言的青春部分随着80年代末那场理想主义运动的破产和诗人们的青春一道破产了。事境再一次发挥了自身引力的巨大作用；远距离的修辞学很快失效，诗人和诗歌一起把眼光、笔触投向了事境本身②。体察到事境通过意义语境（而不是同一性语境）的桥梁到达情景的秘诀的更成熟的中国诗人，诞生在20世纪90年代。西川直面事境中原生态的恶，并以此为诗歌的起点③；王家新开始清理事境中错综复杂的、被充分意识形态化了（ideologized）的细节④；肖开愚开始摒除"上帝"、"神"等不及物的远距离语词……就是标志性"事件"⑤。臧棣则在诗中以如下句式，描述性地制造出了有着浓厚同一性语境色彩的诗歌语义空间，仿佛刻意要向80年代防卫过当的阐释诗学告别：

① 参阅米歇尔·福科：《规训与惩罚》，第158页。
② 当然，这个转变并不是突然来临的，有一个较为漫长的过程。欧阳江河与孙文波对该过程有过深入的论述，参阅欧阳江河：《89后国内诗歌写作》（欧阳江河：《谁去谁留》，湖南文艺出版社，1997年），孙文波：《诗人与时代生活》（民刊《现代汉诗》，1999年秋冬合卷）、《解释：生活的背景》（《学术思想评论》，辽宁大学出版社，1997年）等文。
③ 参阅西川：《生存处境与创作处境》，《学术思想评论》，辽宁大学出版社，1997年，第187－189页。
④ 参阅王家新：《阐释之外：当代诗学的一种话语分析》，王家新：《游动悬崖》，湖南文艺出版社，1997年，第249－263页。
⑤ 参阅肖开愚：《90年代诗歌：抱负、特征和资料》，《学术思想评论》，辽宁大学出版社，1997年，第224页。

天气也许有助于判断

某些迹象，但不适合

推进内部的审判……

（臧棣《夏天的车站》）

　　和歌德说知识渊博是一回事，判断力又是一回事类似，一个成熟的诗人面对事境也像"天气"一样，只拥有判断事境细节（"迹象"）的谨慎能力，却既无法也无能力从远距离的修辞方式的维度进行"内部审判"。孙文波更是直截了当地说："我承认我的作品都是与我的生存处境相关的。我更多的是描写着我经历过的一切，是在现实的基础上完成作品，也就是说从生活出发进行创作；对于我来说，生活，永远是写作的前提和背景。""我关心的是：出现在我眼前的一切，究竟离'真实'有多远。我从不小看写作中'真实'一词的分量。"①这种口气听上去好像是说，诗歌在此时试图动用一种贴近事境的语境来框架生活事件，对具体的事境细节投入更多的热情和泪水。阐释的成分已经大为减少，抒情溶解在半遮半掩的叙述之中。诗歌生成的语境一直在贴近具体的事境，它是高于事境之上仅仅一公尺的情景。我们几乎可以把这种诗歌形态称之为描述性的诗学：

　　人民就是——

　　做馒头生意的河北人；

　　村头小卖部的胖大嫂；

　　裁缝店的高素珍；

　　开黑"面的"的王中茂；

　　村委会的电工。

　　人民就是申光伟、王家新和我。

　　（孙文波《上苑短歌集》）

---

① 孙文波：《上苑札记：一份与诗歌有关的问题提纲》，民刊《阵地》第8卷（2001年3月，河南平顶山），第2页、第7页。

我在细雨中走着，一次
又一次，穿过马路，来回于
电影厂和教堂之间。少女
小伙子和老人摇头说：
"抱歉，我不知道。"在地图里
我们也查不到那个公园。

当我一瘸一拐地，绕着圈，
走到雕像前，街灯亮了。
有些模糊和夸张，好像他
挥动着一把笨重的铁铲。
我看不清他的脸，在人流
和夜色中，他还是那么坦然。

（肖开愚《在徐家汇》）

　　这里边有微弱的阐释，有微弱的价值赋予，也有微弱的情景，但更多的似乎只是描述。和20世纪80年代的诗歌阐释学不一样，它在更大程度上仅仅是诗歌的现象学，是以描述为基础的诗学；但它归根到底诉说的是人在如此这般的事境面前的灵魂现象学。它描述了灵魂在事境面前的状态，似乎不大在乎这种状态显透出的价值含义（即情景）。

　　但是，真的存在着一种词源学意义上的描述的诗学吗？这种理想的境地其实是不可能的。想当年，胡塞尔（Edmund Husserl）强行用括弧悬置各种现象身上经年累月沉积而来的附加值，以求得现象学还原，但老胡的本意却是为了更好地完成本质还原，为事境（或事物）找到某种更合常理的附加值。20世纪90年代的汉语诗歌也一样，它以描述为基础，而不是以描述为目的；它的目的仅仅在于：在理解了事境内部的各种关系后，给予事境以理解性的价值赋予。在此，同一性语境和有限度的意义语境（即有限度的情景，"一公尺高的情景"）打成一片，并且使前者成为后者的可能基础，使诗人不但是"建筑学"的爱好者，也懂得"石工技术"；不像80年代的阐释诗学，在它的极端处，同一性语境和诗歌中的意义语境完全断裂，事境和情景几乎互不相识，"建筑学"和"石工技术"几乎没有直接关系。呼应着这一状态的生成，新的修辞形式开始出现，它就是臧棣所谓"出自比例的比喻"。这个比例是情景、语境、事境三者之间的修正比。90年代的成熟诗人始终在致力于把这个比喻限定在有效的范围内。这无疑是一种近距离的修辞方式，是在人生之路的旁边获得却又作用于事境的修辞学。它有效地抑制住了古老的形而上学冲动（尽管它可能还是形而上学或者是带有形而上学的色彩），让"应是"和"所是"始终亲密无间地待在一起，让"所是"理所当然地成为"应是"的可靠地基。价值赋予、阐释学也被限定在类似于慈禧太后"上畏天命，下惧清议"的有效范围内。80年代的诗歌词典也由此得到更新。

90年代的成熟诗人普遍采取了一种内敛的激情，不再把一泻千里的浪漫和恃才傲物看作对付事境的好方法。阐释诗学的"自救"也为90年代较为成熟的诗学的"承担"所取代。在80年代，即使绝望也是一种远距离的、形而上学的绝望（比如海子说"我走到了人类的尽头"）。这里显然有某种终极性的东西。随着一代诗人的成长，随着一代诗人对事境的醉心介入，他们得知说出那种形而上学的断言既容易，又不大可靠；近距离的修辞学、事境中的凡庸细节有时反而显得异常艰难。90年代更成熟的诗人知道了，世上并没有什么终极性；即使有，那终极性也只能是现实性。语言自身的青春部分，它的力比多，也在基于对这种艰难的体察中得到了较好的抑制。90年代的优秀诗人激活了语言自身包纳的苍老部分和暗哑噪音，但首先是事境的强大引力给予了他们"承担"苍老和暗哑的心理能力。正如臧棣打开小周天般的顿悟："生活的深度，其实丝毫不值得我们去研究，只有生活的表面，才值得我们真正为之倾注如潮的心血。"[①]

---

① 臧棣：《假如我们真的不知道我们在写些什么》，第267页。

3．独白与对话

20世纪80年代的汉语诗歌总是显得嗓门奇大（也许只有少量诗人除外），几乎人人都真理在握，都以为掌握了对事境的绝对阐释权，以为自己在诗歌中创造出的情景对于事境来说是正确的、必然的、无可辩驳的[①]。这种面对事境的诗歌心态既是高音量的原因，也是高音量的结果。高音量在某种程度上，是以忽视、牺牲事境的具体内容（即"细节"）为代价换取而来的战利品。卡莱尔（Thomas Carlyle）曾经不无幽默地认为，政府常常死于谎言；柯罗连科对卢那察尔斯基保证：那个叫卡莱尔的肯定不为你喜欢的人是正确的[②]。在此，我愿意说，对事境具体内容的过度忽略、高度削减，也可能是诗歌在过度阐释时制造的谎言：它也可能让诗歌死亡。

高音量带出来的可能后果之一就是独白，但这种特殊的独白又是穿着面对众人发言的外衣来表现自己的。所谓独白，就其本义来说，就是面对空无自言自语。但80年代热衷于制造过高情景的汉语诗歌，却采取了一种面对大众讲话的奇怪姿势。无论是追求社会正义、社会良心和健康人性的朦胧诗，还是求索绝对自由的莽汉主义，无论是抓住自己的头发就想摆脱地心引力的非非主义的语言乌托邦，还是过度抛弃事境走向天堂和绝望的元素诗歌，它们或者直接面对大众发言（比如江河），或者面对孤寂、寒冷的高空，向人间众生说话（比如海子），真正的目的都在于传达对凡庸事境的愤怒甚至仇恨。独白的本义被80年代的汉语诗歌大幅度修改了。这是一种只顾自己发言却不顾听众反应的独白。多年来，我们的诗歌批评界过于夸大了朦胧诗的世俗批判精神与海子等人的神学"诅咒精神"之间的区分，却有意无意忽略了这中间一脉相承、甚至在思维言路上都存在着的某种一致性：两者都夸大了事境的卑污性质；更重要的是，两者在"自救"的过程中也寄希望于"救人"：

---

① 对于诗歌中声音的高低与情景的成色之间的关系，我在诗歌批评专著《指引与注视》（未出版）中有详细论述，此处不再赘言。补注：本书已由中国文史出版社2001年12月出版——敬文东，2002年4月。

② 参阅柯罗连科：《给卢那察尔斯基的信（六封）》，林贤志等主编：《宿命的召唤》，三联书店，1998年，第177页。

如果海洋注定要决堤，

让所有的苦水注入我心中；

如果陆地注定要上升，

就让人类重新选择生存的峰顶。

（北岛《回答》）

雪山 用大雪填满飞机场周围的黑暗

雪山女神吃的是野兽穿的是鲜花

今夜 九十九座雪山高出天堂

使我彻夜难眠

（海子《最后一夜和第一日的献诗》）

　　海子用隐喻性的"最后一夜"（它无疑表征了值得诅咒的事境的末日）和"第一日"（它肯定象征了新情景的黎明），表明他在为自己悲伤与痛苦时，同样表达了和北岛"救人"的英雄主义相类似的思维言路。情况已经比较显豁：为了完成对事境的过度阐释，语言的隐喻功能在朦胧诗人那里，是以世俗语词的深度意象化来呈现的（比如"苦水"、"陆地"、"峰顶"）；在海子那里，则是以神圣词汇的更高一级的抽象化（或圣化）来达成的（比如"天堂"、"女神"、"黑暗"）。独白由此抛弃了事境中的凡庸细节。和阐释诗学的要求相呼应，独白同样把面对事境产生的某种焦虑情绪赋予了整体的事境；和阐释诗学一样，独白也着眼于事境的整体而不是细节，独白在此具有了某种"宏大叙事"的品貌。从这个角度我们不妨说，独白既令人高兴地突出了诗歌的批判力量，也令人感动地加快了诗人由自救走向救人的匆匆步伐——只是"自救"与"救人"之间的跳跃，显得有些生硬和缺乏必要的过渡。这实在是一个非常有趣的现象。

　　因此，20世纪80年代的汉语诗歌面对事境，采取或明显或隐晦的"我控诉"语调，就没有什么难以理解的了。对事境的一切阐释、价值赋予都以此为基点；语言中的仇恨部分在有些诗人那里，甚至被发挥到了极致。经常喜欢走极端的诗人柏桦十分知趣地将自己称作"毛泽东时代的抒情诗人",既不是空穴来风,也有些意味深长——80年代汉语诗歌语调很隐蔽的来源之一,就是对"毛语体"的继承。杨黎认为,废除古文以后中国一直没有出现成熟的、像样的现代汉语文本,只有到了《毛泽东选集》才形成了标志。它堪称现代汉语的里程碑,因为它统一了新社会的口径、约定了口气和表达情感的方位①。柏桦也有类似咳嗽②。考虑到当时的普遍事境,80年代的汉语诗歌有此做法,实在是太自然不过了。

在此,独白拥有如下几个重要特征。其一是只问结果不问原因,或者原因在独白那里是次要的。诗歌仿佛只注意阐释性的结果,至于描述性地给出如此阐释的原因则可以不闻不问。事境在没有得到某种具体语境的框架时,一般说来,可以被纳入到任何形式、任何性质的语境之中。80年代的汉语诗歌尽管纷纭复杂,诗人们对事境采取的话语方式也各个不同,但建立在对事境的愤怒、不满之上的面孔,却有相当的一致性,不同的只是框架事境的具体诗歌语境不大一样。诚如我们已经看到的,80年代的汉语诗歌的确虚构出了许多不同的情景。现在想来,至少有如下几种:人性的世界(比如北岛);比我们更高的世界(比如西川);天堂、元素世界(比如海子);绝对的自由世界(比如李亚伟);文化的源头世界(比如杨炼,早期的欧阳江河)。由此,独白导致了自身第二个更根本、也更致命的特征:它的绝对性。20世纪以来高度凸显过的革命语义的决绝口吻,就这样暗中进入了80年代的汉语诗歌。在80年代汉语诗歌营构出的普遍情景中,上述虚构世界(即对事境的反向价值赋予)都在意义语境的维度获得了必然性,有一种不允许事境辩解的嘴脸。诗歌在高音量中七嘴八舌,却互不往来、互不对话。

最后,独白还有可能表征着一种理想主义。理想主义的一贯表情是:只讲结果和理想的境地,至于达到理想的途径和原因却可以忽略不计。因为在独白者看来,这些东西似乎是先在的。在80年代的汉语诗歌那里,事境一开始就是不友好的代名词;如同革命就是推翻一个旧世界,如同马克思说哲学的关键在于改造世界,80年代的汉语诗歌也致力于在纸上推翻和

---

① 参阅李亚伟:《流浪途中的"莽汉主义"》,《创世纪》,1993年第1期。
② 参阅柏桦:《左边:毛泽东时代的抒情诗人》,连载于《西藏文学》1996年1-4期。

改造旧世界，被催生出来的世界则挺立在纸张之上，挺立在虚构出来的各种膨胀和嚣张性的情景之中。我对80年代中国诗歌的勇敢行径充满敬意，毕竟这是每一个刚刚睁开眼睛的时代中人的惯常举动；但我仍然想说，仅仅这样做是不够的，毕竟事境并不在乎我们的愤怒情绪，它在看到我们的夸张神情时，很可能还在抿着嘴偷笑。但事境也可能为我们的勇敢行径暗自垂泪：毕竟事境具有的卑污性质我们每一个人都脱不了干系；我们在指斥事境时，是否应该想到我们的罪过？是否仍然觉得我们的勇敢之中没有包含哪怕一丝一毫的狂妄和自恋？

随着80年代末理想主义的全面破产，惨痛的事实让诗人们发现，事境并不是高亢的独白、阐释性的强行价值赋予就可以完事的。理想主义的独白很可能高估了自己的力量，却看轻了事境的引力作用。诗人和诗歌同时顿悟了：他们（它们）营建的情景在更大程度上，有着夸张和虚拟的面孔。在这种时刻，事境以其强大力量迫使诗歌俯身低飞，在使用一种出自比例的近距离修辞时，也把音量降低了下来；在回到成色很浓的灵魂现象学时，也对事境表示了高度的理解——不再对事境简单地持某种否定态度，尽管事境有可能真的是无聊的、卑污的。

所谓理解事境，与一开始就对事境采取"我控诉"的态度相反，就是首先按照事境的本有思路去理解事境；首先对事境进行描述，以宽容的心态既同情事境中值得同情的部分，也指斥事境中值得指斥的部分。在描述过程中，对事境进行有限度的阐释，对它进行有限度的价值赋予（即一公尺高的情景）。正如西川所说："诗人并没有从此放弃社会批评，但他们走向更深层次，对历史、现实、文化乃至经济作出内在的反应，试图从灵魂的角度来诠释时代生活与个人的存在、处境。"诗人投入生活，"并不意味着献媚生活，更不意味着无视或邀宠于生活之恶。"[①]王家新则在诗中明确地写道："一个时代有一个时代的困惑，／ 虽然会从那里亮起不同的真理"（王家新《词语》）。当一代诗人明白了这些看起来简单，实际上需要以心血交换的道理后，当他们纷纷用这种眼光盯住了共同的事境，从前的独白一跃

---

① 西川：《生存处境与写作处境》，《学术思想评论》，第194—195页。

而为现在的对话。

马丁·海德格尔说，所谓"对话之谈话"，就是谈论同一东西，而且是出于和同一东西的归属性来说话的。海德格尔保证说，"这一点，乃是对话的基础。"[①]落实到20世纪90年代及以后的汉语诗歌，所谓对话，不仅是诗歌意义语境在努力寻求和事境之间的同一性基础，也是力图对事境进行理解和同情。诗歌仰仗对话，不仅不再轻易设置"天堂"一类势能极大的虚构空间，而且诗歌还在力图和事境互相交换内容。这种交换的结果是：诗歌的情景和事境水乳交融；事境允许情景超低空飞行，并对诗歌将事境提升到有限的高度抱以欣慰的、理解性的微笑。而理解，诚如狄尔泰（Wilhelm Dilthey）认为的，那就是再生，那就是一切都开始于一种直觉的同情运动；也相当于马塞·雷蒙在《〈遐想〉引言》中论及卢梭时所说的个人价值和意义的存在就是"此刻"。[②]不过，对于对话式的90年代汉语诗歌，价值论维度上的存在，是稍稍偏离了事境一公尺远的"此刻"。

对话不仅对事境保持了高度的理解，而且也使诗人们相互之间在诗歌情景中进行了暗中的对话。但这仍然是以对事境保持理解和同情为基础而实现的：西川在事境的恶中理解事境，臧棣拿人生道旁的具体物象来概括事境以求得"道旁的智慧"，孙文波努力凸显事境的真实性，肖开愚在嘈杂的事境面前寻求禅学般的寂静，王家新对事境中的卑污成分进行谨慎的责问，西渡在事境面前极度谦虚的态度，欧阳江河用玄学的外衣承载着对事境中具体物象的深入分析、陈述……所有这一切，既可以看作90年代以来汉语诗歌的先进生产者在低飞中互相交换对事境的看法，也可以看作在互相交换生活。如果我们把90年代以来的许多诗人的诗作放在一起，也许我们就能找到一幅有关90年代以来中国事境的、杰姆逊（Fredric Jameson）所谓的那种"认识测图"（cognitive mapping）。平心而论，这并不是不经过一代诗人的共同努力就可以轻易获得的成果。

80年代的独白以对抗事境开始，以对抗不了事境终结（诗歌中纯粹的理想主义的破产就是明证）；诗歌在进行高亢的、远距离的价值赋予的同

①海德格尔：《林中路》，第340页。
②参阅乔治·布莱（George Poulet）《批评意识》，郭宏安译，百花洲文艺出版社，1992年，第96页。

时，充分表达了对于事境的愤怒。诗歌的主人在事境中十分痛苦，也非常不愉快。忧伤、痛苦、孤独甚至绝望，正是80年代汉语诗歌的情绪底色。这种种表情实际上都可以从独白这个较小的角度得到理解：每一个人都在大喊大叫自己的痛苦和绝望，但每一个绝望者似乎都是孤立的岛屿。他们没有互相交换生活，他们对事境近乎偏执的理解始终处于"鸡犬之声相闻，老死不相往来"的境地。在对话的时代来临后，由于诗人们按照事境的本有思路去理解事境，一种快乐的诗学就有可能出现。

诗歌也许免不了要责斥事境，表达个体在事境面前的痛苦和失望；但诗歌理解事境，在对话之中表达在事境面前的欢乐，可能更重要，也更困难。按照臧棣的主张，这可以被看作一种成人的心态①。但快乐或者快乐的诗学首先是建立在对事境之中卑污成分的承担之上。快乐的诗学诞生于诗人使用语言的描述功能尽量心平气和地陈述事境之恶，并对之保持高度的理解和同情，诞生于详细观察每一个可能的事境细节之后对事境之恶的努力承担。快乐的诗学由此并不是无原则地向事境献媚（一如西川所言），而是说，即使存在事境之恶，我们仍然有理由快乐；而且正如托马斯·阿奎拉（T. Aguilar）所谓"正因为恶存在所以上帝存在"，90年代的汉语诗歌承认，正因为有恶在，所以必须得有快乐在。这种性质的快乐最沉重地打击了事境中的卑污成分，其程度之强烈，远甚于对事境的愤怒和诅咒。快乐出现在对事境的承担之中，这可能既是诗歌的义务之一，也关乎诗人的勇气。但它和西西弗斯承担推动石头的荒诞又似乎没有多少相关性。孙文波这样写道：

> 我在奔跑。
> 在雨中大步奔跑。
> 你可能不相信。你对了。
> 实际上我是在我体内奔跑；大脑中。
> 我跑得相当快，从西客站到长安街只用了几分钟。

---

① 参阅臧棣：《人怎样通过诗歌说话》，臧棣：《风吹草动》，中国工人出版社，2000年，第1–3页。

现在，我已经跑到了——上苑村。

我要告诉你的是：我的长安街和长安街不一样，

我的西客站和西客站也不一样。

这样你应该明白我的意思。

如果你还不明白，我再告诉你吧：

我体内有很多条路很多建筑。

（孙文波《奔跑》）

相较于孙文波从前的沉重、压抑，我们从这首"轻松"、充满欢乐的诗中看到了可喜的变化。诗歌应该为快乐而作，而不是去歌颂苦难，甚至也不是鞭挞苦难。安徒生（Hans Christian Andersen）说过："我的朋友，要善于为人们的幸福和自己的幸福去想象，而不是为了悲哀。"[①]也许事境的确足够让人绝望，但它同样包含少量的欢乐。它需要我们用理解去寻找，以对话为阶梯而达到。这无疑需要更大的耐心、更多的勇气、更坚决的进取精神。"生活的表面"比起"生活的深度"，更需要这多出一分的勇气、耐心和永不止歇的进取，或许这就是保罗·蒂利希（Paul Tillich）所谓"存在的勇气"所包孕的可能含义之一吧。

4．现代性与古典性

诚如有人说过的，80年代汉语诗歌的抒情，一跃而为90年代汉语诗歌空间中程度浓厚的叙事，既是90年代以来汉语诗歌的成就，也可能是罪名。因为太多的冒牌诗人从所谓的叙事中获得了可以招摇过市的本钱。如同王家新一针见血地指出的那样，由于种种冒牌诗人缺乏对事境和基本历史处境的认识，他们的叙事最多只是让诗歌话语不断增殖、超生并患上广泛的

<hr>

① 巴乌斯托夫斯基（Konstantin Paustovsky）：《金蔷薇》，戴骢译，漓江出版社，1997年，第187页。

口腔痢疾，却从根本上显示了某种意义上的空洞①。90年代汉语诗歌中的叙事，是诗人们为了矫正80年代诗歌中的独白、防卫过当的价值赋予以及远距离的修辞方式，采取的一种贴近事境、企图与事境尽量相匹配的诗歌语境，从而把曾经高飞的乌托邦，拉到了与事境相距较近的位置上。应该说，这原本是汉语诗歌走向成熟的标志性建筑之一。

从语言的维度上说，叙事更多地靠近描述功能；就它生成的诗歌意义空间来说，叙事更大程度上导致了一种成色很浓的同一性语境；就诗歌写作学的角度来说，叙事是对事境的一种分析性行为②。按照我不无褊狭的理解，汉语诗歌中的分析性，是90年代的中国诗人们动用普遍的叙事、叙述，强行赋予肉感化的汉语的一个重要特征③。在描述性的叙事中分析事境，并在此基础上进行有限度的情景授权，是汉语诗歌真正的现代性，至少也能成为现代性的标志之一。因为它像解剖活体一样，几乎是在条分缕析地解读事境的细部，而不是整体（臧棣："宇宙共有两层皮。/而截止到目前，他们/触摸或揭开它的方式——/就好像它只有一层"）。细部对应了分析，整体却对应了综合。分析需要的是冷静（叙述也确实给肉感化的汉语赋予了冷静），而综合在更大程度上，仅仅是激活了汉语中本来就大量存在着的情绪化内容。

耿占春认为，90年代汉语诗歌的叙事恰恰粉碎了叙事的统一性和讲出故事的能力。尽管耿占春这么说话时，隐隐表达了对叙事的担忧和不满，但我要说的是：也许正因为"叙事的统一性"和"讲出（整体）故事的能力"的缺乏，所以90年代汉语诗歌的分析性只能针对事境的局部而不是整体。这或许恰恰将肉感的汉语重视整体的癖好给相当有效地矫正过来了。整体是一个显而易见的乌托邦，它不会被我们这些肉身凡胎的人所达到，也不值得达到。正是90年代的汉语诗歌拥有了这一至关重要的现代性，才

---

① 参阅王家新：《〈回答〉的写作及其他》，《莽原》1999年第4期。
② 对这个问题我曾在博士论文《指引与注视》中有过详细论述，此处不赘。
③ 这当然是值得详细探讨的问题。这里只来得及指出一点，比如说，我们将诗歌中的叙事性引出的分析性，作为汉语诗歌现代性的标志之一，很有可能是成立的；也可以由此回答某些论者所谓即使没有西方诗歌的影响或参照，从汉语的根部就能自发地产生诗歌的现代主义等荒谬问题。

把面对整体事境的情绪化冲动收敛起来，把80年代诗歌中过于嚣张、过于膨胀的抒情降到了最佳高度。90年代汉语诗歌也才在语言描述功能的指引下，为诗歌输入了及物的同一性语境，也为其后的价值赋予、有限度的情景授权提供了可靠的基础。我们从孙文波、欧阳江河、肖开愚、钟鸣、西川、王家新、臧棣、桑克、林木等人的诗作中，看到了抒情主人公大步后退、事境细节跑步前来抢占文本主体充当文本舞台A角的特征。这表明，90年代的汉语诗歌终于懂得了事境细部的强大，以至于它超过了抒情主人公的重量；事境的细部不再像80年代汉语诗歌中那样，仅仅被当作可以任意摆弄的道具。任意摆弄事境只是我们的酒后梦呓，其神态虽然有可能惹人喜爱，但梦最后无一例外地都醒过来了。

德·昆西（T. De Quincy）在《论〈麦克白〉中的敲门声》里说，麦克白夫妇想借助黑夜谋杀国王篡位夺权，突然城堡里响起了敲门声，这使麦氏夫妇惊恐之下只好放弃密谋了一夜的罪恶计划。昆西解释说，这是因为清晨的敲门声是日常事境的象征，它在平和之中却有着极大的力量来限制各种极端、夸张的抒情性冲动，不管这种冲动是罪恶的还是圣洁的；因为它始终在号召人们脚踏实地地行走在事境之中——我愿意说，90年代汉语诗歌之所以动用了叙事，最大限度地为浑身冒泡的抒情消肿，是因为它也听见了专属于它的"敲门声"。毫无疑问，促成90年代汉语诗歌从80年代警醒过来的"敲门声"，只能是事境的引力作用。

但是，无论诗歌怎样"发展"，体式如何变化，也无论它怎样追求现代性，抒情始终是诗歌的根本。文学史家现在基本上承认，诗歌是出现得最早的文学体式。如果我们稍微具备一点儿文学史常识，就不难发现，诗歌发展到今天的样式，是文体纯化的结果：它的说唱功能被音乐取代，它的史诗品格被小说取代，在较长一段时间内，纯抒情才是诗歌几乎唯一的功能。现在诗歌中（无论中西）有了成色不一的叙事，但它的诗学目的却在于：描述、陈述事境依然是为了抒情的出现。无论如何，诗歌最终都表达了人在事境面前的态度，这种态度当然可以不是纯理性的，但它同样给事境赋予了某种价值。只是这种价值赋予在叙述的帮助和限制下，降到了很低的位置上：情景囿于事境的巨大引力，始终像卫星一样在围绕着事境旋转。情景不是在反对绝对自由，不是不渴望远方自为运作的天堂，而是得到了限制；情景的眼睛也许始终向上，脚却永远站立在地表。

夏多布里昂（Chateaubriand）在《意大利之旅》中写道："每一个人身上都拖着一个世界，由他所见过、爱过的一切所组成的世界，即使他看起来是在另外一个不同的世界里旅行、生活，他仍然不停地回到他身上所拖带着的那个世界去。"[1] 在此，诗歌就是那位"拖着一个世界"的人，而这个世界就是诗歌的抒情性。它会随时将描述性的、分析性的诗歌的现代性拖回到抒情当中去。现代心理学和几千年的艺术实践早已告诉我们，抒情是渴望价值消费、情景消费的诗人面对事境的本能冲动，有着亘古不变的特性。我们可以把这种抒情冲动看作诗歌的古典性（假如我们不考虑诗歌体式随时间而来的流变）。古典性是诗歌的常量。正如我们看到的，诗歌的古典性表征着一种超越事境的价值赋予，它在本来的意义上强调诗歌凸显抒情主人公的地位，事境只是抒情主人公飞升而去的背景和理由。诗歌的古典性（即抒情冲动）不允许事境细部在文本中大于抒情主人公或抒情本身。

人在事境面前为什么需要抒情？诗歌为什么面对事境总是需要作出哪怕是有限度的价值赋予？这肯定基于人性骨殖深处的某种东西。正因为我们要死，所以我们渴望不死；正因为我们渺小，所以我们企求伟大；正因为我们没有翅膀，所以我们希望飞翔……缺少什么就追求什么是我们的亘古遗传；而追求和追求不得之间的永恒矛盾，则构成了抒情的永恒性。感叹、感喟、悲伤、绝望、偶尔所得带来的狂喜……正是抒情冲动的外部表现。抒情来源于我们内心深处的宿命。我们一旦站出来生存，也就带出了我们的宿命。虽然诗歌也许不是我们的本能，但抒情肯定是；诗歌是人造的形式，但它是在抒情冲动的驱使下被迫生成的。那些想要从诗歌中排除抒情的妄想，肯定是徒劳的，除非他们有本事枪毙了该死的宿命。我愿意在这里说，抒情才是古今中外诗歌最大的传统，也是诗歌的根本；变化了的从来只是诗歌的形式、语言和抒情方式。

---

[1] 转引自列维－施特劳斯（Claude Levi-Strauss）：《忧郁的热带》，王志明译，三联书店，2000年，第39页。

90年代及其以后的汉语诗歌中的抒情是一种内敛的、腼腆的抒情。它和80年代汉语诗歌语境中构筑的抒情形式大不一样。90年代及其以后的汉语诗歌由于理清了情景与事境的关系、阐释与陈述的关系、对话与独白的关系后，始终将抒情摆在一个若隐若现的位置上，它不再张狂，也不再浓缩，而是稀释在对事境的陈述中，宛若光斑呈现于黑夜：

一盒火柴，就让我想起呼兰
它的名字带有一种刺鼻的硫黄味
从康金井乘火车去哈尔滨
我多次途经县城，却没有到城里去转悠
因此，它的模样就像受潮的火柴杆
在记忆中擦不出火花。
（森子：《呼兰》）

森子用近在手边的物象（火柴），通过火柴的硫黄味，描述性地回忆起了自己的故乡。这里边的叙事（尽管只剩下了叙事的骨架或影子）始终在联结着抒情。90年代汉语诗歌的现代性就这样在少量优秀诗人那里，并未走向王家新所谓的"意义空洞"，也没有抛弃诗歌的古典性，而是通过对事境的谦逊倾听，接通了诗歌古典性的住宅电话，也听见了诗歌古典性喜滋滋的回话；既维护了词源学意义上的诗歌的尊严，也找到了有限度阐释事境的有效方法。90年代汉语诗歌的现代性所仰仗的叙事（叙述），并不仅仅是诗歌的技术工具，而且具有本体论的含义。它表明，从此以后，诗歌将不再是战术问题，不再斤斤于技术细节，而是全景式的战略问题。我们不大可能给未来汉语诗歌的走向卜卦，但我们或许能够猜测：无论诗歌怎样变化，阐释事境并将阐释辖制在不冒犯限度的范围内，仍然是诗歌不断面临的难题。未来汉语诗歌也许仍然将在现代性与古典性的"合力"开辟出的道途上行进。变化的将是时间，是不断更新的现代性（它的标志，它的技术指标，它适应新时代事境的表达方式等）；不变的是古典性，是永恒的抒情冲动。而古典性与现代性形成的"合力"，正如一首英国民谣所咏颂的：

　　　　请到酒价便宜的地方来，
　　　　请到盘大菜多的地方来，
　　　　请到掌柜殷勤的地方来，
　　　　请到你家隔壁的酒店来！①

2001年6月，北京看丹桥。

<hr>

① 参见《奥威尔文集》，董乐山译，中国广播电视出版社，1997年，第142页。

我们时代的诗歌写作

在一个理想的时代，这篇短论是不可思议的。阿兰·谢里登（Alan Sheridan）说："在博尔赫斯的完美世界里，唯一可能的评论也许是把某学科的著作汇集起来的手抄本。"[①]遗憾的是，这在今天无论如何已经完全不可能了。这是个碎片的时代，关于时代的真知灼见以碎片、断章而不是以整体的形式散居各处。歌德曾以轻蔑的语气对时人说："谁不倾听诗人的声音，谁就是野蛮人。"想一想吧，歌德是多么的幸运，他出生在一个诗歌满怀信心的时代。那时，上帝还以慈祥的面目出现在世人面前，缪斯女神正值青春妙龄之际，诗歌呢，则有如秋天成熟的果子，自动落在牛顿——对他我们无以名之，只好将他称作开天辟地的宇宙诗人——的头上。因此，这位宇宙诗人才说："我们呼他为'我主上帝'。"[②]这也就是海子曾经说过的，诗在更多的时候是实体在倾诉；你也许会在诗里听到另一种声音，海子说，这就是"它"——实体——的声音。这里用得上象牙塔里的写作者张爱玲的一句话来描述海子，不过得反过来用：他比时代来得更晚。实际上，对于今天的时代而言，诗人就是来得太晚、搭错了时代之车的"怪物"，有如

---

① 阿兰·谢里登：《求真意志》，尚志英译，上海人民出版社，1996年，第1页。
② H．S．塞耶编：《牛顿自然哲学》，上海人民出版社，1974年，第49页。

圣·伯夫（Charles A. Sainte-Beuve）满怀惋惜地说波德莱尔：他是个未赶上趟的浪漫主义者。在圣·伯夫眼中，波德莱尔就是一个在浪漫主义早已完结的时代来到人间进行浪漫主义诗歌创作的好汉。

诗歌已经湮灭了，这是时下许多人的共同看法[1]。我不敢有其他奢望，只想在这里唱唱反调：把散见在各处的碎片串起来，也许我们可以由此描出一张关于这个时代的"地下地图"。能否达到这一目的，全要仰仗我的运气了。

1. 晚报时代／小品心态

抓住自己的头发就想飞离地球，白痴都知道这是"痴"人说梦、"痴"心妄想。时代和地球一样，有它自己的周期、恒量、加速度和引力场。我们的时代呢？且听海子的幽默吧：

猛兽：要知道，我们都是反王的儿子。
二人：我们在沙漠上就知道了。
猛兽：兄弟，你们聊吧，我下去练一会儿靶子。
（海子《太阳·弑》）

我们的时代就这样成了靶场。它最直接也最容易被发现的物质体现是晚报。晚报是我们时代的象征。晚报不仅顺应了这个时代，而且还部分地开创了这个时代。有人说，这是一个信息的年代；假如此说还有几分真实的话，晚报的出现恰可谓生逢其时：今天的信息是明天的垃圾，明天的新闻恰好是今天的方糖，也就是挂在驴脖子上、能让驴子忘我赶路的那截萝卜。在中国特殊的历史语境中，晚报时代随着商品大交换的来临而来临了。而以晚报为舞台的，则是铺天盖地的小品文，生、旦、净、末、丑躬逢其

---

[1] 参阅辽南、荣炯：《太阳老了》，《艺术广角》1990年第1期。

会，少长咸集，恰可谓新一轮兰亭集会或滕王阁赋诗。

原始儒学经董仲舒、二程、朱熹的精心打磨后，原先那点儿微乎其微的鲜活（比如"天行健"、"知其不可而为之"、"人定胜天"等）早已成为过眼云烟，正所谓"'把手间'，樯橹灰飞烟灭"。禁锢已久、早已心怀不满的人们则另辟途径。道、玄、禅互相需要以至于"哥俩好、三桃园"似的联手，至迟在明清之际就完成了新一轮的"桃园三结义"：以表达性灵为幌子，把一切重大严肃的主题通通转化为"趣味"。严羽说得妙极了："诗有别趣，非关理也。"①活活为桃园三结义充当了开路先锋。况周颐则心平气和地呢喃：

> 人静帘垂，灯昏香直。窗外芙蓉，残叶飒飒作秋声，与砌虫相和答。据梧冥坐，湛怀息机。……乃至万缘俱寂，吾心忽莹然开朗如满月，肌骨清凉，不知斯世何世也。②

果然是老僧禅定、内心恬静，却了无沉重生命的大欢叫，更不用说灵魂在繁复事境面前的巨大颤栗了，有的只是轻描淡写的小情小趣。性灵、空灵、舒卷等小品特征，把发自人生骨殖深处的悲惨特质视若无物，把时代深处蕴含的苦难骨髓置若罔闻。③我们从不缺少灾难，也从不缺少痛苦，缺少的只是对灾难和痛苦的深入审视、仔细思考与详加咀嚼。如果考虑到传统的惯性作用，那么，从历史上传承下来的"小品心态"就是晚报时代改头换面的典型心态。小品心态是道、玄、禅结义的结果，其特征是将生命在繁复事境面前的一切反应，仅仅转化为小猫小狗似的趣味——这是一种典型的嬉皮士作风，是超前了几百年的后现代主义，假如还可以这样比喻的话。据说中国文化是什么"乐感文化"，"日新之谓盛德"，"天人合一"，

---

① 严羽：《沧浪诗话·诗辨》。

② 况周颐：《蕙风词话》。

③ 这样说显然有对明清小品不恭敬和不公正的地方。实际上，明清小品的出现就是为了反击自程朱以来日渐严厉的理学对人性的禁锢。但本文站在今天的立场，不愿意高估它的"历史功绩"，理由很简单：今天的许多小品恰恰是继承了明清小品的上述特征，让人感到在一个严峻的时代——比如20世纪90年代——里，这样做很有些不严肃。

"天行健"，"日日新"，"苟日新"，"又日新"……云云，言犹在耳。李泽厚据此认为中国没有真正的悲剧精神。李泽厚是对的——假如我们把小品心态拉在一起考虑的话。

如果小品心态在明清之际是以反击宋明理学的面孔出现，那么今天的小品心态则是和晚报时代合谋的一个爪牙，它以文化人的参与、写作者的主动献身为标志。晚报心态的特征是：它快速地展现晚报时代中人的平面化情感，以及与此情感相关的一切——诚如鲁迅所说，它压出了晚报时代中人的皮袍下的"小"来。一个时代注定需要某种心态，某种心态也注定需要对应某个时代。两者的不合拍，固然是双方的扑空；而一旦握手言欢、青楼梦好，则分明是皆大欢喜，"大红灯笼高高挂"了。M．Scheler在《死与永生》中说，世界不再是真实的有机的家园，不再是爱和冥想的对象，而是冷静计算的对象和工作的对象。正是在这一点上，晚报心态与我们的时代有了一拍即合的地方。

表面看起来，晚报心态是对"物吃人"、"商品拜物教"的逆动，实则不然。晚报心态是中国文人士大夫心态在新时期的改头换面，一切事境甚至堪称惨痛的事境，仅仅被当作快速处理的对象，有如晚报新闻的快速一样，并将这一切盛在"趣"的痰盂中，却对晚报时代的"噬心主题"（陈超语）充耳不闻。想想看，人们从"商品交流"、"情感交换"之余买一份晚报，在公共汽车上，在餐桌边，甚至在厕所里，在悠闲的饭后的茶桌前展开报纸，读一读上面的小品文章，大多时候人们会对之报以会心一笑，然后抛到一边，直至化成纸浆。这种种动作也许恰好反证了小品写作者是把小品写作当作了"茶余饭后"，读报人的心态与写作者心态恰是同一个心态。晚报时代豢养了小品心态，小品心态也是聪明人选择的晚报时代的最佳对应物。有词为证：

记得当时，我爱秦淮，偶离故乡。向梅根冶后，几番啸傲；杏花村里，几度徜徉。凤止高梧，虫吟小榭，也共时人较短长。

今已矣！把衣冠蝉蜕，濯足沧浪。无聊且酌霞觞，唤几个新知醉一场。共百年易过，底须愁闷？千秋事大，也费商量！江左烟霞，淮南耆旧，写

入残编总断肠。从今后，伴药炉经卷，自礼空王。（吴敬梓《儒林外史·篇末词》）

不排除这种呻吟中有令人感慨的内容，但也恰好道出了晚报心态的心声。甚至这中间的许多词汇的各种变种，正是时下晚报小品文的共同遗产。更重要的是，既然"百年易过"，当然也就无须"愁闷"，只闲情逸致地饮些烟霞罢了；既然颇"费商量"，当然不用去关心"千秋"事业，否则"断肠"之势就在所难免，实在有些犯不上。清人沈复曾自述说，他父亲在家宴上点了一出《惨别》，而沈复的妻子居然不忍心观看。"余曰：'何不快乃尔？'答曰：'观剧原以陶情，今日之戏徒令人断肠尔。'"①小小的离别，不唯在沈复笔下令人"断肠"，在今日的晚报上也同样表演得凄凄惨惨切切。饭后的蒙太奇，小恩小惠的思想火花，对生活的一汤勺感悟，吃饱了撑的似的闲情逸致，顶多再来点儿"伤离别、离别虽然在眼前"（一首流行歌曲的唱词）的不痛不痒的呻吟——这差不多就是与晚报时代相对应，因而能适者生存的晚报心态的全部内容。

后现代主义据说早已来到了中国。小品心态通过和晚报时代的结盟与合谋后，再加上一个平面化、能指化的后现代主义，其"三位一体"取代了"圣父、圣子、圣灵"的三位一体，似乎已成必然之势——这就是中国传统文化中的一小部分在新时代的借尸还魂，其"解构"能力、"颠覆"爆破的本事也由此可见。在这种情况下，诗歌也在向晚报时代靠拢；诗歌幼儿园的小朋友汪国真不是第一个标本，出于同样的原因，他也绝不是最后一个。

完整的、整体的歌德不会再出现了；但碎片的歌德还在真正的诗人身上安家落户。柏桦就以略带羞涩的口吻说："我是歌德/不是吃饭。"（柏桦：《家人》）"是歌德而不是吃饭"的人是晚报时代的异数，是拒不向晚报时代投诚的"刁民"。普罗提诺（Plotinus）说："伟大的和最后的斗争在等待着人的灵魂。"②这里所说的灵魂，当然不是指小品心态，而是指和晚报时代作对的人以及他们身上碎片的歌德。

---

① 沈复：《浮生六记》卷一。
② 参阅舍斯托夫：《在约伯的天平上》，董友译，三联书店，1988年，第13页。

2. 诗歌意志/诗歌时代

人是否能脱离自己的时代引力而飞翔，也就是说，能否抓住自己的头发飞离地球？不管对此设问的回答如何，却正是晚报时代里真正的诗人要努力做的事情。一位无名的诗人写道："流浪诗人是万物的领唱者，他敢于歌颂虚无/并把万物的歌唱缩为一句！"正是在"敢于歌颂虚无"的最成功的时刻，诗人脱离了时代的引力并向上飞升。然而，正因为时代是晚报的时代，他们的成功相对于主流时代，不过是一次超常、脱轨，归根结底也只能是碎片。更重要的还在于：他们渴望的、幻想的时代因而只能以碎片的方式呈现出来；但这些闪光的碎片，恰好是晚报时代覆盖下的诗歌时代。诗歌时代是晚报时代的反动，是晚报时代浅薄空气里的深度，是骆一禾所谓的"世界的血"。假如说人类发展是一个不断由史前时代向现代化时代过渡的过程，因而时代的世俗化、晚报化在所难免，那么，诗歌时代则是一个逐渐从"地面"转向"地下"、从整体转向碎片的过程，如同卡夫卡曾精心描绘过的地洞和地洞中人。但是，诗歌作为人类精神，以整体形式（即与主流时代合拍从而成为地面运动）出现也好，以碎片方式（即与主流时代疏离从而成为地下运动）现身也罢，却始终生生不灭。"指穷于为薪，火传也，不知其尽也。"[1]因此，谢林（Friedrich Wihelm Joseph Von Schelling）才说："不管是在人类的开端还是在人类的目的地，诗都是人的女教师。"

和晚报时代对应的是小品心态，与诗歌时代对应的则是诗歌意志。诗歌意志先于诗歌文本而存在，它是诗人潜在的内心要求，独立于客体对象和艺术创作方法而自为存在。[2]不过，说它"自为存在"并不是否认它有形成的原因，仅仅是指它与诗歌文本的先后关系。事实上，诗歌意志的形成取决于诗人的世界感；而世界感则来自于人的日常应事观物所形成的世界态度。最重要的也许还在于：诗歌意志与小品心态不同，前者更关心来自人生骨殖深处的精神丝缕，更关心隐藏在时代底部的宿命特质，以及潜伏在时代和人生内部的苦难光芒。它关心的是人，尤其是人在时代中的命

---

[1]《庄子·养生主》。
[2] 参阅沃林格：《抽象与移情》，第22-40页。

运——它"把万物的歌唱缩为一句"。诗歌因此成为对命运的吟唱,诗人则是命运的歌手。维特根斯坦说:"命运是自然规律的对立面"[1],但它不可言说。[2]在晚报时代里,人们比以前任何时候都更严重地遮蔽了命运,而凸显了利欲,遮蔽了苦难而凸显了商品、情感的买卖和交换。适应于晚报时代的小品心态或许永远难以摸到这一特质。被遮蔽的事物要靠诗人和诗歌来显露,有如海德格尔所说的给存在"去蔽"。

命运是永不衰竭的常动之物,所以诗歌不会消亡;晚报时代不大关心命运,因而诗歌时代只是碎片的时代。一位名不见经传的女诗人写出了晚报时代平凡人生的伟大素质:"光线是共同生活的象征,/……光聚合在一起/神圣的事物就胜利了。"她对一位死去的老妪怀有压抑不住的颤栗般的情感:"通过对生命的遗忘/她将活着的荣誉保持到了老年。"(汪怡冰:《光的荣誉·沉默的安慰》)这些"光",这些"荣誉",早已被晚报时代和小品心态上下其手给打发掉了。晚报时代在这个时候是粗线条的,而诗歌时代则从细节起航:它要从光、从荣誉开始。

还要从"活着"开始。基督教说,人活着就是为了含辛茹苦。这是对命运最简练的概括。问题是诗人和诗歌应该如何将这一命题丰满、浑圆、充实,使它有血有肉。"光聚合在一起/神圣的事物就胜利了。"这不是命运的胜利,倒毋宁说更是人的胜利,是人性中最高贵的那部分品质的胜利。它是对命运的沉重打击。"她将活着的荣誉保持到了老年。"在这压抑的诉说中,活着的苦难与艰难似乎更是不难想见——因为"活着"竟然是一种"荣誉"。是的,诗歌意志导致了诗歌时代在晚报时代的背面的生成。对于晚报时代,对于根本就不大关心更为根本的命运的小品心态,海子在百忙中也没有忘记向它开了一枪:"你飞着,胸脯里装着吞下去的种子,飞着,寂寞,酸楚,甚至带着对凡俗的仇恨。"

大多数人生都是以通俗的人生演义为方式而展开,只有极少数的人生是以经典为形式来进行;诗歌毫无疑义地属于经典的展开部。在这里,不独命运被吟唱,被反击,被鞭挞,而且命运的直接产物——它那戏弄人、

① 维特根斯坦:《文化与价值》,涂纪亮译,清华大学出版社,1981年,第25页。
② 维特根斯坦:《逻辑哲学论》,贺绍甲译,商务印书馆,1988年,第82页。

奴役人的苦难本身——更直接地被转化为诗歌的要素。就命运和苦难而言，任何时代的人其实是同一种人；而为命运立此存照，为苦难人生的生存作证，是诗歌的良心和使命，也是构成诗歌时代最主要的元素。诚如海子所说："时光与日子各个不同，而诗则提供一个瞬间，让一切人成为一切人的同时代人，无论是生者还是死者。"[①]梁晓明则在《开篇》中如是写道：

在世界的触摸下我衣饰丧尽
我离开故土、上天和父母
像一滴泪带着它自己的女人离开眼眶
（梁晓明：《开篇·最初》）

但他们是人，
腿短，命长，一堵墙他们就落入了叹息
（梁晓明：《开篇·说你们》）

以经典展开部的形式展开人生演义的诗人在此感到了深深的震撼，他们与晚报时代之间的紧张关系也更加显而易见。欧阳江河写出了这样的句子："告诉那些汲水者，诸神渴了／知识在燃烧，像奇异的时装／紧身的时代，谁赤裸得像皇帝？"（欧阳江河：《最后的幻象·书卷》）没有担当命运，没有和命运相撞击，没有进入苦难的神髓，所谓观察时代其实也就是过目无心，视而不见。我们说，只有拥有了强大的诗歌意志，才可能写出欧阳江河那样锋芒毕露的句子。正如刘翔赞扬梁晓明的："他一开口就落下一个白昼。"[②]对于欧阳江河，我们有必要再追加一句："他一开口就落下一个夜晚。"是的，夜晚。那是休息和酣眠的软床，却是命运和苦难的演兵场。造物主想得真周到，在不休息的命运和苦难面前，他为一部分人设置了休息的黑夜，让他们有时间舐舐伤口，以待来日再战。难怪海子要把夜晚称作自己的同母兄弟，要把黑夜当作自己的口粮；而荷尔德林则称夜晚为"神

---

① 海子：《传说·小引》。
② 参阅民刊《北回归线》1993年号，第162—170页。

圣的黑夜"，难怪茨维塔耶娃在给里尔克的信中要神情亢奋地喊道："为了让高山和夜晚押韵！"

命运和苦难在上下其手。曼德尔斯塔姆写道："在自杀者高大严肃的办公室里/响起了电话铃声！"这是朴素的然而也是精妙绝伦的句子。它昭示出，命运和苦难正在召唤人们，正在追赶人们；它永远都是现在进行时的。虔诚的约伯在久经幽闭后终于发出了痛苦的呻吟："唯愿我的烦恼称一称，我一切的灾难放在天平里，现今都比海沙更重。所以我的言语急躁。"[①]海子则心有灵犀地说："磨难使句子变得短促。"[②]急不择言既反映了命运和苦难的巨大，也反映出诗人们在晚报时代呼唤、构筑自己的诗歌时代的紧张、惶惑与惊恐。这种心理流程，恰好是诗歌时代之所以是碎片的根本原因。海子几乎是以撕心裂肺的语气道出了个中要的："这些句子肯定早就存在于我们之间；有些则刚刚痛苦地诞生——我们硬是从胸膛中抠出这些血红的东西。"正因为这样，欧阳江河所说的"我试图在写作中面对人类的沉默"很难让更多的诗人认同；与沉默相比，那些难以做到沉默的人毋宁就是言语急躁的约伯。

马丁·布伯曾说："祈祷不在时间之中，时间却在祈祷之内；牺牲不在空间之中，空间却在牺牲之内。"[③]布伯是对的：祈祷与牺牲最终是超越时空的，因为祈祷和牺牲是苦难与命运的永恒主题，或者说是苦难和命运的两叶翅膀。苦难、命运根植于人性深处；祈祷和牺牲则以反击它们的姿势出现。没有了祈祷和牺牲，诗人就休想在苦难和命运中发现更深的东西，或者说，发现让人心痛的希望、"把活着的荣誉保持到了老年"的生命特质。我也许正确地说过，所谓希望就是绝望的最后闪光；[④]但这还不够，希望更是预言。雅克·马利坦（Maritain Jacques）深刻地指出：谈到诗歌我是指"事物的内部存在与人类自身的内部存在之间的相互联系，这种联系就是一种预言"[⑤]。据说，拉丁文Vates一词，就既指诗人，又指占卜者。希望，它

①《圣经·旧约·约伯记》VI-2：3。
②海子：《传说·小引》。
③马丁·布伯：《我与你》，陈维刚译，三联书店，1988年，第20页。
④参阅敬文东：《守夜人手记》，《大家》1997年第2期。
⑤雅克·马利坦：《艺术与诗中的创造性直觉》，刘有元等译，三联书店，1991年，第4页。

表达了绝望在人面前的退却，表达了人有可能获得胜利的预言。这就是诗人活下去并且始终能和晚报时代、小品心态拉开距离的法宝之一。诗人，那些晚报时代的不合作者和在野党，终于以碎片的方式重建了自己的时代、自己眼中的世界——那也是人类生生不已的亘古的时代和世界。它发出了辉煌的、令人心碎的、心醉的声音：

> 是的，将永远、永远——
> 爱的繁衍与生殖
> 比死亡的戕残更古老
> 更勇武百倍！
> （昌耀《慈航》）

3．批判／精神传记

晚报时代从各个方面渗入了我们的生活。诗歌在夹缝中以碎片的方式闪光。诗歌时代要想拥有合法的时空，批判就是不可或缺的。批判首先是一种观察世界与时代的角度和思维方式，是与诗歌意志紧密相连的精神气质。诗人正是携带着批判进入晚报时代，并因此走出晚报时代而进入诗歌时代。是批判最终使诗歌时代在晚报时代生成，尽管它以碎片的方式存在；诗歌时代也因此成为关于人间命运和苦难永恒的精神传记。

周伦佑说得好："深入老虎而不被老虎吃掉／进入石头而不成为石头／穿过燃烧的荆棘而依然故我／这需要坚忍。你必须守住自己／就像水晶守住天空的透明。"（周伦佑：《石头构图的境况》）的确，批判的前提是"坚忍"，是"守住自己"，是拥有"水晶人格"；是始终用变动不居的"我"去探索变动不居的晚报时代，在晚报时代强大的惯性与火力面前，回答它的提问，使它有局部败退的可能。批判因而能重建诗歌时代的合法时空。诗歌写作必然是"红色写作"。从书本转向现实，从模仿转向创造，从逃避转向介入，从水转向血，从阅读大师的作品转向阅读自己的生命、阅读自己生命中固有的命运和苦难特质——一如周伦佑所说——只有这样，诗歌不独拥有了自己的时代，也健全了自己的使命。

但首先要从天空转向大地。曾经飞翔的梁晓明如今用老练的口气谦虚地说："我要写一首诗/一首超越翅膀的诗/它往下跌/不展翅飞翔。"（梁晓明:《夜》)而"往下"就是泥土，就是坚实的大地，就是凡人们生息的场所。王家新则说："一切来自泥土/在洞悉了万物的生死之后/我再一次起程/向着闪耀着残雪的道路。"（王家新:《诗》)是的，大地和道路，这联体的双胞胎。海德格尔则这样指称："是诗歌作品使大地成为了大地。"但是，我们的大地不是西餐式的神性大地，而是生息着的中国人的道路，是海子所说的"地母"。在大地上，最生动、最震撼人心的，就是跨越苦难、跨越命运而又始终在这两者之间迈动的双脚。维特根斯坦在《逻辑哲学论》一开篇就曾深沉地说过："世界不是事物的总和，而是事实的总和。"而"事实"不独是时间性的概念、物理性的概念，更是大地上的人，是长在大地上的脚和腿的森林。海子曾担心地指出：由于丧失了土地，人们只找到了肤浅的欲望。海德格尔是对的：大地需要重新被发现。而欲望，在我们的时代，正可以说成是晚报时代的固有属性；将欲望斥之为"肤浅"，明显就是锋芒直指的批判了。因此，要找到干净一点儿的大地，我们只有对土地首先采取批判的姿态，并试图从中清除晚报时代中广泛的污秽物。

批判的方式也因此成为对时代进行精神分析最主要的方法，是对时代进行认证的良策。这种精神分析的精髓仅在于：它试图从晚报时代诱发出诗歌时代的精神自传，并且通过对被忽视的插曲的发现和事件关系的澄清而改写它们，这样，就会使诗歌时代的精神自传从晚报时代的肢体上分离出来。诗歌时代的精神传记：晚报时代枕边遗落的梦呓。在小品心态"为赋新词强说愁"的独眼里，那也只不过是梦呓罢了。

欧阳江河说："人用一只眼睛寻找爱情/另一只眼睛压进枪膛。"（欧阳江河:《手枪》)爱情成了猎物，追求爱情的人（他们曾被称作"爱人"或"情人"）成了猎户。手枪和爱情连在一起，正是晚报时代的真实写照。还有比这种批判更辛辣、比这种精神自传更可怕的么？而"永远的维纳斯站在石头里/她的手拒绝了人类/从她的胸脯拉出两只抽屉/里面有两粒子弹，一只手枪。"（同上）这真是惊心动魄的发现。而这，正是我们时代诗歌写作所发现的精神传记，掩藏在晚报时代温情脉脉的小品心态下的真实境况。维纳斯曾经是美的象征，现在则成了军火库，完成了向致命的"美女蛇"的跃迁。更让人难以置信的是大音乐家肖斯塔科维奇"整整一生都在等待枪杀"（欧阳江河：《肖斯塔科维奇》）。人活着，从前是追求幸福、美和完善，现在则是抒发欲望；而抒发欲望就得让某些人自觉地"等待枪杀"，并且要用"整整一生"的时间。我想说，这是对晚报时代最有力的批判，是晚报时代覆盖下碎片式诗歌时代里的最强音。这里用得上鲁迅的一句话："地火在地下运行"；而维特根斯坦说得更为直截了当："但精神将环绕着灰土。"

巴尔扎克说，小说是一个民族的秘史。巴尔扎克忘记了补充一句：诗歌更是一个民族更为隐蔽的秘史。"秘史"的首要含义就是潜藏的和被覆盖的。中国是个缺少史诗的国家，要想在晚报时代重建史诗似乎是痴人说梦。但是，我们有权利、有责任、也有能力提供一个时代的"秘史"，一个时代碎片式的精神传记。精神传记就是秘史。而所谓诗人，就是那类对人类和时代困境与困乏有着无法摆脱的内疚心情的人，所以他们以批判的姿态面世；在今天，晚报时代君临天下，小品心态四处流播，命运、苦难、屈辱被抛掷一边已经成为时尚，乐观地向"前"看和向"钱"看已经是心照不宣的事实，而诗人则想对"内疚"进行反思和抒写，对命运和苦难进行批判与吟咏，并以此为潜在的时代——这正是亘古以来同一个命运的时代——画像，为我们提供一份活生生的秘史。这既是诗歌的光荣，也是精神传记的潜在要求。

4．生命／理想

在晚报时代构筑诗歌时代，最基本的起点就是阅读自己的生命，阅读人的生命。阅读生命同时也是从天上转向地面的根本要求。从天上转向地面，其实正是人对大地的批判；阅读自己的生命，其精义也在于批判生命，因为没有批判性内涵的生命是不足取的，也是不足为凭的。生命是一个谜，也许永远都是一个谜。它将作为茫茫宇宙的中心问题困扰我们，直至人类的终结。但生命并非一个不可言说的问题。迄今为止，对生命有两种最主要的看法：一种认为生命是具体的、历史的；另一种则认为生命是超时空、超阶级的，生命大于它的时代，是一切时代的主宰和目的。它是绝对的。前者认为后者是形而上学；作为回报和以牙还牙，后者则愉快地称前者为机械主义。

其实两者都不完备。第一种看法最大的缺陷并不在于它的机械主义性质，而在于它可怕的逻辑：既然生命是一个具体的历史范畴，它理所当然要受到具体时代的规范，所以，生命作为祭品、作为供奉时代的牺牲，也就获得了合理性、可能性甚至现实性。第二种观点最大的毛病并不在于它浓厚的形而上学特性，同样在于它可怕的逻辑：既然生命是超越时空的，没有历史内容的生命也就一下子被推入了没有存身之处的尴尬境地。对我们来说，假如事情真的如此，我们又何谈在晚报时代构筑有关命运和苦难的诗歌时代呢？

正如辩证法充满喜剧色彩地认为的那样，两者都有可取之处。第一种看法正确地道出了生命的具体性；第二种观点则点明了生命的绝对性。也许，只有将生命的绝对性和具体性统一起来，才能构成生命的真正内涵：生命的具体性因为强调了历史／时代内容，使生命的绝对性有了在现实环境中的立身之地；生命的绝对性因为高度强调了生命的绝对价值、神圣尊严，使生命的具体性没有任何理由假借时代的要求、历史的冰冷旨意来强迫生命作为祭品，或者使生命作为薄情寡义的晚报时代用以交换的商品。如此，我们就可以得出一副生命的全息图：生命的绝对性的实质是，它始终包含着生命的恒向上性。恒向上性横跨古今，与生命相始终。[①]由于有生命的具体性存在，与具体的苦难战斗和杀伐的对手——生命的恒向上性——也因此有了具体的对象、具体的性质，从而成为具体的、有着鲜活时代内容的恒向上性。比方说，在晚报时代，生命的恒向上性就体现为对苦难和命运

---

① 参阅敬文东：《昌耀的英雄观以及在诗中的实现》，《绿洲》1993年第2期。

的深度关心，它极力想建筑自己的诗歌时代，描绘自己的精神传记，它所杀伐的对象就是和晚报时代相对应的小品心态，当然，更是晚报时代本身。

所谓苦难，就是阻止恒向上性的完成与升华。苦难是恒向上性所有羁绊之物的总和。恒向上性是生命的根本特征，它首先体现为纯粹生物性的求生意志，其次才体现为渴求价值赋予的求生意志。恒向上性和苦难一样亘古长存，和人类相始终。由于苦难在不同时代有着不同内容，作为抗体的恒向上性也因此在不同时代具有不同的面貌。海子问道：

> 你们抚摸自己头颅的手为什么要抬得那样高？
>
> 你们的灶火为什么总是烧得那样热？
>
> 粮食为什么流泪？河流为什么是脚印？
>
> 屋梁为什么没有架起？凝视为什么永恒？
>
> （海子：《传说》）

这几个问号既是对生命恒向上性的逼问，也是对苦难的逼问；有生命的恒向上性在，就有苦难的立正侍候；当然，反过来说也一样——这就是所谓的道高一尺魔高一丈的真实含义了。

恒向上性的实现就是自由的实现。自由是发自生命底部的渴求；但是，自由的实现永远都是一种不切实际的梦想，它的完成只有阶段性、具体性，却没有终极性。但人对自由的渴望却永恒存在，这只要我们回忆一下历史上许多哲学家乐此不疲地给我们开设的有关理想国、乌托邦、大同世界、上帝之城……的清单和处方就可以明白。它表现在人的本质上是绝对自由的梦想，表现在诗歌中则是真正的浪漫精神，是构筑我们的诗歌时代、精神传记的主要法宝。真正的浪漫精神就是由于生命的恒向上性和具体的苦难相互杀伐、搏击而渴望胜利的永恒冲动。唯有这样，浪漫精神才算真正把人交还给了人自身，也把人的本质的完成权利交还给了人自身以及人的实践活动，唯其如此，人也才能不依靠天子大人、神仙上帝、佛陀真主；浪漫精神也才能彻底宣告人的不屈、人的尊严；在晚报时代，人在自身命运和苦难的袭击下也才有了诗歌吟唱的深度。

福克纳（William Faukner）说：我拒绝人类末日的说法。聂鲁达（Pablo Neruda）给出了福克纳之所以这样说的理由：那只是因为没有不败的孤独和苦难。但是，我们又凭什么相信聂鲁达的斩钉截铁呢？因为生命的恒向上性。正是它的存在，使我们在惨遭苦难、商品交换风暴的袭击时，还有着必胜的信心；而浪漫作为一种精神趋向，始终是恒向上性和苦难与命运搏斗的结果。有人认为搏斗带来的是悲剧精神，我承认他说得对；但我还想补充一点：在这一点上，悲剧精神和浪漫精神起源相同。唯其如此，浪漫精神才是一种沉重的精神气质，而不仅仅是汪国真式的小品心态的肤浅感伤。

人类对绝对自由的渴望虽然归根结底只是虚幻的，但又是不灭的。我们可以把这种重新定义过的浪漫精神的核心称作理想。理想是诗歌时代的精神传记的内核。它的实质是人对现时代所持的超越态度。理想诚如许多哲学家认为的那样，是将人和动物最终区别开来的明显标记。在此，理想有着双重身份：对人来说，它可以被看作结果；对诗来说，它又是一个需要不断重临的起点。由于诗歌在骨殖深处和人的联系，使理想在人那里作为结果而在诗这里作为起点；而起源于生命深处的浪漫精神直接转化为诗歌的真正内涵，浪漫精神与理想在诗歌的起点处也就紧密相契与相合。

理想是自由的实质。自由在此也有双重身份：对人来说，自由的实现只有阶段性、具体性；对诗来说，它却可以帮助人在批判性的想象中，构筑这种理想的境地，也就是我唠叨了多时的诗歌时代。在诗中，自由不仅作为人的目的，而且作为浪漫精神的目的，同时也作为诗的目的而出现。正是在这个意义上，浪漫精神与起源相同的悲剧精神才得以彻底区分开来：悲剧精神表征的是恒向上性和苦难人生相搏杀的过程，它无力达到、体验和构筑作为结果的自由。

在晚报时代，真正的诗人选不选择浪漫精神（即理想与自由）来构筑自己诗歌时代的精神传记和秘史，最终也许只有一种回答。

5. 煞尾

当乌鸦高叫的时候，必定是夜莺闭嘴之时；[1]而在小品心态、晚报时代、生命被通俗化解释、恒向上性被极力减缩的今天，必定是诗歌转入"地下"之时。一边是看不见的硝烟广被四野的商场，一边是与之相呼应的小品心态，在此情况下，深得游击战术精髓的地下诗歌的兴起，不过是"敌"对双方都能理解的战术而已。爱因斯坦的相对论有一个惊人的预言，这个预言曾经让已故诗人骆一禾惊愕不已：光在大质量的地方偏转。晚报时代就是大质量的，其引力足以使所有的光回到时代的大质量本身，而地下诗歌仅仅是凭着强大的诗歌意志侥幸逃逸出来的几束光罢了。是地下诗歌组成了诗人自身的诗歌时代，这个时代注定只是碎片式的；但它并不是海子所说的失败，倒不如说是某种成功。

民间诗刊的兴起标志着地下诗歌的兴起。曾几何时，最纯正的诗歌作品都首先是在民刊上出现的。民刊的出现，是诗人构筑自己碎片式诗歌时代的有力武器，使吟唱命运的诗歌时代承续了自人类始祖那里就点燃的诗歌之火、命运之火。民间诗刊不仅仅是刊物，更是一种观察世界和时代的思维方式。它从一开始就和晚报时代作为主流思维方式的小品心态划清了界限，以来源于命运本身的诗歌意志为触角重新观察命运。这是一个刚刚兴起的晚报时代，却又是早已兴起的民间诗刊的时间段落。一大批民间诗刊为我们提供了一个纯粹晚报时代中人不可能看见的另一个时代。它选择了近乎宿命的现代浪漫精神和批判性的理想主义。这里用得上马克斯·韦伯（Max Weber）的高论：如果我们不是反复地追求不可能的东西，我们也无法实现看起来可能的东西。民间诗刊早就弄懂了这一命题。从各种意义上说，民间诗刊都一直在追求那种不可企及的、不可能的东西。但它们终有所得。最起码它们已经贡献出了一大批诗歌杰作。作为晚报时代的陪衬物，这批傲视王侯的杰作让我们感到了真实的惊讶。

许久以来，人们或好心或恶意地抱怨我们时代已经没有了诗歌的存在；

---

[1] 参阅Eric Thompson：*T. S. Eliot*，Southern Illinois University Press，1963，pp. 32—33.

"诗歌已经奄奄一息了"就是最常见的说法。雨果曾说，不是没有美，而是缺少发现。对于好心抱怨的人，他们只需要"往下看"就行了。那里是诗歌产卵的地方，是新的时代然而又是亘古长存的时代再次怀孕的居所。

1997年4月，上海。

回忆80年代或光头与青春①

1．大腿和脑袋

如果Ｗ．本雅明"捕捉过去就是捕捉过去的形象"的教导是正确的，如果时代也有它自己的脑袋和大腿，那么，中国20世纪80年代的脑袋，无疑是由一帮自称"精英"的知识分子代表着。他们是时代之头的肉体化版本。他们反对时代的梦游和恍惚性。的确，尽管他们营养不良，但仍然还是用尽吃奶的力气，称职地说出了时代之"头"想要思考和想要说出的话：为一个满目疮痍的民族与国家输入新的思想血液，在废墟之上努力重建一个民族与国家的价值和信仰。他们放眼观看，从现实到书本，从历史到现在，从眼下到未来；他们开动了每一个脑细胞，把思绪伸向了时代的大脑之中，并和时代之头达成了共振。然后，他们说出；然后，他们集体逃亡。"画图临出秦川景，亲到长安有几人？"就这样，他们把80年代留在了身后，

① 因本文发表在一本纯粹文字学刊物，所有的注释都被删去，现在已经难以补齐——作者注，2012年12月26日。

也将它变作了专供我们凭吊和回忆的历史与遗迹。

而80年代的"大腿"毋庸置疑则是由另一帮"没文化"却更为激进、更加血气方刚的青年人代表着。他们宣称自己"反文化"。他们以打、砸、抢的方式，挥霍自己的才情和力气，吼叫着自己的愤怒，时而痛苦不堪，时而放荡不羁，时而嬉皮笑脸，时而又龟缩在自己的皮肤里。他们把时代隐藏起来的，还来不及伸展、蹬踢的大腿给现实化了。与此同时，他们既反对时代之头，又反对时代之腿，同时也反对自己。他们和生活打架，也和时代斗殴。诚如李亚伟所说，他们是莽汉，是泼皮，也是英雄。这伙一时间找不到对手就把自己或自己的影子当作对手的家伙，无疑是80年代最奇特的风景之一。

对一个经常处在大变更之中的国家和民族，时代将是最重大的主题，也是最打眼的问题。因为经常性的变更带来的剧烈震荡，使得一个时代还未充分完成自己，另一个时代已经迫不及待地赶往前台，或高声吼叫，或悄无声息，要着手将前一个时代扫地出门。如同扫帚和灰尘的关系。在经常性的大变更中，时间、时代始终是变更本身的同盟，这使得变更之中的所有时代都显得同等重要：它们都是一个个未知目标的枢纽和过渡。时间向来就没有固定的、明确的目标，但时代却有它特定的内容和要求，尽管它从来就不能成为有目的的历史。对于80年代，如此的头和腿都是它所需要的，因为如此的头和腿，充当了80年代自我表达、自我成长以至于自我完成的最佳工具。虽然它很快就被另一个新兴的时代取缔了。

头摇身一变成为嘴巴，或者它按照自己的需要有意识地凸显了嘴巴，替时代说出了它自己的主题。它把时代之头无声的冥想给声音化了。80年代对于自己的脑袋来说，无处不是巨大的广场：脑袋躲在暗处，纵容自己的代表们在大江南北、黄河上下、长城内外，用他们表达头颅的庄严嘴巴，到处宣讲自己冥思出的成品，教导、唆使和引诱了集中在广场上的整整一代人。时代之头占据了要塞。与此同时，时代之腿也躲在暗处，像看不见的荷尔蒙，像隐藏在群众队伍中的阶级敌人，在纵容它的代表们四下跑动，直到把脚印变作他们的传单。玛格丽特·米德（Margaret Mead）描述过的情况在这里依然有效："全世界的学生暴乱使他们与其40岁上下的父母们分道扬镳了。他们以全新的眼光对他们的所见所闻进行思考和判断，去审视一个以前从未有过的世界。这是一个全体青年人同时踏入的世界，不管他们的国家如何古老，如何不发达。"李亚伟代表那些"腿"们说出的话，比米德对西洋鬼子的描述要来得更加具体，当然，也更加痛快："我行遍大江南北，去侦察和卧底，乘着酒劲儿和青春期，会见了最强硬无礼的男人和最软弱无力的女人。我打入了时间的内部，发现了莽汉主义没有时代背景也没有历史意义，英雄好汉也没有背景和意义，美女佳人也没有背景和意义，他们是一种极端的搞法，只是这种搞法是彻底和天生的，使我在涉川跨河、穿州过府的漫漫长路上一直感到一股刺鼻的劲儿！"——当然，倒更不如说是青春和粉刺的腥味。是教育引发出来的反向的"臭味"。

因此，头指向的始终是广场，是人民，是人民待洗的脑袋，尽管80年代的大脑因为自身的营养不良，也有着强烈的梦游特性；腿听从了80年代内部发出的峻急号令，却挥戈直指城市最肮脏的角落、乡村最没有诗意的田埂、车站、渡口（由于贫穷所以不包括飞机场）和一切可以用于撒野的地方，指向了自己的双腿，双腿带来的快疾速度以及它弄出来的巨大声响。马塞尔·雷蒙曾经告诫另一群时代之腿和它的代表们说：放慢你们的脚步，记住时间的停顿吧。在过去与未来之间，自我不再被夹得像个疯狂的罗盘，你看，"现在站住了脚，流入灵魂，而灵魂也不再受他的尖刺的折磨了。"这无疑是上好的景致。可李亚伟号召大腿们——当然也号召他本人——要充满快意地弄伤自己的肌肉，在暂时找不到敌人的情况下；而诗人马松，众多大腿中那条比较短小的大腿，大吼着否决了雷蒙的建议，也否决了80年代的教育诗：老子们——

以前选择不过来
现在是标本
然后要变成寄生虫
我们蹲下 我们跳起来
把见不得阳光的角落一脚踢出体外
（马松：《杀进夏天》）

……80年代适合回忆，也只能回忆。无疑这是一种忧伤的回忆，也是关于忧伤的回忆。事隔多年后，李亚伟代表倒退着"改邪归正"的腿们，说出了不无感慨的话："如今，这些诗人均已年过30，分居各地，娶妻养家，偶尔见面，颇有些生活中的过来人和修身、齐家的衣冠味儿，一边感叹虎气和青春的流逝，一面翘首思考着成熟和原则，神态犹豫而又狡诈。"……80年代就这样只好存在于记忆之中，遥远得像地狱的磷光，像他乡到故乡的距离，像病人和医院之间的航程，也像花蕊与果实之间的漫漫长路。

2．青春，力必多

正当时代之头的各类肉体版本，梦游一般行走在广场上，对聚集在那里的人民进行宏大的启蒙教育时，不安分的腿们也跑动起来了。时代之腿变作了李亚伟、张小波、万夏、郭力家、马松、胡冬……以及他们的各种变体、变种和亚种。他们不需要时代之头对他们进行"启蒙"，他们有自己的启蒙导师：青春和过于旺盛的力必多。圣琼·佩斯（Saint-John Perse）说，啊，伟大的时代，我们来自大地上的每一处岸边。我们的血统属于古代，我们的颜面无以为名。而时间早就知晓我们曾经是哪一类人（圣琼·佩斯：《年代纪》）。的确，仿佛是在一夜之间，这伙人就从时代的各个角落，从历史的每一处暗影里冒了出来了——李亚伟说，这些毛头小子个个都像当好汉的料，大吃大喝和打架斗殴起来如同是在梁山泊周围，毛手毛脚和不通人情世故更像是春秋战国中人，使人觉得汉、唐、宋三朝以后逐渐衰败和堕落的汉人到如今似乎大有复辟当初那种高大、勇猛的可能。他们呼朋引伴，四处出击，聚众闹事，把80年代弄得呼天抢地，也让广场上的各类牧师——不管是来自左边还是来自右边的牧师——痛心疾首。他们向时代大喊道："我来了/和大蜥蜴翼手龙一起来了/和春秋战国/和古代的伟人跑步而来/听着吧，世界、女人、21岁或者/老大哥老大姐等其他什么老玩意儿……"（李亚伟：《二十岁》）在力必多粗暴的指引下，他们对脑袋进行了调笑，也和所有40岁以上的老大哥、老大姐等老玩意儿分道扬镳了——诚如米德所说。

他们全身上下都是力必多，借用李亚伟的句式，他们就是行走着的装满力必多的"高脚酒杯"。力必多既是他们大腿的发动机，也是他们本身。在80年代的暗中怂恿下，青春就等同于力必多——这点儿道理在此来得更加正确无比。因此，他们的大腿、跑动、卧底、侦察、打斗，全依靠自己的本能。青春就是由这伙人的本能踢踏着的舞台，而80年代也为青春提供了这样一个可以用于梦游的游乐场。在80年代的广袤背景下，场景、背景在这伙人那里后退了，凸显出来的永远只是大腿。而快速带动他们奔跑的大腿也等同于力必多。

这是一伙流氓无产阶级，按照格拉尼埃·德·卡萨纳克（Granier de Cassagnac）《无产阶级与资产阶级的历史》的话说，他们无疑构成了一个亚人类阶层（Sub human）——想想他们和80年代的精英知识分子之间的差别吧——是由盗贼和妓女交配产生出来的。而盗贼和妓女永远指向的总是像鲤鱼一样活蹦乱跳的力必多。相对于80年代，尤其是80年代的脑袋和它的代表者，这伙人也是魔鬼，是勒美特尔曾经定义过的那种魔鬼：一方面是万恶之源，另一方面却又是伟大的被压迫者，伟大的牺牲者。正是这样，那条在极其偶然之间被命名为"张小波"的大腿，才准确地说到了他（们）自己：

　　我们向这个世界租了我们自己

　　付给它钱，然后归还

　　手臂垂下来

　　飞鸟的巢穴被鳖霸占

　　他们都死在途中

　　飘回来的羽毛是一种声音。就是这样。

　　（张小波：《闪电消息》）

他们不属于他们自己，他们只是一笔偶尔漂到他们手中的赃款，是世界和时代的出租品。他们是牺牲者，是被压迫者。李亚伟在跑动中无奈地说过："我们仅仅是生活的雇佣兵／是爱情的贫农。"（李亚伟：《硬汉》）他们毋庸置疑属于这个时代和世界，但反过来说也就毋庸置疑的不正确了。有趣的是，正是基于这个原因，他们才把双腿弄成了惊叹号，以倒栽葱的方式一头扎进了时代——既然它不属于自己，就先狠狠地弄一弄它再说。马松写到了四季、鸟、草、树木、历史、古物，而这些被他一股脑儿随意抓来的似是而非的东西，全部变作了粗暴的、快速游动的精虫：它们奔跑、撕咬、斗殴，为的是第一个射向那唯一的卵细胞——至于这个卵细胞究竟意指什么，就不大清楚了（参阅马松：《砸向秋天的话》、《我们流浪汉》等诗作）。李亚伟几乎是以迫不及待的语速高叫道："我也是一个开飞车的人！驾驶诗句、女人以及驾驶自己的性命因为年轻和车技不高而累累发出尖啸、带起尘埃一脚踩住。因为我碰到了阻碍和险境，我要调换方向，因为我看见了酒店、河流和星辰，我要驻足流连，我原地打转儿或是倒车、像被弄痛了一样从邪恶的地方缩回来，我被假象搞懵了，我被错误吓坏了，但这并没有使我不知所措，感谢急刹车，它使我避免了葬身意义和风格，它使我仗着性子超过了浅尝辄止的境地。我一边倒车一边在心里想着没准儿要熄火，但一切还好，我说，这车还真他妈顶用。"当然，在互相纠缠和充满矛盾的跑动过程中，他的腿、他的力必多也真他妈顶用！他的青春也真他妈顶用！那些在并不表征任何意义和价值的力必多的指引下的流氓无产者，那些大腿和魔鬼们，就这样，以特有的"莽汉"方式展开了自己有限的人生、嚎叫和暴乱。

力必多是混浊的，它永远都指向暴力和促成莽汉。所谓"莽汉"也者，就是丧失了方向感的随意高叫。在方向不明的途中，却又恰恰意味着到处都可能是方向。他们成了无头苍蝇，用迂回包抄的游击战术，挥洒着青春，却并没有任何固定的目标。青春本身就有着随意游击的严重性。当80年代已经成为过去，李亚伟在回忆中深有感慨地说：那时，我们的荷尔蒙在应该给我们方向的时候却正在打瞌睡。因此，"我到底去哪儿，你用不着管／我自己也管不着。"（李亚伟：《给女朋友唯一的一封信》）荷尔蒙的如许特征，使它导致出的众多结果之间存在着相互矛盾的、含混的、出尔反尔的性质。还是李亚伟揭示了莽汉们左腿向右腿施绊子，右脚踹向自己左脚的悖论境地：

> 我有时文雅，有时目不识丁
> 有时因浪漫而沉默，有时
> 我骑着一匹害群之马在天边来回奔驰，在文明社会忽东忽西
> 从天上看下去，就像是在一个漆黑的论点上出尔反尔
> 伏在地面看过去，又像是在一个美丽的疑点上大出大落
> （李亚伟：《寺庙与青春》）

方向感的丧失正是80年代青春期典型的修辞现象之一。方向感的获得永远来源于脑袋，而腿只是将方向感化作现实的工具。当青春期在逆反心理的催眠作用下，把双腿既当作工具又当作目的时，方向感的丧失就是必然的事情。有意思的是，80年代的脑袋往往指挥不了它自己的大腿——这一点和实利、实惠、势利的90年代遇到的情况完全不同——因为青春期（力必多）的暴力与昏霍倾向有着更为强大的力量。因此，青春期的修辞现象也具有了强大的威力，它把李亚伟引上了危险的急刹车道路，让马松四处踢踏（马松：《砸向秋天的话》），让张小波到处乱咬（张小波：《人之路》），命令郭力家渴望流血的特种兵（郭力家：《特种兵》），唆使胡冬乘上一艘慢船到巴黎的"鸡巴宫"去（胡冬：《我想乘上一艘慢船到巴黎去》）……而此时此刻，此情此景，大腿永远都是第一位的。

3．教育

正当一个古老的民族从长久的自我麻醉中苏醒过来之后，由于多年来教育事业的巨大失误，使得80年代进校的大学生——他们在那时被称作"天之骄子"——一方面严重饥饿，另一方面却是教师素质的极端低劣，以至于让"天之骄子"们食不果腹。李亚伟直接把"不学无术"的判词献给了他的老师们。在一次酒局上，他曾对我说，当年他在外国文学试卷上随

便杜撰了一个外国作家的名字，而判卷的老师却不敢认为不正确……教育曾经欠下的债务，莽汉们的行为早已证明了，那绝不是一代人能够还得清的。

饥饿的大腿们不是不想成为时代之头的肉体版本——这不符合80年代的整体背景，而是那些不学无术的教育者弄出了一些滑稽的、荒唐的、似是而非的"知识"，来喂养这些胃口极好的大腿。错误的饭菜要么培养出错误的面孔，要么将败坏健康的肠胃。难怪伊拉斯谟（Desiderius Erasmus）在描写"愚人舞"时，让似是而非的"学者"们占据了很大的位置。这样的知识明显有一种愚蠢的疯癫性质。老掉牙的说教，发霉的"文学规律"，腐朽的讲义，构成了80年代大学文学教育假冒知识身份的荒唐嘴脸。苏珊·朗格（Susannek Langer）曾在某处说过："知识没有过错。问题是：什么样的知识。真正的知识可以解放人，它使人接触现实，使人看到事实的真相，使人接触自己的时代、自己的良知。这样的知识应该为人们所共有。"而在80年代的语境中，知识的过错是一些号称掌握了"知识"的不学无术之人，强加在知识之上的。我敢说，这一问题直到今天仍然没有得到应有的解决。而这同样是几十年来荒唐的教育的罪过。

李亚伟说，如果有朝一日他写回忆录，一定会骄傲地宣称，他一生中最得意的事情就是大学四年逃课达三年以上：因为"文学教材的枯燥无聊和中青年教师的不学无术到了让求知欲强的学生避之唯恐不及的程度"。那些似是而非的"知识"只能把大腿们引上邪路；如果它有能力使大腿变作脑袋，最终也是一颗有病的脑袋，如同一颗有病的鸭梨。"我的手在知识界弄断了。"（李亚伟：《给女朋友唯一的一封信》）李亚伟呻吟着说。这伙人因此渴望在力必多的指引下走出该死的中文系，"走出大江东去西江月"（李亚伟：《中文系》）；或者只好阳奉阴违地在古汉语课上写情书，试图以横冲直撞的力必多来冲淡腐朽的"知识"；为了躲避这种可悲的教育，他们宁愿当个身强力壮的蛮夷，也不愿意做出学贯中西的样子（李亚伟：《毕业分配》）。

正被青春期的修辞现象（失去方向感）弄得躁动不安、痛苦不堪的毛头小子，急需要明确方向时，教育不仅没有能够给予他们正确的道路和驿站，反而是想以自己的荒唐、错误和愚蠢，去切割、规范力必多，妄图使它走到一条大有来历的老路上去。应该说，教育大部分达到了它自己的目的。教育始终认为，力必多是一种疯癫现象，而它自己则是纪律和法则。按照福科的讽刺性看法，当人放纵自己纯粹的力必多时，他就与世界隐秘的必然性面对面了；出没于他的噩梦之中的，困扰着他的孤独之夜的动物就是他的本质，它将揭示出地狱的无情真理；那些关于盲目愚蠢的虚浮意象就是这个世界的"伟大科学"（Magna Scientia）。80年代的教育就是按照这样的戒律对力必多进行了围剿；而力必多也按照这样的模式，在那伙被称作"莽汉"的家伙身上发挥了威力：他们拒绝接受有病的教育。对于这种有违青春期修辞现象的拙劣教育，诗人柏桦曾经有过上好的抒写：

> 家长不老，也不能歌唱
> 忙于说话和保健
> 并打击儿童的骨头
> ……但冬天的思想者拒受教育
> 冬天的思想者只剩下骨头
> （柏桦:《教育》）

长期以来，我们的教育不过是要让人四平八稳，在既定的轨道上滑行，做一个平庸的、在各方面都没有任何鉴赏力的好公民。而毫无方向感的力必多必然是惨遭删刈的对象。的确，正如我们所知，在教育的轮盘赌中，力必多变质、变酸了。但80年代的部分大腿们、那些被教育的无能嘲笑过的大腿们、那些根本无法如此这般忍受"知识"的大腿们，幸运地拥有了新质的力必多；当然，80年代中国特殊的历史境遇，也为新质的力必多提供了试管，它允许它沿着自己的轨道疯狂前进——尽管这个试管无论是容积还是体形都相当有限，却无论如何构成了过来人回忆和怀念的对象。

因此，在80年代之"头"大肆宣扬知识就是力量时（其实他们中的许多人也搞不清楚，这样的"知识"会带来什么样的方向感），这伙被称作"天之骄子"、被时代之头寄予了无限希望的家伙们，却在青春期的修辞学的指引下，完全丧失了方向感。他们横冲直撞，最终摆出了一副反知识、反文化的桀骜架势。李亚伟说："因为大伙都才20岁，年轻、体壮，也许因为80年代初的文化背景，应该批评和自我批评一起上，在跟现有文化找碴儿的同时，不能过分好学，不能去找经典和大师、做出学贯中西的样子来仗势欺人，更不能写经典和装大师，要主动说服、相信和公开自己没文化。"面对此情此景，以文化授受为使命的教育，当它充分显示了在力必多与青春期面前的彻底无能，眼睁睁看到大腿们一个个都变成了"无恶不作"的莽汉时，它要不要长叹一声呢？

4．诗歌

"莽汉主义"植根于青春和力必多，也植根于教育的反动性。莽汉主义的新质力必多和腐朽、板滞的教育，构成了一种可笑、可悲的正比关系：教育的腐朽与板滞性越严重，力必多的威力也就越大。他们之间的关系遵循着牛顿的作用力和反作用力定律。这真是一个引人入胜的力学现象。莽汉主义者也由此修改了弗洛伊德（Sigmund Freud）的性欲升华学说：如果他们写诗，不仅要把力必多释放在语言中，而且还要原生态地释放。这显然构成了莽汉主义诗歌中的打、砸、抢行为。但他们也忠实地实践了弗洛伊德主义：力必多果然"升华"（倒不如说是直接爆炸）成了分行文字，而且这些文字就是他们的"白日梦"。在此，莽汉主义诗歌就等同于丧失了方向感的"梦游"（李亚伟：莽汉主义不仅是诗歌，更是一种生活方式）。而梦游的发动机永远安放在暴烈的力必多之中。按照德国医生海因洛特（Heinroth）半人类学半宇宙学的意见，具有疯癫性质的力必多就是人身上晦暗的水质的表征。它是一种晦暗的无序状态、一种流动的混沌，是一切事物的发端和归宿，是与明快和成熟稳定的精神相对立的。莽汉主义诗歌中的黑李逵作风，有力地证明了那位德国医生的精彩分析。

莽汉主义诗歌就是对力必多的直接引用，它是力必多的直接引语。莽汉主义诗歌对力必多的引用是整体性的，这和学术上的引用完全不一样：后者只引用对自己有利的观点和文字，它永远只是局部的、断章取义的，往往是经不起全盘考究和追问的。莽汉主义诗歌对力必多的引用是一种直接性的引用，和大批判文字转弯抹角的引经据典完全不同：后者拉虎皮为大旗，只是为了在臆想中打倒臆想的敌人，是在乱舞花枪之中陡然的图穷匕首见，是为了假想中的见血封喉，有着浓厚的间接性；而力必多并不能构成莽汉主义诗歌的坚实屏障，也不能成为它的虎皮大旗，它的肉体性质构成了莽汉主义诗歌的界限和疆域。一旦越过了这个疆域，力必多就和莽汉主义失去了直接的关联，莽汉主义也就不存在了。这约等于说，莽汉主义诗歌永远被限制在肉体的范围之内。而梦游从来指的就是身体，它是对力必多进行直接引用后必然的和现实的产物。李亚伟大声宣布道："捣乱！破坏！以至炸毁封闭式或假开放的文化心理结构！莽汉们老早就不喜欢那些吹牛诗、软绵绵的口红诗！莽汉们本来就是以最男性的姿态诞生于中国诗坛一片低吟浅唱的时刻！"话已经说白了：写诗、诗歌只是力必多和青春期的副产品而已。它是青春内部的换气现象；从某种意义上说，它也是青春的拯救者，是青春的救命稻草，它避免了青春可能引起的自我爆炸。

莽汉主义诗歌当然也是对80年代隐蔽之腿的直接体现。恩格斯曾经表达过这样一个观点：历史总是在必然性中前进的；在必然性终结的地方，也正是历史完蛋的处所。但历史肯定不仅仅只有符合因果关系的必然性，它还有着自身内部的悖论性质：既有理性的脑袋，也有非理性的大腿——正如我刚才所说。而且脑袋往往不一定指挥得了大腿，正如一个强奸犯，他的脑袋明知道如此这般是没有好下场的，而在力必多的指引下，大腿总会梦游一般把他带往有女人的地方，从而引起饱具快感的犯罪。力必多的核心定义之一就是追求身体上的广泛快感。历史和时代也有自己的快感原则和对快感的渴望本性。追求狂欢化恰好也是时代的癖好，人不过是帮助它完成了这一愿望而已。这是因为历史和时代也有它们自己的力必多。就这样，莽汉主义者的力必多与八十年代内部的力必多很偶然地吻合在了一起。正是在此基础上，李亚伟、马松、刘太亨、胡冬、二毛、梁乐等人（也包括被李亚伟等人看作是"一拨人"的张小波、郭力家），才有可能直接引用和自己的力必多有着同样频率、波段的80年代内部的力必多，并把它们最终体现为脚板乱翻的大腿。莽汉主义和莽汉主义者就是对80年代内部的力必多的正确表达，莽汉主义诗歌也是80年代内部的梦游的语言体现。写诗、诗歌本身就是梦游，是梦游在文字上的现实化。

也许是非常巧合，80年代本身的梦游特性，被莽汉主义者很偶然地发掘出来了。我相信，这在莽汉主义者那里，肯定是无意识的和不自觉的；他们也许并不知道，自己都干了些什么更有深意的事情。80年代本身的梦游是铺天盖地的，甚至那些时代之头的肉体版本也只是在梦游中思考，或者在思考中梦游——他们写下的文字，在今天看来有着明显的呓语特性。那真是一个全民做梦的时代，随处都有可能是时代的方向，而处处也都有可能是死胡同。事实很快就证明了这一点。80年代是古老中国迟到的青春期，它所具有的青春期的修辞特征，和莽汉主义者青春期的修辞现象有着惊人的一致性：80年代的荷尔蒙也正在打瞌睡。那也是一个"诗歌不够写的时代"，"命不够活的时代"（李亚伟语）：青春，时代的青春和个人的青春在等待新的相遇，渴望新的交接。他们一拍即合了，像两个幸福的狗男女。而对于一个梦醒之后的时代和梦醒之后的个人，梦游无疑是值得回忆和怀念的。因为它直接构成了我们生命中的黄金岁月，是我们贫瘠的中年和老迈的暮年的反讽与嘲笑。我们极其需要这样的嘲笑。当然，此时此刻，诗歌本身更是一种典型的青春期现象：

我早就决定了
和20岁一起决定了，和我的钢笔投票
一致决定了好死不如赖活
明天就去当和尚剃光头反射秋波和招安
我要走进深山老林走进古代找祖先
要生长尾巴，发生返祖现象
要理解妈妈的生活
要不深沉，不识时务
要酒醉心明白
要疯子嘴里吐真言

（李亚伟：《二十岁》）

我们仍在痛打白天袭击黑夜
我们这些不安的瓶装烧酒
这群狂奔的高脚杯！
我们本来就是
腰间挂满诗篇的豪猪！

（李亚伟：《硬汉》）

"腰间挂满诗篇的豪猪"，把莽汉主义诗歌和莽汉们的青春期连接起来了；这是一个准确到位的意象，它表明了梦游的方式、特征和粗暴的感叹号形象；它宣告了莽汉们的浪游、浪游途中的饥饿，也画出了时代内部的恍惚特性。他们就这样和迷途的80年代一起上路了。

5．流浪

著名酒徒、法兰西的同性恋者、天才的诗人兰波写下了一句不朽的名诗："生活在别处。"这同样有关乎青春，但它不是青春的故事，它只是青春故事的一句引言。在这句引言后边，青春的众多故事早已揭竿而起，而青春的故事首先是一支流浪军团的故事。"豪猪"们也证实了一个亘古不变的规律：青春是在流浪中完成的。青春推崇流浪。而这种流浪往往又先天地丧失了方向感。这一点倒和历史很相像。海德格尔讲过，历史的本质空间就是迷雾。这毋宁是说，历史就是最大的流浪者，是集体的流浪。这显然涉及流浪的方式：原地踏步的流浪、号称有明确目标的流浪、在循规蹈矩之中的流浪。但无一例外总是没有方向感，总是充满了迷雾。流浪和梦游是时代的真正潜意识，是历史深处奔涌不息的力必多，并充当着那只看不见的手，指挥我们的行动，而我们却并不自知，反而和历史一道对此拒绝承认，正如C．米沃什（Czesiaw Miiosz）曾经咏颂过的：

在恐惧与颤抖中，我想我才能结束我的生命

只有在我当众忏悔

在揭穿我自己和我的时代的虚假之后：

我们被允许在侏儒和恶棍的舌尖上尖叫

但不允许喊出纯正而又慷慨的词语

在这种严酷的刑罚下哪个敢宣称

他自己是个迷路的人。

（C.米沃什：《任务》）

莽汉主义者在普遍的饥饿中恰好对应了80年代的潜意识，他们是80年代的潜意识挑选出来以便代替它完成自己的大腿和大腿的快速奔走。李亚伟根本就不顾历史和时代羞羞答答对此的拒绝，早就领悟了这中间的含义，他的青春期本能早就教导了他，使得他甚至希望用"鸟钱"修建一条长长的道路以供他流浪（李亚伟：《给女朋友唯一的一封信》）——和有着形而上性质的青春期的流浪比较起来，号称"金"钱的东西的确只配得上"鸟"字。

80年代的潜意识假借青春和青春的修辞学，怂恿一部分人成为莽汉主义者。80年代的潜意识把青春当作长枪和大炮来使用，它永远是青春暗中的司令。不管李亚伟和他的同志们是否体察到了自己的被支配地位，反正他倒是很早就这么干了，请看他的十八岁吧：

十八岁这一天

我东倒西歪地走过了很长的路

从这一天起

路永远都是东倒西歪的了。

（李亚伟：《十八岁》）

这种路永远只配青春用来闲逛，它东倒西歪的特性，和梦游的内在音色有着惊人的一致性。成长的道路就这样被80年代的特殊历史境遇给提供了出来。李亚伟上路了，在上路之前，他没有忘记要向起点告别——"告诉那些嘻嘻哈哈的阴影"，"告诉那些东摇西晃的玩意儿，我要去北方"；而他的目的却十分奇怪："我要到很远很远的地方，／去看看我本人／今儿个到底怎么啦。"（李亚伟：《进行曲》）李亚伟说出了一个"真理"：自己在远离自己很远的地方！自己在自己之外！这不仅仅是兰波所说的"生活在别处"，更是一种丧失了根基的现实境况。自己在远方，需要自己经常去拜访、探问，这是青春的另一种修辞格。但80年代在李亚伟失去根基之前，已先在地丧失了自己的根基。如此的莽汉和如此的时代相和合，其运算的结果只能是：八十年代不可能给李亚伟等人提供坚实的底座——想想时代和历史的梦游特征也许就不难理解了。李亚伟本能地说出了他的结论："南方的树很多／但不能待在一块儿／因为它们有根／有根的东西就不容易去看朋友。"（李亚伟：《南方的日子》）而这个朋友与其说是别人，毋宁说是身处自己之外的另一个"我"，如同"I"的朋友永远只能是"Me"一样。这实际上表明了，李亚伟以及他的莽汉同志们之所以要四处踢踏，就是因为根基永不存在。根是一种乌托邦，它或者存在于天空，或者植根于地面；但无论在哪里，事实早已证明它们的居所是臆造的。毕希纳（G. Buchner）嘲笑说："您看，这是一个美丽、牢固、灰色的天空；有的人可能会觉得有趣，先把一根木橛楔到天上去，然后在那上面上吊……"马克思在《路易·波拿巴的雾月十八日》里，也讽刺了那些试图在天上和地上寻找本根的荒唐举动："苍天是刚才获得的小块土地的不坏的附加物，何况它还能创造着天气；可是，一到有人硬要把苍天当作小块土地的代用品的时候，它就成了一种嘲弄。"是啊，整部人类史就在证明我们的失根性，历史和时代在它们自己的潜意识的指引下，从来就不存在一种叫作方向和目标的东西。就这一点而论，李亚伟加入了由毕希纳和马克思等人组成的长长的队列之中。

在毫无方向感的流浪途中，青春随处都充满了饥饿，由于"精神体能"上的原因，它需要偶尔的停顿和换气。如同深海之中的鲸鱼，之所以要在海面弄出高大的水柱，是为了更好地在大海之下寻找浪游和浪游所需要的能量。李亚伟也有自己的换气现象。因为他的肺活量尽管很大，还没有达到让他一生只呼吸一次，就可以走完全部人生的程度。因此，李亚伟在急促的走动中，偶尔也会放慢流浪的节奏，也会想到旧时的意境和才子情怀，缅怀着古旧的流浪和流浪者，一方面试图区分他们的流浪和自己的流浪之间的差异，一方面也试图在对比中获得休息，获得来自于遥远同类处的鼓励。他是在走动之中展开自己的休息的。而处在休息和换气状态中的李亚伟写出了非常不那么"莽汉"的诗歌，它们充斥着腐朽的事物、意境、情怀，也充斥着老掉牙的意象。但它们和一个高叫着的流浪者的身份是吻合的。歇息状态中的莽汉李亚伟显得格外温良、谦顺。但换气现象永远的指向却是继续大吼着漫游、流浪，并誓死要把这一革命事业进行到底。是的，换气很好地表达了这一决心。他的杰出组诗《野马与尘埃》就是这种短暂换气与休息之后的猛烈冲刺：

> 他要渡过塔里木河……
> 这样的人翻过了天山
> 像是一心要为葡萄干而死，我管不了他
> 他纯粹不需要自己，只想利用自己渡河
> 红花在天山里开了又开
> 他又骑了一匹含情脉脉的马
> 这样的人，渡河之前总来到信中
> （李亚伟：《野马与尘埃·天山叙事曲》）

……青春是易于流逝的阶段。相对于80年代，莽汉们是终将要老去的一代；但相对于时代深处的潜意识和力必多，总会有新的青春补充上来，以他们毫无方向感的流浪和梦游，承担来自历史和时代深处的命令。在组诗《航海志》中，李亚伟写到了许多遥远的地方，但它们不是他的大腿能够走完的，它们只存在于想象之中，充当着青春期流浪行为的未竟事业。当李亚伟在这组诗中仍然声嘶力竭地吼叫时，我们却从中听出了暗含其间的某种苍老音色。这预示着他就快要走完他的青春期了，他已经知道了自己的大限：尽管还有很多没有去过的地方，尽管还有很多流浪方式还来不及施展，但青春本身却开始褪色，让他进入了无聊的中年。到了这时，单凭流浪途中的换气和休息，已经没有任何作用。新的时代身上古老的力必多和潜意识，注定要在莽汉们之外寻找新的青春。

6. 饥饿

这一切都和饥饿有关。对于时代之头的肉体版本来说，他们的嘴巴是替时代说出它想说出的话；这样的嘴巴庄严、神圣、带有普遍的光环。而对于时代之腿的代表们，嘴巴的功能仅仅是表达了饥饿。应该说，时代之头的肉体版本们的营养也并不是很充足，他们是被时代挑中的人，有着赶鸭子上架般的滑稽性：他们说出的言辞，带有十分明显的营养不良的神情。他们自己也面带菜色，只不过人民的菜色更深。因为精英知识分子们担负着宏大启蒙的艰巨任务，他们嘴巴上的动作仅仅是吐出：吐出关于启蒙的言辞，把话语流倾泻在广场上的人流中，使他们被教唆、被教育；而大腿们的嘴巴在动作上却要复杂得多，它既要吐出，又要吞吃：

> 我读着雨中的句子在冬季的垂钓中寻死觅活
> 旋即又被粮食击碎在人间
> 我从群众中露出很少一部分也感到饿
> 感到歉收和青黄不接
> 只有回到书中藏头露尾，成一种风格
> （李亚伟：《饿的诗》）

声嘶力竭却又中气不足的精英之声刮了过来，而大腿们却走开了，因为他们一开始就感到了饥饿，他们要在流浪的途中去寻找食物！他们是一群在食物的沙漠上寻找食物的困兽！情况已经十分明显，那些精英们苦口婆心的劝导并不能充当果腹的食物，更不用说这其中本来就充斥着似是而非的知识、具有疯癫性质的说教以及带有梦游特征的教育诗了。莽汉们需要的是粮食，能把他们击碎在人间的粮食。据说李亚伟写过一句"名诗"："树上长满了卤鸭子。"在一个饥饿的梦游者那里，树上当然不仅有卤鸭子，还应该有一切可用于嘴巴来吞吃的东西。这就是一个流浪者、一个梦游者充满晕眩的心理学。

吞吃是饥饿引起的惯性行为；而饥饿才是青春期的普遍特征。不管怎样，饥饿最起码表征了肠胃的健康，它暗含着积极的表情。80年代从根本上说就是一个饥饿的时代：一方面它没有准备足够的食物提供给青春期的肠胃，它只让青春期吃了个半饱；而对于那些张牙舞爪的莽汉，半饱比一点儿也没吃更加严重。另一方面，时代本身的饥饿又必须挑选一些人来分担、体现它的饥饿。现在我们知道了，它挑中的人就是"莽汉"。而"莽汉"，按照李亚伟所说，只是群众中暴露出来的一小部分，更多没被挑中的基本群众却被掩盖了。那正是时代和历史最残忍的部分之一。

这是因为莽汉们有着基本群众所没有的高音量：他们在大口吞吃时，也在大声吐出——他们在流浪的途中，大声喊出了他们的饥饿，把饥肠的咕噜声直接从嘴巴中吐了出来，并砸在了纸上。现在我们也明白了，那就是高音量的莽汉主义诗歌。"莽汉"们是那种敢于大声喊出也有能力喊出自己饥饿的少数人。最终，很可能是莽汉而不是精英知识分子们提供了80年代的饥饿证据，莽汉就是饥饿的80年代的最佳物证；而莽汉主义诗歌，则是那些能够走动的物证们为时代录下的口供——和精英知识分子们的"吐出"完全不一样，莽汉们的"吐出"仅仅是青春期对于饥饿的抗议。但它首先是呻吟，是失掉了根基之后的叫唤。

时代之腿的代表们的嘴巴吐出的内容，就是莽汉主义诗歌；而为了寻找食物展开的流浪和对食物的吞吃，则表达了饥饿的严重程度。对莽汉们来说，诗歌是以饥饿为前提的，而饥饿则由80年代提供：教育的失血，信仰的化脓，人事分配制度的生锈，精英们面带菜色的说教……构成了80年代的饥饿的众多来源。因此，莽汉主义者的诗歌书写仅仅是饥饿的呕吐物。据李亚伟揭发，1984年夏天，当他、梁乐、胡玉"从不同地方巡逻到四川雅安马松处聚众喝酒时，莽汉诗歌已极大丰富起来，形成了猛烈的创作势头，其标志就是马松站在一家餐馆的酒桌上朗诵了'把路套在脚上走成拖鞋'的《生日进行曲》。"这个鲜明的意象实际上早已证明了诗歌、饥饿与青春之间的全部关系，其力量胜过了所有号称具有超级解释能力的理论。因此，没有必要怪罪莽汉主义诗歌的凶神恶煞，也没有必要鄙弃它在艺术上的有意粗鲁，因为由饥饿引起的呕吐在实施呕吐之时，根本就来不及考虑时间、地点、场合与风度。因为呕吐不会押韵，所以莽汉主义诗歌也不会押韵，但它有自己的精神韵脚，它的节律仅仅听从饥饿的节律，听从大腿在快速的浪游中弄出来的巨大声响。诗歌接受饥饿和流浪的辖制。当一个饥饿者不是低声呻吟，而是站起来抗议时，谁拥有指斥他们的高音量和大声恶气说话的权力？即使是诗歌本身也不拥有这样的权威性。

李亚伟说得对，莽汉主义代表了一个诗歌时代；但我们有理由说，莽汉主义更是80年代的重要物证：它把青春期关于饥饿的愤怒全部吐出来了；正是这些吼叫着的大腿，充当了精英知识分子得以存在的合理性——精英们是正确的，他们的启蒙工作也是有道理的。就这样，80年代最有文化的脑袋和最"没有文化"、最反文化的大腿终于会师了，它们联为一体，共同构成了80年代的整一身体。

7. 酒

因为饥饿，他们上路流浪了；由于在青春期的指引下，流浪天然渴望着巨大的声响，所以酒精出现了。酒与诗歌、青春有着明显的一致性：酒的含义之一，就是在它貌似温柔的流动身体中，包含着狂暴和使饮者丧失方向感的力量。酒是一个巨大的诱惑，如同力必多之于青春一样。这同样是一个有关青春和大腿的故事。和其他许多相似的故事一样，它提出的问题将会在其他故事中找到答案，而且这些相似、相关的故事彼此不可分割。正如艾伦·奇南（Allan B. Chinen）所说："每一个单一的故事都不是完整的，它们必须会聚在一起，就如同拼盘游戏一样。"也只有如此，我们才会得到一幅有关莽汉主义、有关莽汉主义诗歌与80年代的整体图案。就是这样，性情暴烈的波德莱尔才会说："一个人必须总是喝醉。一切都至于此；这是绝无仅有的道路。时间压垮了你的双肩，使你头颅低垂，要你感觉不到这样的重负，你就必须毫不迟疑地喝酒。"所以，早已行走在流浪途中的李亚伟才会对他的女友说："若干年后你要到全世界最破的/一家酒馆才能找到我。"（李亚伟：《给女朋友唯一的一封信》）酒馆是莽汉们真正的客栈，他们像将要上景阳冈的武松一样，把"三碗不过冈"的劝诫抛在了脑后。马克思曾经谈到巴黎的小酒馆和无产阶级密谋家们的关系：他们从一个酒馆转到另一个酒馆，考察工人的情绪，物色他们所需要的人，他们的大部分时间就是在小酒馆里度过的。"本来就和巴黎无产者一样具有乐天性格的密谋家们，很快就变成了十足的放荡者。"马克思肯定会同意，之所以如此，是因为酒精中包含的暴力和使饮者丧失方向感的力量，和革命家以及革命本身随身携带的力必多一拍即合了：酒精激发了他们的力必多，终于使目的明确的革命家丧失了应有的方向感。与此结果相似但方向相反，莽汉们在酒馆里却是有意识地要让酒精去激活力必多，让它更为眩晕，好让莽汉们在流浪途中更具有梦游特征——仿佛只有双倍的梦游才更适合流浪、更适合解决饥饿。李亚伟醉醺醺地对酒馆老板说：

> 我想跟你发生不可分割的关系
> 有时你躲不掉，我的伤口在酒店里
> 挥动插在上面的匕首向你奔来
> 我用伤口咬死你老板
> （李亚伟：《酒店》）

这实际上是在和老板亲吻：莽汉们在表达亲热之情时也会使用一贯的莽汉动作。因为正是酒馆老板在莽汉们流浪的途中，为莽汉们准备了职业：饮酒恰好就是青春的火暴职业之一。的确，眩晕、梦游般毫无方向感的流浪，是青春的专职工作，酒馆为这种职业的实现提供了工作作坊。但作坊主永远不是酒馆老板，而是那些莽汉们。酒店老板仅仅是青春职业、青春故事称职的看门人。

莽汉们流浪的路径也由此成了一条酒之路。我们说，这条路的确让青春感到痛快，但它也的确十分危险：因为青春已经够疯狂了，加上酒精的力量，疯狂劲儿就远不只是原来的两倍。但莽汉们对这条东倒西歪的酒之路却感到非常满意。雅克·阿达利（Jacques Attali）说："街道引导熟悉情况的人回到家中，使他们能够发现外人，亦即看样子迷路的人，失去理智的人。每一条路都像是一个秘密，但同时也隐藏了邂逅的希望。" 真是这样的啊。李亚伟也几乎是在语无伦次中真实地说出了这个意思："真正的酒之路，乃本质与变态间的中庸之路乃醉之路仙与人彻底折中/醉之路乃感情之路起伏于人体血脉穿过大街小巷乃诗人之路爬上人类的肩头藐视所有边缘和中心，藐视怯懦，藐视勇敢！/醉之路乃最富足之路慷慨之路乃人民东路拐过火车站乃爱人之路幽会半途而废之路结婚之小路常拦腰杀出/人生之酒浩荡于青春期的高原，糊涂胸闷于酒杯之外，癫痛于峰顶。今宵酒醒何处？"（李亚伟：《酒之路》）看来这条路是必须得继续下去了，既然它和流浪的青春有着如此合拍的暧昧关系。

由于力必多的高速运转、被大量生产，失去了酒，莽汉们也就意味着失去了流浪的路途。力必多在酒的激发下，已经越来越依赖于酒精的力量。青春对酒上瘾了。那真是80年代的重大景观，那真是一个全民敞开肚皮喝酒的奇特年代。不管是物态意义上的酒，还是隐喻意义上的酒。由于此前的几十年里，中国人连喝酒都是定量供应，而供应量不仅对青春和酒鬼不够用，即使对一般的饮者、节日、喜庆和丧葬也难以满足。80年代之前的那几十年，由于酒精严重不足，所以青春替代性地热恋上了武斗、抓特务和上山下乡。80年代解除了对酒精的限制，与此同时也合乎逻辑地解除了对武斗、抓特务和上山下乡的热爱。力必多有了新的同谋，因此，酒精也把60、70年代的"红卫兵"变成了80年代的莽汉——这真是酒精的胜利。与此同时，时代也在酒精的帮助下取得了它自己的胜利。当然，这同样也称得上是时代的失败，因为它在除了酒精之外，并没有生产出另外对力必多有效的催化剂——想想启蒙广场上那些面带菜色的大脑们就明白了，而正是这些人被时代勉为其难地推到了前台，像那个倒霉的丹麦王子一样肩负起了扭转乾坤的责任！

就是在这个大背景下，莽汉们等同于酒和酒杯。酒就是莽汉自己。到了现在，到了流浪的"醉之路"途中，力必多和酒精的界限已经完全被抹去了。李亚伟的如下诗句，我们已经很难分清其中的"我"究竟是酒精呢还是他本人："请你把我称一称，看够不够份儿/请你把我从漏斗里灌进瓶子/请你把我温一下/好冷的天气/像是从前一个什么日子。"（李亚伟：《夜酌》）当然是那些忙于赶路、流浪、扑向酒馆的日子了。所谓"酒壮英雄胆"，莽汉们之所以要如此行事，其目的就是要在青春期还未消失的情况下，"走很远的路摸黑而又摸/很宽很远的黑呢。"（同上）此时此刻，青春、流浪、力必多、酒精、道路早已变作同一件东西，共同用于对付饥饿和充满疯癫的教育。

李亚伟曾经对我说，他在写《硬汉》的过程中，喝了两瓶酒，昏睡了两天；醒来修改《硬汉》时，又喝了一瓶，刚修改完，结果又醉在了诗稿边。的确，我们能从《硬汉》等诗作里闻到普遍的酒味。李亚伟和他的同志们一起，把酒精所包含的隐蔽含义全部直接移入了诗歌书写之中：当他边喝边醉边写时，由于酒精与力必多的结合产生的狂暴，会使他大喊大叫，这就是《硬汉》、《我是中国》、《野马与尘埃》、《困兽》；而当他醉醒之后，由于力必多疲乏了，这时他会低言低语，有气无力，这就是《夜酌》、《酒聊》、《酒眠》。从酒的内在含义以及它对力必多的作用这个角度，去观察前莽汉李亚伟的诗歌书写，为我们提供了理解莽汉主义诗歌的有效线索：莽汉主义诗歌明显可以分为两大类，一类是边喝边醉边大吼的作品，它把力必多的暴烈特性全部喷发出来了；另一类是酒醒之后的低音量作品，它构成了前一类作品的休息状态。它们相互作为对方的过渡；但在青春期的弹性限度内，休息却永远是为了指向喷发。诚如醉后醒来的李亚伟说的：

太阳一下子把我的眼皮揭开啊

这下见底儿了原来我好浅你这样的酒杯

比那些酒杯更容易见底其实

太阳也不深它难道不知

不外乎另找职业再不写诗就行了可

另找职业不外乎是又去酒馆

（李亚伟：《酒眠》）

8．打架

悖论出现在打架之中：因为饥饿才走上流浪途中的莽汉们，却有的是力气斗殴。打架是青春期与力必多的可能性修辞：当没有外力来约束青春时，当没有有效的外力来约束青春时，当没有让青春本身觉得有效的外力来约束青春时，无所事事的青春只有一件事可做：信仰自己和信任自己的力必多。而青春本身是没有方向感的，它左冲右突、闪转腾挪、具有疯癫性质的力量天然就需要一个突破口，谁让它的自我生产能力那么强呢。这就是打架在莽汉们那里的本体论意义。而有效的外力必须征得青春的同意。只可惜80年代以及80年代普遍而僵滞的教育，在青春期和力必多面前一文不值。青春通过自己的吞吐吸纳，把悖论转换成了合理：正因为力必多强劲有力，所以他们在具有如此特征的80年代感到了普遍的饥饿；正因为饥饿，所以要打架。打架是另一种意义上的流浪，另一种意义上的丧失方向感。G．毕希纳大声吼道：我觉得自己仿佛被可怕的历史宿命论压得粉碎！"个人只是泡沫，伟大纯属偶然，天才的统治是一出木偶戏，一场针对铁的法律的可笑的争斗，能认识它就到顶了，掌握它是不可能的……"德意志的短命天才、青春时期的毕希纳的这段话，可以一字不漏地用在一百多年后中国的莽汉们身上。

饥饿是普遍的，时代的饥饿和青春的饥饿是一致的；时代和人打架的场面由于始终被掩盖住了，所以我们长期以来忘记了它，但它又通过青春的打架斗殴被表达了出来。啊，那么多打架的人，我看见了古往今来那么多打架的人，他们一个个冲上前来，不分青红皂白，大打出手；当一群斗殴者老去后，另一群嘴上长有绒毛的家伙在流浪中又组成了打架的集团军。在《丑闻侦探》中，司各特·菲茨杰拉尔德（Scott F. Fitzgerald）说："有些代人同下一代人紧密相连，有些代人和下一代人之间的鸿沟广阔得难以跨越。"菲茨杰拉尔德肯定忘记了说，打架之于青春永远都不会有代与代的分别——尽管他们打架斗殴的理由很可能会各个不一。在80年代，饥饿和无所事事才是莽汉们斗殴的主要理由，因为80年代只为这伙人提供了酒以及酒之路。李亚伟记载了这样一件事：80年代一个夏天的晚上，在武汉，马松走进一家酒馆点菜、要酒，吃饱喝足后却告诉老板他没钱该怎么办，老板"好说"之后挥手便上来两三个男人，将马松一阵好弄，又出了酒馆。"马松额头顶着一个青包找到我要了5块钱要回去结账，一手拿着钱一手提了块砖头，就在老板伸手接钱的时候马松一砖头把他闷了下去。"短腿马松用实际行动，证明了饥饿、流浪和打架与80年代的内在联系。

尽管李亚伟把这个小情节放在了他回忆性文章的结尾，但打架却不表明是莽汉行动的结束，而是一个伴随着整个青春的动作，具有先天的倒叙特征。除了极少数的时代，绝大部分的岁月对于青春的最大功能就是促成饥饿。80年代在一些人（比如"脑袋"的肉体版本）那里，显得异常紧张、坚硬、时日无多与只争朝夕，而在另一些人那里，由于饥饿、流浪的普遍存在，倒反而显得无所事事。在莽汉们那里，它甚至直接等同于饥饿。因此，莽汉们根本看不起无所事事的生活，也看不起那些对这种生活很满意的人："我揍小子的眉心/我不想看他那副生活/还过得去的样子。"（李亚伟：《打架歌》）在这个意义上，打架成了力必多必须消耗的粮食，能将他们击碎在人间的粮食。李亚伟一语道破了这中间的"理由"：

只要你看我的眼
我就会正面看你个够
从出生到现在我都闲着没事干
（李亚伟：《我活着的时候》）

很显然，荒唐的教育和接受这种荒唐的教育不可能成为莽汉们生活中实际发生的事件：它只有虚拟的影子，也无法充当可口的食物；而诗歌也由此不过是打架的副产品，如同它是喝酒、饥饿的产物一样。这当然是青春系列故事中的又一个故事。李亚伟理解得很正确，莽汉主义首先不是诗歌，而是在一个饥荒的时代、在一个值得我们在回忆中忆苦思甜的时代中的巨大行动。青春在否弃了失血的、荒唐的、板滞的教育，否弃了时代故作的庄严嘴脸后，打架成了十分正常、正经的一桩事业，它甚至可以填饱"肚皮"。李亚伟在诗中写道："我擦掉脸上的血/我不知道国家和/国家打起架来带不带劲儿/反正打完之后/我还是挺和气挺和气。"（李亚伟：《打架歌》）因为左冲右突的力必多终于在食物的沙漠上，找到了可以填饱肚皮的食物。在这里，青春拥有一张有趣的嘴巴：力必多需要被吐出，青春的肠胃才会被填满。这就是力必多所拥有的特殊逻辑，通过这个隐蔽的逻辑，我们看到了在莽汉们那里具有本体论性质的打架行为，以及它与莽汉主义诗歌之间的水乳关系。

9. 忧伤

1985年前后，李亚伟写了一首回忆他十八岁生日的诗歌：他在那天喝酒、打架、进局子、找女朋友，一句话，青春期该有的东西、该具备的特征在那天都有了。很有意思的是，在那首并不十分重要的诗歌的结尾，李亚伟写道：

我那时没钱
这辈子也不会有几文
我算过爷爷和父亲的开支
我这辈子大概有五角吧
生日那天我花掉了一角八
（李亚伟：《十八岁》）

"钱"当然不只是金钱的意思，更多是指生命的"本钱"。精神分析的红衣主教、"江湖骗子"弗洛伊德认为，支配人类全部行为的潜意识就是"本我"；本我是黑暗的，它的集结就是性欲，是神秘而不断涌现的黑暗之流。弗洛伊德把黑暗的本我分为"快乐原则"和"死本能"的对立，然后再穷追猛打，颇富想象力地将死本能社会化为攻击性和破坏性原则。其实，青春也有它自己的死本能；这正是意气风发之年就自杀身亡的马雅可夫斯基在临终前所说过的："然而我／克制自己／把我的脚后跟／踩在我自己的／歌喉上。"我们也完全可以在此基础上说，死本能社会化后的破坏性和攻击性原则，同样是青春的基本特征：为了保持青春，所以要破坏，为了葆有容颜，所以要进攻。李亚伟用"钱"这个奇特的、复合型的说法，给了"死本能"和攻击性本能一种特殊的转换，也在暗中通过自己诗歌中的低哑声音，给了它们另一个集结性的名字：忧伤。是的，这是忧伤的申诉。

李亚伟依靠他的本能和天生的敏感，无意之中暗示出了一条定律：忧伤是青春的真正底色之一，忧伤正是在失去了方向感的流浪、打架、酗酒的过程中产生的复合型情绪；也是得之于青春本身的忧伤，暗中怂恿了流浪、打架和酗酒的青春期修辞学——在这里，李亚伟和他的十八岁一道遇上了类似于阐释学循环的困境。青春期独有的阐释学循环是青春期的无奈性嘴脸，也是青春期内部自我扭结的产物，它表明了青春自我矛盾的内在质地。而忧伤，无论是在李亚伟和他的莽汉同志们那里，还是在他的青春那里，都是一个总结性的符号。很有趣的是，李亚伟在大腿的快速跑动过程中，也写下了许多旧时的才子意象：美女、桃花、宝马、狂狷之士……这些都是他在流浪中走过暴乱的青春期的手边之物，是青春期的换气现象，也就是忧伤本身，并且因了这些意象的腐朽质地而更显忧伤。它们让人想起了西施、贵妃、武松的酒、青楼的箫声、柳永的放浪、荆轲的易水、侯嬴的热血、大刀王五、古代的狂士和风花雪月。但他们都消失了，永远不会再在20世纪80年代重现。这是一个拥有同样青春的后起之辈对前辈莽汉的哀悼，也是对青春本身的喑电，但它首先来自于青春本身：

美人和英雄就这样在乱世相见
一夜工夫通过涓涓细语从战场撤退到知识界的小子
我生逢这样的年代，却分不清敌我

把好与歹混淆之后

便背着酒囊与饭袋扬长而去

（李亚伟：《血路》）

这实际上已经意味着，忧伤早已成了"扬长而去"的流浪青春的暗中质地。忧伤也在大腿的迈动中，变作了一组组照片，是固定下来的流浪动作，但它早已稀释在流浪之中。我们于此之中，完全可以把李亚伟看作一个"传统主义者"，这倒不是因为他写了那么多腐朽的才子佳人意象，而是他对这一切都进行了莽汉式的改写：他把苏东坡、司马迁等人都改写了，那些莫须有的事件，按照莽汉主义对忧伤的理解所杜撰出的事件，那些从来不曾真实存在于这些人身上的东西，都被李亚伟给栽赃在他们头上了（参阅李亚伟：《司马迁轶事》、《苏东坡和他的朋友们》等诗作）。这是对历史的有意虚构，却正好是诗歌的实质之一。

但忧伤不是一件永恒的事业，它和青春期一样短暂。李亚伟深刻地发现了这一特质。在非常优秀的组诗《岛·陆地·天》里，李亚伟的诗句变得短促、破碎；语言因了忧伤而变得相当透明，像一条吐完了丝的老蚕。这组诗提前宣告了一个青春事件：忧伤进化了，忧伤快要过完了。这组诗也由此变成了对青春即将逝去的悼词，如同回光返照的将死的病夫一样，这组诗是李亚伟所有诗歌中把忧伤推向极致的诗作。

值得注意的是，忧伤也是80年代的广泛征候之一。一代人因为方向感的丧失更加深了时代本身的迷途感。应该说，方向感的丧失，既给时代提供了狂欢化嘴脸，也为莽汉主义者的生活提供了条件，但莽汉主义者的忧伤远不止是他们个人的忧伤，也不仅仅是大腿们的忧伤，它表征了整个80年代。从诗歌写作的维度说，正是忧伤为莽汉主义提供了暗中鼓励他们如此行动、如此写作的地下美学、在野美学。在李亚伟的所有诗歌中，其实都有两条暗线：一条是大喊大叫的所谓破坏性原则（倒不如说发泄性原则更合实际），一条是相对暗哑的忧伤音调。这两条线索的交织，它们在诗歌写作中不同比例的搭配，甚至有时妙到毫颠的平衡性搭配，是李亚伟诗歌远远高出其他莽汉主义者的关键要领。《岛·陆地·天》正是这方面的杰作。

它既是对将逝未逝的青春的忧伤式哀悼，又有强烈不服气的音色在内。《陆地》中反复出现的"怎么啦"，就是这种不服气的典型音色，有如一个小儿哭鼻子歪着头大喊"怎么啦"一样。急促的长句（其实它是由不加标点也就是不换气的若干短句和合而成的）与相对平静、忧伤的短句，结合在一起，共同把忧伤推到了高峰，也把80年代的忧伤气质给甩了出来。

10. 语言

莽汉主义诗歌的语言是一种青春期的语言，它的发动机永远在青春那里。迄今为止，李亚伟最优秀的诗作——同时我也得说，正是这些优秀诗歌构成了整个80年代中国诗歌的实绩之一——《岛·陆地·天》、《野马与尘埃》、《红色岁月》，仍然是对青春期与力必多的直接摹写。这些诗歌一方面才华横溢，另一方面也构成了对才华的浪费与挥霍。它们在快速的语言转换中，用杂乱无章的笔法、句式，对应了80年代丧失方向感的杂乱事实以及杂乱的青春行为。

诚如李亚伟所说，莽汉主义者是从"天上掉下来的语言打手"（李亚伟：《萨克斯》），这些打手们继承了汉语中隐含的暴力和狂欢特质；他们的高音量既得自于青春，又得之于汉语中肉感的高音量与暴力的部分。两者终于在80年代胜利会师了。诚如我们所知，汉语实际上是一种独白式的语言，它最典型的语气就是祈使性的命令语气。塔德（Tede）说："在语言被用于会话以前，它早已是酋长发布命令的中介，或者是醒世诗人用字遣句的中介。总之，语言首先是，也必然是独白，下一步才形成对话。"这仿佛就是针对汉语的特性所发的感慨。莽汉主义诗人从这里边吸取了无尽的养分。

海德格尔错误地认为语言的本质就是"语言说"，实际上，语言的本质更在于"语言流浪"、"语言怀孕"——这是莽汉主义诗人对语言本质的一大发现，他们深入语言中真正的诗性部分，远远胜过了抓住鸡毛当令箭、扛起常识当深奥真理的海德格尔。正是在流浪中构成了语言的狂欢化和青春质地，也正是语言具有怀孕的本质性特征，它才孕育了在青春的射精作用下产生出的莽汉主义诗歌。

　　有趣的是，正是仰仗着这种独具莽汉特质的语言本质性定义，李亚伟在他的晚近诗歌中愈来愈生成了一种二元对立的面貌：甚至连自我也一分为二了（参阅李亚伟：《野马与尘埃·自我》）。这就是李亚伟反复说到的："从出门到回家……两个方向，一种混法。"（李亚伟：《岛》）这种对语言的有意分裂，不仅反映了青春期的暴力、分裂倾向，实际上也对应了语言的怀孕本质。对语言的本质进行一分为二的处理，在李亚伟那里关系重大：一方面它们自身彼此交媾，在流浪的途中分别射精和怀孕以促成诗歌；另一方面，两值化处理也在它们的相互交接过程中快速嬗变，组成了李亚伟诗歌中的快速特性。《野马与尘埃》、《红色岁月》就是这方面的典范之作。而这也同样对应了大腿快速的迈动，对应了值得回忆、也适合回忆的80年代。

2000年4月，北京看丹桥。

第二辑　检讨鲁讯

夜晚的宣谕

1．夜晚，踹击……

上小学三年级时，我就在川北一个小山村一间破旧的、堆放着两口棺材的小小教室里，知道了两个关于鲁迅的故事（那也是我第一次知道鲁迅的名字）。一个是说鲁迅走夜路回家途经一座坟冈时，看见坟丛中有一团白色的物体在蠕动，但鲁迅仍毫不迟疑地迈步向前，朝那堆挡道的白色蠕动物狠踹了一脚。紧接着，便从坟堆的底部发出了"哇"的一声令人惊悸的尖叫。故事最后以揭开谜底的口吻告诉我们：原来只是个盗墓的。我那时分明有出了一口长气的感觉。尽管这个故事带有明显神化鲁迅的漏洞，但我宁愿相信它是真实的，因为从鲁迅的作品中不难发现与它的许多吻合之处。这个过于简单、有似童谣的传说（这当然是某些小鲁迅的又一杰作）想要说明的，不过是鲁迅不怕鬼，尤其是不怕夜间的鬼。在一篇表情相当复杂的文章里，鲁迅就直抒过胸臆：我是到底相信人死无鬼的（《且介亭杂文末编·死》）。在另一处，他还更加诚实地说他的作品里很有几分"鬼气"。

他之所以会那么喜欢一位叫作安特莱夫（L. Andreev）的作家，就是因为后者的作品中充满了阴森森的幽魂……可鲁迅大约忘记了说，他自己就是一个比所有鬼都可怕、都有力量的鬼，是他的时代之鬼，也是出没在时代夜间的鬼……在一个没有上帝和神的时代与国家中，鬼魂无疑是唯一有力量的生灵，不管是人间的鬼还是非人间的鬼。

更加有着神化色彩的第二个故事，说的正好是这么回事。一位小偷躲在鲁迅的窗下，想等他熄灯上床后去偷东西。这厮虽然很有耐心，可到底运气欠佳：直到天亮，鲁迅也没有休息的意思，反倒是小偷自己疲倦地睡在了窗外……这个小偷也许永远不会知道自己都干了些什么。他在无意间充当了一回偷窥者的角色：通过他的眼睛我们才得以明白，鲁迅在夜间的确是难以入眠的。说到底，并不是每一个人都会有这个小偷的好运和机会。夜间的鲁迅究竟在干什么呢？他那双良性"毒眼"睁得老大，他把自己的几乎所有时间都处理成了夜晚：鲁迅的文字莫不打上黑夜的颜色，这已是不争的事实了。他是一位迥异于常人的夜间之鬼，在稿纸上急行军的时候，形成了他自己所说的专和白天"捣鬼的夜气"（《准风月谈·夜颂》）。

鲁迅在黑暗中说，"哇"的一声，夜游的恶鸟飞过了（《野草·秋夜》）。很有意思的是，这个声音和第一个故事中盗墓者嘴里发出的尖叫有着十分相似的质地：这是另一种鬼的尖叫。鲁迅坐在自己的书桌前整夜不眠，想听到的就是这种声音：他想通过对夜的谛听，和另一种鬼类接上头。他说，我忽而听到夜半的笑声，吓吓的，似乎不愿意惊动睡着的人，然而四围的空气都应和着令人惊悚的笑声。直到这时候，鲁迅才猛然发现，现在已经是半夜了，根本不会还有别的什么人，所以，他才以恍然大悟的口气说："我即刻听出这声音就在我嘴里，我也即刻被这种笑声所驱逐，回进自己的房。"（《野草·秋夜》）有关这一点，那位倒霉的小偷是可以作证的。这是鬼类的笑声，是鬼类之间接头的口令、暗号和邮政编码。鬼与鬼之间的交往，就是通过令常人恐怖的笑声来达成的（参阅段成式：《酉阳杂俎》、纪晓岚：《阅微草堂笔记》的有关描叙）。但这是人间的夜游鬼和臆想中阴曹地府里的真鬼之间虚拟到近乎真实的交往。有意思的是，鲁迅的恍然大悟正好体现了他一贯不带笑意的幽默：他把一个自己早已洞明的事实，用几乎是刚刚才发现的神情来表达。这也是鬼类最常用的表情之一。

鲁迅的"毒眼"早已看穿了，他的几乎所有人间同类大半都是些披着人皮的饿鬼，是一些贪得无厌、无聊透顶的恶鬼，很会做一些粲然、勃然、恍然、浑然、俨然的好文章（《准风月谈·夜颂》），却比夜间的真鬼更令人讨厌，当然，也更加色厉内荏。和夜半发出笑声的真鬼相比，人间的鬼是最不可信也最没意思的鬼类。鲁迅和他们实在是没有什么好说的，更不可能和他们交朋友；回到夜半，回到夜半的鬼族当中，鲁迅终于有了一种自绝于白天、自绝于人间鬼类的残忍快感……

在许多人眼里，鲁迅是怀着近乎恶毒和绝望的快意走进夜晚的，也是怀着近乎热爱的心绪，将自己的生存时空和作品时空处理成黑夜的。这显然和胆小"鬼"卡夫卡很不一样。后者要么把自己的全部生存时空缩小成一张床（比如在《变形记》中），要么就把它理解成一个地洞（比如在《地洞》中）。卡夫卡对夜晚有着超过常人的恐怖感，他只有躺在床上或龟缩在地洞，才会觉得些许安全。1917年10月18日，卡夫卡怀着惊悸的心情在日记里写道："对夜的恐惧，对非夜的恐惧。"这和鲁迅说我屋后有两株树，一棵是枣树，还有一棵也是枣树决然不同，尽管它们在句法构成上有着相当的同一性（在此，我们肯定不能听从结构主义的意见）。卡夫卡只是想说，他对一切都感到恐惧，几乎没有例外的东西存在，鲁迅的意思是，他只有两棵树；前者是全，而后者近乎于一个选言判断；前者全部都想拒斥，后者则是选择性的——鲁迅必须选用（顶好是爱上）其中的一棵"树"。两害相较其轻：尽管黑夜和白天都令鲁迅讨厌，但黑夜显然比白天要稍稍可爱一微米；和夜间的鬼打交道也肯定要比和白天的人打交道安全得多。白天和黑夜一样混蛋，但两个混蛋的质地是不一样的；这中间的差价，正好构成了鲁迅选择自己夜晚惯常动作的主要理由，也是他觉得晚上比白天更好，宁愿所有的白天都是黑夜的主要理由。鲁迅要比卡夫卡勇敢得多。那位小偷可以在白天的法庭上为鲁迅作证。

实际上，鲁迅就是这样爱上自己的夜晚这棵病树的。对于人间的白天和在白天满地滚动的鬼魂，鲁迅的确是一棵病树①，正因为如此，他才刚好可以在夜间和鬼类接上头。鬼是让常人惊恐的，它会不失时机地向白天的人间施绊子。常人很害怕走夜路，因为他们怕鬼类从他们意想不到的地方向他们踹出一双大脚。正是参透了这一点，许多伟大的思想家才为我们发明了走夜路可以凭持的手电筒。我们把这种东西尊称为真理，并以此去对付可恶的鬼类。许许多多号称不怕鬼的人物，他们的种种教义恰恰曲曲折折透露了他们很怕鬼的心理动因。鲁迅明白这一点。他用踹击的姿势表达了对人间鬼类的蔑视和愤怒。踹击是鲁迅在夜半的惯常动作。他的踹是很有名的，也是相当有力的：他几乎是用非人间的夜晚的力量，提供了有关人间的白天混蛋质地的证明。在踹击那里，这道需要证明的方程式的解可以来得轻而易举：鲁迅的踹击就有这样的力量。尽管他曾经为踹了古久先生的陈年流水簿子一脚颇感后怕（《呐喊·狂人日记》），但很快就发现踹击的用处：在一个毫无意义，几乎所有别的动作都无法引来真正回声的世界，有兔子没兔子先放它两枪再说。踹击既有力，却也相当省力。他的大脚引来了铁屋子内外许多梦游者和非梦游者的惊恐，引来了各种真理的颤抖，也招来了许多人间的白天剧烈的咳嗽——因为鲁迅关闭了许多人赶夜路的手电筒。但鲁迅这棵病"树"却从中获得了无尽的快感，也把难以打发的夜晚给消费掉了。

鲁迅在踹击过程中，取消了自己的白天，也取消了人间的白天，当然也暂时放下了斜视和讨厌。在夜间他还有另外的事情要做，这另外的事情需要与之相适应的动作。鲁迅的踹击给所有的光天化日都抹上了夜色，但这是在给光天化日运送专属于它们的真实的白天的真实动作——这就是踹击的基本含义之一。鲁迅对他们说，朋友，时候近了。我将向黑暗里彷徨于无地。可你还在想着我的赠品，我又能奉献给你什么呢？仅仅只有黑暗、空虚和踹击而已。当然，这也只是我自己的想法：我愿意只有黑暗，或者能够尽快地消失于你们的白天，"我将独自远行，不但没有你，并且再没有别的影在黑暗里。只有我被黑夜沉没，那世界全属于我自己。"（《野草·影

---

① 在《秋夜》里，鲁迅反复提到有病的光秃秃的枣树，其实就非常隐蔽地暗示了这一点。许多学者对此也有同样的看法。另外，据说《野草·腊叶》也有同样的意思。

的告别》）但鲁迅并没有由此消失，他的踹击，使白天始终感到了他阴森森的存在。鲁迅就这样以自己的夜晚成了别人优质白天的敌人。他从暗夜中来，穿行在众多的白色走廊——这些走廊不断地连接着两个夜晚——把裹挟着捣鬼的夜气的大脚，踹向了无数自命的真理、信仰、正人君子、流言家、捣鬼者、资本家的乏走狗、革命和投枪……

2．黄昏，跋涉……

夜晚不是一个突然到来的事实，它有着自己发生学上的经历。作为白天和夜晚的桥梁，黄昏是这种经历中最值得注意和分析的时间片段，因为它是莱辛（Gotthold Ephraim Lessing）所谓富有"动作包孕性的时刻"。和夜晚一样，黄昏绝不仅仅是一个自然现象，更是一种精神征候。如果不是这样，我们就很难理解为什么我们的老祖宗一提到黄昏，总会有那么多的话要往外呕吐："暝色起愁"、"暮云凝愁"、"夕阳销魂"、"落日断肠"、"断肠落日千山暮"、"波渺夕阳迟，销魂不自持"、"断送一生憔悴，只消几个黄昏"……同样的情景也发生在鲁迅那里；不过，鲁迅在黄昏使用的动作和古人们在同样时刻使用的惯常姿势很不一样。在日落时分，中国古人们常常习惯于捶胸顿足、低头皱眉、长吁短叹或者马上掏出手巾来擦眼睛，转眼之间手巾一拧就有声了……当然，也有少数故作乐观姿态的妙人儿高喊"乐山"、"乐水"、"乐以忘忧"（朱熹：《水调歌头》），但也始终抹不去动作上的静止色彩。鲁迅给黄昏赋予了跋涉的姿势。很显然，这是一种冲动的姿势。

黄昏很早就来到了鲁迅身上；黄昏不仅仅是一个外部事实，更是一种心理事件。是时代、社会、消灭理想的生活以及它们诱发出的鲁迅的斜视和讨厌心境，共同培养了鲁迅的黄昏意识。但活下去的念头，必须要有事可做才能活下去的宿命召唤，使黄昏的鲁迅并没有仅仅停留在捶胸顿足之类的标准动作上（鲁迅当然也有这样的动作，只不过很隐蔽，这在《野草》里有过相当含混的暴露），因为那不大符合鲁迅生命质地的基本表情。鲁迅曾经以相当激烈的口吻劝青年人最好不要读中国书，因为中国的书籍让人静止、无声，而绝大多数的外国书，鲁迅说，除了印度人写的，一般都令人不由自主地联想起嗒嗒的脚步声。鲁迅的毒眼看到了这样一个事实：捶胸顿足、低头皱眉、长吁短叹、用香巾擦眼泪……仅仅只是一些静止的动作——是老不争气的中国人的心理使这个原本不可能存在的命题成立，而且几千年来一向如此。中国人常常会使一些看起来相悖的东西化作现实中的尤物。这真了不起。比如，鲁迅说，红肿的烂疮在中国向来就是艳如桃花的意思。

与捶胸顿足之类的标准动作截然相反的跋涉，就这样来到了鲁迅身上。但跋涉本身有无意义，它仅仅是消费时光还是在为着别的什么故作姿态，鲁迅并不知道，他笔下的过客更无从知晓。鲁迅和他的过客只明白，跋涉是一个真正的、担负了沉重命运底蕴的活人唯一正确的动作选择。这的确是一个至关重要的心理事件。尽管跋涉也是人在早晨、中午更应该选择的姿势，但它在黄昏却有着更加严重的含义。通常情况下，黄昏意味着回家，意味着休息的前奏，所谓"夕阳西下，断肠人在天涯"，所谓"日之夕矣，牛羊下来"，所谓"野老念牧童，倚杖叩柴扉"……但早已准备抛弃人间的白天甘愿来到鬼魂出没之夜晚的鲁迅，他选择跋涉，不过是为了尽快赶到夜晚，尽快和鬼族接上头，尽快赶制一些捣鬼的夜气，给另一些人在白天的各种更加无聊并且有害的跋涉制造一点儿麻烦……

老人对黄昏时分的过客说，前边是坟，你别再走了；孩子对过客说，前边是野百合、野蔷薇花，你走吧；过客对他们说，是的，前边是野百合、野蔷薇，但它们是坟，可我还要走。这个衣服破旧，不知道从何处走来，不知道将向何处去，也从不知道自己究竟是谁的过客对自己说，我没有办法，跋涉是我的命运，是我的"事业"——一种艰苦的、荒诞的事业。他褴褛的衣裳，显示了他是从人间的白天在暂时放弃斜视和讨厌的心境一路跋涉，才来到黄昏的荒郊的。他不是为了回家，更不知道是否还有家——家对他是一个陌生得过于怪诞的词汇。我们通常意义的家，在跋涉的过客那里不过是些关猪的地方（家，就是宝盖头下有"豕"），它有着不可思议的性质（《野草·过客》）。

鲁迅很少用明显伤感、自恋的语调说起自己，《过客》算得上一个例外。《过客》把鲁迅如何从白天走到夜晚的艰苦过程给淋漓尽致地表述出来了。黄昏是一个渡口，是这个渡口边唯一的渡船，也是这个渡船上摆渡的艄公。黄昏是鲁迅生命一个富有包孕性的时刻。耶稣说："手扶着犁头向后看的，不配进天堂。"（《新约·路加福音》9：72）鲁迅背着自己的满腔愤怒，甚至是恐怖的心绪，既未向后看（那是多么荒凉的地方），也没有像耶稣暗示的应该向上看（那里是如此的寒冷，如此的不可能！），他向前看了看，马上就看见了古旧的黑夜，鬼魂出没的夜晚。黑暗像潮水一样撞到了鲁迅的瞳仁上。马克斯·韦伯说，我们只看见了前方却忘记了上方，这真是不幸。鲁迅正是这样一个不幸的人。在《过客》的篇末，他用一句话就把这一切给捅了出来："过客向野地里跄跄踉踉地闯进去，夜色跟在他的后边。"他已经到达他的黑夜了。那不是白天的许多人想进入的天堂。而鲁迅的黑夜，却要比过客的晚上来得更早、更及时和更无可防备。

　　卡夫卡以仇恨的语调，曲折地表达了自己对夜晚的恐惧。他说，只有夜间成群的魔鬼才能构成我们白天的不幸。他们为什么不互相杀光，只剩下一个呢？或者他们为什么不隶属于一个伟大的魔鬼呢？这两者在魔鬼原则的意义上说，也许最为彻底地欺骗了我们。在此，卡夫卡有一大半是错误的。在鲁迅的时代，魔鬼不在夜间而是出没于白天。鲁迅就曾经讽刺过自称光明的胡适之。后者以"光明使者"的身份去查看国民党的监狱，他对外界说他从中看见了光明。鲁迅就此议论道："光明一去，黑暗又来了也。……光明只跟着光明走，监狱里的光明世界真是短暂得很！"（《伪自由书·光明所到……》）看看吧，白天的亮堂在怎样美化它的阴森森呢。这也很像钱锺书坦言的，魔鬼本人就在一个寒冷的冬夜对他说过，我是做灵魂生意的，可我现在的生意很清淡。因为现在有灵魂的东西实在是太少了——没有灵魂比魔鬼的灵魂还要坏，这就是钱先生见到的那位魔鬼的有趣结论（钱锺书《写在人生边上·魔鬼夜访钱锺书先生》）。

　　出于"城头变换大王旗"的原因，白天的魔鬼永远地失去了拥有一个共同首领的机会——卡夫卡就这样失算了。这也是革命内部的计算法则决定和促成的庞大事实，倒怪不得众多的魔鬼们，也怪不得可怜的卡夫卡。

他们注定只是些自得其乐的、斤斤计较的、各自为政的幽魂，却又并不自知，也无从自知。正是这些白天的魔鬼，造就了卡夫卡所说的不幸。但人间的魔鬼却有着充足的真理库存！他们互相叫嚣着杀向对方，鲜血曾染红了各种圣战的旗帜，至于语言的暴力更是小菜一碟。而留在夜间的鬼类，都是一群对人间的魔鬼满怀鄙夷的幽灵。这就是鲁迅为什么要穿过自己的白天长途跋涉赶往夜间，并拼力发出令人惊悸的笑声和自己的同类接头的原因。

黄昏（当然还有白天）就这样最终被夜晚所取代，跋涉（当然还有斜视和讨厌）也被端击所置换。跋涉是端击的准备、童年和过门。跋涉的全部目的，似乎仅仅是为了等来端击。应该说，鲁迅为了端击的到来耗费了无数的心力，也忍受了许多白眼、嘲讽、流言。当鲁迅终于找到自己一生中最重要的动作，并反复地、得心应手地使用它时，他不仅自绝于人间的白天，而且也分明有了一种强大的快感，这快感是他得以继续填充空白日月的动力源，也是他在夜间屡屡不眠的主要理由。我们明白了，把自己变作时代和时代夜间的鬼类，只是为了和人间的白天捣蛋，向人间的白天、"光明"和"光明使者"们唱花脸、吐口水。他随意端击着白天的一切。端击不是一种鲁莽的动作（鲁迅是深谙"壕堑战"、"韧的战斗"和横站的精髓的），但端击却带有相当大的随意性，这使它具有了非常顽皮的面孔。如果我们参不透端击带出来的如此意味（倒反而是徐志摩这样的人能明白端击的含义。徐在1926年2月3日的《晨报·副刊》里称此为"混斗"，虽说是贬义，但它确实道明了端击的真实意味），我们也就不会明白，鲁迅屡屡说及自己所做的一切只不过是"玩玩"的真正意味（参见《两地书》中的相关内容）。这就是黄昏、跋涉、鬼魂和夜晚最重要的含义。

端击是鲁迅在夜间的惯常动作，它有着别的动作不可比拟的力量。这中间的原因仅仅在于，鲁迅把黄昏时用于跋涉的力气，全部集中性地用到了他的端击姿势当中——这是一种改变了方向的、更加集中和凝聚的力。端击是跋涉的焦点。那个盗墓者可以为端击的力量作证；而那个躲在窗下的小偷，可以向我们表明，鲁迅在夜间是怎样端击的和端击了什么。

3．好的故事……

鲁迅关上房门，端起了大脚。这是一把满载着脚臭的锋刃，鲁迅将它称作"金不换"。它的特殊味道向我们表明，它的主人曾经历了怎样艰苦的、漫长的跋涉。它的主人称它是刺丛中的行走和求索。鲁迅首先向白天的鬼类踹去，这是一种鬼对另一种鬼的战争，而不是人与人之间的战斗：鲁迅把长有眼睛的脚锋首先奉献给了人间鬼类的排泄物，那些被鲁迅称作垃圾，而被他们自己美化为精神食粮的各种美妙说教。鲁迅向那些真理、"从来如此"、节烈观、倒掉的雷峰塔、暂时做稳了奴隶的时代、高喊费厄泼赖的妙人、中国人的脸、在大炮指挥下的文艺、铲共大观、泛起的沉渣、辱骂和恐吓、推背图、向观众暗中指点自己主人漏洞和预先知道倒霉即将到达自己主人身上的二丑、中国的野火、中国的大监狱……猛然踹去。鲁迅爱上了这些兔崽子们，因为它们的存在为他空闲的脚锋准备了实有的对象。

鲁迅说，你们白天的动作都是垃圾；对付垃圾，踹击是最管用的方法。为什么不呢？因为它们貌似强大地挡了你的道，用手就是过分抬高了它们；用沾有脚臭的锋刃，却刚好与之相匹配。威廉·拉日杰（William Rathje）表扬垃圾的话，正好符合踹击的动作所包含的精义：垃圾不是一个抽象的论调，而是具体的事实，所以在大多数时候可以作为有效的矫正标准。白天的鬼类一向留下了许多描述他们生活和他们精美真理的记载，但那些只不过是自我吹嘘的广告。我们可以理解历史学家必然会为这样的书面报告所吸引，但垃圾却像是茶余饭后的闲谈，反而更能明白忠实地记录事实。本着同样的看法，鲁迅对那些制造了垃圾的具体人物几乎毫无兴趣，他的大脚只踹向垃圾本身：他要先看看垃圾都讲了些什么。

在鲁迅大脚板的努力运作下，垃圾们被逼无奈纷纷吐出了真言，它们争相向鲁迅，但首先是向鲁迅的脚揭发了它们主人的真实心思。它们说，我只是在为一个做稳了奴隶的时代辩护，我只是想做个稳当的奴才（《坟·灯下漫笔》）；我尽管是一匹落水狗，但我一上岸肯定还要咬那些痛打过我的人（《坟·论"费厄泼赖"必须缓行》）；尽管我说了很多精美的话，其实，我也不知道是官话呢，匪话呢，民话呢还是衙役马弁话呢（《华盖集·学界的三魂》）？我想复古，的确是因为我曾经阔气；我想保存现状，那仅仅是因为我正在阔气；我要革命，不过是想将来阔气（《而已集·小杂感》）；我的文艺比你们的好，不说不知道，一说吓一跳，那是因为我的屁股后边有枪的支使和支撑（《二心集·黑暗中国的文艺界现状》）……鲁迅的踹击在改变了跋涉的方向后，在夜间终于集结起来，他要的就是这种经不起几下拷打就马上招供的情景。鲁迅说，我的84种残酷刑罚都还来不及使呢，这么快就招了么。

鲁迅从这之中体会到了无以言喻的快感。很多人以为鲁迅在踹击时是带着愤怒的心情，但他们没有搞明白，鲁迅的踹击更多的是可以让他有趣"玩玩"的恶意快感。马克思曾经说过，我们其实都误解了伏尔泰愤怒的笑声，面对他的敌人，老伏哪里是在愤怒，不过是调笑罢了。马克思指点我们说，你们难道没有看见过吗，老伏尔泰养了很多狗，他给每一条狗都取了一个敌人的名字，伏尔泰每天都要鞭打它们，也偶尔给它们吃食，因为他还不想在自己有生之年就让它们死掉从而搞得自己无事可做。马克思自己呢，也把所有来自敌人的攻击都当蛛网一样轻轻抹去了。这都是我们耳熟能详的事情。鲁迅的快感也有那样的性质。这一点从鲁迅不带笑意的幽默中，我等早就看出来了。

鲁迅之所以根本不屑于检视那些具体的鬼魂，更多是把自己的脚锋对准了鬼魂们制造出的普遍的垃圾，就是因为他参透了这一点。踹击是一种省力、省心和表示蔑视的最有效方法。那些自以为鲁迅在攻击他们的人（比如梁实秋、高长虹等），是抬高了自己。从这个意义上说，和拾垃圾的波德莱尔相反，鲁迅是一个踹垃圾者；波德莱尔想从垃圾中翻检出诗意，鲁迅却想从踹击的姿势中，拷问出正人君子及其真理的真面孔。马丁·麦乐西（Martin Melosi）在他的大著《城市的垃圾》（Garbage in the Cities）里开玩笑说，资产阶级的反讽之一，就是出人意料地促成了局部的社会主义。与此相似，那些白天的鬼魂们在做出美妙的动作并记录下这些动作的美妙含义时，完全忘记了正在为自己制造反讽：正是他们精美的排泄物（号称真理也好，号称主义教义也罢），为踹击提供了绝好的靶子。

白天的鬼魂也有可能通过飘逸的姿势（不是跋涉的姿势）潜渡到夜晚，他们试图把夜晚弄成自己的白天。鲁迅没有忘记这一点。他看见了那些偷越国境的家伙。他们也发出了令人惊悸的笑声，试图和自己的同伙接上头。鲁迅偶尔也会把他们的暗号误以为是向自己发出的（比如许许多多对鲁迅试图加以利用，后来又被鲁迅无情抛弃的团体和个人），钱玄同把这叫作鲁迅的"轻信"。当鲁迅明白了这些无一例外都是骗局后，也诚如钱玄同所说，他马上向他们伸出了大脚：鲁迅的踹击姿势由此也往往被误解为翻脸不认人、是做绍兴师爷状和广泛的怀疑癖好……钱玄同就曾以"多疑"见赠鲁迅，他说，"鲁迅往往听了人家几句不经意的话，以为是有恶意的，甚而至于以为是要陷害他的，于是动了不必要的感情。"（钱玄同：《我对周豫才君之追忆与略评》）这正反两个方面情形，都可以从乱喊的暗号和踹击对它的反应上得到理解。那些自称鲁迅同党、同伙、同盟、同志的白天的鬼类，很快就从鲁迅身边消失了。他们经不起鲁迅的踹击。而在此之中，鲁迅的踹击是否有误伤的嫌疑，这里暂且不要理会。

鲁迅说，我在朦胧中，看见了一个好的故事，这故事很美丽，幽雅，有趣。许多美的人和美的事，错综起来像一片云锦，而且万颗奔星似的飞动着，同时又展开去，以至于无穷。正当我要凝视他们，我自己却先于凝视而醒了过来（《野草·好的故事》）。这是一个只有夜晚的人的真相：他无法相信色彩斑斓的、哪怕是虚拟的白天。尽管偶尔到来的有关美好的人与事也曾让鲁迅有过短暂的惊讶；但经历过漫长跋涉的人，再也不会相信这一切：好的故事是鲁迅为自己制造的反讽之一，也是他在沉重的夜间为自己的幽默制造的可以"幽"它一"默"的材料。它曾经是好的，它也许是好的，它差不多是好的，但它终究是不存在的，顶多像一个传说。所以鲁迅才会这样讲："我爱夜，在夜间做《夜颂》。"（《准风月谈·夜颂》）因为更真实的夜是白天的"人鬼"造成的，鲁迅的夜只是向他们"捣鬼"，和他们随便"玩玩"——没有夜，没有铁屋子里的广泛黑暗，踹击就会完全失去用场。而我们早就听说过，从相当早的时候起，鲁迅就只记住了踹击的动作要领，甚至把跋涉都忘记了。

踹击并非只针对白天或白天的恶鬼造成的真实的黑暗，它也针对它的主人。这是一个彻底怀疑论者的典型姿势：他的脚锋最终也是指向自己的。鲁迅早就说过，我解剖别人比解剖我自己要少得多。没有理由怀疑鲁迅的表白：因为他并不完全相信自我，并不绝对信任踹击本身，他甚至无法说明踹击的意义、用途和最终目的究竟是什么。鲁迅有着强烈的自虐倾向，造成这种倾向的原因无疑会有很多很多，但自我踹击肯定是理解它的有效线索之一。这就是踹击所能拥有的最终含义。

"抉心自食，欲知本味，创痛酷烈，本味又何由知？"（《野草·墓碣文》）在黑魆魆的夜晚，在否弃了有关夜间"好的故事"之后，鲁迅就这样自我反诘着。这是一个没有答案的设问；正因为不可能有答案，它才显示了设问的深度。这是自我怀疑的深度，它是一部现代中国史上最惊心动魄的一问。大怀疑主义者笛卡尔怀疑一切之后，导出"我思"的真实存在，然后惊慌失措的，当然也是满怀侥幸的心情到底从"我思"中推出了上帝的存在。米兰·昆德拉曾经用皮笑肉不笑的语气说，看啦，黑格尔把"他真勇敢"的赞叹都献给了他！笛卡尔勇敢吗？当然。但鲁迅比他还勇敢，不过，也更绝望：从很早起，他都在试图通过艰苦的踹击，找到一个不可能有答案的问题的解答。这正是踹击的悲剧性之所在：当踹击找不到敌人时，或没有人堪称它的敌人时，踹击就只好把自己当作最后一个敌人；如果自己都成为自己最忠实的敌人，虚无性也就从中生成了，失败感也就从中出现了。

鲁迅的踹击最终发现，一切东西都是不可靠的，甚至是根本不值得踹击的。就这样，踹击到最后只剩下为踹击而踹击。鲁迅曾说，只有虚无、虚妄才是实有。而向虚无、虚妄挑战的，唯有踹击。在这里，战斗对象和战斗工具是同一个东西。它不是马克思所谓批判的武器或武器的批判一类有区别的什物。鲁迅的真正愤怒，实际上也不是针对他曾经踹击的那些垃圾和白天的鬼类，因为他们毕竟还是实存的，他们不会让踹击放空，他们还能使鲁迅产生一种有对象的感觉，会让他感到有事可做并且大有趣味；鲁迅的真正愤怒是针对踹击自身的，因为那是广大的虚空，它不会产生反弹力。伟大的诗人昌耀对此有过绝好的描写：

我不理解遗忘。

也不习惯麻木。

我不时展示状如兰花的五指

朝向空阔弹去——

触痛了的是回声。

（昌耀：《慈航》）

也仅仅是回声罢了，它只是一种虚拟的后坐力。而随着踹击的单向用力，鲁迅把自己放倒了。出于这样的原因，鲁迅的倒下始终是前赴的而不是后仰的。长期以来，我们把鲁迅前赴的方向当作了前进的方向，这真是滑稽。而鲁迅的愤怒绝不是一种单一性的情绪，它具备着综合性的质地，这中间包含着愤怒、悲哀、叹息、欲哭无泪的辛酸和说不清道不明的惆怅……以至于使鲁迅都有些怒发冲冠了——我们从众多的木刻、版画和各种肖像画上看到的鲁迅，无一例外都是这副模样。这完全称不上是一个好的故事，那位躲在窗下的小偷实际上早就看见了。

4．啊，夜晚，夜晚……

"我的作品，太黑暗了，因为我常常觉得唯有黑暗与虚无才是实有。"鲁迅对许广平悄悄地说，他分明已有了怕人听见、怕人偷窥其真相的慌张神情，他接着说，我"偏要向这些做绝望的抗战，所以很多着偏激的声音"。（《两地书》四）正是如此，他的踹击也有了相当激烈和快速的性质，而且越到后来越无以复加。这是洞明一切、看清真相之后的踹击和它发出的"绝望的抗战"之音。

鲁迅自从由黄昏一闪进入黑夜后，再也没有出来的打算：他宁愿在一个暗无天日的战场上，与一个没有敌人的对手交战（即无物之阵）。战斗也由此明显具有虚拟的面孔。但鲁迅的黑夜却是千真万确的；除了短暂的日出，鲁迅的作品空间没有给我们留下过真资格的白天：白天是反向介入他的夜晚的。

临死之前，鲁迅坚定地发愿说，对于他的"敌人"，那些垃圾的制造者们，他一个都不宽恕（《且介亭杂文末编·死》）。在通常情况下，这样的话只能是唯一真理的拥有者——比如上帝——才能说出。我们早就听说过，上帝宽恕了所有人。但我们又千万不要把"一个也不宽恕"仅仅理解为鲁迅的偏执。这是踹击本身的偏执：因为这个动作最后带出来的是虚无，是叫喊在空无一人的旷野。周作人对此曾经有过非常到位的看法，他说，鲁迅的思想最终转到虚无性上去了。他对一切事情，仿佛都很悲观，我们看见他的《阿Q正传》，里边对于各种人物的描写，固然是深刻极了，可是对于中国人的前途，却看得一点儿希望都没有（1936年10月20日《大晚报》）。出于这样的原因，踹击最后只剩下它的惯性，孤零零的惯性：停止踹击已经成为不可能，它已经无法使自己停下来。宽恕不仅意味着停止踹击，还意味着要否定以前的踹击。踹击不会同意对自己的背叛，它宁愿赞同踹向自己的主人，也绝不允许鲁迅同意背叛行为的发生。这是鲁迅真实的大悲哀，也是他深刻体验到的大失败。

在万般无奈的情况下，鲁迅偶尔也会记起他在白天的斜视和黄昏时的跋涉，他尤其是对跋涉有了相当多的怀念，难道鲁迅在后期的踹击中，当真不包含对跋涉的一丁点悼念吗？但他已经非常清楚，自从将跋涉置换为踹击，自从他由黄昏过渡到黑夜和来到鬼族之中，跋涉早已经是一种被广泛遗忘的动作。那是一个不可逆的过程。鲁迅曾对洋鬼子说，我还想站起来，我还想走下去（《集外集拾遗·英译本〈短篇小说选集〉自序》）。这成了鲁迅永远的遗憾：他的身体使他既没有力气用于跋涉，也忘记了跋涉的动作要领。鲁迅的全部悲哀，其实都不可避免地包含在他的踹击之中，更包含在踹击的最后含义——踹击的虚无性——上。

上帝说，要有光，于是有了光。这是圣经的口吻，也是上帝本人的口吻。除此之外，没有任何人有资格、权力和能力这样说话。退一万步说，也没有任何人有资格对任何别的人说：一个也不宽恕。这是踹击的虚无性最沉痛的表达。听到这个话时，我们往往会以为它代表了鲁迅毫不妥协的倔犟脾气；但我们令人遗憾地抹去了、忽略了这中间的所有辛酸：它是被逼成为的，它不是我们每一个人的愿望，也绝不会是鲁迅本人一开始就抱有的愿望。我们听说过，耶稣的所有门徒都提议用石头砸死那个肮脏的卖淫妇女，耶稣说，你们中间没有罪的人就去砸吧。所有门徒都知趣地退了回来。鲁迅的一个也不宽恕，在用上帝口吻说话时也表达了上帝的意思："一个也不宽恕"必须要和鲁迅说的"我解剖自己比解剖别的人更多"联系在一起才能更加明了。它也是踹击对准自己主人的软肋的严重后果之一。"一个也不宽恕"的对象命中注定包括了踹击的主人。

夜晚给鲁迅提供了这样的机会；这样的契机也为夜晚的出现创造了必要的前提。究竟是踹击制造了夜晚还是夜晚生出了踹击，这个到底是鸡生蛋还是蛋生鸡式的问题，其实是毫无意义的。正是这种联为一体、难辨因果的事实（即鲁迅式阐释学循环），造成了鲁迅普遍的夜晚，也造就了鲁迅的鬼魂性质。他穿行在众多的鬼类之间，既指点着他们的丑陋面孔，也把自己的身份给悬置起来了；他在踹击"鬼人"时（比如在我小时候就听到的有关鲁迅的第一个故事所说的那样），也把自己弄成了不祥的猫头鹰：他报告着死亡的来临，预示着彻底的虚无主义的到来，既把自己不受白天欢迎的面貌捎带了出来，也把自己即将失败的身份给提前预告了。黑夜不仅来自于鲁迅的心灵，也来自他的踹击；夜晚不仅造成了鲁迅写作空间的黑色质地，也把所有的白天取消了。是的，没有白天，没有星光，有的只是虚无。这就是鲁迅独特的夜晚乌托邦：它是对所有在夜晚制造出来的乌托邦的反讽，它促成了各种型号的乌托邦的最后破产，它们是挂在鲁迅夜晚乌托邦嘴角的冷笑。

保罗·艾吕雅（Paul Eluard）说，我怎么会热爱痛苦，我比谁都更加热爱幸福。这位渴望白天的伟大诗人还说：正因为这样，我才在写作中制造黑暗。而在夜晚中穿行得太过长久，又不堪忍受的茨威格（Stefan Zweig）在自杀前对他的朋友们喊道："愿你们穿过黑暗能见到光明！可我这个格外性急的人现在就要走了……"谁也不愿意碰上虚无，谁也不愿意遇到夜晚，谁也不想永远生活在夜间。如果命运只给了你晚上，却没收了你的全部白天，你就是想生活在光明之中，这种自欺欺人的可能性又在哪里？至于生活在夜晚是不是一定会内心充满黑暗，也就是说，夜晚是否和内心的黑暗之产生有着必然联系，对这个看似简单的问题我们是给不出答案的。

1999年10月，北京看丹桥。

鲁迅的语调

1．鲁迅式破折号……

破折号是鲁迅的文字中最常用到的标点符号之一——句号、逗号就不用说了，因为它们只能算标点符号大后宫里的"答应"和"常在"，表征的只是文字中的停顿和换气。我们可以随手挑一段鲁迅早年的文字，就可以看出破折号在他那里出现的频率之高达到了何种程度："……人民与牛马同流，——此就中国而言，夷人别有分类法云，——治之之道，自然应该禁止集合：这方法是对的。……猴子不会说话，猴界向无风潮，——可是猴界中也没有官，但这又做别论，——确应该虚心取法，返璞归真，则口且不开，文章自灭。"（《坟·春末闲谈》）

钟鸣在描述诗人狄金森（Emily Dickson）的精彩短文里说过，再也没有其他标点能像破折号那样生动地表示出文字自相矛盾的离合状态："它们一旦跃然纸上，便互相靠拢、接纳、出击、限制，或者挤掉对方——动词挤掉轻浮的形容词，而名词却排挞薄弱的副词和介词——它们彼此迅速做出反应，进行各种叛变。"（钟鸣:《徒步者随录》）从上引鲁迅的文字中可以看出同样的特色：夹在两个横杠（"——"）之间的内容，也同样夹杂着鲁迅对前后文字所做的补充、提示、解释和修正，当然也有调侃和互否的含混性质在内。两个横杠间的文字和它的前后文字之间，在鲁迅的特殊语势那里，有意识地构成了一种纠缠不清、扭作一团的含混面貌。这当然不仅仅是写作中的换气（句号和逗号可以看作是为了纯粹的换气），更是一种特殊语调在物质上的有形象征，具有鲁迅在语调上的综合性质。

当在深闺中几乎寂寞地度过了一生的诗人狄金森居然写出了"离家多年的我"（I Years had been from Home）这样的诗句，当她的出版人面对她的众多遗稿，清点之后说出"她在寂寞中写下了1775首向右上角飞扬的诗句"时，究竟意味着什么呢？我碰巧见过狄金森的诗作手稿的几张影印件，那位出版人的确独具慧眼，狄金森的诗句确实在向右上角飞扬，仿佛有一股从正左边依次刮向右上角的清风在吹拂着她的诗句。这是狄金森对自己寂寞的深闺生活的轻微责备。她真正的梦想是走出闺房，成为一个"离家多年的我"。这中间包含着有关无望、无助的痛苦，被具有母性的狄金森用无数个破折号给消除了——正如钟鸣所说。多年以后，布罗茨基（Joseph Brodsky）也对此赞不绝口，他说，破折号不仅被诗人用来说明心理现象、心绪的雷同，"而且还旨在跳过不言自明的一切"（布罗茨基:《文明的孩子》）。尽管布罗茨基赞扬的是他的同胞茨维塔耶娃——一位同样喜欢在爆破语势中使用破折号的伟大女诗人，可是，这些话用在狄金森身上，又有什么不对呢。

……就这样，破折号至少具有了两种完全不同的性质和用途：鲁迅式的和狄金森式的（或茨维塔耶娃式的）。狄金森式的破折号显然意味着：我的痛苦不必全部说出来，我的寂寞具有坚定的质地，我即使把它们全部省略，我也能找到进入寂寞和痛苦的秘密通道——破折号的确构成了我们这些后来者进占、窥探诗人狄金森心房的地下暗道。正是笔直的、高度俭省情绪内容的破折号，促成了狄金森向右上方飞扬的诗句。狄金森式破折号是一支皇帝才能使用的御笔，会随时像秋决一样划掉过多的文字：它是打在文字上面的、旨在擦去文字本身的红线。在狄金森那里，我们听见的是文字罪犯人头落地的声音。鲁迅式破折号却意味着：他虽然身体残破，却有着太多的话要说，他的任务太艰巨，他一直试图在个人的有趣人生和社会现实的无聊之间努力寻找一个契合点、平衡点。出于这个平衡点具有过多不可解释的、难以捉摸的、不确定的阿基米德点的含混性质，鲁迅式破折号的用途绝对不是为了删除，而是为了增添和续弦。鲁迅式破折号是一个巨大的扁担，它的两头挂满了过于沉重的箩筐：一边是时代和社会的黑暗以及黑暗对他的高度挤压，另一边则是内心的极度躁动、心绪上的高度激愤。因此，破折号在鲁迅那里有着分裂的危险神色。鲁迅式破折号也为我们理解鲁迅提供了一条隐蔽线索。

鲁迅式破折号首先导致了鲁迅语调上两个相互关联的特性：犹豫和结巴。早中期的鲁迅（亦即鲁迅研究界所谓1927年以前的鲁迅）对自己说出的话有一种拿捏不定的面孔（犹豫）。就是这种游离、飘忽的特性，导致了他言说时的结巴——在众多小鲁迅那里，结巴被处理为有意的晦涩和欲说还休。鲁迅坦白道："我没有什么话要说，也没有什么文章要做，但有一种自害的脾气，是有时不免呐喊几声，想给人们去添点儿热闹。"（《华盖集续编·阿Q正传的成因》）在这个很可能真实的坦白中，包含着的不正有犹豫的意思么？

写作（也包括言说和讲话）只是鲁迅一个十分明显和巨大的假动作，他的目的是想有趣地填充自己的空白人生。在此前提下（或与此同时）也希望对自己的时代有所贡献、有所意义。但是，现实在他眼里的无聊、荒诞和无耻，使得有趣人生的填空运动始终无法圆满完成。这个诚实、认真的人，这个鲁迅，始终无法在有趣填充人生和无聊现实之间寻找到真正的平衡，这使得他终于只能集懒得说（写）、不得不说、只好说以及说了也白说的无奈脸孔于一身。犹豫和结巴正是上述一切带出来的后果之一。从这里，我们看出了鲁迅式破折号在其中的作用：夹在两个横杠之间的内容不仅构成了对前后文字的解释和补充，更有修正、否定和有意调侃的意味（即鲁迅式不带笑意的幽默）。这就是卡夫卡式的特殊悖谬法（paradox）在鲁迅那里改头换面的妙用：破折号使鲁迅在写作的早中期忙于说出自己的话，又忙于否定自己的话，并且在说出的和否定说出的之间颠沛流离

（《坟·后记》）。犹豫和结巴在动作上的如此特性，使鲁迅的语调充满了怀疑：不仅怀疑无聊的社会和时代，也怀疑自己的"说"。

布罗茨基指着同样喜欢破折号的茨维塔耶娃的背影，对酷爱形容和特别喜欢用言语织体编织传说的俄罗斯说：看啦，正是她和她的破折号，删除了20世纪俄国文学中许多浮肿的东西（布罗茨基：《文明的孩子》）。这种浮肿的东西也就是有人说过的：如果只把俄国文学看作屠格涅夫和托尔斯泰的文学，俄国文学的形象无非就是充斥着从疯人院逃走的疯子形象，或者，还没有来得及被送进疯人院的精神病患者的形象。这些形象实际上就是言过其实的、在事境面前防卫过当的怀疑者的形象。鲁迅式破折号恰好没有它在茨维塔耶娃那里的功能。通过破折号带来的语调上的犹豫和结巴，鲁迅为中国文学补充了很多东西；他补充的东西恰恰是中国文学（还有文化）一贯缺少的——这就是屠格涅夫、陀思妥耶夫斯基疯子式的怀疑。鲁迅的狂人就是这方面的典型例证。在《狂人日记》里，我们从狂人时而滔滔不绝，时而结结巴巴的语势中，正好看见了那个巨大的破折号。怀疑意味着批判和抨击。可以想见，对一个在生理上口齿很流利的人来说，文字上的犹豫和结巴只能象征着他不能毫不犹豫地说出，即便他的怀疑也是谨小慎微和胆战心惊的（那位怀疑主义者狂人后来不就赴"某地候补"了吗）。孔子说过，我们要临事而惧。中国的传统文化带来的后果之一就是起哄的公众和盲目的轻信，怀疑主义似的、结结巴巴地、犹豫不决地陈述经义是要遭到谴责的（陈述经义需要慷慨激昂和坚定不移的音势）。正是从这个意义上，鲁迅式破折号绝不仅仅是使用的技巧，也不仅仅是写作中的换气，它分明具有某种本体论的含义。这也是鲁迅那么喜欢使用破折号并给它赋予那么多重大任务的根本原因。

狄金森式破折号的省略与删除有一个重大理由：她的写作仅仅是为了填充自己寂寞的、空白的人生，写作能让她觉得有趣并从中获得快感。她的写作只是为了让自己"看"。狄金森生前几乎从未主动发表过诗作，正好和她的破折号有着内在的高度一致性。鲁迅式破折号意味着增添——不管是肯定性的增添还是否定式的增添，都绝不是为了省略。这也有源于他自身的重大理由：鲁迅的写作，除了有趣填充自己的空白人生和解决自己的无聊，也有改变中国现实的动机在内（即主动向时代的意义投诚）。这自然意味着，鲁迅的写作不仅要对他本人有效，也希望对社会和时代有效；不仅要给自己"看"，也希望让社会"看"。就是这个原因，使得省略一开始就不是鲁迅式破折号的天然属性。

由于鲁迅多次貌似坚定地反对为文学而文学，使诗人钟鸣所谓的"方脑袋理论家"们往往忘记了鲁迅还存在着利己的一面，从而夸大了利他的一面。尽管鲁迅从填充空白人生和改造社会（即鲁迅式革命）之中，最终获得的是严重的无聊感、失败感和虚无感，但他的写作和写作透露出的特殊语调，依然和他独特的破折号有着高度的内在一致性。

2．中国语调……

诺斯洛普·弗莱（Northrop Fry）说过，智慧是长者的方式。这用在孔子和老子两位贤哲身上真是再贴切不过。这两位人物的智慧奠定了老年中国的基本音质——假如说中国在文化上的确有一个所谓的"轴心时代"，孔子和老子的智慧无疑奠定了中国语调上的轴心时代：中国语调的最强音就是苍老和沉重。"子在川上曰：逝者如斯夫！"、"天地不仁，以万物为刍狗"、"天长地久"……相信正是那样的言说方式开启了中国语调的先河。"亡国之音哀以思"、"乱世之音怨以怒"、"治世之音安以乐"……（《诗·大序》）则是中国语调过早到来的总结和纲要，表征年轻的笑意在中国语调中一开始就被删除了。

犹太人在耶稣受难时发出过嘲笑，因而被判永久性地流浪直至末日审判，其流风所及，直到奥斯维辛之后，甚至阿多诺都认为再写诗就是一件可耻的行为。《创世纪》记载了一件有关笑的神学轶事，说的是在听耶和华布道时，撒拉不知是哪根神经动了一下不禁微笑（绝不是大笑）了。耶和华指斥了他，但撒拉否认："我没有笑！"可耶和华坚持说："不，你确实笑了，撒拉！"依照耶和华的脾气（根据有些人的看法，耶和华最初是一位残忍的战神，而不是慈悲的拯救之神，参阅艾斯勒：《圣杯与剑》），撒拉会有什么样的结局人们不妨去猜测一下。和大多数庄严的神学一样，孔子和老子的语调同样是反对笑声的，这一天条在中国文化的发展中越往后推移，笑声在被指责中，越遭到了广泛的怀疑、打击、削减直到消失。笑被认为是对四平八稳、雍容大度、按照中庸之道的比例尺测量过的中国文化经义的冒犯，是一种轻薄的行为。我们只有从无聊的诗人（比如李白）、文人（比如李渔、冯梦龙）那里，才能偶尔听到一些肤浅的笑声，看到一些肤浅的笑意。苍老和沉重是坚决反对笑声的。这使得一位名叫李廷彦的哥们为了作出好诗，不禁杜撰出"舍弟江南没，家兄塞北亡"这样不祥的句子（孔齐：《至正直记》卷四），尽管他的家兄、舍弟都活得好好的。

中国语调有一种深入骨髓的悲凉，那是一种老年的、饱经沧桑的语调。这种腔调在季节上对应的是秋天——所谓"何处合成愁，离人心上秋"；在昼夜上对应的是黄昏——所谓"夕阳无限好，只是近黄昏"。少年中国在汉语中几乎是从不存在的，至少我们已经无法追溯了，也不知道少年中国在三皇五帝时期究竟存在过没有（按照《尚书》的特有的调门来判断，估计三皇五帝时代也不曾有过）。这种腔调是哭泣前的禁止哭泣，是卡在喉头处的哽咽：它合乎中庸之道——大哭和大笑都是反中庸的。清人汪景祺说："忆少年豪迈不羁，谓悠悠斯世无一可与友者，骂坐之灌将军，放狂之祢处士，一言不和，不难挺刃而斗……"这种偶尔的年轻和轻狂只在一眨眼之间，很快到来的却是："青春背我，黄卷笑我。意绪如此其荒芜，病躯如此其委顿，间关历数千里，贫困饥驱，自问平生，都无是处。"（汪景祺：《读书堂西征随笔·序》）有趣得很，汪景祺也用到了"笑"，但"笑"在这里显然和在撒拉处大不一样，它分明已有了一种嘲讽的意味，它是对反抗苍老、沉重语调之人的挞伐，是奉献给这些权威语调的不法分子的嘘声，是苍老、沉重的老年语调的看门人和守夜者，也是语调中的警察和法官。

鲁迅对此颇有体会，他为这种病态的老年腔调画了一幅像：中国的文人最喜欢在积雪时分，由丫鬟或侍者扶持着去看看病梅，吐两口血，然后再吟两句诗——至于吟的诗是清爽的还是沉重、苍凉的，我们甚至不用对此发生疑问；在另一处，鲁迅又把中国诗人称作"瘦的诗人"：这些家伙的泪腺尤其发达，见残花就要下泪。尽管这很不合中国语调上的中庸之道，但流泪毕竟还算是表达了苍老、沉重语调的终极特色，语调上的中庸之道对此也只有睁一只眼闭一只眼。韩愈曾为此辩护过，说什么"气盛则言之短长与声之高下者皆宜"。提倡过"夫物不平则鸣"的韩愈一定很清楚，他这样说得有一个前提：无论"言之短长"还是"声之高下"，都被沉重、苍老的语调预先浸泡过。在中国，几乎所有的语调，哪怕是貌似年轻、柔软和慷慨激昂的语调，都无不打上老年调门的音色。即使是号称"老夫聊发少年狂"的苏轼，其慷慨激昂表象掩盖之下的，依然是一介"聊发"一下"少年狂"的"老夫"而已。

在一次演讲中，鲁迅从声音的角度，将我华夏神州定义为"无声的中国"（《三闲集·无声的中国》）。这当然不是什么比喻性的说法。鲁迅无疑参透了中国调门的特殊性：单一的语调，哪怕这种单一性仅仅是有如价值规律那般的中轴，围绕它上下波动的价格幅度始终被中轴控制一样，即使苍凉、沉重的老年语调也充当了这样的中轴角色，围绕着它上下浮动的还有其他语调，但这种单一性带来的最终结局仍然是一鹿高鸣，万鹿俱寂。它也控制了其他语调的振幅。无声的中国也就来临了。在鲁迅早期的大作《摩罗诗力说》里，他写道："人有读古国文化史者，循代而下，至于卷末，必凄以有所觉，如脱春温而入于秋肃，勾萌绝朕，枯槁在前，吾无以名，姑谓之萧条而止。"在文末鲁迅大声疾呼："今索诸中国，为精神界之战士者安在？有作至诚之声，致吾人于善美刚健者乎？有作温煦之声，援吾人出于荒寒者乎？家国荒矣，而赋最末哀歌，以诉天下贻后人之耶利米，且未之有也。"可这样的言说，依然只能算一个少年老头对中国语调的沉重陈述：鲁迅本人的语调和他所描述的对象性语调达到了惊人的一致性——这是一种本地语调，尽管鲁迅在自己的写作中，引进了他自己意义上的破折号。

中国传统语调是一种没有破折号参与其中的调门，它拒绝破折号：在苍老和沉重的音色中，包含着毋庸置疑的坚定性（即霸道性），它不允许被篡改，更不允许被矫正。破折号带来的犹豫和口吃，是苍老、沉重的中国调门坚决不允许的。它的坚定性意味着自己始终真理在握，所谓"天不变，道亦不变"，所谓圣人之言也，与天地江海相始终。任何人只要在言说时胆敢怀疑或以怀疑的语气说出它，谁就会遭到比笑话耶稣的犹太人更加悲惨的流放命运。因此，破折号是绝对要遭到中国语调排斥的标点符号，无论是狄金森式的，还是鲁迅式的。因为中国语调绝对不允许减损、删除自己自以为是的真理，也绝对不允许有人怀疑它的真理嘴脸。

鲁迅说："语法的不精密，就在证明思路的不精密，换一句话说，就是脑筋糊涂。倘若永远用着糊涂话，即使读的时候，滔滔而下，但归根结底，所得的还是一个糊涂的影子。"（《二心集·关于翻译的通信》）不要把这段话仅仅看作鲁迅对无声的中国的把脉（当然也不仅仅是在拿中国的文法和西方语言的文法作比较），更重要的是，它在为鲁迅早中期之所以要使用破折号寻找理由。破折号在鲁迅的文字中的大面积出现，已经先在地证明：他的语调在坚决排斥中国的传统语调。他已经明白：语法的不精密，最终导致的是逻辑的脆弱。中国古老语调的老年嘴脸，倡导的就是弗莱所说的那种老年智慧。它旨在强调一种经验逻辑。《大学》说："修身，齐家，治国，平天下"，而我们根本找不到这几种不同形态的事件之间会有什么真正可靠的逻辑承传。老年智慧的核心，就是不可更改的经验逻辑（李泽厚先生在《中国古代思想史论》里把它称之为"实用理性"）。尽管和康德所谓的纯粹理性相比，实用理性只是一种手工作坊阶段的逻辑形式，有着相当的原始初民的思维色彩，但它的坚定性却被认为是预先的。这正如一个孩子尽管不饿，哪怕只是恶作剧似的哭着说"我要苹果"，却根本不需要论证他为什么要苹果一样，中国语调带出的逻辑形式只负责说出结果，顶多胡乱给自己的结果找一些莫名其妙的"爸爸"理由，但永远不顾理由和结果之间的任何通道是否真的有效。鲁迅式破折号在这一点上打破了中国的传统语调，以它天然带出来的犹豫和口吃（即怀疑）。

3. 本地语调……

中国老年语调的种种特质（苍凉，沉重，坚定或霸道）和鲁迅的语调之间，构成了非常强烈的冲突。这首先是基于中国的语调是不允许被怀疑的。不幸的是，鲁迅式破折号带来的扭结质地，引发出的恰恰是广泛的怀疑。怀疑主义语调在中国历史上向来就没有好果子吃。在中国正宗语调的威逼利诱下，怀疑语气要么发不出来，要么那个表达怀疑语气的问号（？）肯定会被抹去——无论是被别人的刀斧抹去，还是自我抹去。屈原在《天问》中对生命本体发出一连串疑问后投江自尽；李贽在《焚书》里给了儒家经典某种有限度的结巴性解释，最后只好在狱中割脉自绝于中国文化；吕留良因为怀疑清人的正宗统治地位，引述同样被清人遵从的儒家经典给予反驳，结果落得满门抄斩和被鞭尸的悲惨下场……凡此种种，都从不同方面为中国正宗语调和怀疑主义语调之间的冲突，贡献出了可以分析的绝好样本。破折号赠送给鲁迅的怀疑精神，由于时代的不同，恰好又有着幸运的一面：正是它，使鲁迅的语调和鲁迅身处的时代有着内在的同一性。

鲁迅的语调充满了苍凉、激愤、讽刺、反讽、强硬和偶尔的高音量。上述种种的和合，与一个怀疑的时代（即五四时代）刚好吻合。后人（即"鲁学"家们）往往称鲁迅为战士，尽管没有明说，但依然指称的是鲁迅特有的语调，或战士身份至少可以落实到鲁迅特有的语调上。无论是他的社会批评、文化批评还是怒不可遏的骂人，鲁迅的语调上的多种特质（比如苍凉、激愤、讽刺、反讽、强硬和偶尔的高音量）依靠不同的比例进行相互转换，实际上，为战士形象的生成起到了极大的作用。夹在两个横杠之间的文字体现出的种种特色，也促成了战士形象的自然到来——鲁迅的"战士"身份最终有必要落实到语调上来考察，因为他毕竟还不是一位靠"打"而是一位靠"说"的"战士"。

尽管破折号给鲁迅带来了特殊的语调和音势，但在骨子里，它仍然是一种本地语调：它和正宗的中国语调有着相当的一致性。正如鲁迅所说的，抓住自己的头发不可能飞离地球，他本人也无法彻底逃脱中国老年语调对自己的规范。正是这一点，给他带来了几乎毁灭性的后果（这一点容后再说）。

鲁迅所处的时代是中国历史上少有的青年时代，梁启超把它呼之为"少年中国"，并总结出了该"少年中国"的种种特质和希望之所在，甚至还给了"少年中国"一个英气勃发的虚拟形象（梁启超：《少年中国说》）。鲁迅的苍凉语调和这个号称"少年中国"的整体语境是不相容的。在广泛的怀疑主义的指引下，整个中国在那时出现了新兴的迹象，一代人在对中国正宗语调发生了极大的怀疑后，很幸运，他们找到了自以为可以相信和值得尊崇的东西，一忽而是进化论，一忽而是实用主义，一忽而是三民主义，一忽而又来了无政府主义和社会主义……各种理想和学说走马灯笼般相继登场亮相，各有各的忠实信徒。五四一代的语调是高亢的、青春勃发式的，在怀疑之中蕴含着深深的"信"。郭沫若的大声吼叫，陈独秀、胡适等人一方面既不允许中国传统语调的正宗传人有反驳余地的豪迈宣言，一方面勇猛绝伦地拼命向前，宣告了光明的境地和可以信赖的境地就在前边不远的地方。有趣的是，郭沫若等人也非常喜欢使用破折号（《女神》中破折号就比比皆是），但他们的破折号却有着如下双重性质：既宣告了旧有事物的破产，甚至不值得与之争辩，又宣告了未来的方向。这毋宁是说，五四一代的破折号的真正用途是省略和预示。所谓省略，就是以轻蔑的态度一笔勾销几千年来的老年语调；所谓预示，就是破折号有如一个箭头，它指明的正是使用破折号者的前进方向。那是一块路碑，一个指示牌，一个乐观的音符，浑身洋溢着充沛的力气，也是一个音量渐次增高的指示符，是从勃起的身体上斩下的一段肉体，它的生命力之强、音量之高，仿佛离开母体依然能够充沛地行走。它没有犹豫和口吃，更没有苍老和激愤，甚至连怀疑的语调也早已被掩盖……

破折号给早中期的鲁迅（即1927年以前的鲁迅）带来了游弋、飘忽、动荡和怀疑，不只是怀疑中国传统的老年语调，也怀疑自己的时代的青春语气。因此，鲁迅在诉说希望时和郭沫若、胡适等人较为相反，使用的是鲁迅牌破折号天然带出来的犹豫和口吃的音势。鲁迅说，因为那时的主将是不主张消极的，所以他才出乎自己本意地凭空在革命者夏瑜的坟前，安放了一个无主名的花环（《呐喊·自序》、《呐喊·药》）。在此，他显然在强迫自己有意破坏鲁迅式破折号的原始功能。但鲁迅对自己的破坏很快就被证明为是不成功的。

正如我们早已看见的那样，鲁迅很快就沿着破折号指引的方向踏上了自己应该走的道路。在20世纪二三十年代之交爆发过的革命文学论争中，革命文学的诸多赞美者对鲁迅围追堵截，并把他称作封建遗老遗少的同盟，尽管可能会有偏差（对此本文接下来有较为详细的论述），但也确实道明了：鲁迅式破折号根本就不是郭沫若式破折号的同志。

虽然本地语调和中国传统语调有冲突，但鲁迅的本地语调的老年色彩却是毋庸置疑的。他苍老、喑哑的音势构成了和时代语调为"敌"的真面目。在"革命文学"大争论中，几乎所有青年作家、革命作家都把鲁迅看作他们的"绊脚石"、"拦路虎"和最大的反动派，坦率地说，并不全是无的放矢。在任何他的同辈或同时代人觉得值得信赖的地方，鲁迅都会在鲁迅牌破折号的指引下，以弗莱所谓的老年智慧给否定掉，至少也要对此保持相当的怀疑。鲁迅不是时代的代表，而是他的时代的"叛徒"和"敌人"。从语调的角度看，这个结论来得更加正确无比。由此，他的艰难跋涉本身就带有怀疑主义的色彩，至于斜视、踹击、给白天施割礼以及和夜间的鬼魂接头，就更是怀疑主义者的标准动作，而他在无物之阵上的肉搏也更把鲁迅式破折号的天然含义彻底形象化了。因为本地语调和中国语调相一致的那部分（即老年智慧、苍老和喑哑），有着饱经沧桑因而能够看穿一切的秉性，它可以对一切在别人看来可信的东西中发现不稳定的根源。而这，既给鲁迅带来了力量，使他的目光有着异乎寻常的洞穿力，也给他带去了终身的痛苦。他的全部言说，的确是在破折号的指引下对任何问题都采取的看似贴近实则游离和不信任的斜视，都无一例外地浸透了老年的苍老腔调。

本地语调真实地表明：鲁迅的秋天过早地来到了他身上；在别人准备收获的季节里，他只是在以讥讽的眼光暗自打量别人的收获（正在办《拓荒》杂志的鲁迅就曾讽刺办另一本杂志的人说，看哪，我们还在"拓荒"，人家就开始"收获"了），并用老年语调说出来。鲁迅的秋天没有累累的果实，有的仅是秋天高而且远并且萧条的天空。那里空无一物，却回荡着一个饱经沧桑者的苍老语调——

赤脚从空中走过，有如你的大部分光阴：
为瘦小的双手系紧铁鞋
用睡眼消磨战争和夏季。樱桃为他而泣血。
（保罗·策兰）

4．伪冲突……

鲁迅的本地语调毕竟有着和传统语调相背离的特质，那就是它的怀疑色彩。鲁迅牌破折号与郭沫若式破折号之间的区别是：虽然后者也怀疑，但它省略掉了怀疑，或者掩盖了怀疑，或者不屑于怀疑，所有的动作只是为了"信"，也只指向"信"；鲁迅牌破折号的主要任务就是怀疑，不仅怀疑传统语调、怀疑本时代的青春语调，也怀疑自己和自己的怀疑本身。郭沫若式破折号很少具有自我怀疑的精神，它的所指是传统与时代，尽管这有着非常隐秘的神色。

胡里奥·科塔萨尔（Julio Cortázar）在解释自己的文学生涯时说，我的真正目的是要证明末一项事业的失败而不是成功。鲁迅的大多数文字让我们有理由认为，这也是鲁迅的口气。鲁迅的一生，都在曲曲折折地证明失败。正如他有能力"看见"铁屋子（通过缩减的方式），却没有能力看见胜利（即打翻铁屋子）——也许这才是本地语调的实质。他语调上的苍老、沉重都和这一实质有关。本雅明说过，理解卡夫卡的准确途径是把他当作一位失败者。理解鲁迅也一样。比起卡夫卡来，鲁迅无疑更加悲惨：因为前者承认失败也乐于失败，并从失败中获得了某种程度的幸福感和解脱感。卡夫卡通过对失败的体验最终获得了安全感。而后者是不堪失败，在忍受失败，在用苍老的语调述说和控诉失败。失败是鲁迅的痛苦之物，却刚好是卡夫卡的亲和之物。他像胡里奥·科塔萨尔一样，证明了末一项事业最终的不成功。

鲁迅的犹豫、口吃归根到底是和失败的生命相吻合的。他不像卡夫卡那样信仰失败，而是尽可能地摆脱失败。我们都看见了，失败哪里是说摆脱就能够摆脱得了东西的呢？就是这个隐秘的心理动因，使1927年前的鲁迅在破折号的牵引下产生的过多的犹豫、口吃、战战兢兢、怀疑一切也怀疑自己的本地语调，很快转渡为宁可怀疑一切，却独独不准备怀疑自己怀疑式的激昂语调。由此，鲁迅的语调开始真正成为和正宗语调（即传统的中国语调）从骨子里就相一致的本地语调：因为正宗的传统语调除了排斥和怀疑别人的语调，只相信自己的正确。本地语调和传统语调之间的冲突在鲁迅写作生涯的晚期（1927年以后），只能是一种伪冲突。这种伪冲突的确瞒过了许多人，其中甚至包括了大量依靠鲁迅吃饭的研究者，他们以为鲁迅始终是一位坚定的反传统者，却没有发现鲁迅和传统在血缘上有着难以分割的纽带。"伪冲突"是鲁迅为我们设置的众多难以察觉的迷宫中的一座，有着威廉·梅瑞狄斯（William Meredith）所谓"狡猾的智慧"的面孔。

这在鲁迅那里当然是一桩辛酸的事情。尽管这个世界并没有有关人生价值的集体性真理，但必定会有有关个人人生价值方面的信仰。这是肉身的必需要求，是人的身体的存活的先决条件。信仰一直在等待它"法定"的主人。对每一个活生生的肉体，信仰都是必须在场的。必须有一个可信之物——哪怕只对自己有效——肉体才能寄居下去。肉体反对怀疑一切；怀疑一切的结果注定会是死路一条（想想自杀的梵高、海明威、马雅可夫斯基吧）。对于这一点，鲁迅是再清楚不过的了，他说，虽然自己也是并不可信的，但在所有不可信之物中，还是信任我自己吧。他就是这么说的。他曾多次这么说过。鲁迅对那么多人与事的猛烈攻击和刻薄嘲讽，都毫无疑问地经过了这一基准线的丈量。鲁迅就这样奇迹般地将在他那里堪称"辛酸的事情"，转化为批判的高昂音势。

鲁迅的语调最终走回了传统的中国语调。他是通过对自己的破折号的独有含义进行彻底反动来完成这一过程的。这显然出乎鲁迅的意料，但并不意味着鲁迅式破折号从此会走上狄金森式的或郭沫若式的。它依然是鲁迅式的：提高音量，毫不犹豫地怀疑一切，把自己当作正确或接近于正确的标准，用老年智慧的语调指斥他人和教训他人——这在鲁迅的晚年（可从1927年算起）表现得越来越明显。鲁迅原教旨意义上的破折号在其晚年已经不复存在。

随着结巴、犹豫的相继离去，本地语调得以最终成型。本地语调最伟大的版本体现在这句话里："一个也不宽恕。"这约等于说，除了自己（最好是除了自己），每一个他曾经教训过的人都是不可以原谅的。伟大的蒲伯（Alexander Pope）曾经说过，犯错误的是人，原谅人的永远只能是上帝。鲁迅分明已经摆出一副教主的架势了，并且完好无缺地把它保持到临终之前。而这，就是本地语调在最极端的情况下最现实的结局。

破折号在鲁迅那里已经在含义上发生了大逆转。夹在两个横杠之间的文字，曾经表征了鲁迅在偏执、激愤之中暗含的自我怀疑，但越到晚年，他越加稀少地赋予破折号自我怀疑的功能。破折号指引的方向，最终指向了鲁迅式破折号的主人的正确，而不是自我怀疑。仿佛一个挑起拇指指着自己鼻子的人，究竟是在表示夸耀，还是表达自己的绝对正确和毋庸置疑？那个破折号在性质上也如同郭沫若式破折号一样，最终指明了一条唯一可去的方向。它仍然是一张指示牌，一块路碑，只不过方向不同而已（鲁迅是指向了自己的正确性，郭沫若则指向了未来的某个地方），也如同狄金森式的破折号，快速省略了许多外部风景、他者的正确、对话的必要性，把最后一块可信的地盘单单留给了自己。但鲁迅式破折号最终都采取了对郭沫若式、狄金森式破折号所指方向的讨厌以及省略。

鲁迅最后只好把他一己的肉身对信仰的要求转换为准真理。从个人信仰到集体真理的转渡（真理意味着大家都必须遵从和同意），依靠的正是对隐喻意义上的破折号的原始功能（犹豫，口吃）的逆转。我们长期以来都以为鲁迅标明了中国文化未来的方向，但我们往往忽略了鲁迅式破折号的箭头最后究竟指向了谁。好在我们其实从来也没有把鲁迅当作未来中国文化的方向。我们对鲁迅的态度向来都是"叶公"对"龙"的态度。集体性的价值真理从来都不存在，不管是以怎样激愤的高音量说出它，也不管用如何高亢的语调把它甩向我们。

由于破折号原始功能被减损掉，鲁迅的本地语调中蕴含的霸道性（这和中国传统语调有没有一致性呢？）也就生成了。许多人把这种霸道性误认为勇敢、勇猛绝伦和坚定，误认为那刚好就绝不妥协的战斗精神。或许这都不错。希特勒在他自认为毋庸置疑的法西斯主义的指引下一个犹太人也不宽恕，难道就不算勇敢、坚定和勇猛绝伦？语调的霸道，一有可能，也就是说，机会一旦成熟，很快就能转化为毁灭性的暴力。如果不信，你可以去地狱访问一下专事话语权力分析的米歇尔·福科（窥破了人间至法的福科也肯定下了地狱）。

我们从小都听说过，中国是礼仪之邦，最讲究中庸之道，所以汉语中的声音从来都在从容地迈着四方步。情形并不是这样。汉语的偏执、霸道成分一开始就带来了排斥异己的音势，中庸之道不过是一种理想的状态，一个比喻性的说法，一种漂亮的修辞，一句胡话。当年董仲舒上书皇帝独尊儒术，究竟还有没有一丝中庸之道的痕迹？难道中庸之道不正大写在他的儒术中？难道被"罢黜"的百家没有一家是正确的？鲁迅的本地语调正是在苍老、沉重和霸道的秉性上——也只在这一点上——最终和传统语调达成了一致，尽管这在鲁迅那里很晚才成型（可以从1927年算起。我们早就都听许多小鲁迅说，1927年是鲁迅思想转向的一个时间刻度），尽管他也曾经使用过破折号的原始功能，希图给自己的语调输入异质的犹豫和结巴。鲁迅失败了，他从另一个意义上成了中国语调的同盟，他以自己的本地语调从侧面补充了中国的传统语调，尽管这看起来非常可疑。

让我再说一次：一个人饱经沧桑而后成为诗人是诗人的幸运；一个人饱经沧桑而后成为充满爱意的诗人无疑就是诗本身的幸运。后一个"幸运"一直是我们这个古老民族语调中最为缺乏的音色。杜甫被后人尊敬，往往被看作是因为他表达了"致君尧舜上，再使风俗淳"。诗人笔下孤儿寡母的哭声和对弱小者的哽咽语调，最多只成为学术研究中旁逸斜出的一笔。是杜甫而不是其他人更大程度地修改了传统语调（这当然是有限的），这是很多号称研究家的人没有看清楚的。我们是不是也可以同样说，许多人在赞扬鲁迅时有必要把他的本地语调，尤其是其中的霸道性放在一块儿大加赞扬吗？

1999年11月，北京看丹桥。

瞪眼的意识形态

1. 瞪眼⋯⋯

从中国大陆所有关于鲁迅的肖像画上，我们都能注意到画家对鲁迅眼神的重视：它的光线逼人而来，仿佛要洞穿一切，甚至连空无也不打算放过。一位无名的电车售票员曾在鲁迅晚年有幸见过鲁迅一面，在前者后来写的一篇很短的纪念鲁迅的文章里，多次提到过病中鲁迅的犀利眼神（阿累：《一面》），和画家们笔下鲁迅的目光有着异曲同工之妙。多亏了电车售票员，让我们这些晚生几十年的后人们才能够得知，即使临近生命终了，鲁迅的眼神依然有着逼人的力量——他历经沧桑，穿过过多的黑暗，仍然把自己目光的锋利，完好无缺地保持到了晚年。

几乎所有的画家都把鲁迅的目光处理成了向上倔起的眼神。这无疑是正确的。因为向上倔起的眼神和鲁迅的文字有着惊人的内在一致性。他的目光越过了自己身处的黑暗的时代之山，和遥远但又同样黑暗的历史事实接通了。向上倔起的眼神为鲁迅的目光提供了惊人的深刻性：它帮助鲁迅

227

洞穿了今天所包孕的几乎全部历史内容。"白头灯影凉宵里，一局残棋见六朝。"（钱谦益：《金陵后观棋》）鲁迅文字里时而文白夹杂、拗口晦涩、独具风格的话语流，无疑和向上倔起的目光也有着相当直接的关系。

但鲁迅眼神中所蕴含的笨拙的力量，却被画家们善意地忽略了。这一遗忘是致命的，因为笨拙的力量是理解鲁迅眼神最有效的钥匙之一。向上倔起的、高昂的目光，绝不是轻灵的、飞扬的、水性的眼神，它明显带有一种吃力的色彩，在看似的犹豫（即口吃或结巴）中饱含着某种坚定的硬性。"路漫漫其修远兮，吾将上下而求索。"《彷徨》扉页引述的这两行诗句，正是鲁迅眼神中蕴含的笨拙和吃力特征的上好说明。因此，对鲁迅眼神最好的描述性词语应该是瞪眼。瞪眼准确地表征了笨拙的力量所蕴含的全部本色——它需要它的主人调动全身力量以便完成它。瞪眼需要力气。瞪眼不是轻而易举的行为。

被画家们忽略掉的还有鲁迅斜视的眼神。实际上，在鲁迅普遍而持久的语境中，斜视正是瞪眼的变种之一；它的出现，是为了减轻瞪眼长期以来所处的紧张状态和费力状态。斜视是瞪眼的省力方式，是穿插在一个个瞪眼动作之间的换气现象。斜视和瞪眼是鲁迅一生中最主要的眼神，它们交替出现在不同的场合，针对着不同的对象，以期达到不同的目的。斜视是瞪眼的休息状态。它们彼此互为过渡，彼此作为对方的准备和前奏。

瞪眼的方向是向上倔起，斜视则是落向旁边。瞪眼针对的是历史事实，是为了弄清楚今天的黑暗生活中包含着的黑暗的历史内容；斜视则针对当下生活的黑暗以及造成今天的黑暗的基本群众。因此，瞪眼表征着越过了"今天的"时代之山，斜视则表征着越过了今天的基本群众的人头，却并不是当代诗人梁晓明所谓的"向下看"。由于历史本身的深远、广大、浩渺，历史黑暗蕴涵着的过多的迷雾、污垢，使历史需要一种费力的、旨在勘探与侦破的眼神——瞪眼刚好满足于这一需要。当下的情况毕竟要容易一些，它可以被瞪眼的休息状态直接洞穿，鲁迅的斜视也确实具有这种举重若轻的力量。用当代诗人李亚伟嬉皮笑脸的话说，当下基本群众的"美德和心病也被火星上的桃花眼所窥破"（李亚伟：《怀旧的红旗》）。在比喻的维度上，鲁迅语境中的斜视就是李亚伟语境中"火星上的桃花眼"。但群众们的

"美德"和"心病"究竟是什么呢？鲁迅的著述早已写满了答案。和许多鲁迅研究家的看法相反，尽管鲁迅立足于当下，但他最主要的眼神却是针对过去，是从过去中寻找可用于瞪眼的对象，来印证今天的斜视的正确与必须以及被斜视的东西们的应该被斜视。

由于施"视"方向的不同，瞪眼给鲁迅带来了历史谣言家的身份，斜视则给他带去了当下小丑的角色。历史谣言家意味着，由于瞪眼的内部运作，鲁迅看出了历史的痼疾，并在写满仁义道德的历史账簿旁边很是风言风语地说了些风凉话：什么"吃人"呀，什么"暂时做稳了奴隶的时代"呀……就是典型的谣言家家语；历史谣言家是鲁迅在瞪眼的势力范围内，给自己找到的一种有别于斜视的省力方式——正经八百地、严肃板正地说出历史的污垢既显得太过费力，又显得太过迂腐：它还不值得我们的鲁迅那样去做。当下小丑则意味着，当瞪眼发现了历史的痼疾仍然存活于当下生活之中时，鲁迅能以当下生活小丑的角色，调笑当下基本群众的可笑生活。这就是我曾经指出过的鲁迅式的幽默。

很多学者都承认，鲁迅曾经信奉过进化论，但很快又抛弃了进化论。按照通常的理解，进化论早已向我们暗示：作为生物进化的最高阶段，人以及人的生活也是需要进化的，只不过它比生物进化有着更多的复杂性。正当人们都在普遍相信五四运动之后的中国正在迈向一个新的并且是辉煌的历史阶段时（比如郭沫若式破折号所指示的方向），在瞪眼和斜视的交替运作中，鲁迅却看到了当下与历史痼疾拥有内在的惊人一致性：中国人的生活并没有随着各种型号的革命运动以及时光的流逝产生应有的进化。并不是因为青年之中出现了恶人、混虫、告密者，才促使相信青年必胜于老年的鲁迅放弃进化论；仅仅这样看待鲁迅习惯性地放弃信仰、背叛信仰，低估了鲁迅作为怀疑主义者在思想上的深邃和复杂。是瞪眼和斜视、历史谣言家和当下小丑相互间的深层结盟，并以不同的比例进入到鲁迅的目光整体之中，才使鲁迅终于窥破了社会达尔文主义的缺陷，并最终扔掉了庸俗的社会达尔文主义。瞪眼和斜视为它们的主人的敏锐增添了筹码。

瞪眼表征着瞪眼者对历史的仇恨，斜视表征着斜视者对基本群众拒不进化的生活的轻蔑。但仇恨、轻蔑的结果，是否引出理想的生活、光明的前景、好的世界，却并不是瞪眼者、斜视者可以预知的。在它们之间并没有合乎逻辑的、可以摆渡的航船。考虑到当时中国的现实处境，"好的世界"云云就更不可预期。历史必然性在这里失效了。正如格罗斯曼在《生存与命运》临近结尾对斯大林格勒战役结束时那场大雪所发的议论："……这不是雪，而是时间本身。洁白而柔软的时间一层层地沉积在人类鏖战的城市的废墟之上。现在的一切正在变为过去。在这场缓缓飞舞的大雪中看不见未来。"斜视、瞪眼和格罗斯曼笔下的大雪一样也是时间本身，是时间之上毛茸茸的大雾，它们覆盖了历史和当下，却并不能从中呼唤出有关未来的幼芽——呐喊是鲁迅早年"遵命"的结果，其幼稚、可笑、荒唐，鲁迅又有什么不明白的？随后的放弃就是理所当然的事情。在瞪眼者和斜视者那里，未来是不存在的，或者是不轻易存在的，因为瞪眼的本义就是针对过去，斜视的本义就是直面今天。

鲁迅对跑到他寓所求教的青年作家们建议说：写好小说中的人物的诀窍之一，就是要想尽千方百计写活人物的眼睛。推究起来，并不仅仅因为眼睛是心灵的所谓窗户，更关键的倒在于，眼睛中无疑包孕了许许多多可以称作意识形态的待定物，而目光恰可以被看作是某种——而不是随便哪一种——意识形态的衍生体。眼眶中滚动的绝不仅仅是物态的眼珠，而是活体的意识形态（即意识形态化了的比喻性人生理论）；眼眶不只是眼珠的收容所，也是意识形态的仓库。眼珠是意识形态的密谋状态，它渴求着在眼眶肌肉的牵引下，转动、思谋、把目光射向它想去的地方，看见它想看见的东西。在鲁迅的语境中，眼睛是意识形态的窗户。这就是瞪眼的意识形态。瞪眼的意识形态既包括向上倔起的瞪眼所包孕的内容，又包括把目光投向当下人与物旁边的斜视所蕴含的全部表情。在这两者之间，有着相依为命、靠鲁迅复杂的心灵进行典当才能过活的悲惨特征。而这，无疑就是鲁迅所谓写活小说人物的眼睛的隐蔽含义。

瞪眼的意识形态坚定地表明：斜视和瞪眼、历史谣言家和当下小丑，使鲁迅永远无法处在时代旁观者的位置，又永远处在时代旁观者（即黑暗隐士或计算漆黑的钟点）的位置上。依靠瞪眼的意识形态，鲁迅开创了自己独有的生活方式（即次生生活）：背靠虚无，面对没有未来的前方，却向过去和当下施以不同方向、旨在不同目的的眼神。在《伊加利亚旅行记》的序言里，空想社会主义者埃蒂耶纳·卡贝（M．Cabet）非常自信地宣言道："慷慨的大自然既赐给人类以种种资源供我们享用，又赋予人类以智慧，或曰理性，以便我们用以指导自己的行动，只要考虑到这一点，我们就不能同意说地球上的人们注定是不幸的；如果再考虑到人类从本质上说是社会性的，因而是彼此同情、互相友爱的，那么，我们也不能同意说人类天生是性恶的。"瞪眼的意识形态坚定地否决了卡贝一相情愿的善良空想，只余下孤零零的、倔犟的眼神。在书写中，鲁迅的眼睛打开了：它开启了他的意识形态之窗。

2．孤独的眼神……

中国传统文化对人的目光和眼神有着专门性的要求。自孔孟以来的儒家教义的发展历程，与其说是如何在世事变迁中经过无数代"柔儒"的努力罢黜了百家成为国教的历史，还不如说是对人的目光的限定史。早年激昂、晚年渐趋保守、回归传统老路的康有为，在1927年2月15日向末代皇帝写了一封《谢恩折》。在《谢恩折》中，凡是提到天的，一律比正文高出三字，凡是提到皇帝称谓的，高两字；康有为自称"微臣"，凡是提到自己时，字都写得很小（《康有为政论集》下）。至于小到什么程度，相信老康已经动用儒家伦理的游标卡尺丈量过了。董仲舒在《春秋繁露·人副天数》、《春秋繁露·为人者天》等篇目中，早已给了康有为以详细的教诲。一整部儒学史，就这样成了对中国人的目光的限定史：在文人笔下高出正文三字的天，表征着上天的眼睛能够洞明一切，正所谓"举头三尺有神明"（好听一点儿的话是"天听即我民听"），它的目光是俯视的；皇帝的目光则是内敛的，表征着尊严、天威，他偶尔的扫视是君临天下的象征；而人臣的目光，永远只指向皇帝或比自己更高一级人物的脚尖，它是向下的、低眉顺眼的。限定了施"视"方向的眼睛，在中国永远表明了它特有的意识形态，眼睛的的确确是意识形态的窗户。

瞪眼的意识形态使鲁迅有足够的能力，非常精辟地指出中国人的眼睛上沾染的意识形态的特征："中国文人，对于人生——至少对于社会现象，向来就多没有正视的勇气。我们的圣贤，本来早已教人非礼勿视了；而这礼又非常之严，不但正视，连平视斜视也不许。"（《坟·论睁了眼看》）因为平视、斜视是中国目光限定史及其教义坚决否弃的"观看"形式；这种"观看"在目光限定史的严厉语境中，永远不只代表纯粹的"观"、"看"，更多的则是对儒家伦理的虔、敬和遵从的态度，它们的成色、比例全处在这种严厉语境的规定之中。斜视、平视显然违背了眼睛意识形态的森严规定，是对传统意识形态的大不敬。而目光限定史的另一个隐蔽特征也被鲁迅一语道破了。在另一处，他又说："勇者的愤怒，抽刀向更强者；怯者愤怒，却抽刀向更弱者。不可救药的民族中，一定有许多英雄，专向孩子们瞪眼。"（《华盖集·有感》）在鲁迅的语境中，孩子既表征未来，又表征弱者。目光限定史的功用在鲁迅那里因而就是再明白不过的事情：随着目光限定史的推演、强化和被庸众（尤其是文人学者）自觉遵从，不但删除了未来，而且铸就了一个可耻可悲的民族风貌。在这中间，起决定作用的就是那些能断文识字的知识分子。程颢就嘴硬地说过："学者须先识仁，仁者浑然与物同体，义、礼、智、信皆仁也。识得此理，以诚敬存之而已，不须防检，不须穷索。"（《二程遗书》卷二上）当然也就可以由此达成儒家所规定、所需要和所允许的眼神。李宗吾抱怨说："中国的学者，受了数千年圣人的摧残压迫，思想不能独立，无怪乎学术消沉。因为学说有差误，政治才会黑暗。所以君主之命该革，圣人之命尤其该革。"（李宗吾《厚黑学》）这种大不敬的态度，显然是在提倡不同于传统的异质目光，相信能得到鲁迅牌瞪眼的意识形态的赞同。

毫无疑问，在鲁迅牌瞪眼的意识形态和中国传统文化对国人目光的专门性要求之间，存在着巨大的反差。是中国传统文化造成的积弱积贫、乌七八糟的残酷现实修改了鲁迅的目光，促成了鲁迅牌瞪眼的意识形态，并不仅仅是西学单方面的作用。西学只是鲁迅唯一有效的参照系和资源管理器。目光限定史的严重后果——鲁迅忧心忡忡地指出过——只能让中国人从"世界人中挤出"（《热风·随感录三六》），从而自绝于地球，空顶着一个中国人的名号。因为它从根本上铲除了国人平视、正视的权利：臣子平视皇上，末将平视大将军，儿子正视父亲，按照中国目光建设工程第八副总指挥程颢的话说，都是不忠、不孝、不仁、不义、不诚、不敬之举，有违天理"只眼"的道德要求、目光限定史中所蕴含的意识形态的内在律令。

很让人惊讶，鲁迅本人的目光中所含正视成分的比例却是相当有限的。尽管他始终都在提倡正视，并歌颂过正视的伟大功用：在叛逆的猛士的正视下，天地将为之退色，貌似庄严的天、神都将为之退避三舍（《野草·复仇》）。这是因为他不屑于正视。我们说，鲁迅也许没有这样做的权利，但他明显有这样做的能力。中国传统文化貌似的高明和博大精深，在鲁迅式瞪眼的意识形态那里，只是一些手工作坊阶段的粗劣屁话，连应该有的精致都还说不上。它漏洞百出。向上倔起的眼神和斜视的眼神，明显包含了鲁迅对中国历史事实（最主要的是目光限定史）和当下基本群众的生活的双重蔑视：他清楚他（它）们，了解他（它）们，却没有必要去正视他（它）们。鲁迅能给予他（它）们的，只是恨，只有讨厌。这早已包含在瞪眼的意识形态之中，包含在鲁迅施"视"的方向上。

但瞪眼的意识形态在具体操作上却有自己的幽默形式。鲁迅显然掌握了孙悟空的本领：在需要长高的时候，他长高了，并得以使用向上倔起的笨拙眼神，在看起来的举重若轻之中，吃力地洞穿了历史中的黑暗。而在需要缩小自己的时候，他也如愿以偿地缩小了，把目光投向了基本群众、当下事件的旁边，窥出了他们"麒麟皮袍下的马脚"；或者调笑似的以仰视的目光望上去，虽然看不到他们那伟大到无边无际的一面，却无疑看见了他们脚尖上的灰尘、污泥、烂货……甚至粪便（鲁迅发明的可以呕吐的记录方式就是这种能力的物化形式之一）。"麒麟皮袍下的马脚"以及灰尘、污泥、烂货甚至粪便，都掩盖在目光限定史冠冕堂皇的教科书中。这两方面的事实，构成了瞪眼的意识形态的幽默形式。我曾说过，幽默是体弱多病的鲁迅在言说时采取的一种省力方式。但在瞪眼的意识形态的疆域里，幽默方式更多表明的是鲁迅的蔑视、仇恨，尽管它的确仍然是省力的。

程颢说："学者不必远求，近取诸身，只明人理，敬而已矣，便是约处。"(《二程遗书》卷二上）这毋宁是说，目光应该得到仁、义、礼、智、信、天理等玩意儿的修饰和限定。一个时代有一个时代的眼神、目光以及目光的施展方向；但在"天不变，道亦不变"的强烈要求下，国人的目光是固定不变的。在他们的目光背后，永远存在着亚当·斯密（Adam Smith）"那只看不见的手"。它在调控他们的眼神，规定他们施"视"的方向，测定他们目光的比例和成色……鲁迅的眼力即使在他的时代也无人可比；要命的是，鲁迅还发现了被目光限定史规定为固定不变的目光，在鲁迅的时代仍然很有卖点。各种个人和权利团体掀起的尊孔、读孔，不过是它的外在表征之一。鲁迅曾经指着这些现象，用斜视的独有音势呵斥过它们（参见《华盖集·十四年的"读经"》），顺带也呵斥了程颢的辛苦说教。

瞪眼的意识形态的种种特征，以及它和传统目光限定史内在律令之间的巨大反差，使鲁迅陷入了深深的孤独：毕竟他的目光是独一无二的。这是孤独的眼神，是没有伴侣、没有同志、没有战友、没有亲人的孤零零的眼神。向上倔起的瞪眼和落向人、物旁边的斜视挽手走遍天下，到头来只发现了自己。对于鲁迅，返回是不可能的。因为瞪眼的意识形态中包孕着的巨大仇恨和蔑视，即使抛开"好马不吃回头草"的尴尬，也使一切形式的返回在鲁迅那里都将成为自欺欺人。

在《银河天歌》中，康有为自哀自怜地如是唱道：他想去一个美好的地方，却——

> 无仙鹊以为梁兮，
> 遇张骞之泛槎。
> 望克廉水素之极星兮，
> 吾将出银河而之它。

孤独的鲁迅显然没有好心情去做康有为那种矫情状的离骚式神游。他的目光在孤独的中国"现事"场景中穿梭，时而向上，时而又落向旁边，无一例外总是找不到自己所信的东西，只把仇恨撒向过往的历史以及当下的历史境遇，通过他独有的、和目光限定史大相矛盾的瞪眼的意识形态。

3．旁观者……

种种迹象表明，鲁迅不是他身处时代的代表者，从各个方面来说，他都堪称它的敌人。排除鲁迅身上种种可以达成这个结论的要素后（比如鲁迅的破折号的内在含义带出的结果等），他孤独的眼神和目光就是最值得重视的原因。可以想见，当瞪眼的意识形态既以仇恨的目光针对中国过往的历史，又用轻蔑的眼神针对当下基本群众的人间生活，瞪眼的意识形态从骨子里导出的无疑只有虚无主义。在此，虚无不是没有（have nothing），而是讨厌：历史与当下都不足信，而未来只是一个巨大的无。这里正可以调笑式地用到海德格尔故作深奥的茫然：为什么有存在，无反倒不存在？

依靠这一点，瞪眼的意识形态有能力把鲁迅放在一个特殊的旁观者（即黑暗隐士）的位置上。他在"现事"、"现世"、"现实"和"现时"中，只占据一个罗兰·巴尔特所谓"虚拟的主语"的位置。这个小丑，这个谣言家，穿行在当下和历史之间——眼神和目光就是他用于穿行的桥梁——对着他看见的一切比比画画、吆三喝四、指指点点，在激昂和愤怒的神色中，永远具备着的只是轻蔑和讨厌的眼神。他仿佛置身事中，却又明显地身处事外。正如当代诗人臧棣所说的：

> 热爱幻想的人，我深知，你只会
> 拿出身体的一半嫁给现实
> （臧棣：《访友》）

本雅明也说到了这类旁观者的"观看"："看的快乐是令人陶醉的。它可以集中于观察，其结果便是业余侦探。"（本雅明：《发达资本主义时期的抒情诗人》）处在"虚拟的主语"位置上的旁观者结果也成了业余侦探。业余侦探意味着，除了他本人没有人会真的需要他；业余侦探在内心对自己侦察出的犯罪事实毫不怀疑，但又对侦察出的事实是否会成为审判、处决罪犯的有效证据毫无信心，当然对罪犯在服刑过程中是否会得到改造并成为新人类就更没有把握——瞪眼的意识形态促成的旁观者身份的真实含义就在这里。

孙悟空为过火焰山要向牛魔王的老婆借扇子，但后者无论如何都不愿意，孙悟空只好缩小自己钻进牛夫人的肚子里拳打脚踢，逼得后者终于就范。鲁迅的斜视正如同缩小了自己的孙大圣：仰仗这一点，他也钻进了当下基本群众生活的胃囊里边闪转腾挪。孙悟空在和另一个本事同样高强的妖怪比高矮时，陡然之间身高如柱。鲁迅向上倔起的瞪眼也这样做了：依靠这一本领，他站得高，看得远，眨眼之间，就显出了目光限定史及其教义的身材矮小——后者突然之间现出了驼背小矮人的真面目。但这一切，都和旁观者的身份相当吻合：斜视做出的闪转腾挪科和目光限定史在向上倔起的瞪眼面前显示出的身材矮小，并没有呼唤出施"视"者理想中意欲改造它们的结果，直到最后，它们是否能够被改造就不再是鲁迅感兴趣的事情。他只是不断地这样施"视"而已。

瞪眼的意识形态和鲁迅的文字有着相当的一致性：鲁迅的文字也是一个特殊旁观者观察现实和历史的笔录（即具有呕吐功能的记录方式）。鲁迅激愤的语调、时而高昂时而低沉喑哑的语气，无一不表征着他身处事中；但是，掩盖在它们之下的无奈腔调，尤其是幽默和调笑的音势，却无疑可以看作他置身事外的象征。斜视、瞪眼施"视"的方向在这里的作用显而易见：身处事中的激昂语调（无论是当下事件，还是历史事件）无疑就是瞪眼，因为激昂需要力量，需要力气去促成愤怒，也需要力气去书写力透纸背的檄文。置身事外的调笑音势（也无论是当下事件，还是历史事件），肯定就是缩小自己的、意在省力的斜视。"莫恨西风多凛烈，黄花偏奈苦中看。"（黄宗羲：《书事》）激昂、调笑（幽默）共存，和瞪眼、斜视同居一室相类似，它们共同构成了鲁迅时而波浪起伏，时而文白夹杂，时而晦涩、哽咽，时而又流畅、慷慨激昂的文字的显著特点。

表征置身事外的斜视和调笑的音势与目光限定史的典型话语存在着极大的反差。目光限定史始终要求"温柔敦厚"、"正襟危坐"的眼神，它导出的腔调无疑是板正的、肃穆的和庄严的，幽默、调笑将被视为不正经的、轻浮的表现。特殊旁观者的语调和他斜视的目光相一致，有效地采取了目光限定史（或教义）所痛斥的"轻浮话语"。它的风言风语一方面表明旁观者对此毫无兴趣（除了调笑的兴趣外），另一方面，也为自称的正经和严肃脸上抹了黑。而这，正是小丑和谣言家的另一种表现形式。

鲁迅的目光之所以是一种孤独的目光，就是因为它是一种表征特殊旁观者的目光。长期以来，绝大多数论者都注意到了表征激昂、愤怒、批判的瞪眼，据此以为鲁迅是一位绝对的入世者，却忘记了表征隐士、事不关己高高挂起的斜视。这一遗忘，毫无疑问，和画家们善意忽略鲁迅眼神中的笨拙与吃力质地一样，也是致命的。因为这样做，最终遗忘了鲁迅大多数时刻都是生活在一个交叉地带的关键事实：在出世与入世之间、在绝望与希望之间、在战斗与逃避之间产生的巨大交叉地带上生存的鲁迅，对组成交叉地带的众多两极（比如出世与入世）都不信任。瞪眼的意识形态只相信交叉地带；而交叉地带身上沾染的全部消息，无疑构成了瞪眼的意识形态的本质内涵。正是它，使瞪眼的意识形态既有了可以凭恃的靠山，能同时向左（比如入世）、向右（比如出世）反复出击，无论是使用向上偏起的瞪眼，还是使用落向人、物旁边的斜视；也由此有了对瞪眼（激愤）和斜视（幽默、调笑）的支撑，并最终把自己变成一个特殊的旁观者。尽管在早期（1927年以前），瞪眼的意识形态和交叉地带之间还有一种游弋不定的关系，但它一经形成，就如同跗骨之蛆一样，让鲁迅再也挥之不去。

基于这样的考虑，我们有理由认为，不理解瞪眼的意识形态的如许特征，就很难说能够理解鲁迅的复杂性——无论是革命家的鲁迅，思想家的鲁迅，文学家的鲁迅，还是处于痛苦之中的鲁迅与生活之中的鲁迅。很显然，特殊旁观者的身份，是鲁迅之所以成为一个怀疑主义者、虚无主义者的真正根源之一。从很早开始，他就在扮演这一角色，无论是从他的动作上、语调上、眼神上，还是对信仰的习惯性背叛上。

4．哎，群众，群众……

目光限定史的终极结果——鲁迅曾经暗示说——就是闭眼：在对上天、

皇帝、上司、长辈低眉顺眼后，很自然地就会对上天等东西们的所作所为（无论好坏，也很可能分不出好坏）睁一只眼闭一只眼了；更恶劣的还在于，从来就有许许多多的人在为闭眼寻找理论依据——目光限定史正是为着这一目的才得以出现的。它是无数代"柔儒"和准"柔儒"集体智慧的结晶。鲁迅当然不是说出这一结论的第一人，但他无疑是说出这一结论的那些人中最深刻、最有力量的人。

很久以来，人们一直以为鲁迅是大众的同路人，是群众的忠实盟友。这样说话的人显然忘记了睁眼的意识形态中包含的斜视成分了。我早已说过，斜视作为睁眼的省力和换气方式，是以交叉地带作为凭恃和内涵的睁眼的意识形态中专门针对当下基本群众的生活的眼神。基本群众包括军长、教授、西崽、车夫、家庭妇女、农民、孔乙己、阿Q、高老夫子、子君、涓生、假洋鬼子、闰土、赵太爷……甚至蒋介石。在斜视中，鲁迅多次称他们为"看客"。与看客相连带的，鲁迅早就暗示过了，永远都是表演者和他们弄出的各种型号的表演：残忍的、滑稽的、可悲的、可笑的、可恨的表演。所有这些人，那些基本群众，在睁眼的意识形态看来，都是目光限定史及其教义要求下闭眼的看客。是他们组成了闭眼的中国。假如模仿海德格尔在迫不得已的当口才发明的阐释学循环，我们也可以说，在这种情况下，鲁迅如果不成为一位特殊的旁观者还能成为什么？因为单纯的身处事外，放弃睁眼，他就无法填充他的空白人生，也无法在业余侦探身份之外找到更好地打发岁月的方式。仅仅使用斜视，他就有可能成为瞎起哄的看客们的同路人或者牺牲品——目光限定史早已向我们表明了，有太多剿匪的人最后也成了匪，还有更多的人是剿匪不成反被匪剿。鲁迅根本不是大众的同路人。

维克多·富尔内尔在《巴黎街头见闻》中有趣地说："绝不能把游手好闲者同看热闹的人混淆起来，必须注意到个中的细微差别。""一个游手好闲者还保留着充分的个性，而这在看热闹的人身上便荡然无存了。它完全沉浸在外部世界中，从而忘记了自己。在面前的景象前，看热闹的人成了一种非人化的生物；他已不再是人，而是公众和人群的一部分了。"这段话仿佛不是描写巴黎，听起来倒好像是献给目光限定史的贴切判词。看客们

（"看热闹的人"）看上去好像是在看热闹，实际上却闭着眼睛。他们是非人的，是天然就去势的，他们只是宾格，他们在看热闹时发出了太监般的笑声：尖利、丑陋，和闭眼的动作与神情完全一致。他们看见了别人的表演，却没有发现自己早就是其中的一员。在鲁迅早年对这伙人的斜视中还饱含着同情（比如《阿Q正传》中对阿Q开赴刑场时的描写），还保持着愤怒（比如《藤野先生》里的有关陈述），但是，瞪眼的意识形态一经最后成型，我们的特殊旁观者在使用斜视时，除了悲悯和同情，更多的只是调笑。他们的确值得笑话，值得无偿地送给他们超过两次的嘲笑。但鲁迅的调笑已经明显地带有忧伤和绝望的性质。

闭眼的中国全靠这帮看客伙计们。鲁迅多次说过，群众的伐恶之心并不下于军阀。这种恶，也是由目光限定史及其教义定义过的。他们的闭眼，实际上是一种伐恶的体现：他们赞同他们看到过的杀头、分尸吃人、蹂躏，赞同在麻木不仁中对人的尊严的肆意冒犯。这组成了看客们的基本生活，也组成了目光限定史定义下以闭眼为特征的基本文明。依靠瞪眼的意识形态的指引，鲁迅以一个特殊旁观者的身份向看客们指点说："这文明，不但使外国人陶醉，也早使中国一切人们无不陶醉而至于含笑。因为古代传来而至今还在的许多差别，使人们各各分离，遂不能再感到别人的痛苦；并且自己各有奴使别人，吃掉别人的希望，便也就忘却自己同有被奴使被吃掉的将来。于是大小无数的人肉的筵席，即从有文明以来一直排到现在，人们就在这会场中吃人，被吃，以凶人的愚妄的欢呼，将悲惨的弱者的呼号掩盖，更不消说女人和小儿。"（《坟·灯下漫笔》）这一后果既是闭眼造成的，但它也同样促成了闭眼。这里又令人不无尴尬地遇到了类似于阐释学循环一类的玩意儿。让鲁迅和瞪眼的意识形态绝望的是，无论怎样，看客们面对如斯事实却始终未曾睁过眼，他们乐在其中，陶醉、满足，然后放心地睡觉，然后就是"采菊东篱下，悠然见南山"。

瞪眼的意识形态发现了中国看客们普遍的哭声。但鲁迅的瞪眼和斜视的力量更加看清了：只有被看者的哭声，看客们在没有成为被看者时是不会下泪的。让一诺安（Jean Nohain）在《笑的历史》一书里很有趣地说："《大百科全书》用了一点七六米的纵栏篇幅来解释笑。而解释眼泪的篇幅只有一点三七米长，疼痛一栏只有三十五厘米，而哭泣一栏仅仅二十四厘米。这说明，在过去的时代，我们的父辈乃至祖辈已经发现，理解牵动我们面部颧肌的动机，比理解导致我们突然哭泣，引起我们眼帘下分泌出含有千分之十四氯化钠的碱性水溶液的动机更为复杂。"对中国的看客们来说，这是再合适不过的比例：在基本群众那里，对他人哭声的理解不是他们生活中的内容，只是可用于像待宰的鸭子那样伸长脖子观看的材料。他们是真正的旁观者，和鲁迅的旁观者身份有着本质的差别。

正是这样，瞪眼的意识形态彻底疲惫了。仿照卡夫卡的话说，它的疲惫是一个斗剑士斗剑后的那种疲惫。元曲说："兴亡千古繁华梦，诗眼倦天涯。孔林乔木，吴公蔓草，楚庙寒鸦。数间茅舍，藏书万卷，投老村家。山中何事？松花醉酒，春水煎茶。"（张可久：《黄钟·人月圆·山中书事》）与此内容不同但思路一致，作为缓冲与换气，斜视在瞪眼的意识形态中才会有着更加浓厚的比例——鲁迅懂得怎样修改瞪眼的意识形态内部的各种配方。当目光限定史及其教义在当下基本群众的生活中已万难改变，当下生活因此拒不进化时，瞪眼和斜视了几乎一生的鲁迅陷入了深深的绝望。作为一个传统目光的背叛者，鲁迅一方面有可能去建立自己的交叉地带（即次生生活），建立自己发言和观看的身份与角度，另一方面，他又完全对瞪眼的意识形态产生的效果不抱任何希望。他的瞪眼和斜视也不再需要弗·詹姆逊（Fredric Jameson）所谓的"意识形态投资"，而是掏空瞪眼的意识形态：在他独有的交叉地带，鲁迅只更换着瞪眼的意识形态内部配方的比例（比如三分瞪眼，七分斜视，或者相反），以针对不同的具体对象，也对应于彼时彼地内心的黑色境况。最终不再理会基本群众的当下生活，只投以瞪眼和斜视就行。

如此这般，在瞪眼的意识形态那里最后只剩下一片空无。向上倔起的笨拙眼神，落向旁边的斜视，已经没有任何实际内容；看起来被猛烈批判、被高度调笑的对象只是近乎虚拟的。鲁迅也不再会在乎他（它）们。他临死前扔下的"一个也不宽恕"，和他的眼神有着高度的一致性：既然一个也不准备宽恕，余下的还有什么可理论的呢？它和瞪眼的意识形态最终的被掏空难道还有什么区别吗？群众们远去了，背负着目光限定史及其教义；

鲁迅身后留下的，只是对这些人孤零零的恨——恨铁不成钢的那种"恨"（不是"能憎才能爱"的那种恨）。他说：一个也不宽恕。宣告了他和他们绝对的分裂。当然，也宣告了他彻底失败的铁定命运。

1999年12月，北京看丹桥。

肠胃的精神分析

1. 肠胃的现实主义……

和病夫鲁迅一样，尽管我们每一个人都有一副蠕动着的肠胃，可我们平常却不会专门花时间去理会它，直仿佛它从来都不存在。在从三间大学辗转回上海的船上，方鸿渐"博士"对他的未婚妻孙柔嘉女士说，尽管我们有那么多亲人，可我们把一生中用于想念他们的时间全部加起来也很难超过数小时（钱钟书《围城》）。肠胃遇到的正是这种待遇。它正好也是我们的亲人。通常只有在它出现了问题时，我们才会在迫不得已之间发现它原来依然还在那里，像一只勤劳的工蜂，一直在默默无闻地为我们的所有动作，哪怕是吃、喝、嫖、赌、献媚、窃国、贪污、受贿等提供有力的支撑。在《南腔北调集》里，鲁迅就曾经专门说到过肠胃的长期被忽略和偶尔的被重视，以及这中间合乎人性的原因。有趣的是，肠胃正是鲁迅经常用到的词汇之一，尤其是它的许多变种词汇，早已组成了鲁迅个人语境中的专门词汇；这些词汇在暗中支撑着鲁迅的思维、眼光、语调直到写作①。

在此值得当作对比的是诗人海子，他在自杀前半个月以几乎凌乱的句式，天才般地写到了粮食、肠胃和农业。和鲁迅一样，他也给肠胃打上了个人印记：

> 那里的谷物高高堆起，遮住了窗户
> 他们把一半用于一家六口人的嘴、吃和胃
> 一半用于农业，他们自己的繁殖
> 大风从东刮到西，从南刮到北，无视黑暗和黎明
> 你所说的曙光究竟是什么意思？
> （海子：《春天，十个海子》）

嘴、吃和胃一边联系着我们的人生动作，一边连接着土地和粮食。在海子那里，我们繁复的人生动作经由嘴、吃和胃最终掏空了粮食的五脏六腑，使大地变得虚无、荒凉。在海子那里，嘴、吃和胃是大地的杀手，是罪恶的器官（或动作）。海子以他的敏感心灵，透见了肠胃和丰收、土地、粮食之间剥夺与被剥夺的残忍关系。很明显，在海子的语境中，肠胃是一个伦理学问题；而在鲁迅那里，却更看重肠胃的原始功能，它表征的无疑是肠胃的现实主义：如何才能更加有效地容纳和消化食物（粮食）。因此，海子的肠胃中包纳的是土地，尤其是使土地变暗、变得空无荒凉的邪恶力量，是欲望；鲁迅的肠胃中容纳的，则是支撑我们做出各种人间动作的原始力量。如果海子语境的胃如其所愿地被摘除，大地肯定就安宁、美好、纯洁了；如果鲁迅语境的胃不幸被消除，大地就只有草木、野兽以及它们的自生自灭，按照鲁迅一贯的话说就是：中国人肯定是要被挤出"世界人"之外（《热风·杂感三六》）。

---

① 罗兰·巴尔特说过，即使"一个词语可能只在整部作品里出现一次，但借助于一定数量的转换，可以确定其为具有结构功能的事实，它可以无处不在，无时不在。"（巴尔特：《批评与真实》，上海人民出版社，温晋仪译，1999年，第66页）尽管"肠胃"一词在鲁迅的文本中并不是出现得最频繁的词汇，但它无疑是最重要的词汇之一。

让我们先把海子和伦理学的肠胃抛在一边。实际上，从肠胃开始分析中国的现实境遇是鲁迅较常用到的方法之一。对于中国这样一个大同主义、小康主义曾经嚣然尘上，几千年来却又无不为嘴、吃和肠胃奔忙的国家，鲁迅这样做并没有什么不可理解。值得注意的是，肠胃从一开始就不是作为一个孤零零的词，而是作为一个具有包孕性的词根出现在鲁迅的语境之中，并由这个词根演变出许多专门性的派生词汇。在鲁迅那里，肠胃从功能上说，首先是一个基础：正是依靠它，才使人的身体得以生存下去。即使是圣子耶稣当年饿极了，也得不顾身份去偷人家的东西吃，当主人警告说这就是犯法时，他还煞有介事地为自己的肠胃寻找神学理由（参见《马可福音》12：3–12：6）。这当然没有什么可笑，而是"基础"给了每一个凡夫俗子以宿命和大限。即使是圣子也不能例外，只要他还没有三位一体。鲁迅理解这中间的隐秘内涵。在肠胃问题上，如果不说鲁迅只是一个现实主义者，最起码也能说他首先就是一个肠胃的现实主义者。基于这一点，我们马上可以说，恰好是肠胃的现实主义给了肠胃这个词根最基本的含义：它指明了这个词根在自我推演、自我膨胀、自我完成过程中的方向和路径。

　　鲁迅多次说，我们的当务之急是：一要生存，二要温饱，三要发展（《华盖集·忽然想到》）。这里容不得半点儿诗意，也和所有型号的伦理学暂时无干。它是现实的，也是功利的，带有太多保国保种的焦灼感。而"生存"、"温饱"、"发展"云云，正是肠胃作为词根经过自为运动获得的派生性词汇。它既表明了"基础"的意思，也把鲁迅的肠胃现实主义摆渡到它应该去的地方。这就是说，在鲁迅那里，肠胃一边连接着简单的保命术，另一边却连接着登龙术。可它又绝不是桥梁。和许多人的意见相反，基础就是基础，从来就不是别的什么！它是生存的必需品。

　　肠胃也不需要墓志铭，它是活体，始终处在时间的流动之中，它蠕动、收缩、扩张和吸附的节律，就是它自身的时间。更加准确地说，肠胃只有它自己的时间，也只听从它自身时间的号令。这就是为什么我们即使在忘记它时，它仍然能够自得其乐、孜孜不倦地运转的原因。为肠胃虚构一种假想的时间是不可思议的——这就是肠胃的现实主义最内在的要求，也是"基础"最严厉的措辞。诚如保罗·德曼（Paul de Man）在《作为抹去的自传》里说的："墓志铭或者自传话语之主要修辞法，是拟人化，是死后的声音之虚构。"鲁迅也说，梦是好的，否则金钱是重要的（《坟·娜拉走后怎样》）。肠胃反对梦想，特别是当肠胃还没有达到它自身满足的时候——尽管肠胃确实能支撑起我们的梦想。也只有它才能支撑起我们的梦想。肠胃现实主义最隐蔽的潜台词是：它是代表能量的阳光进入我们身体最重要的中转站。而我们说，肠胃的现实主义和它所要求的特殊时间，使肠胃坚决反对包括拟人在内的所有修辞法。肠胃是活体，鲁迅通过《阿Q正传》、《孤独者》、《伤逝》告诫我们说，一定要记住这一点。

可是，一个非常简单然而又十分紧迫的问题始终出现在鲁迅眼前：几千年来，尽管我们的肠胃从未缺席，尽管我们的肠胃一直在暗中给我们提供力量，可它并没有得到善待，并没有得到我们的尊重。种种肠胃的伦理学、政治学给了它过多的伤害，给了它超过它承受能力的众多教义。在极端的时候，我们还常常以树皮、草根、观音土甚至人肉去敷衍它滑腻的时空。这是肠胃的伦理学对肠胃的现实主义最大的犯罪。一般说来，在肠胃现实主义肚量的弹性限度内，中国的肠胃以它菩萨般的胸怀原谅了肠胃伦理主义的敌意。它懂得，"肠胃"作为一个横跨亘古的巨大词根（而不仅仅是鲁迅的词根），它的自为运动毕竟还是给肠胃伦理主义的词汇之达成开启了后门，也预支了场地。是的，中国的肠胃现实主义一直有着宽广的襟怀。

时而当忙月、时而打短工的阿Q在生计出现问题时——鲁迅通过《阿Q正传》告诉我们，也告诉了他的时代——照样是要造反的。这是一个草民的肠胃在为自己的基础地位、现实主义寻找尊严。鲁迅的深刻在于，他不但以瞪眼和斜视看到了中国数千年来文化上的愚民、弱民政策，使得中国人的思想体格处于极度贫弱的状态，也看到了文化自身的机制在对肠胃实施愚民政策，在时时打破肠胃现实主义的内部平衡。"造反"是"肠胃"作为词根派生出的又一词汇。

鲁迅曾经提到李自成的造反、张献忠的造反。他暗示说，他们造反的目的和阿Q准备革命的宗旨并没有根本差别。一旦李自成、张献忠等人（当然也包括阿Q）得势，他们的秉性使他们仍然会毫不犹豫地造就新一轮肠胃现实主义内部的失衡。这都是些有来历的老例了。在这里，通过肠胃和肠胃的现实主义，鲁迅毋宁说出了这样一条真理：肠胃的尊严最终是冒犯不得的，肠胃最终是不可能被愚弄的。肠胃的现实主义有它的独门兵法。肠胃作为词根的派生词汇之一"造反"，就是众多独门兵器中最厉害的一种。肠胃一边维系着我们的生存，一边维系着我们的尊严。当肠胃受到类似于钱锺书所说的那种不公正的待遇时，它就会铤而走险，起义造反。是肠胃最终把人逼上了梁山。是肠胃最终给予了改朝换代的最大助力。毕竟海子那种过于诗意的肠胃伦理主义在庸众们那里，从来就不会有像样的市场。

鲁迅碰到的时代正是一个大饥荒的时代，人人都面带菜色；无论是肉体上的肠胃还是精神上的肠胃，都没有得到善待。在一篇杂文里，鲁迅说到过北京城沿街乞讨的小孩。这是肠胃现实主义最动人的华章和最精彩的一幕。鲁迅保证说，从这里我知道了中国的未来。接下来的问题就显得顺理成章——鲁迅的潜台词是：我们民族的肠胃早已出现了问题，这会引起什么样的结果，凡智商不等于零的人都不难想见，因为按照某种貌似庄严的口吻，毕竟孩子还是人类和民族的未来。在另一处，鲁迅不无"恶意"地说，我的确是生得早了一些，康有为公车上书时我已经有好几岁了，这真是不幸。为什么会不幸呢？鲁迅却含糊其辞、王顾左右而言他。但他知道终有人会明白这里边的深意。

2．肠胃的伦理主义……

孔夫子的弟子们记录了孔子说过的一句很有趣的话："割不正不食。"他老人家的意思大概是，如果食物在刀法上显得凌乱、不守规矩、破坏了应有的美感，我们的至圣先师是宁愿饿肚子也不愿意下箸的。联系到孔子"质胜文则野，文胜质则史"（《论语·雍也》）的说教，这自然可以理解。千百年来，我们的儒生、理学家、卫道士们在板着面孔之际，显然忘记了孔夫子在这么说话时包含着的更多的幽默感，也不愿意在孔夫子身上去寻找他之所以这么说话的原因。顺便说一句，孔夫子的话里边还隐含着一个肠胃上的美学问题，也被众多的孔家门徒给忽略掉了。是啊，在孔子那个年代，美学刚刚草创，割不正就不食，也未免显得太奢侈。儒生们怎么愿意注意这些有可能给圣人脸上抹黑的鸡毛蒜皮呢？他们从那中间更愿意看到的是格物、致知的心性功夫。我们都听说过，只有有病——不管是身体有病还是精神有病——的人，才会过分重视吃食的面孔、成色和酸碱度是否与自己的肠胃相匹配。后起的儒生们可不管三七二十一，活生生把孔子的话上升到象征的高度，并由此开创了肠胃的伦理主义传统。听他们解释说，刀法不正，带出来的实际上是食物的非"礼"；而非礼的事情，我们都愿意相信，老夫子从来都是不会干的。

保罗·蒂利希在《文化神学》里一针见血地指出了象征的一般性来源：所谓象征，就是"出自我们今天所说的群体无意识，或者集体无意识，出自一个群体；这个群体在一件事物、一个词语、一面旗帜或者不管别的什么东西中承认了自己的存在"。"礼"当然是儒生们的"存在之家"，自然也是他们肠胃的"存在之家"。具体到这里，我们还有必要加上一个限定性条件：此处的集体无意识倒正好是儒生集团的有意识——是他们有意识地把意识强行处理成了无意识，最后把它弄成了象征，当作了禁忌，并给予它伦理主义的板滞面孔。因为千百年来，鲁迅的肠胃现实主义暗示说，小老百姓梦想的从来都不过是大碗喝酒、大块吃肉，至于割得"正"不"正"，大体上不会有什么讲究；到了民不聊生、易子而食的年头，就更是去他娘了。因此，任何号称无意识的东西几乎从来都是被迫成为的。这里不妨插一句，正是在这一点上的失察，使得容格（Carlg Jung）之流的伟大理论从一开始就带有了先天的残疾。

孔子闻《韶》三月不知肉味，已近乎变态；孔子"食不厌精，脍不厌细"，似乎又在提前呼唤一种精致的新美学。他在吃食上的穷讲究，与其被门徒们上升到象征的高度、肠胃伦理主义的假想位置，不如先在肠胃的现实主义水平上进行一番思维游弋再说。正是在这里，历史谣言家鲁迅敢于断言：孔老二有胃病；而且他还指名道姓地说那是胃扩张，患病的时间大约是在周敬公十年以后（《南腔北调集·由中国女人的脚，推定中国人之非中庸，又由此推断孔夫子有胃病》）。这不应该算是瞎把脉，毕竟鲁迅是学过医学的。除此之外，鲁迅还有着强大的理由，这里也一并罗列：无论从哪里来的，只要是食物，壮健者大概就无须思索，直接承认那是吃的东西；只有患病的人才一再想到害胃、伤身，搞出许多有关食物的禁忌（《坟·看镜有感》）。这当然是更加准确的诊断了，因为它建立在病理学和物质经验的双重基础之上。

肠胃的现实主义在这里拥有足够的批判力量：它面对祖传的肠胃伦理主义时，有着鄙夷、蔑视和挥手之间就将它打发在一边的能力（这暗合了向上倔起的眼神）。在鲁迅看来，古老的、建立在"克己复礼"基石之上的肠胃伦理主义根本不值得再提倡，它是糟粕，同样也是压在肠胃上的巨大重负之一。正是它，导致整个民族都患上了广泛的胃下垂。尤其需要注意的是，肠胃的伦理主义一开始就给肠胃虚构了时间段落——王化的、由"礼"规定好了的四平八稳、低眉顺眼的时间。所谓君子不饮"盗泉之水"、不吃"嗟来之食"。这种柔顺的时间彻底摧毁了、取消了肠胃自身的时间。但它保证说，只有在王化的时间段落里，肠胃才能获得它需要的安宁、和平以及满足（大同？小康？）。肠胃现实主义在经过它自身的思辨、运作后，毫不犹豫地打翻了虚构的时间——我们早就知道，肠胃的尊严最终是不能被冒犯的。

值得考虑的倒是，鲁迅不仅是一个肠胃的现实主义者，同时也是一个伦理主义者。但他不是祖传的伦理主义者，也不是海子那种诗意盎然的伦理主义者。在鲁迅这里，肠胃伦理主义反对诗意，它遵循它的主人对食物的理解方式，并由此去规定对食物的挑选，对食用方式的选择。鲁迅的肠胃伦理主义天然带出了他对个人、时代、历史、人生和文化的几乎全部理解。由于肠胃作为词根在鲁迅个人语境中的内在含义，鲁迅的肠胃伦理主义也有它自己的独特性。简单说起来，和鲁迅一贯关心的问题及其表情相一致，他的肠胃伦理主义也具备着痛苦的、口吃的质地。

在小说《孤独者》里，鲁迅描写了一个叫作魏连殳的知识分子。此人早年激进，抱着改造山河、富国强民的大志。残酷的现实生活却让他处处碰壁，几乎是经常性地食不果腹，及至无人理睬。最后他破罐破摔，当上了一个地方小军阀的幕僚，立时境遇大变，身边经常性地聚集着一大堆唯利是图、讨好卖乖之众和海吃大喝之人，其中也不乏那些先前对他的"不理睬"党。但魏连殳最终只是一个孤独者，因为他的真正目的、人生理想根本就不在这里。和孔子的伦理学一样，魏连殳的肠胃也自有它要排斥的"盗泉"和"嗟来之食"。不排除魏连殳身上有被许多论者标明出来的种种特质和象征意义，但他正好表明鲁迅牌肠胃伦理主义的实质。鲁迅的肠胃伦理主义的真正含义毋宁是：在抛开祖传伦理主义对肠胃的时间虚构后，新的伦理主义必须给肠胃一个全新的、有利于富国强民的、并且是健康的、可靠的时间段落。这个时间段落一定要征得肠胃自身的时间形式的同意。这就是说，肠胃伦理主义既要尊重肠胃的本己需求，但又绝不为肠胃的原始现实主义牺牲自己的尊严（这在思路上倒有些近似于祖传的肠胃伦理主义）。它同意《马太福音》说的话："人活者，不仅仅是为了面包"（Man shall not live by bread alone）；也能在抽象的含义上同意《文子》的建议："外与物化，内不失情。"但它绝不同意"割不正不食"。

　　鲁迅的肠胃伦理主义的痛苦和口吃就在这里：尽管他特别想找到可靠的时间段落去框架肠胃，但现实境遇不答应；在肠胃现实主义的巨大压力下，他不得已牺牲了自己独有的伦理主义，但伦理主义却又为此痛苦不堪，并由魏连殳明知自己患了绝症也懒得去治疗最终吐血而死来了结痛苦。魏连殳是肠胃现实主义和伦理主义深刻冲突的牺牲品，是炮灰和齑粉。在矛盾双方之间，鲁迅牌肠胃的伦理主义实在是很难对它们谁更有理作出准确的判断——这自然就是口吃了。魏连殳的痛苦归根到底是肠胃伦理主义的痛苦，魏连殳的孤独也是肠胃伦理主义的孤独。一件意味深长的事情是，鲁迅接受过国民政府一家学术机构的聘请，虽然他从未到场视事，却几乎是直到死都在领取它发放的薪水。联想到鲁迅对国民党及其政府的猛烈攻击，而他似乎对只领薪水不干事从来也不愿意提起，这中间不正充满着他的肠胃伦理主义的躲闪性吗？该躲闪性和鲁迅肠胃伦理主义的痛苦、口吃有没有内在的一致性呢？

　　建立在"礼"上的伦理主义造就了一个四平八稳的胃口、对食物进行广泛挑剔的胃口；建立在鲁迅私人词根之上的伦理主义造就了一个痛苦的胃口，它不断在伦理主义和现实主义之间来往穿梭、居无定所。谁敢一口咬定哪一种更好，哪一种更糟？为了解决伦理主义本身的痛苦、口吃和它们带来的躲闪性，既然鲁迅早已枪毙了祖传的肠胃伦理主义，那么，他会听从海子的建议，捡起海子那种充满浓郁诗意的伦理主义即干脆把肠胃给摘除吗？对于海子的小儿之见，鲁迅当然会不屑一顾。因为肠胃的现实主义始终给鲁迅提供了这样一个发言的立场：活人只谈活人的肠胃。海子的肠胃在鲁迅那里显然指涉的是死人的肠胃。但鲁迅肯定不愿意知道（但他肯定知道），这个世界上还是有人会在他自己的肠胃伦理主义的指引下一条道走到黑的，比如海子，他用伦理学的胃口彻底取代了现实主义的胃口，山海关铁轨上被火车砍成两截的身体表明了"彻底取代"带来的悲剧性，而不是躲闪性和口吃；比如伯夷、叔齐，他们同样是用伦理主义的胃口一步步取代了现实主义的胃口，只不过他们的步伐更从容、更中庸。有趣的是，在《故事新编》里，鲁迅也写到了伯夷、叔齐。在鲁迅明显的调侃和讥讽的语气中，我们看到了他的肠胃现实主义和肠胃伦理主义之间忽而搏斗、忽而和平共处的真面孔（《故事新编·采薇》）。鲁迅把这中间的痛苦给掩盖了；联想到不为别人服务却又毫无愧色（？）地领取别人给出的薪水，鲁迅以那样的语调描写伯夷、叔齐，其目的和宗旨不是反而更加欲盖弥彰了吗？

3．肠胃的拿来主义……

肠胃作为词根，无论是在鲁迅那里，还是在传统文化那里，势必和饥饿联系在一起。饥饿是肠胃派生出的又一个值得大写的词汇。肠胃的现实主义正好是建立在饥饿的基础之上的：是饥饿让我们在迫不得已之际开始重视我们的肠胃，肠胃也是通过饥饿这个可怕的中介向人吁请对它的尊重。饥饿迫使肠胃伦理主义高扬的眼光向下看，把目光集中在早已坍塌的肚皮上；饥饿在呼唤建立肠胃自己的伦理学——关于尊重肠胃的伦理学。

饥饿使肠胃自身的时间终于从隐秘的地方浮现在我们眼前，从而和我们的公共时间打成一片。但它的方式却是特别的：它是金色的公共时间幕布上的黑色，是太阳中的黑子，是焦灼的时间。因此，两种不同的时间终于重合了，也迫使人们重视肠胃自身的时间。一般说来，人们总是倾向于用最简单的法子把它重新打发回到囊中。但这种漫不经心的方式，往往是要遭到报应的。

肠胃的伦理学一直在为饥饿规定方向和解决的线路而奔忙：吃什么，不吃什么；这样吃，而不是那样吃。所有的肠胃伦理主义都在干着这样的事情。因此，在肠胃的伦理主义和现实主义之间存在着天然的矛盾。肠胃的现实主义倾向于马上解决饥饿，不管是什么东西，不管怎样搞到这些东西，也不管是以什么样的方式消耗掉这种东西（比如"割"得"正"不"正"就不在考虑之列）；伦理主义则倾向于对食物进行再三挑剔，反复研究，以确定下口的方式和选择什么样的食物。在通常情况下，伦理主义并不在乎饥饿痛苦的叫喊。肠胃伦理主义是天生的硬心肠，因为它本来就是由一群不知道饥饿为何物的肠胃们发明的。

一般来说，肠胃的伦理主义在肠胃的现实主义面前没有不惨败的，无论是鲁迅牌伦理主义还是祖传的伦理主义——为了果腹而背叛自己理想的魏连殳，自然是前者的好例证，被逼良为娼的良家妇女更是后者的蜡制标本。因此，口吃（支吾、犹豫）就是各种肠胃伦理主义的天然特征，毕竟饥饿有着更大的力量，毕竟海子的伦理主义太完美了，以至于无法做到，毕竟祖传的伦理主义太高大了，凡人们注定无法攀援到那个致命的高度。"饿死事小，失节事大"，又有几个妇人能够终生奉为圭臬？为了解决伦理主义中暗含的口吃，祖传的伦理主义选择了"从权"；为了尊重肠胃，"嗟来之食"、"盗泉之水"也不妨一用——毕竟像伯夷、叔齐那样彻底的人并不多见。鲁迅将会选择什么方法呢？

我们都知道了，鲁迅的肠胃伦理主义有着痛苦的一面，也有着强烈的躲闪性。这种痛苦来源于两个方面：从我们专事批发经营辫子、小脚的国粹当中，找不到除了"从权"之外更好的理论资源；时代境遇在造成了广泛的饥饿时也并没有提供更多的食物。总之，虽然中国地大物博，外国鬼子现有的一切东西我们都"古已有之"，但饥饿毕竟还普遍地存在着。它仍然是一种本地的、土生土长的饥饿。在伦理主义和现实主义发生冲突时，鲁迅牌肠胃的伦理主义迫于饥饿的巨大能量，也只有先靠躲闪性——以躲闪之后的痛苦为代价——度过眼前的劫难，然后再想办法。

鲁迅说："我们目下的当务之急，是：一要生存，二要温饱，三要发展。苟有阻碍这前途者，无论是古是今，是人是鬼，是《三坟》《五典》，百宋千元，天球河图，金人玉佛，祖传丸散，秘制膏丹，全都踏倒他。"（《华盖集·忽然想到》）鲁迅的意思是，这些祖传的法宝和今人的鬼把戏，其实都无法解决普遍的饥饿：既解决不了精神上的饥饿，因为它为精神的肠胃规定了一种残忍的、无视饥饿的伦理学；也解决不了肉体上的饥饿，因为它的教义往往使得土地里的粮食连年遭灾。当鲁迅通过躲闪性度过了最初的饥饿后，他马上开启了肠胃的拿来主义之门：他把求救的双手伸向了别人，伸向了域外。

拿来主义是作为伦理主义和现实主义之间冲突的调解者身份出现的。而调解意味着看到两边。拿来主义既不同意祖传伦理主义的迂腐、无聊，现实主义的完全丧失原则、有奶便是娘，也不忍心看到鲁迅牌伦理主义始终处在无能的痛苦状态和躲闪性的偷偷摸摸上。因此，拿来主义意味着，它要给予肠胃自身的时间以更加广阔的解释，它要把肠胃自身的时间搬到更大的空间中去，洗掉它的腥味，除去它的潮湿。但鲁迅非常清楚，由于祖传伦理主义对肠胃现实主义的长期规范、定义、修改、奴役，已经使得肠胃极度虚弱，难以承受、接纳和消化有着强烈生猛性质的西餐。罗兰·巴尔特对使用筷子和使用叉子的现实境遇作过一次区分："由于使用筷子，食物不再成为人们暴力之下的猎物，而成为和谐的被传送的物质；它们把先前分开来的质料变成细小的食物，把米饭变成一种奶质物；它们具有一种母性，不倦地这样一小口一小口地来回运送，这种摄食方式与我们那种食肉的摄食方式所配备的那些刀叉是截然不同的。"（罗兰·巴尔特《符号帝国》）与其说巴尔特是在赞扬中国的食物，不如说是在讽刺：上述言论已经把中国肠胃的虚弱性的原因和结果给一锅端了——虽然整本《符号帝国》说的都是日本。正是在这种情况下，鲁迅才说：

人 + 兽性 = 西洋人

人 + 家畜性 = 某一种人

（《而已集·略论中国人的脸》）

　　排除这两个算式中包含着的其他含义，我们完全可以把它们看作是中西肠胃比较学的纲领。鲁迅在许多文字中都曾经暗示道：我们必须有一副野兽一样的好肠胃。拿来主义需要一副野蛮的胃口。从工具论的意义上说，拿来主义拿来的就是野蛮的肠胃。

　　遵循着这样的设想，鲁迅曾经塑造了一位手持长枪、大步行走在无物之阵上寻找敌人的"这样一个战士"（《野草·这样一个战士》）。我曾经指出过，我们要特别注意这个战士手中的投枪，尤其是要注意投枪上的原始性。在这里，原始性毋宁可以被看作是拿来主义所需要的那种肠胃的外部显现、物化形式。因为鲁迅说过，这个战士肌肉发达，有如非洲土人一样健康、野蛮。"这样一个战士"粗砺的肠胃，和他虽然无聊但堪称勇敢的斗争方式完全吻合。

　　让鲁迅非常生气的是，尽管肠胃的拿来主义早在他提出之前就已经被国人广泛地使用了，但被拿来的各种东西——无论是西方的最新教义，还是最新式的洋枪洋炮，中国的肠胃都没有能力很好地消化。出于中国肠胃的虚弱性，要么就是这些东西被完全腐蚀掉，要么就是中国的肠胃被它们搞得七零八落，肠胃自身的时间也被大卸八块，离开母体而单独转动。这种情况早已被鲁迅揭发出来了。在《拿来主义》一文里，他指出了中国的肠胃在面对外来食物时一贯采取了两种方法：要么按照祖传伦理主义的旨意拒绝拿来，甚至一把火烧掉——这就和善于放火烧房子的中国文化有着相当的一致性了；要么就是专门在外来食物中寻找已经腐朽的部分，因为它正好配得上只适合消化"流质"的中国肠胃。可是，既能消化外来食物，又能拒绝祖传伦理主义的中国肠胃在哪里？

　　这是鲁迅碰上的又一个大问题。

4. 肠胃的个人主义……

在锻炼中国胃口、强化中国胃口宣告彻底失败之后，鲁迅在无奈中只有选择并依靠自己的胃口这一条路了。只有自己的胃口强大起来才能自救；如果想去救人，当然也就因此拥有了前提。鲁迅穿行在无数胃囊之间，却没有找到拿来主义所需要的那种好胃口。而"锻炼"、"强化"云云，需要希望作为后盾。在此处的语境里，"希望"也是"肠胃"的派生词汇之一。它意味着，在肠胃拿来主义的巨大废墟之后，有着大片未曾开垦的处女地，那里的时间柔软、温和，正在等待肠胃自身的时间自动与它合一。希望有着心态上的双重性：焦灼和从容。从容让鲁迅坚信未来还是有的，也可以让他把眼光投向将来；但焦灼却分明已经标志了，形势的急迫和希望本身的遥遥无期，使得鲁迅经常性地陷入了绝望的地雷阵，从而丧失了从容。很快，鲁迅弄明白了自己的尴尬处境，随之对希望做出了坚定的区分：希望——如果不是虚拟的话，也是别人的，与他无干；绝望——这肯定是再真实不过了，却是自己的，与他人无关。

肠胃的拿来主义迫于希望在心态上天然就沾有的双重性的巨大压力，彻底失败了。拿来主义事实上成了一纸空文，蜕化为一个比喻，一句胡话。也正是由于希望的双重性，使得鲁迅把拿来主义的成败的关键，最后一次寄托在自己的肠胃上。鲁迅的肠胃怎么样呢？我们早就从鲁迅的动作中（比如踹击、背叛、跋涉、挣扎、向白天施割礼、斜视、瞪眼等）和生活中（比如领取国民政府的薪水），看见了鲁迅的肠胃的种种特点：他的肠胃现实主义教导他，必须为自己的肠胃而战；他的肠胃伦理主义则唆使他，无论怎样的战斗都得有一定的规矩，要遵循一定的律令。在所有的饮食中，总会有一部分被定义为"盗泉"、"嗟来之食"以及和"失节"形成鲜明对照的"饿死"。遗憾的是，由于历史和现实对鲁迅的交互作用，他的肠胃现实主义和伦理主义并不总是协调一致、和平共处——只领他的敌人的薪水而不为敌人干事，已经把这种不一致给挑明了。因此，中国需要的肠胃拿来主义，鲁迅也需要。这直接构成了鲁迅的肠胃个人主义。

鲁迅本人的胃口并不是非常健康。但他的胃口的不健康却有着特殊的形式。和中国肠胃的普遍性、集体性虚弱最终导致在拿来主义催生下的拉稀不一样，鲁迅是呕吐。鲁迅的肠胃一生都在试图接纳希望、消化希望，结果却无一例外地和他的肠胃有着先天的不合：希望在从容中预支的遥远的未来时间，始终在和鲁迅肠胃自身的时间打架、斗殴、刺刀见红。鲁迅呕吐了，呕吐出来的也不再是什么希望，而是黑色的绝望。是的，那个人早就说过了，希望本无所谓有，也无所谓无。因此，绝望就是鲁迅肠胃个人主义形成的呕吐物。它们组成了鲁迅作品空间的一砖一瓦。

鲁迅说，他一直在拿着希望的盾，以抵挡绝望的矛（参见《野草·希望》等篇目）。这实际上已经把他肠胃个人主义的特点全部"点水"了：肠胃个人主义的最大特征就是导致呕吐（这和鲁迅习惯于呕吐的记录方式遥相对应）。在鲁迅完全否弃了祖传的伦理主义之后，随着集体的肠胃拿来主义的普遍失败，他发现，肠胃的个人主义也有失败的危险。顺便插一句，祖传的伦理主义、集体的拿来主义也一度充当过鲁迅的食物，但它们还是被呕吐出来了。鲁迅为了获得健康的身体，从生到死都在寻找可以食用的、非腐朽的食物。他本人的肠胃拿来主义使他很早就把嘴伸向了国门之外，他吞吃过大量的食品：个人主义、进化论、尼采主义、斗争哲学。让人揪心的是，他的胃口在祖传的伦理主义长期的熏陶下，一方面想反对祖传的伦理主义，另一方面又不得不悲哀地承认，早已被祖传的伦理主义弄得太过虚弱；再加上现实的残酷境遇，使得他个人的伦理主义与肠胃现实主义之间存在着巨大的矛盾并产生了强烈的躲闪性，共同导致了鲁迅最终对几乎所有外来食品的呕吐——对各种信仰的习惯性背叛早已昭示了这一点。

鲁迅干瘦的身体和肠胃个人主义的呕吐特征有着极大的内在关联。由于呕吐，吃下的东西只有很少的一部分化作了营养以供他的动作所驱遣（比如鲁迅的本地语调最终和传统语调有了某种同一性就是显明证据）；但在他做出的所有动作中，呕吐本身却占据了绝大半比例。最终的结局是尴尬的：呕吐本身导致了新的饥饿，需要新的"拿来"——既然本土的食品已根本不可食用；呕吐导致了新一轮的呕吐。我不知道鲁迅怎样忍受这一连串充满腥味的动作带来的痛苦；而详细描摹忍受和呕吐的过程，也不是本人的本事所能及；但鲁迅的文字作为呕吐物组成的庞大建筑群，却给了我们可以直接观察呕吐的凝固形式。只要我们走进去，我们就能看见它、听见它。

鲁迅的呕吐是相当深刻的。因为呕吐把他的痛苦、绝望、愤怒给全部捎带出来了，也将肠胃的拿来主义重新进行了论证。如果最初提出肠胃的拿来主义，只是作为对解决伦理主义的躲闪性和痛苦的可能方案的"大胆假设"，呕吐毋宁就是对它的"小心求证"了。小心求证的最终结果是：拿来主义是不可能的。不仅中国的肠胃已经集体性地虚弱到了不能承受外来食品的程度，肠胃的个人主义也不能成为通达它的道路。鲁迅的深刻就在这里，他为未来的中国从肠胃（不管它是一个词根还是物态意义上的东西）的角度算了一卦：时至今日，我们真的有拿来主义吗？我们真的已经拥有了一副野蛮的胃口？鲁迅肯定预见到了，这是直到今天我们仍然无法很好回答的问题，也是直到今天我们必须面对和解决的巨大问题。可是，没有肠胃的拿来主义，我们的身体和思想肯定会过度虚弱，有了拿来主义就肯定不会虚弱了吗？

1999年12月，北京看丹桥。

第三辑　思想宴席

中国的灵魂医生：孔子篇

> 问曰：古之时与今之时同乎？曰：同。其人同乎不同乎？曰：不同。[1]
>
> 太山坏乎！梁柱摧乎！哲人其萎乎！[2]

他为什么恸哭？

鲁哀公十一年（即公元前484年），孔子受故国之召，从周游列国的最后一站（即卫国）返回家乡。但他一以贯之的固执、事事以周礼为准绳的耿介性格，却使他并不见用于以厚礼聘请他归来的父母之邦（即鲁国）[3]。这一年，孔子68岁，还不可能幻想"素王"的地位与名分；这一年，在越来

---

①《管子·侈靡》。
②《史记·孔子世家》。
③ 参阅《左传·哀公十一年》、《论语·先进》对此的叙述。

越独裁的身体年代学的管制下①，作为恒久的宫廷官衙装饰物和未来的至圣先师②，孔子被迫放弃了"立功"的念头，苦心经营在他心目中原本不那么重要的"立言"活动，期望达致不朽的境地③。出于对身体年代学的暗中屈服和明面上的顽强抵抗，在孔子晚年的一厢情愿中，梦想着通过对《春秋》一书的写作，令"天下乱臣贼子惧焉"④，聊补多年来在事功上面的一败涂地⑤。"那过去的时光/一个'国'在'家'里饿/'阴'儿，在胎盘上瘦。"⑥从那以后，他的身体状况一天不如一天，但身体才是最大的真理；从那以后，无论他自觉或不自觉，他都不相信自己会被衰老所战胜；但也无论他自觉或不自觉，他都不能不暗暗把衰老看作不可战胜的敌人⑦。一个备受理想和现实左右夹击的老人，伴随着世事的变迁、子弟们的凋零弃世⑧，心绪阴晴不定、冷暖交加，一会儿阳光、一会儿暴雨、一会儿天空、一会儿大地，梦越做越少（比如他再也没有梦见他无数次梦见的周公），路越走越窄（比如他只能整理文献和著书立说），暴雨的拔节声却从未休止，户外的世界反倒在堕落中加速前进，刚好符合自由落体定律。"个人只是波浪上的泡沫！伟大纯属偶然！天才的统治是一出木偶戏……能认识它就到顶了，掌

---

① 孔子中年以后多病，典籍屡有记载，比如《论语·子罕》："子疾病，子路使门人为臣。病间，曰：'久矣哉，由之行诈也！无臣而为有臣，吾谁欺？欺天乎？且予与其死于臣之手也，无宁死于二三子之手乎！且予纵不得大葬，予死于道路乎？'"

② 清代正式将孔子奉为"至圣先师"，据说比起前期，已经降低了孔子的身份（参阅刘禺生：《世载堂杂忆·孔子历代封谥》）。

③《左传·襄公二十四年》："太上有立德，其次有立功，其次有立言，虽久不废，此之谓不朽。"

④ 参阅《史记·孔子世家》。

⑤ 孔子第一次从鲁国出游在他34—35岁之间，第二次则在他55—68岁之间。第二次出游历时14年（参阅《史记·孔子世家》）。14年间，过匡被围（参阅《论语·子罕》、《论语·先进》、《庄子·秋水》等），过宋则险遭司马桓魋的暗算，只得微服而遁[参阅《论语·述而》、《孟子·万张上》。顾立雅（H. G. Creel）考证说，司马桓魋想杀孔子，是因为在"司马桓魋看来，孔子所倡导的东西显然正是苏格拉底被判的罪行：腐化青年。"（顾立雅：《孔子与中国之道》，高专诚译，大象出版社，2000年，第55页）]，绝粮陈、蔡，只差一点没饿死（参阅《史记·孔子世家》）……最后，他只落得一个"累累若丧家之犬"的形象（参阅《史记·孔子世家》、《论衡·困誓》等），获得了一句皮笑肉不笑的"知其不可而为之者与"的暧昧赞词（参阅《论语·宪问》），还有一句顿足捶胸的自我诘问："知我者其天乎！"（参阅《论语·宪问》）

⑥ 刀：《刀在1963》，民刊《南京评论》2007年卷，第11页。

⑦ 此处模仿了冯雪峰谈论鲁迅的句式，参阅冯雪峰：《回忆鲁迅》，人民文学出版社，1981年，第138页。

⑧ 这之中尤其是儿子孔鲤的死（参阅《论语·先进》）、弟子颜回（参阅《论语·先进》）、司马牛（参阅《左传·哀公十四年》）和子路（参阅《左传·哀公十五年》）的死对孔子打击最大。

握它是不可能的！"①德意志天才少年毕希纳(Georg Buchner)的年轻感叹，能否称得上孔子的暮年悲哀？

在未来的宫廷装饰物短暂的晚年生涯中，除了写作《春秋》、整理文献、弹琴作乐、教诲弟子和偶尔游山玩水之外②，剩下不多的时间与精力，差不多全花在了感叹和哭泣上面③。这种表征着彻底失败和心绪崩溃的语调或声音的杰出代表，一定会让众多的精神术士暗自窃笑或公开嘲笑。"雷风相薄，恒益起意；水火相射，既济未济"④。在所有的感叹中，要数他为自己年老体衰、无法再度梦见周公发出的感叹最为重要："甚矣吾衰也！久矣吾不复梦见周公！"⑤在所有的哭泣中，要数他71岁奇迹般见到麟时的涕泣⑥、临死前绝望的痛哭⑦，最让人唏嘘感叹。但孔子"西狩获麟"而哭的故事，不该影响他在后人心中至圣先师和素王的高大形象：

> （鲁哀公十四年），叔孙氏之车士曰子钽商，采薪于大野，获麟焉，折其前左足，载以归。叔孙以为不祥，弃之于郭外。使人告孔子曰："有麏而角者，何也？"孔子往观之，曰："麟也，胡为来哉？"反袂拭面，涕泣沾衿。叔孙闻之，然后取之。子贡问曰："夫子何泣尔？"孔子曰："麟之至，为明王也，出非其时而害，吾是以伤焉。"⑧

从"世界蛋"中孵化出来的象征世界，到杂草丛生、欲望茂盛的属人

---

① 毕希纳(Georg Buchner)致未婚妻函，转引自刘小枫：《沉重的肉身》，上海人民出版社，1998年，第2页。
②《论语·子罕》："子曰：'吾自卫反鲁，然后乐正，《雅》、《颂》各得其所。'"
③ 参阅匡亚明：《孔子评传》，南京大学出版社，1990年，第83-87页；参阅李零：《何枝可依》，三联书店，2009年，第68页。
④ 邵雍：《伊川击壤集》卷十七"大易吟"条。
⑤《论语·述而》。
⑥ 参阅《孔子家语·辨物》。
⑦ 参阅《史记·孔子世家》。但崔述认为这不可信，因为那跟孔子的性格完全不符（参阅崔述：《洙泗考信录》卷四）。
⑧《孔子家语·辨物》。但最主要、最可靠的文献并没有说孔子哭泣，比如《春秋·经·哀公十四年》只说"春，西狩获麟"；《史记·孔子世家》也只说孔子见麟后有过一番感叹，《左传·哀公十四年》仅仅说："十四年，西狩于大野，叔孙氏之车子钽商获麟，以为不祥，以赐虞人。仲尼观之，曰：'麟也。'然后取之。"后来胡仔根据上述材料绘声绘色编织了一个孔子见麟大哭的故事，流传甚远（参阅胡仔：《孔子编年》卷五）。此处愿意听从《孔子家语》的意见，详论见后。

的世界——尤其是不断堕落与沦陷的属人的世界——麟一直是传说中难得一见的祥瑞之物①，曾激发过欧洲人对动物形象的广泛灵感和绚烂才情，直到部分性修改了他们想象中的动物形象谱系②，比儒学拯救天下的梦想，实现得要早了数不清的年月③。麟长相奇特，身材高大，集天下动物之美容、美器于一体："麕身，牛尾，狼额，马蹄，有五彩，腹下黄，高丈二。"④德行更是超凡绝尘、无可比拟，像极了宫廷官衙装饰物大声称道过的古之圣人："内含怀义，音中钟吕，步行中规，折旋中距，游必择土，翔必有处，不履生虫，不折生草，不群不旅，不入陷阱，不入罗网……"⑤作为一种高迈理想的肉身形象，麟是传说中的仁慈之物，温顺、仁爱、中庸、慈祥，和大同世界、上古三代具有几乎完全相等的珍贵属性，所有人都"可以手挽其角而指数其牙"⑥。这种不世出的"仁兽"⑦，通常只在彬彬有礼的盛世年月，才愿意显露真身（即"为明王也"）。它是一个被有意放大的焦点、一个神奇愿望的珍贵化身，是那个最大理想的隐蔽造型、最后一个拯救的尊贵形象，不该出现在俗人和俗世面前，不该出现在有"凤"之称的孔子绝望的晚年："凤兮凤兮，何如德之衰也！来世不可待，往世不可追也。天下有道，圣人成焉；天下无道，圣人生焉。方今之时，仅免刑焉。福轻乎羽，莫之知载；祸重乎地，莫之知避。已乎已乎，临人以德！殆乎殆乎，画地而趋！迷阳迷阳，无伤吾行！吾行曲，无伤吾足。"⑧在麟的唐突现身和它尊贵的身份之间，出现了悖论、充满了矛盾、发生了不可思议的裂变："十有四年春，西狩获麟。引取之也。狩地不地，不狩也。非狩而曰狩，大获麟，故大其适也。其不言来，不外麟于中国也。其不言有，不使麟不恒于中国

---

① 中国正史记载麟只有两次，一次为孔子所见，一次为汉武帝所见（参阅《汉书·武帝纪》）。

② 钟鸣有一篇关于麟的文章题作《圣人孔子，里尔克，苏格拉底和独角麒麟》，对中国怪兽麒麟的世界之旅有过非常有趣的申发（参阅钟鸣：《畜界，人界》，东方出版社，1995年，第354-366页）。

③ 把儒学拯救世界之梦做得最厉害的是牟宗三等现代新儒家（参阅牟宗三、徐复观、张君劢、唐君毅：《为中国文化敬告世界人士宣言》，香港《民主评论》第9卷第1期，1958年1月）。

④《春秋·经·哀公十四年》，孔颖达《疏》引京房《易传》。

⑤《春秋·经·哀公十四年》，孔颖达《疏》引《广雅》。

⑥ 唐甄：《潜书·尊孟》。

⑦《说文》段玉裁注："单呼麟者，大牡鹿也；呼麟麟者，仁兽也。麒麟可单呼麟。"

⑧《庄子·人间世》。

也。"①实际上，出乎孔子之所料，麟的出现，就是要为它自身制造反讽；实际上，它就是一个巨大的讽刺、一个有意识的抗议，是为了从侧面声援已经到达垂暮之年、再也经不起折腾的老牌理想主义者。未来的至圣先师寄居其间的，早就是礼崩乐坏、道术"已"为天下裂的时代，面对的，是正在大幅度丢失其领地的象征世界——属人的世界在欲望的聒噪声和自我恭维声中，早已大驾光临。麟在让人心绪崩溃的时刻显露真身，何况还遭到了俗人的恶意伤害（"折其前左足，载以归"），这对孔子，肯定是一个绝大的讽刺和打击②：

> 鲁哀公十四年春，狩大野。叔孙氏车子钼商获兽，以为不祥。仲尼视之，曰："麟也。"取之曰："河不出图，雒不出书，吾已矣夫！"颜渊死，孔子曰："天丧予！"及西狩见麟，曰："吾道穷矣！"喟然叹曰："莫知我夫！"子贡曰："何为莫知子？"子曰："不怨天，不尤人，下学而上达，知我者其天乎！"③

作为中国历史上最著名的私生子④，一个被"草草造就的男性"⑤，孔子拒不接受"这个戏剧性的社会，也就是说，不是由自然人组成的社会，而是被人们接受的虚伪社会"⑥。因此，他对他见到的不该见到的麟，怀有一种痛彻心肺和伤及骨髓的绝望情绪：这是人中之"凤"和动物之麟的相互凝视，是"倮之虫"的最高典范和"有毛之虫"的最高范本展开的神秘对话⑦，是他（它）们之间的互换身份和交换心情。孔子对麟怀有类似于"最后一瞥之恋"（love at last sight）的痛苦，决不是"一见钟情"（love at first

---

①《谷梁传·哀公十四年》。

② 对此，《公羊传·哀公十四年》有很好的描述："西狩获麟，孔子曰：'吾道穷矣！'"

③《史记·孔子世家》。

④ 参阅《史记·孔子世家》。

⑤ 肖勒姆（Gershom Scholem）：《本雅明：一个友谊的故事》，朱刘华译，上海译文出版社，2009年，第58页。

⑥ 罗贝尔·尚皮科内（Robert Champagne）语，转引自巴尔加斯·略萨：《谎言中的真实》，第325页。

⑦《大戴礼记·易本命》有云："有羽之虫三百六十，而凤凰为其长；有毛之虫三百六十，而麒麟为之长……倮之虫三百六十，而圣人为之长。"

sight）①所昭示的狂喜和欢快。"唐虞世兮麟凤游，今非其时来何求？麟兮麟兮我心忧！"②孔子慷慨忧伤的语调预示着：越接近终点，人中之"凤"反而越能清楚地预见自己的未来，那个除了黑暗与利害空无一物的年月，那个矢志不渝向最底层、最地狱的方向加速沉沦的天下。"西狩获麟"之后，曾经以"虽百世可知也"③自诩的孔子，已经让位给预知身后只有黑暗和沉沦的悲观的仲尼。"即使是神也不同必然性抗争"，④因为"凡必然之物，都令人痛苦"⑤。尽管晚年的至圣先师或许有能力蔑视"必然性"的神鬼莫测，却早已丧失了曾经的从容和淡定；他对早年过于炽热的理想，只抱一种绝望的希望。作为一个终其一生逆光阴之河向源头挺进、向种子的方向回归的时间英雄⑥，作为一个对礼崩乐坏早已摆出一副唾弃姿态的"拒绝大师"【卡内蒂（Elias Canetti）赞孔子语】⑦，晚年的孔子只剩下哭泣和哀叹；作为一个洞悉光阴之全部习性的将逝者、一个人间经验的绝对肯定者，孔子一生都在矢志不渝地造时间的反、充当时间的反对派。他是个早生了两千余年的堂吉诃德⑧，他的悲剧性结局，唯有他自己最清楚。佛祖圆寂后的第七个年头，"孔子病，子贡请见。孔子方负杖逍遥于门，曰：'赐，汝来何其晚也？'孔子因叹，歌曰：'太山坏乎！梁柱摧乎！哲人其萎乎！'因以涕下。谓子贡曰：'天下无道久矣，莫能宗予。夏人殡于东阶，周人于西阶，殷人两柱间。昨暮予梦坐奠两柱之间，予始殷人也。'后七日卒。"⑨

　　孔子以绝望的歌哭，用极端的、仅剩下声音却没有任何言辞的语调，

---

① 参阅本雅明（Walter Benjamin）：《巴黎，19世纪的首都》，刘北成译，上海人民出版社，2006年，第1页。
②《孔丛子·记问》。
③《论语·为政》。
④ 庇塔库斯（Pittacus）语，转引自柏拉图：《普罗泰戈拉篇》。
⑤ 舍斯托夫：《雅典与耶路撒冷：宗教哲学论》，徐凤林译，浙江人民出版社，2000年，第3页。
⑥ 孔子虽然推崇上古三代，但他似乎更向往西周"盛世"（参阅李零：《丧家狗》，山西人民出版社，2007年，第349–350页）。
⑦ 关于孔子在西方历史上受尊崇、受贬斥的传奇经历，可参阅周宁：《孔教乌托邦》（学苑出版社，2004年）中的描述。
⑧ 顾立雅不会同意我们这里的比喻，他认为孔子是面向未来的思想家，堂吉诃德则是结束骑士时代的骑士（参阅顾立雅：《孔子与中国之道》，第63页。）
⑨《史记·孔子世家》。另一部大名鼎鼎的儒家经典有几乎和太史公完全相同的口吻："夫子曰：'赐，尔来何迟也？……夫明王不兴，而天下其孰能宗予？予殆将死也。'盖寝疾七日而没。"（《礼记·檀弓上》）

一种注定会遭到精神术士嘲笑的音响形象或声音仆从，宣告了一个时间英雄的最终失败，宣告了中国历史上最伟大的时间造反派最终会被他反对的东西所埋葬，包括他伟大政治理想在内的所有事物，都将万劫不复。作为"要塞本身"（the citadel itself）①的人类心灵，作为人类心灵中的心灵，未来的至圣先师在临死前第七天，梦见了自己的死亡，再一次会见了他的出身与血缘（"予始殷人也"），却没有任何迹象显示他梦见了周公。"假如两个人互相托梦给对方，那么，其中一个人的梦就是另一个人的现实的基础。"②但那个曾经反复出现在他梦境之中的人，那个自他晚年以来，再也没有出现在他梦中的人，那个悄无声息躲在时间另一头的人，早已棺椁朽坏、尸骨无存，只留下依稀的传闻③，供长眠于地下的孔子捕捉、辨认与倾听，并让他抓住机会，再一次组成了至圣先师的"现实的基础"：

> 梦是魔鬼的花园，在这个世界上，所有的梦早已被梦过了。现在，它们只是在和现实交换，正像钱币转手换成票据，然而世上的一切也早已都被使用过了……④

回忆者的诞生

很久很久以前，在今天被指称为中华人民共和国的这块土地上（尤其是地处黄河流域的中原一带即中国）⑤，每一个衣衫褴褛、面色黝黑的庶民黔首，受象征世界及其保护功能的激励，都能依靠某种早已失传的神秘法术

---

① 古尔德（Stephen Jay Gould）：《自达尔文以来》，田洺译，海南出版社，2008年，第5页。
② 米洛拉德·帕维奇（Milorad Pavic）：《哈扎尔辞典》，戴骢等译，上海译文出版社，1998年，第76页。
③《史记·老子韩非列传》："孔子适周，将问礼于老子。老子曰：'子所言者，其人与骨皆已朽矣，独其言在耳。'"
④ 米洛拉德·帕维奇：《哈扎尔辞典》，第11页。
⑤"中国"一词的语义变迁有很复杂也很有趣的历史（参阅刘禾：《帝国的话语政治》，杨立华等译，三联书店，2009年，第104-114页），但本书此处使用"中国"一词时在语义上沿袭通常的含义。

上达天庭，采摘上天的旨意，进而安排自己的生活、铺陈自己的人生、管理自己的命运①。"人之初，天下通，人上通；且上天、夕上天；天与人，且有语、夕有语。"②面对质朴、天真的象征世界，面对象征世界渐行渐远的背影，圣人颛顼很快意识到这种自我管理学带来的严重危害性："民神同位，民渎齐盟，无有严威，神狎民则，不蠲其为。嘉生不降，无物以享，祸灾荐臻，莫尽其气。"③在纯粹或较为纯粹的象征世界上（它很快就将消逝！），天下民人的自我管理学以其悠闲无为，有能力对任何人间权力都持蔑视的态度："日出而作，日入而息……帝力于我何有哉！"④这种性状奇特、在属人的世界上难得再见的自我管理学，确实有能力让庶民百姓的耳朵，安于无政府主义的状态、身陷于消息自由主义的雪山草地，听不见来自圣人的指令，始终受制于杂乱无章的布朗运动（Brownian motion）的掌控："当三苗昏虐，民之得罪者莫知其端，无所控诉，相与听于神，祭非其鬼，天地人神之典杂揉渎乱，此妖诞之所以兴，人心之所以不正也。"因此，"在舜当务之急，莫先于正人心。首命重、黎，修明祀典：天子然后祭天地，诸侯然后祭山川；高卑上下，各有分限。"⑤因此，"如果要统一支配心灵，使万众一心而形成巨大力量，巫术宗教也就需要统一，首领就会要求独家垄断宗教的话语权、解释权以及程序的决定权，就必须把宗教官方化，同时反对宗教民间化。"⑥听力极好的颛顼（或说舜）于是命令羲、和（即重、黎）独掌"天地四时之官"⑦，以"鹰派"独有的铁腕手段，砍去了普通人与上天自由交通的路径，堵塞了庶民黔首原本听力极好的耳朵，只留一个狭窄、短促、呈爆破态势的孔道，用以接收圣人的专有语调，进而主动管理自己的各个器官，那些散碎的零部件。从此，这个小小的孔道成为圣训——它整个儿就是话语定式（discourse的第三层涵义）或意识形态——

①《国语·楚语下》："民神杂糅，不可方物，夫人作享，家为巫史。"
② 龚自珍：《定庵续集·壬癸之际胎观》。
③《国语·楚语下》。
④《帝王世纪》。
⑤ 蔡沈：《书经集传》。
⑥ 赵汀阳：《坏世界研究》，中国人民大学出版社，2009年，第26页。
⑦《尚书·吕刑》。另可参阅《山海经·大荒西经》。从文献学的角度推断，绝地天通发生的时间应该不早于西周。

恣意横行的专有通道，一切邪说闲言、小道消息，一切来自非法渠道的细小谣传，都将禁止通行。处于孔道尽头那片薄如蝉翼的耳膜，只能和圣人（或假圣人之口）的庄严语调相应和。天下民人从此一步步从纯粹的象征世界，走向逐渐明晰起来的属人的世界。伴随着绝地天通而来的①，是小部分人对上天之旨意的高度垄断，是特权阶级对来自上天的消息的肆意攫取、全面接管，是特权阶层对耳朵的功能的严格辖制——自此，耳朵的公共管理学十分明确地破土萌芽，消息自由主义被迫让位于消息集权主义，其后的任务，不过是对它及其声音仆从（即音响形象或音响长随）的高度精致化②。

"夏道尊命，事鬼敬神而远之"③，后起的殷人更热衷于占卜，对巫道、术数情有独钟。"殷人之所以要卜，是嫌自己的力量微薄不能判定一件行事的吉凶，要仰求比自己更伟大的一种力量来做顾问。"④在华夏民人眼中，最神秘、最难测其心性的"顾问"只能是天——而"天者，百神之大君也"⑤——不可能是人世间的其他任何事物，毕竟"人类最古老的举动之一，就是抬起头来惊讶地观望星空"⑥。殷人试图让耳朵紧贴地面、龟甲、牛肩骨甚至虎骨⑦，却又希望能够清楚地侦听到来自上天的秘密指令。"不要为这百姓祈祷，不要阻拦我为他们呼求祷告。"⑧这种来自异域的愤世嫉俗之词，必然会导致这样的结局：只有全面接管神秘的消息，做到人与消息合而为一，才最富有神秘感和威严感，才能通过那个专有通道，撞击专门接收圣训（其实是假圣人之口的天训）的薄膜，才能对作为王室私产的消息以声音为方式，实施第二度分配，推进庶民黔首对王室的崇拜——消息集权主义在

---

① 《国语·楚语下》："颛顼……乃命南正重司天以属神，命火正黎司地以属民，使复旧常，无相侵渎，是谓绝地天通。"

② 孟子对此做了很好的发挥。为了打击杨墨，他居然严厉地说："杨墨之道不息，孔子之道不著，是邪说诬民，充塞仁义也。……吾为此惧，闲先圣之道，距杨墨，放淫辞，邪说者不得作。"为什么要这样呢，因为"作于其心，害于其事，作于其事，害于其政。圣人复起，不易吾言也。……能言距杨墨者，圣人之徒也"（《孟子·滕文公下》）。

③ 《礼记·表记》。

④ 郭沫若：《中国古代社会研究》（外二种），河北教育出版社，2004年，第247页。关于卜的问题还可参阅《史记·龟策列传》、陈梦家：《汉简缀述》（中华书局，1980年，第285—286页）等。

⑤ 董仲舒：《春秋繁露·郊祭》。

⑥ 帕斯（Octavio Paz）：《太阳石》，漓江出版社，1992年，第346页。

⑦ 参阅王宇信：《建国以来甲骨文研究》，中国社会科学出版社，1981年，第198页。

⑧ 《旧约·耶利米书》2：16。

神秘语调（即作为声音的特殊形式或组成部分的语调）的声援下，得到了张扬、受到了维护。出于对消息精确性的细心榨取，殷人"无论什么大小的事情都要卜，一卜总是要连问多次"[1]："癸卯卜：今日雨。其自西来雨？其自东来雨？其自北来雨？其自南来雨？"[2]绝地天通之后，这种神秘的侦听能力，只存在于特权阶层充满垄断意味的密室；被秘密接管的消息在合适的时刻，从阴暗的密室中被有意张扬出去（即消息的第二度分配），通过诸种语调的细心帮助，在庶民黔首幽暗的耳道深处，更能生产出意想不到的效果。在殷王室眼中，"任何'事件'的发生都是上天以某种方式'传送'的旨意……所有的主要决定，包括政治决策，据说都是首先被设想成处于真空之中。一切决定都先在超自然的王国中做出。只有在这之后，再将这决定贯彻及地上的人民。"[3]王室就以这种古怪的心性，在为天下民人"呼求祷告"，尽管这是一种异常滑稽却又善解人意的行为。"雷电之声，而聋人不能闻。"[4]在逐渐丧失象征及其保护作用的世界上，出于对耳朵的公共管理学方面的精心考虑，殷王室对上天的膜拜，达到了让后人咋舌不止的程度[5]，宛若"在深夜，当教皇的眼睛沉睡/他的阴茎也会站起来歌颂上帝"[6]。

"中国政治与文化之变革，莫剧于殷、周之际。"[7]在一场"顺乎天而应乎人"[8]的大革命之后，殷商文化的主要内容，被后起的周人全面接管[9]；殷商的物质财富，则被周人悉数兼并——"得殷之财与殷之民共之，则商得其贾，农得其田也。"[10]但前朝对上天的过度迷信，却没有被视作"蕞尔小邦"的陇西周人照单全收："殷人尊神，率民以事神，先鬼而后礼；"周人则"尊

---

① 郭沫若：《中国古代社会研究》（外二种），第246页。
② 《甲骨文合集》12870，分期一。
③ 参阅鲍吾刚：《中国人的幸福观》，第3页。
④ 《盐铁论·相刺》。
⑤ 参阅张光直：《中国青铜时代》，三联书店，1999年，第242-280页；徐旭生：《中国古代的传说时代》，科学出版社，1960年，第76-84页。
⑥ 奥蒂（Sharon Olds）：《罗马教皇的阴茎》，李森主编：《新诗品》第一卷，云南大学出版社，2007年，第23页。
⑦ 王国维：《观堂集林·殷周制度论》。
⑧ 《易·革·彖》。
⑨ 参阅许倬云：《西周史》，三联书店，2001年，第77-110页。
⑩ 《意林·太公金匮》记姜太公对武王的建议。

礼尚施，事鬼敬神而远之"①。到周公秉政、制礼作乐、用礼乐部分性取代象征世界及其保护功能的"盛世"年月②，还较为彻底地割断了人/神、人/天之间的纽带③："无有作好，遵王之道；无有作恶，遵王之路；无偏无党，王道荡荡；无党无偏，王道平平；无反无侧，王道正直。"④因此，"皇天无亲，惟德是辅"⑤，"天命靡常，惟德是依"⑥，成为新王朝上下一致点头称是的受命原则⑦；周公苦心孤诣制礼作乐，是想让世人的目光，最大限度地从天庭返回人间，让"闻而知之谓之圣"⑧的君王，将耳朵最大限度地贴近来自人间的声音，令视、听从象征世界，撤回到较为纯粹的凡间尘世，那个已经开始属人的世界⑨："天何言哉！四时行焉，百物生焉；天何言哉？"⑩"国将兴，听于民；将亡，听于神。"但神的习性，总是倾向于"聪明正直而壹者也，依人而行"⑪。因此，"务民之义，敬鬼神而远之，可谓知矣。"⑫象征世界及其保护作用被部分性祛除后，天空渐行渐远，人摆脱天的控制，渐次成为自身的主宰；礼制代替象征世界及其保护作用，越过上天的笼罩性辖制，

---

① 《礼记·表记》。
② 作为一个法术术士，晚出的韩非绝对不会同意这个所谓的"盛世"（参阅《韩非子·五蠹》）。
③ 依照张光直先生的看法，夏商周三代的关系，不仅是前赴后继的朝代继承关系，而且一直是同时的列国之间的关系（张光直：《中国青铜时代》，第70页）。故有本文此处的结论。
④ 《尚书·洪范》。
⑤ 《周书·蔡仲之命》。关于这一点，还可参阅《诗经·大雅·皇矣》、《诗经·大雅·荡》等篇；参阅傅斯年：《中国现代学术经典·傅斯年卷》，河北教育出版社，1996年，第82—97页。不过，傅先生认为这种天命无常论的准确意思，应该是"畏天威、重人事之天命无常论"。
⑥ 《诗经·文王》。
⑦ 顾立雅认为，"天"是周代的神【参阅顾立雅：《释天》，《燕京学报》第十八期（1935年12月）】，但并不是齐思和先生认为的那样，顾立雅把"天"当作了主宰人世的最高神祇，在"天"的支持下周人甚至比殷人更迷信（参阅齐思和：《中国史探研》，河北教育出版社，2003年，第109页）。周人对"德"的强调，并将之当作受命原则，可以对比殷人的上帝观念："夏氏有罪，予畏上帝，不敢不正。"（《尚书·汤誓》）
⑧ 林亿等：《素问·至真要大论》注引《难经》。
⑨ 章学诚有一个很著名的判断，他说，在制礼作乐方面周公是唯一的集大成者，孔子不过是个学习者（参阅章学诚：《文史通义·原道下》）。李泽厚认为，尽管把制礼作乐当作周公之所为仅仅是一个象征性的事件，但这个事件意义重大（参阅李泽厚：《己卯五说》，中国电影出版社，1999年，第52—60页）。关于这个问题还可参阅杨宽：《古史新探》，中华书局，1965年，第32页以下。
⑩ 《论语·阳货》。
⑪ 《左传·庄公三十二年》。
⑫ 《论语·雍也》。

跃迁为凡间人世最重要的东西①，充当着处理人间事务最主要的准绳和度量衡②。同殷商相比，西周在它发明出来的特定语调的声援下，对耳朵的管理显得更为严厉；西周圣人（比如周公旦）除了偶尔向庶民黔首散布来自上天的新闻、大道，更多、更重要的消息集散地，始终汇聚在"礼"的身边，并以"礼"为绝对核心③——周礼成为人间"规矩"的主要辐射源，类似于远古时期操"矩"以测定天地、以刺探消息的各色巫师④。

周公不仅在殷人的基础上，拓宽了耳朵的公共管理学，还刻意强调各种器官的公共管理学，对眼睛、嘴巴、耳朵、四肢的言行举止，都有严格的规定（"非礼勿视，非礼勿听，非礼勿言，非礼勿动。"⑤）。耳朵的公共管理学发端于绝地天通之后。那时，人民刚从直接听取上天旨意的场域中，被强行分离出来，刚从象征世界"进化"到属人的世界，初次适应或故意迎合圣训（实则是通过圣人之口说出的上天之言即天训）的耳朵还余威尚存，有足够的权力和义务，管理其他信息处理器或消息接收器：眼睛（"视"）和嘴巴（"言"）唯耳朵（"听"）之马首是瞻，四肢的运作轨迹（"动"），则直接受制于耳朵奉命听取而来的严格指令。在耳朵的公共管理学草创的时代，其他器官的公共管理学仅仅处于密谋状态。周公制礼作乐之后，伴随着象征世界的逐步隐退，耳朵的尊贵地位才开始大幅度下降。

① 参阅《荀子·礼论》。但即便如此，天人关系说依然有它的作用。"天人关系说有三个层面：哲学的、政治理论的和日常生活的。哲学的天人合一论只是儒教士的个体心性之认信，在现实社会中天人关系论的政治理论和日常话语，则涉及政制安排和日常生活安排，不是个体性的，而是制度性的，并没有那么神秘。"（刘小枫：《儒教与民族国家》，第50页）但无论如何，在绝地天通之后，天人关系已经远没有后世儒生想象的那么紧密，天最多只具有比喻的性质。即便是儒生提议，统治阶级也不会答应，因为"过分强调君权神授，实质上是贬低了人间帝王的价值，剥夺了他们的主动权，也为豪族地主更换最高统治者提供了便利……它使专制君王在民众眼里只不过是历史舞台上的匆匆过客"（吕宗力：《东汉碑刻与谶纬神学》，《研究论文集·中国历史分册》，江苏古籍出版社，1984年，第83、85页）。所以，汉代兴盛起来的意在强调君权神授的谶纬学从隋代起，就遭到了历代统治者严格的禁止（参阅《隋书·经籍志·纬类序》）。
② 对上天的遵从后来成了小道或巫术，是受礼排挤和贬斥的对象（参阅李零：《中国方术正考》，中华书局，2006年）。
③ 参阅徐复观：《中国人性论史》，商务印书馆，1990年，第50页。但并不是孔子和儒家鼓吹的那样，"礼"是周代或上古三代治定天下的唯一法宝，刑罚仍然是极为重要的一环（参阅《左传·昭公六年》）。
④ 参阅李学勤：《论凌家滩玉龟玉版》，《中国文化》第6期（1992年）。
⑤《论语·颜渊》。

一损再损之后，只能和其他信息接收器或处理器一道，安于百家争鸣的平等状态。各种信息接收器对动作/行为（四肢）的管理与指挥，享有几乎完全相等的权力和机会：西周是中国历史上信息处理器民主、自由的大时代。虽然这归根结底是一个大骗局，但后世中国的士大夫们为打击、诋毁他们存身的现实境域，还是宁愿将错就错地信以为真①。

是周公发明了各种器官的公共管理学；各种器官的公共管理学仅仅是周礼的配套产品，但它在声音组成的绵密丛林里，一直在严格监视天下民人各种器官的起居醒睡、吃喝拉撒，一旦发现不轨之举，马上进行坚决镇压，直至从道德层面上就地正法。伴随着周公东征和"兴正礼乐"，"民和睦，颂声起"②，以至于"成、康之际，天下安宁，刑措四十余年不用"③。但是，即便有语调的真诚援助（语调具有二分之一话语定式、意识形态或管理学的血统），各种器官并不真心臣服于强加在它们头上的种种管制，并不愿听从作为特殊话语定式或意识形态的管理学的统一提调，总是在暗中蓄势待发。所有可以想见的器官，那些不安分的身体的零部件，一有机会，总是乐于挺身而出，起义造反、打家劫舍，试图过上大碗喝酒、大块吃肉、端着胯下长枪瞄准人世的惬意日子。孔子生活的东周，就是个器官大起义的末世。很可能是肆意烧杀抢掠的器官大起义，决定了孔子一生的价值取向。只是这个过于神秘的思想事件，至今没人有能力从发生学的角度，获知确切的答案，尽管后世之人想方设法，给出过太多言不及义的解释——"天不生仲尼，万古如长夜"④，就是所有解释中，最极端、最煽情、最权威、也最无聊的说法。

"孔子如果填表，他要写，我祖上是宋国贵族，查三代，是鲁国武士，本人成分是鲁国布衣，出身卑贱，血统高贵。"⑤但"出身卑贱"的至圣先师对周代贵族制度的仰慕，却达到了不可思议的地步。从孩提时代起，他就

---

① 参阅吴钢：《易经释梦》，上海三联书店，2005年，第175-193页。
② 《史记·周本纪》。
③ 《古本竹书纪年》。
④ 据《唐子西文录》记载，这是唐庚（即唐子西）在"蜀道馆舍壁间"见到的一联诗句，但不知是何人所题。此联经朱熹引用而名声大振（参阅《朱子语类》卷九十三）。
⑤ 李零：《丧家狗》，第3页。

满腔热忱地自学高贵的、与布衣身份关系不大的礼仪——"孔子为儿嬉戏，常陈俎豆，设礼容。"①严肃、庄重的神情涨红了稚嫩的小脸蛋，专属于儿时的"嬉戏"，被既维护又祛除象征世界的"礼容"所排挤。经过清醒而又充满神秘气息地演算，为"西狩获麟"恸哭不已的不幸之人旋即认定：唯有以维护人间等级秩序为核心的周礼，以它对灵魂和欲望独具的投射作用，最能匡扶人心、最能维护贵族制度、最有能力令天下承平。周礼将成为孔子——中国历史上最伟大的灵魂医生——药箱里最重要的救心丹。"其为人也孝弟，而好犯上者，鲜矣；不好犯上，而好作乱者，未之有也。君子务本，本立而道生。孝弟也者，其为仁之本与！"②孔子成年之后，天下无道、礼崩乐坏已经达到了不可思议的程度，礼乐征伐的政令，从本来应该由周天子发布，依次下替为由诸侯发布、由大夫发布，直到最后丧心病狂地由大夫的家臣发布③，弑君犯上的事情天天都在发生，连一向被认作"天下共主"的周天子，也不能幸免。"知我者，谓我心忧；不知我者，谓我何求。"④心肠滚烫的孔子忧心如焚，坚决主张回归周礼规定的那个不可僭越的等级制度："天下有道，则政不在大夫；天下有道，则庶人不议。"⑤在孔子洞悉光阴之全部习性后获得的独断语调中，该靠边站的，都得遵从各种器官的公共管理学，退到象征尊贵地位的那道门槛的外面。

在绝地天通、周礼成为全部人间规矩的主要辐射源之后，作为耳朵公共管理学历史上的重量级人物，作为各种器官的公共管理学的继承人、维护者和修理工，孔子把恢复周礼当作了救世良方。经过他细致、神秘的演算，一切无道，不过是因为礼仪受到了严重破坏，不过是各种器官的公共管理学遭到了高度冒犯。面对鲁哀公"今之君子"还讲不讲礼的"谦逊"提问，"孔子对曰：'今之君子，好利无厌，淫行不倦，荒怠慢游，固民是尽，以遂其心，以怨其政，忤其众以伐有道。求得当欲不以其所；虐杀刑诛，

---

① 《史记·孔子世家》。
② 《论语·学而》。
③ 参阅《论语·季氏》；参阅童书业：《春秋左传研究》，上海人民出版社，1980年，第370—375页；参阅许倬云：《中国古代社会史论》，广西师范大学出版社，2006年，第69页。
④ 《诗经·黍离》。
⑤ 参阅《论语·季氏》。

不以其治……是即今之君子，莫能为礼也。'"①作为救世良方，礼的道德优越性和统治上的有效性，被灵魂医生过于天真地认作一桩显而易见的事情：

> 孔子曰："丘闻之：民之所以生者，礼为大。非礼则无以节事天地之神焉；非礼则无以辩君臣上下长幼之位焉；非礼则无以别男女父子兄弟婚姻亲族疏数之交焉。是故君子此之为尊敬，然后以其所能教顺百姓，不废其会节。既有成事，而后治其文章黼黻，以别尊卑上下之等。其顺之也，而后言其丧祭之纪，宗庙之序，品其牺牲，设其豕腊，修其岁时，以敬其祭祀，别其亲疏，序其昭穆，而后宗族会宴，即安其居，以缀恩义。卑其宫室，节其服御，车不雕玑，器不彤镂，食不二味，心不淫志，以与万民同利，古之明王行礼也如此。"②

"一个语词如果在一个特定的环境中，或在与其他语词的语境中被发出声来，那么它的重要性和含义，并不总是与在其他环境或不同的语境发出的语词相同。"③古往今来的言语实践，大致同意这种过于谨慎，却又无比豪迈的描述；"丘闻之……"，则彻底暴露了孔子坚决突出耳朵的全部秘密：他所知道的一切重要消息，都来自耳朵的神秘贡献。通过对耳朵的剩余价值的不懈榨取，孔子听懂了来自于西周的高贵之音——那是一声悠远、绵长的召唤；他的耳朵，则顺势变作了这声召唤的接收器和储藏装置。

"西周，是孔子心目中的典型……孔子是中国文化的代言人，也正因为他体认了华夏文化的性格。……儒家文化的基本性格成为中国文化的基本性格，而其形成期，正是在西周形成华夏文化本体的时候。"④出于对那声召唤的正确呼应，出于对眼睛是"撒谎的器官"⑤的深刻疑惧，孔子的耳朵强

①《孔子家语·问礼》。尽管该书被斥为伪书，但从字里行间仍然能够看出，《孔子家语》在观念上忠于孔子之道。
②《孔子家语·问礼》。《论语·泰伯》也有类似的说法："子曰：'恭而无礼则劳，慎而无礼则葸；勇而无礼则乱；直而无礼则绞。君子笃于亲，则民兴于仁。故旧不遗，则民不偷。'"
③雷·蒙克等编：《大哲学家》，韩震等译，海南出版社，2004年，第209页。
④许倬云：《西周史》，第323页。
⑤赫拉克利特（Heraclitus）语，参阅第欧根尼·拉尔修（Diogenes Laertius）：《名哲言行录》，马永翔等译，吉林人民出版社，2003年，第558页。

行征用了他的眼睛，让眼睛成为耳朵的内在组成部分，令眼睛充任耳朵的谋臣或王佐，以便准确破译来自西周的声音蕴藏着的珍贵内涵——只因为眼睛看见的不幸现实，刚好从反面，证实了耳朵所能听到的、只存在于过去之中的完美。从那以后，耳朵将再一次统领眼睛，让只属于过去的完美（即耳朵之所闻），涂改当今的"好利无厌，淫行不倦"（即眼睛之所见）。让后世有心之人惊诧的是，既贫且贱的孔子，居然出人意料地发明了一整套眼耳辩证法，为他的听（即耳朵的终极功能）做出了杰出的贡献。"牡丹为王，芍药为相"[1]，耳为君，眼为臣，器官与器官之间，也存在着严格的统属关系（即感官等级制度[2]），并得到了灵魂医生的坚决维护和捍卫。

乌托邦是用于谛听而不是用于观看。"看见什么是直截了当的，听见什么则需要调停。与视觉不同，声音是动态的，它入侵被动的对象。耳朵不像眼睛，它们不能徘徊也不能闭合，它不能来回移动也不能旋转。耳朵永远在准备谛听。"[3]作为一个时间英雄，仰仗着耳朵对眼睛的高度集权，"述而不作"的孔子自信有足够的理由，坚持他的"信而好古"[4]；出于对眼耳辩证法高度的信任，至圣先师只想一门心思地因袭周礼，从未想过要对它有所创造、有所增益（"述而不作"之"作"的本义是发明、创造）——对于一个杰出的文化保守主义者，出乎孔子意料的思想结果，自然要另当别论[5]。"当孔子说'发明'的时候，他不是寻求对某些新事物的解释，而是在发现。在一个有历史传统的社会里，唯一能真正发生实际影响的不是发明者，而是那些能够引导人们沿着已有的道路走下去的人。"[6]未来的宫廷官箴装饰物仅仅是一个试图以现成的方案，完成救世重任的理想主义者，一个对过往时代实施招魂之技的灵魂医生，只因为在眼耳辩证法的援助下，他坚持不懈地相信：周公发明的各种器官的公共管理学，有能力克服眼下的

---

① 张潮：《幽梦影》。

② 参阅卡罗琳·考斯梅尔（Carolyn Korsmeyer）：《味觉》，中国友谊出版公司，2001年，第1-46页。

③ 拉塞尔·雅各比（Russell Jacoby）语，转引自毛喻原：《汉字与字母》，民刊《汉箴》总第4期（2007年8月，北京）。

④《论语·述而》。

⑤ 关于这个问题本章最后一节将有详细阐述。

⑥ 费孝通：《中国绅士》，第39页。

一切问题①；要解决眼睛看到的现实境遇，仅仅需要将耳朵听到的周礼之魂召唤回来，就万事大吉。但作为一种"关于这个世界的暮日观照"②，眼耳辩证法最终只能给它的持有者捎去伤心、恸哭和毫无依傍的信心。

孔子对上天怀有强烈的矛盾心理③。他对天时而相信，时而怀疑。那主要是因为他生活在绝地天通之后，生活在周礼已经普遍莅临的时代④。作为上天半私密、半公开的仰慕者，出于对象征世界有限度地怀念，孔子仍然愿意将他匡扶东周的行径理解为得命于天，但这是不是他对自己的最终失败怀有的矛盾或哀怨心理呢？

子畏於匡。曰："文王既没，文不在兹乎。天之将丧斯文也。后死者不得与于斯文也；天之未丧斯文也，匡人其如予何？"⑤

子曰："天生德于予，司马桓魋其如予何？"⑥

公伯寮愬子路于季孙。子服景伯以告，曰："夫子固有惑志，于公伯寮，吾力犹能肆诸市朝。"子曰："道之将行也与？命也；道之将废也与？命也；公伯寮其如命何！"⑦

……作为一个两千多年前的理想主义者，一个实施招魂术的灵魂医生，一个眼耳辩证法的持有者，孔子在骨子里崇尚复古主义⑧。在眼耳辩证法依照其本意炮制出的珍贵场域中，复古主义的革命性显而易见，因为"古代虽为过去，毕竟有文献记载和故老传闻，实实在在；将来是什么玩意，虚

① 冯友兰说，孔子是"以述为作"，所以他不只是儒者，更是儒家的创立人（冯友兰：《中国现代学术经典·冯友兰卷》，河北教育出版社，1996年，第681页）。本文不同意这个观点。
② G. H. von Wright, *The Tree of Knowledge*，中译文参见陈波等主编：《逻辑与语言：分析哲学经典文选》，东方出版社，2005年，第31页。
③ 参阅史华慈（B. Schwartz)：《孔子的宗教层面和"命"的概念》，林同奇译，许纪霖等编：《史华慈论中国》，新星出版社，2006年，第59-70页。
④ 参阅顾炎武《日知录》卷七"夫子言性与天道"条；参阅李零：《丧家狗》，第339-340页。
⑤《论语·子罕》。
⑥《论语·述而》。
⑦《论语·宪问》。
⑧ 参阅H.芬格莱特（Herbert Fingarette)：《孔子：即凡而圣》，彭国翔等译，江苏人民出版社，2002年，第57-61页。

无缥缈。古人不会'相信未来'……生于东周季世的他，一心要回到西周盛世，也顺理成章"①。而仰仗不可思议的眼耳辩证法，孔子自信他全盘通晓周礼，是最了解周礼和各种器官的公共管理学的当世儒者。"孔子之术，合三代之粹而阐其藏者也"②；"孔子之大，学周礼一言可以蔽其全体"③。对周礼的全面通晓，使他一生都把眼睛死死盯住了周公，将耳朵靠近了西周盛世，那个有麟四处徜徉的岁月，只因为他生活在"一个不知何去何从的时代，一个除了投向过去，无法想象未来能实现什么的时代"④。有了周礼和它的配套设施（即各种器官的公共管理学），一切事务都有成法可依；而在特殊话语定式或意识形态的逼视下，评价当世的一切人物及其动作/行为，就有了绝对可靠的尺度。作为一个理想主义者，一个未来的开创者，作为复古主义者的孔子，那个灵魂医生，最终把自己塑造成了一个杰出的回忆者，一个"生乎今世而志乎古之道"⑤的导师，一个来自于往古时期的幽灵——耳朵神秘地统治了眼睛之后，在象征世界转渡为属人的世界的紧急关头，终于创造出让后世之人惊叹了两千多年的奇迹。

吾"调"一以贯之

没多少幽默感的语言学家辉特尼（Whitney），并不是想和语言学的门外汉和普通知识人开玩笑：人类之所以使用发音器官作为语言工具，仅仅是出于偶然，顶多是为了方便；人类完全可以选择手势、借用视觉形象而不是音响形象来言说。老谋深算的索绪尔（Ferdinand de Saussure）仅用一句话，就把那个自以为是的信口开河者给打发掉了：人类之所以选择发

---

① 李零：《丧家狗》，第377页。
② 王夫之：《读通鉴论》卷三。
③ 章学诚：《文史通义·原道下》。
④ Michael Wood, *Nostalgia or Never：You Can't Go Home Again*, New Society 30, no. 631（7 November 1974）, p. 344.
⑤《荀子·君道》。

音器官作为语言工具，是无法摆脱的大自然强加给人类的必然宿命①。但辉特尼在贬低嘴巴的时候，却不敢对耳朵怀有丝毫不敬。他肯定不敢说：人类可以用鼻子去捕获声音、去侦听消息。和辉特尼的做派性质相仿，远古时期的中国圣人也很有些耳朵中心主义的癖好："圣是聪明的意思。古文字，圣人的圣，本来写成左耳右口，和听是同一个字，圣人是听天下之政的人，要特别聪明。……聪是耳朵灵，明是眼睛明。俗话说，眼见为实，耳听为虚，其实听比看，知道的事要多得多。古人更强调耳朵。"②这一局面的由来，很可能是因为"即使视力很好时，也竟时常看错，耳朵却所听不差……似乎是上帝把真理灌入耳朵，把谬误印入眼中"③。好像是为人头上一左一右两把小蒲扇寻找对称物，作为耳朵的配套设施，嘴巴在大自然的神秘运作下，终于现身了。从此以后，人类靠耳朵倾听，靠嘴巴言说；只有听见和听懂至高无上的消息的耳朵，才有能力和资格，将这些被摆渡而来的神秘消息，以嘴巴的一张一翕为桥梁，下放给另外的耳朵、分配给仅仅充当信息接收器的小蒲扇，并趁机把它们管理起来。耳朵中心主义在中国历史上岿然长存，耳朵等级制度也称得上源远流长，非但至今长势未歇，还大有不断被强化、被提升的态势④。

在眼耳辩证法的帮助下，耳朵、眼睛、嘴巴构成了一个首尾相接的消息系统：眼睛辅佐耳朵听见了来自远古时代的珍贵消息，嘴巴则以振动空气为方式，将消息发布给另外的小蒲扇。和另一个灵魂医生——老子——相比，孔子的耳朵体积不大，却功能极好⑤。尽管孔子生前还称不上圣者⑥，但仰仗性能优异的眼耳辩证法，在整个春秋时代，他很可能是唯一听懂了来自于周礼（即人间规矩的辐射源）之声的活人。灵魂医生对此十分自信：

---

① 参阅索绪尔：《普通语言学教程》，高明凯译，商务印书馆，1996年，第31页。
② 李零：《丧家狗》，第342页。另可参阅高明：《帛书老子校注》，中华书局，1996年，第139页。
③ 李瑜青主编：《伏尔泰哲理美文集》，安徽文艺出版社，1997年，第8页。
④ 参阅福柯（Michel Foucaul）：《规训与惩罚》，刘北成等译，三联书店，2000年。
⑤ 李涵虚《老子真传》注引《内传》云：老子，"姓李，名耳……于陈国涡水旁李树下生。指李树曰，此为我姓。生面白首，故号老子。耳有三漏，故号老聃。"
⑥ 尽管孔子说："若圣与仁，则吾岂敢？"（《论语·述而》）但在他生前他的学生们已经开始圣化他，只不过遭到了他的反对而已（参阅《论语·八佾》、《论语·子张》等）。

"夏礼吾能言之……殷礼吾能言之；"[1]"殷因于夏礼，所损益，可知也；周因于殷礼，所损益，可知也。"[2]他满怀欣喜地接管了这些出人意料的消息，终其一生，都在不辞辛劳地对它实施第二度分配，试图将它递交给每一只他愿意递交的耳朵，去占领它们的专有通道、去撞击它们的薄膜、去敲打它们的灵魂，直到最后，管理有耳之人的手足。在神秘莫测之中，初次听到来自远古的声音时，基于小蒲扇的再三吁请，嘴巴主动开始了张合，迫使孔子慷慨大方地使用了他一生中极少用到的赞美语调[3]，用以表达接管来自时间另一头的消息时的兴奋与感激："巍巍乎，舜、禹之有天下也而不与焉！"[4]"大哉尧之为君也！巍巍乎！唯天为大，唯尧则之，荡荡乎，民无能名焉。巍巍乎其有成功也，焕乎其有文章！"[5]"如有周公之才之美，使骄且吝，其馀不足观也已！"[6]……作为中国上层文化的音响仆从之一，赞美语调不仅分有了管理学的一半血统，也趁机加强了管理学的浓度、成色和威严，注定会得到宫廷官衙的强制性征用。尽管来自西周的昂贵之声应该是公共财产（殷人的圣训得之于天并且被有意垄断，故而是私有财产），但孔子是东周唯一能听见和听懂这些消息的灵魂医生，他对众多受制于耳朵等级制度的小蒲扇的慷慨之举，就是值得大声称道的——尽管同时代的绝大多数人拒绝享用他的善举：欲望自有一套专属于它自身的管理学，倾向于自我立法，决不愿意无条件地让渡这种权利。

回忆者的身份，深刻地决定了孔子的言说方式，严格管辖着他的舌头和语调，精心决定和控制了语调的走势。作为眼耳辩证法的杰出拥有者，孔子终其一生，都在转述来自远古时期的消息，从来只是一个复述者（或转述者）而不是制作者（"述而不作"）；因此，与被他大肆张扬出去的消

---

① 《论语·八佾》。
② 《论语·为政》。
③ 对时人孔子很少使用赞美语调，也许只有对颜回偶有例外（参阅《论语·雍也》）。本文在正式分析孔子的语调时，使用的材料仅限于《论语》，因为该书被认为可靠地记录了孔子的言论。
④ 《论语·泰伯》。
⑤ 《论语·泰伯》。
⑥ 《论语·泰伯》。

息相匹配的，只能是语调在走势上的向后性①：这是一种逆着时光消逝的方向奋力行进、拼命与时光相摩擦才能发出和擦出的声音，一种古怪的、故意冒犯进化线路和得之于周礼的语调，与散发着象征光辉的上古三代恰相吻合："故声，时则易；情，时则迁。常则正，迁则变。正则典，变则激。典则和，激则愤。则正之世，二南铿于房中，雅颂铿于庙庭。而其变也，讽刺忧惧之音作，而来仪、率舞之奏亡矣。"②孔子乐意暴露这种语调的出身、来历和渊源："我非生而知之者，好古，敏以求之者也。"③"述而不作，信而好古，窃比于我老彭。"④他愿意敞开自身语调登台表演的后门，让观众进入和参观，为的是寻找合格的耳朵和优秀的倾听，就像20世纪有人在某一个大白天，提着灯笼在熙熙攘攘的巴黎街头寻找他眼中的活人——灵魂医生确实需要配备了望远镜或放大镜的那种有"眼光"的"耳朵"：

> 我不过是无形事物的一名秘书，
>
> 它被口述给我和另外几个人。
>
> 秘书们，互不相识，我们走在没有
>
> 多少理解力的人世。在中间以一个短语开始
>
> 或用一个逗点结束。而完成后怎样看到全部
>
> 不该由我们来过问，总之我们不去读它。⑤

特殊的语调、秘书的口吻，在吁请和它相匹配的耳朵。"夫圣人为天口，贤人为圣译，是故圣人之言，天之心也；贤者之所说，圣人之意也。"⑥但耳朵等级制度还是提前决定了东周时期绝大多数小蒲扇的命运，隆重推

---

① 此处说语调的向后性丝毫没有故弄玄虚的意思。现代符号学认为，释义要受制于五种语境：共存文本语境、存在语境、情景语境、意图语境、心理语境（参阅Thomas Sebeok主编 *"Encyclopedic" Dictionary of Semiotics*，University of Indiana Press，1986，'Context'条）。实际上，语调从声音的角度绝好地集中了这五种语境。这也是笔者敢于从语调分析孔子的原因。

② 李梦阳：《空同先生集》卷五十之《张生诗序》。

③《论语·述而》。

④《论语·述而》。

⑤《切·米沃什诗选》，张曙光译，河北教育出版社，2002年，第192页。

⑥ 王符：《潜夫论·考绩》。

出了灵魂医生的耳朵必将认领的惨败结局：东周时期的小蒲扇们无法出任这样的角色，无法原汁原味享用这种语调和它分有的管理学，因为胃酸分泌不足，无法消化这种怪异的声音。东周的小蒲扇唯一敬重的，是名为进化实则不断堕落与沉沦的方向，乐于倾听的，是它们自以为顺畅、悦耳、自然的声音。出于对进化线路的高度恭维，东周的耳朵只能接收与它们的长势相平行的语调，其中的少数优秀分子，也仅仅能接受小部分向前冲刺着的语调。这是孔子的声音仆从和东周的耳朵之间，最初打响的遭遇战；首尾相接的消息系统从一开始，就遭到了各种欲望的顽强阻击。但灵魂医生拥有足够多的耐心和试图取而胜之的战略，而"战略从逻辑上讲，就在于用自己的计划，在观念领域内进攻敌人，而不是用自己的军队、凭借身体的力量进攻敌人"①。孔子的战略依靠的，就是作为观念体系的周礼。他对消息实施第二度分配决心巨大，劳作过于密集②，能够逆着时光、背着进化方向并乐于倾听周礼之音的耳朵，还是被回忆者，那个灵魂医生，成功地制造了出来。三千弟子、七十二贤人，应该足够让孔子欣慰，尽管他始终没能力在众多的君王中，培养出哪怕一只像样的耳朵，尽管他一生都致力于仰仗语调的神威，试图推出一整套马力十足的公共管理学，用以辖制包括君王在内的各色人等的超强欲望。

作为周礼的娴熟掌握者，灵魂医生深知语调对管理学具有必不可少的辅助作用，明了语调分享管理学之血统的一切秘密，清楚它在生产动作/行为方面的重大意义：孔子的语调始终在致力于培育合"礼"的动作/行为，进而生产合"礼"的事情。在耳朵等级制度的支援下，别人的小蒲扇，尤其是君王的耳朵，因此成为孔子必须攻克的关隘。公元前517年，35岁的灵魂医生随身携带他的消息系统，兴致勃勃抵达鲁国的邻居——齐国，试图以培养齐景公的耳朵为试验，给以后的耳朵打造工程寻找经验或教训。但齐景公以自己年老体衰为由，以回忆者的身份出任上卿之职位置太高、认领下卿之职又太过委屈为借口，拒绝了灵魂医生的满腔热忱，向他兜头泼

① 弗朗索瓦·于连（F. Jullien）：《迂回与进入》，杜小真译，三联书店，1998年，第24页。
② 参阅《史记·孔子世家》。

出了一瓢凉水①。这是孔子在眼耳辩证法的要求下，利用消息系统，在开发君王的耳朵方面所做的最初尝试。这次失败的尝试像一个预言能力极强的兆头，预告了灵魂医生制造君主级别的合格耳朵，永远无法获得成功：在器官大起义的时代，在象征世界早已隐退的年月，灵魂医生制造"豆腐渣工程"似乎是命中注定的事情，是无法摆脱的宿命。

孔子的耳朵和他的回忆者身份是相互造就的；他在实施转述、进行消息的第二度分配时，首先需要采用的，必然是一种无所不知的语调。虽然他明面上的谦虚，很容易让人联想到宣称自己一无所知的苏格拉底，但两者间的差别显而易见：苏格拉底真诚地认为他只知道自己一无所知，甚至乐于将自己无限缩小②，只把自己摆放在"精神助产士"的位置上；在耳朵中心主义和耳朵等级制度的鼓励下，孔子自称无知，表明的仅仅是一种高高在上的姿态。"他许多次说自己'不知'，但这要么是一种回避作答的方式，要么只不过是否定态度的一种委婉的表达，实际上早已下了断语……孔子的'知其不知'与苏格拉底的'自知其无知'本质上是完全不同的，后者是对自己已有的知的一种反思态度，它导致把对话当作双方一起探求真知识的过程，前者则把对话看作传授已知知识的场所。孔子对自己也不知的东西的确是坦然承认的，但那只是因为他不认为这些知识是必须的。"③因此，在逆着时光行进的无所不知的语调中，包含着太多的自信、太多的豪迈、太多的激情、太多的……倨傲。无论对君王还是卿大夫——更不用说弟子们了——这种语调都拥有直逼心肺、撞击灵魂的能力，但它首先要裹挟着来自西周的管理学，穿过那个专有通道，要击打、冲撞那片薄如蝉翼的耳膜：

　　季康子问："使民敬忠以劝，如之何？"子曰："临之，以庄则敬；孝慈则忠；举善而教不能则劝。"④

---

① 参阅《论语·微子》。
② 参阅敬文东：《对一个口吃者的精神分析》，《南方文坛》2000年第4期。
③ 邓晓芒：《苏格拉底与孔子的言说方式比较》，《哲学动态》2000年第7期。
④ 《论语·为政》。

定公问："君使臣，臣事君，如之何？"孔子对曰："君使臣以礼，臣事君以忠。"①

或问，禘之说。子曰："不知也；知其说者，之于天下也，其如示诸斯乎！"②

王孙贾问曰："与其媚于奥，宁媚于灶，何谓也？"子曰："不然；获罪于天，无所祷也。"③

作为一个在精神和道德上已经充分残废了的阶级的主要成员，不少君王（比如定公）和卿大夫（比如季康子、王孙贾），还是乐于把耳朵摆放在孔子的语调面前，乐于听取来自西周的消息，尽管他们在欲望的激励下，根本没有将听见的消息从耳道中抽取出来管理自己其他器官的任何念头。君王与卿大夫们仰仗欲望的支持，让孔子对消息实施的第二度分配，始终处于仿真状态；但在孔子无所不知的语调中，依然包含着惊人的快疾。那是逆着时光，向"前"行进的闪电般的语速，没有任何躲闪、游弋和支吾，只因为回忆者的身份、分享了话语定式之血缘和管理学之精髓的语调，给了语速最大程度的声援；它没有任何理由妄自菲薄、长吁短叹，没有任何借口故意减低行动上本该拥有的疾速——放慢脚步意味着语调对自身实施谋杀，意味着对周公之礼掘坟鞭尸、挫骨扬灰，是对回忆者身份和眼耳辩证法的故意瓦解与破坏，完全违背了一个灵魂医生的本意、目的和高远的理想。

为无所不知的语调在速度上提供支援的，还有老于世故的经验主义语调④。智慧是长者的方式，何况孔子从一开始，就被天意性地配置了一双无与伦比的耳朵。在接管到来自西周的消息后，他有足够的时间、体力和耐心，无视身体年代学的暗中窥视，去听从那些消息的教导，把自己塑造成一个事事以周礼为行动准绳、以各种器官的公共管理学为动作指南的经验

---

① 《论语·八佾》。
② 《论语·八佾》。
③ 《论语·八佾》。
④ "经验"一词的语义可参阅叶舒宪：《中西文化关键词研究：经验》，乐黛云主编：《跨文化对话》第二辑，上海文化出版社，1999年。

主义者。"经验是一种自组织，一些相对更为有序的经验不断把无序的经验组织起来……并连成一个整体。"①经验主义语调则是围绕周礼，组建起来的一道看不见的声浪：老迈，但劲道十足；板正，却经得起严格的检验，随时处于有待抽取与利用的一级战备状态。经验主义语调以它经由世事洞明、人情练达而来的坚定口吻②，为无所不知的语调坚持使用的快疾语速，提供了保障、给予了必不可少的营养——回忆者的身份和对话语定式的坚决分享，为语速提供了第一层支持，经验主义语调则从侧面进一步加固了它。经验主义语调是无所不知语调的支持者和雇佣军，但其重要性却不言而喻：它的坚定、强硬、足够的劲道和智性的态度，刚好跟无所不知的语调拥有的快疾速度恰相对称。待一切要素配置妥当后，依照冷兵器时代的军事原则，它们矢志不渝地处于相互声援的犄角关系当中，击头则尾至，叩尾则头来，酷似被孙子称道、名曰"率然"的那条著名的常山之蛇③。

有了双重加固器，拥有一半管理学血统、二分之一话语定式或意识形态属性的语调，不用再担心后方的给养，不必考虑根据地和防守问题：无所不知的语调不屑于四处乱窜、敌进我退的游击主义或机会主义，它倾向于阵地战和进攻战——主动出击才是它的唯一选择和首席爱好——它将继续逆着光阴之河向源头、向种子的方向挺进，以便从声音的角度，把时间英雄的身份推行到底，促使灵魂医生尽快同各种器官的公共管理学接头。"时间是一个重要的题目：它可以把第三天任命为第二天，而将其余的日子用来充当第二天。"④出于对眼耳辩证法的应和，作为拒绝大师的孔子对语调的选择和控制，就显得至为关键。尽管回忆者用笃定的口气强调谨言慎行，但他并不是用"一种原则的名义谴责语言，而是说明他始终'慎于言'。因为人们知道言与行会脱节，所以'言之不出'、'讷于言'。言最理想的情况

① 陈嘉映：《哲学 科学 常识》，第116页。
② 孔子的练达以他下面的话可以得到证明："子曰：'视其所以，观其所由，察其所安。人焉廋哉？人焉廋哉？'"（《论语·为政》）经验主义语调的坚定特性，则可以由孔子另外两句话得到验证："子曰：'麻冕，礼也。今也纯，俭，吾从众。拜下，礼也。今拜乎上，泰也，虽远众，吾从下。'"（《论语·子罕》）"子曰：'可与言而不与言，失人；不可与言而与之言，失言。知者不失人，亦不失言。'"（《论语·卫灵公》）
③ 参阅《孙子·九地》。
④ 米洛拉德·帕维奇：《哈扎尔辞典》，第17页。

是避说，仅仅理解言说的人已经走上了道德之路"①；尽管未来的"素王"强调言说必须"文"、"质"匹配②，却并不妨碍无所不知的语调以滔滔不绝的语势向前迈进，只因为拒绝大师有太多的消息，需要向东周的耳朵倾泻，迫于众多耳朵面对各种器官的公共管理学处于全聋状态这个险峻现实，灵魂医生想把救世方案尽可能多、尽可能快地转述出来。嘴巴的快速张合、密集的言辞裹挟在滔滔不绝的语势之中，是无所不知的语调对眼耳辩证法最正确的呼应、对消息系统最成功地利用：

> 子路曰："卫君待子而为政，子将奚先？"子曰："必也正名乎！"子路曰："有是哉？子之迂也！奚其正？"子曰："野哉由也！君子于其所不知，盖阙如也。名不正，则言不顺；言不顺，则事不成；事不成，则礼乐不兴；礼乐不兴，则刑罚不中；刑罚不中，则民无所错手足。故君子名之必可言也，言之必可行也。君子于其言，无所苟而已矣！"③

滔滔不绝的语势中，夹杂着明显的独断语调。尽管独断语调并不仅仅存身于滔滔不绝的语势，更多的时候，反倒包裹在短促有力、呈爆破态势的语句之内④，但依然拥有快疾的速度、毋庸置疑的坚定性，一如既往地存放在闪电的胎衣当中，像疾风掠过水面一闪而逝。在耳朵等级制度的严格控制下，唯有能量巨大的独断语调，最有能力对回忆者接管到的消息实施第二度分配；独断语调则趁机和盘托出了耳朵等级制度最为隐蔽的实质：所有耳朵必须听命于那双唯一的耳朵，必须相信那双耳朵听取而来的消息。只是没有人知道，它何以能够拥有这种霸道的性能。独断语调是一种不容商量的语势，整个儿就是真理和拯救的化身。经过滔滔不绝的语势和独断

---

① 弗朗索瓦·于连：《迂回与进入》，第203页。对于于连的观点，刘东有较为严厉的驳斥（参阅刘东：《理论与心智》，江苏人民出版社，2001年，第150—159页）。

② 参阅《论语·雍也》。

③ 《论语·子路》。

④ 孔子的下述言说可以证明我们的结论："孟懿子问孝。子曰：'无违。'"（《论语·为政》）"子曰：'夷狄之有君，不如诸夏之亡也。'"（《论语·八佾》）"子曰：'唯上知与下愚不移。'"（《论语·阳货》）

语调的共同辅佐，无所不知的语调有能力把回忆者推向更高的位置，从语气上，显示出灵魂医生接管的消息已经明显加重了呼吸，达到了急迫以至于哮喘的程度，距离直接以命令语调实施消息的第二度分配，仅仅一步之遥。

"意识从来不是在复数中被经验，而是在单数中被经验的。"①命令语调是无所不知的语调更进一步的演化，它表明了更为严重的症候，表明最后一次拯救，具有时不我待的急迫性："季氏富于周公，而求也为之聚敛而附益之。子曰：'非吾徒也，小子鸣鼓而攻之可也！'"②"民可使由之，不可使知之！"③命令语调再度分有了意识形态的固有属性，以它独有的强硬态度，再一次激化了孔子的语调和东周的小蒲扇之间由来已久的矛盾：语调越急迫，东周的耳朵——尤其是君王们的耳朵——就越麻木。它们甚至集体关闭了听觉，让命令语调找不到可以实施攻坚的对象。除了子路那样乐于听命的忠实弟子④，没有几双像样的耳朵朝命令语调开放——别指望打家劫舍的器官起义大军仅凭几声吼叫，就会放下武器、举手投诚；在数目繁多的起义战士面前，灵魂医生迅速暴露出了他的"七寸"、"练门"和脆弱的软肋。

"孔子生于乱世，思尧舜之道，东西南北，灼头濡足，庶几世主之悟。悠悠者皆是，君暗，大夫妒，孰合有媒？"⑤到了这等严重的境地，无所不知的语调只剩下出离的愤怒，唯有怒吼可供选择——愤怒语调合乎逻辑地应声而来，进一步加粗了无所不知的语调本来就已经十分硕壮的呼吸声：

孔子谓季氏："八佾舞于庭，是可忍也，孰不可忍也？！"

三家者以雍彻。子曰："相维辟公，天子穆穆，奚取于三家之堂？！"

季氏旅于泰山。子谓冉有曰："女弗能救与？"对曰："不能。"子曰："鸣呼！曾谓泰山不如林放乎？！"⑥

---

① 埃尔温·薛定谔（Erwin Schrodinger）：《生命是什么？》，上海外国自然科学哲学著作编译组译，上海人民出版社，1973年，第96页。

② 《论语·先进》。

③ 《论语·泰伯》。这是一种典型的愚民思想、但又是对统治阶级有用的思想。但程氏兄弟不认为孔子有意愚民（参阅《二程语录》卷十四）。

④ 《论语·为政》："子曰：'由！诲女知之乎！知之为知之，不知为不知，是知也。'"

⑤ 《盐铁论·大论》。

⑥ 以上三条引文全出自《论语·八佾》。

宰予昼寝。子曰："朽木不可雕也！粪土之墙，不可杇也。于予与何诛！"①

在一个分崩离析的时代，到处都是明知故犯的越位者（比如季氏），到处都是违反礼仪的高层人士（比如三家：即孟孙氏、叔孙氏、季孙氏），到处都是对礼崩乐坏视而不见的君子（比如林放），到处都是听不懂灵魂医生第二度分配出来的消息的坏耳朵（比如宰予）……西周消息的转述者不得不再次加重语气。这是一种浑身亢奋的口吻，是以更快的速度朝西周方向的拼命狂奔，试图从周公那里再度得到声援，以便获得更为笃定的力量，只因为无所不知的语调大力推举的各种器官的公共管理学，遭到了暗算、得到了顽强的抵制，消息系统受到了普遍的蔑视。是愤怒语调将灵魂医生摆渡到了一个更高的位置，把无所不知的语调推到了前所未有的高度。但这一回，除了少数忠实的弟子，观看表演的人几乎已经散尽。宽阔、宏大的现场，只剩下孤零零的愤怒者，落寞、沮丧而郁郁寡欢，酷似卡夫卡笔下令人怜惜和敬佩的饥饿艺术表演者。

"西狩获麟"而哭，是孔子语调的主要转折点。那声令人心悸的恸哭，预示了未来的至圣先师一生中的语调转向，尽管在此之后，无所不知的笃定语调仍然是灵魂医生言说的基本底色。伴随着十四年漫长的周游列国以一败涂地而告终，面对所有出了问题、患了绝症的耳朵和本质上的聋子，耳朵打造工程的实施者感到了深深的绝望，悲观语调几经转渡，合乎逻辑地跃迁为愤怒语调当然的后继者，就像高潮之后到来的，必定是较为漫长的不应期："甚矣吾衰也！久矣吾不复梦见周公！"②"凤鸟不至，河不出图，吾已矣乎！"③"颜渊死，子曰：'噫！天丧予！天丧予！'"④"已矣乎！吾未见好德如好色者也！"⑤悲观语调不是对各种器官的公共管理学的绝望，而是为它主动献上的祭品和牺牲。它是一个预知一生大业即将彻底崩溃的人，

---

①《论语·公冶长》。
②《论语·述而》。
③《论语·子罕》。
④《论语·先进》。
⑤《论语·卫灵公》。

发出的令人震惊的哀叹，是有意给无所不知的语调制造的反讽，和麟在普遍的乱世故意给自己制造反讽如出一辙。哀叹中的灵魂医生感到了深深的孤独："觚不觚，觚哉！觚哉！"[①]最后，仅余下只有声音而没有言辞的号啕，就像失去实体保护单独存在、自己跟自己相依为命的阴影。悲观语调和孤独语调一道，宣告了无所不知的语调的彻底失败、消息系统的机毁人亡，也宣告了向光阴的源头、向种子的方向挺进是一条绝路。因为这个世界容不下一个急火攻心的乌托邦主义者，哪怕他是硕果仅存的一个、最后那一个；因为属人的世界需要另一套直接针对欲望的公共管理学，需要另一种语调充任它的陪衬人和雇佣军。新时代在呼唤新的声音仆从、新的国家音响形象。

作为一个时间英雄、光阴的造反派，一个回忆者和灵魂医生，孔子像他宣称"吾道一以贯之"[②]那样，可以宣称"吾'调'一以贯之"。这是一种在走势上具有向后性的语调。它在不惜体力、不惜成本地和天下所有耳朵作战，却不清楚几乎所有小蒲扇都在忙于进化，都在听取时间的召唤，向前狼奔豕突。孔子是依靠他的耳朵，意外地听见了来自远古时期的管理学；作为耳朵打造工程的重要帮手，"吾'调'一以贯之"的本意，仅仅是将管理学的内容，奉献给东周的贵族和士人，并没有想到对周礼及其配套设施进行任何修改。以倾听为绝对前提，在灵魂医生的音响长随的念想中，试图发挥自己拥有的二分之一话语定式和意识形态的特性，帮助它支持的管理学，抑制天下民人与君王的欲望，生产符合它要求的动作/行为（即合"礼"的动作/行为）。出于这个任务的严重性和急迫性，无所不知的笃定特性，始终是"吾'调'一以贯之"的基本底色；包括孤独语调和无言的恸哭在内的一切语势，都由无所不知的语调所派生。只因为整个东周，唯有孔子仰仗眼耳辩证法，听见了来自周公的召唤；整个春秋时期，只剩下他一个愿意为周礼实施招魂活动的灵魂医生。孔子的语调：向种子的方向挺

---

①《论语·雍也》。尽管觚是酒器，前人也严格依照酒器的思路来解释这句话（参阅杨伯峻：《论语译注》，第88页），但此处愿意冒险将觚训为"孤独"，是依照李零先生提供的多种训法中的一种（参阅李零：《丧家狗》，第138页）。
②《论语·里仁》。

进、向时间的源头（其实是周礼的源头）行进的语调，竟敢公然蔑视进化的方向，同时间展开拔河比赛。它最终的失败和自我焚烧（即恸哭），给它自身披上了一件悲剧性的沉重黑纱，足以让后世之人为之扼腕叹息或大加赞赏。

自绝地天通以来，尤其是自周公制礼作乐以降，各种器官的公共管理学在其内部，几乎处于以礼相待的民主状态；但孔子独一无二的回忆者身份，让他有义务像独自接收、攫取、垄断上天之旨意的殷人那样，故意再次拔高耳朵的公共管理学的地位。唯一的区别仅仅在于：殷人听取天训，管理低级别的耳朵；灵魂医生听取圣训（即周公之训），训导比他的小蒲扇级别更高的同类（即君王的耳朵）。从这个隐秘的角度，出乎灵魂医生之所料，"吾'调'一以贯之"让孔子在"发挥"而不是"发明"周礼那方面，做出了杰出的贡献："吾'调'一以贯之"破坏了周公时代各种器官的公共管理学内部各器官的平等状态，耳朵的公共管理学被重新挑选出来，负责领导其他器官的公共管理学，直接导致了以耳朵的公共管理学为领班的各种器官的公共管理学横空出世。因为只有强调耳朵对声音的接纳，这种管理学的核心内容，才能进驻天下民人与君王的心田，进而孵化出各种各样合"礼"的动作/行为，何况历史悠久的耳朵中心主义和耳朵等级制度，很愿意为耳朵的公共管理学爬上神龛和领班位置助以一臂之力。

尽管"孔子于乡党，恂恂如也，似不能言者。其在宗庙朝廷，便便言，唯谨尔。朝，与下大夫言，侃侃如也；与上大夫言，訚訚如也。君在，踧踖如也，与与如也"①，尽管孔子明知"君子有三畏：畏天命，畏大人，畏圣人之言"②，但"吾'调'一以贯之"还是从悖论性的角度，驱使灵魂医生为发挥周礼做出了更进一步的贡献：他居然敢于通过快疾的、不断向后的、无所不知的语调，训导本该训导他的各位君王和卿大夫——这无疑是

---

① 《论语·乡党》。
② 《论语·季氏》。

犯上作乱一种极其隐蔽的方式①。但"大部分社会有一个控制文化诠释规范的'意义上层'（meaning élite），有控制政治力量的'权力上层'（power élite），许多社会有控制经济活动的'经济上层'（money élite）"②；孔子"并没有完全'从周'，而是半从周半背周"③。但他敢于悖论性地从把自己打造成一个周礼的修正主义者，仰仗的，就是君王们都无法独自认领的意义上层赋予他的权力。尽管这个神圣的权力，是他仰仗眼耳辩证法的威力，从周公那里意外获得的，尽管只有他认为自己才拥有这样的权力，却可以因此免于犯上作乱的指控，因为回忆者或灵魂医生同他的语调相互协作，早已为天下民人推出了一整套管理学（即以耳朵的公共管理学为领班的各种器官的公共管理学）。而在语调的声援下，这种管理学注定会生产一整套全新的动作/行为。但愚蠢的君王和卿大夫们纷纷拒绝了孔子的语调，拒绝了语调中分有的管理学内核，那本该是对他们非常有利的东西。

回忆者的贡献，最终只能是一种失败的贡献，因为消逝已久的西周盛世，从未在灵魂医生生前和生后重返人间；在器官大起义的声援下，象征世界及其保护功能在以前所未有的速度不断隐退，灵魂医生举荐的管理学，并没有激发出合"礼"的动作/行为。孔子"生不能用"④，"他在鲁国很失败，在卫国很失败，周游列国也一无所获，回到鲁国也没人理睬，从政的经验很失败。"⑤"回顾自己的一生，孔子肯定认为他收获甚微。在改进鲁国政治现状方面他几乎无所建树，他也从未如愿地取得控制一国的成就……他既无望他的诸多思想观念能被实实在在地传给后人，也无望这些思想在现实中得到有力的推进。没有人怀疑孔子对子贡所说的：'哎唉，没有人能理解我呀！'"⑥面对这个冷酷的现实，周礼的修正主义者不可能拥有供他再

---

① 孔子认为他这样做是为了挽救东周，有这个高尚目的，是否犯上作乱就可以搁置一边（《论语·雍也》："子曰：'齐一变，至于鲁；鲁一变，至于道。'"《论语·子路》："子曰：'鲁、卫之政，兄弟也。'"《论语·阳货》："公山弗扰以费畔，召，子欲往。子路不说，曰：'末之也已，何必公山氏之之也？'子曰：'夫召我者，而岂徒哉？如有用我者，吾其为东周乎！'"）。但这在逻辑上是不通的。
② 赵毅衡：《礼教下延之后：中国文化批判诸问题》，上海文艺出版社，2001年，第12页。
③ 赵汀阳：《坏世界研究——作为第一哲学的政治哲学》，第139页。
④《左传·哀公十六年》引子贡语。
⑤ 李零：《何枝可依》，第68页。
⑥ 顾立雅：《孔子与中国之道》，第66页。

度驱遣的新语调——他已经将语调库存挥霍殆尽。那种"莫须有"的语调，绝不是时间英雄能够发明出来的。弃世之前，他唯一能发出的声音，仅仅是纯粹的恸哭：

> 玉树已歌残，
> 空说龙蟠，
> 斜阳满地莫凭栏。
> 往代繁华都已矣，
> 只剩江山。[①]

你们"应该"……

作为一名"拒绝大师"，孔子一成年，就认定他是东周时期意义上层的唯一占有者；那些胡乱发布消息的人，都不配拥有这一高度、都是非法僭越了这一高度，包括各路君王在内的所有角色（当然不包括各种"野人"）[②]，都处于获取人生价值和意义的再生状态，都是等待意义上层屈尊降临的土壤——消息的第二度分配，是意义下嫁的另一种称谓。占领了意义上层的战略制高点，经由耳朵中心主义和耳朵等级制度摆渡而来的语调，立即获得了合法性，因为它用声音，包裹了来自远古时期的真理，分有和分享了周礼与它的附属物（即各种器官的公共管理学）[③]。在语调的抑扬顿挫中，它已经同真理合而为一、雌雄同体："你们当听，因为我要说极美的话，我张嘴要论正直的事。"[④]

作为一个灵魂医生，孔子在不需要真理、只承认欲望和不断驱赶象征

---

① 张伯驹：《浪淘沙·金陵怀古》。
② 李零说，《论语》中的话主要是给精英阶层讲的，孔子从不走群众路线（参阅李零：《去圣乃得真孔子》，三联书店，2008年，第3页）。
③ "真理"一词大概最早出现在南朝梁萧统的著述中（参阅萧统：《令旨解二谛义》），主要是指佛法，意思是纯真的道理。此处在最一般的意义上使用"真理"一词。
④《旧约·箴言》第8章。

世界的年代，被来自西周的真理所控制；仰仗眼耳辩证法，灵魂医生驯服了他心目中的真理，并赋予真理以特殊的音响形象，以至于让他能够冒着有犯上作乱之嫌的危险，进行消息的第二度分配，迫使意义下嫁的行为不断发生。"吾'调'一以贯之"暴露出了来自真理底部的强制特性；无所不知的语调则把真理的准宗教面孔明确无误地传达了出来。真理的强迫性无处不在；而在众多的真理之间，唯一值得称道的区别，仅仅在于不同的真理拥有不同的行进方向——那不过是真理之间的相互较劲。作为基督教世界的第一个外科大夫①，上帝耶和华说要有光，于是就有了光②。孔子的语调和作为纯光的上帝语调有着令人震惊的一致性，它的强硬、决绝和语速上毫不妥协的快疾，同上帝语调在性质上遥相呼应。只是孔子的语调没能像上帝语调那样，通过重塑人民的动作/行为，改变他们寄居的时代，没能把至纯、至善的西周之"光"，重新制造和牵引出来，虽然他始终与他听取来的消息合而为一，始终在试图管理众多的耳朵，那些在真理面前地位低级的小蒲扇。

尽管"真理的一半是理想/它的四分之三是虚构出来的"（洛伊·C.巴斯特语），但拥有准宗教面孔的真理，还是假手灵魂医生一以贯之的语调，强烈要求东周通过新生的动作/行为，否定自己的所是（即is，即它的本来面目）、修改自己的"所是"；大声吁请东周自己策反自己，顺着"吾'调'一以贯之"指明的方向，以动作/行为为方式，做出本己的反应，和消逝的事物一道，把自己弄成自己的对立面——它本来应该成为的那个模样（即ought，即应是）。尽管"有关是什么的知识并不直接打开通向应该是什么之门"，尽管"人们可以对是什么有最清楚最完备的知识，可还是不能从中推论出我们人类渴望的目标是什么"③，尽管无所不知的语调终其一生，都在呼唤"应是"（即"应该是什么之门"）的出现，但它从逻辑的角度必须预先认领的失败，却并不影响它的呼唤力度和强硬性，仅仅是给它的主人捎去

---

① "耶和华上帝使他（亚当—引者）沉睡，他就睡了；于是取下他的一条肋骨，又把肉合起来。耶和华上帝就用那人身上所取的肋骨造成了一个女人。"（《旧约·创世纪》第21—22章）
② 《旧约·创世纪》第3章。
③ 爱因斯坦：《爱因斯坦晚年文集》，方在庆等译，海南出版社，2000年，第24页。黑体字为原文所有。

了深深的愤怒、绝望、孤独和临近生命终点时的号啕与恸哭。

眼耳辩证法操纵消息系统，使"吾'调'一以贯之"从一个极为隐蔽的角度，最终发出了"你们'应该'怎样怎样"的滚烫号召[①]；在作为音响形象的号召内部，早已埋伏着一整套机制特殊的期待视野（horizon expectation），刚好被聪明过头、一门心思开疆拓土的列位君王一眼洞穿。这是响彻后世的最为强劲的音符，是回忆者或灵魂医生留给后世最重要的精神遗产。"你们'应该'怎样怎样"意味着：发出号召的人从来不在号召之中，因为"你们"的"应是"，正好等于号召者早已完成了的"所是"；你们的"应是"，比号召者的"所是"永远都要少那么一点点。"在日常语言中，当我说人们应当做某种行动时，就不只是我在告诉他们，而且我也在诉诸一种原则，在某种意义上，这种原则是业已存在的，正如道德哲学家们不断指出过的那样，它是客观的。"[②]因此，"你们'应该'怎样怎样"的核心，最终要落实到礼制上，但"在德与礼的不对称关系中，统治者的政治义务变成了象征性的政治修辞，儒家就言行不一地回避了政治正当性问题。尽管儒家喜欢高调谈论民心，但只是把礼看做是不容置疑的天经地义，就在逻辑上取消了政治正当性问题。后世老谋深算的统治者都意识到了儒家在维护专制政体上的重大作用而尊儒家为国家意识形态，道理在此。"[③]后世君王以他实用主义式的"老谋深算"，接管和征用了孔子的语调；经由历代儒生的努力，这个伟大、热切的号召，被后世君王欣然认领，并将它垄断为私人财产。列位君王不仅趁机登上了教主的宝座，还像灵魂医生一样，外在于这个热切的号召，把自己跟作为天下民人的"你们"，彻底剥离开来。"吾'调'一以贯之"导出的"你们应该怎样怎样"所表征的语调，被君王强行征用，被修改为制度性管理学的声音仆从，为制度性管理学提供了至关重要的装饰性。

---

① 邓晓芒先生把"你们'应该'……"理解为"要字句"（即"我们要怎样怎样"，参阅邓晓芒：《苏格拉底与孔子的言说方式比较》，《哲学动态》2000年第7期），显然弱化了孔子语调的能量；"我们'应该'怎样怎样"包括了孔子，但这跟孔子的原意不合。

② 理查德·麦尔文·黑尔（Richard Mervyn Hare）：《道德语言》，万俊人译，商务印书馆，2004年，第187页。引文中的黑体字是本书作者所加。

③ 赵汀阳：《坏世界研究——作为第一哲学的政治哲学》，第134-135页。

所有的"统治者都知道，尊孔就是尊自己，对收拾人心有好处，他们是拿孔子当工具"①。但这个试图修理和型塑灵魂的"工具"，却无法单独发挥作用；"你们应该怎样怎样"不能仅仅依靠道德说教，达到"收拾人心"的目的。它需要更管用、更为有力的硬件（即"术"）呐喊助拳，因为相对于作为浪漫主义者和自恋分子的欲望，"心"、"心性"和对它们进行的语言性修理，是最不可靠之物。"综观两千年来之孔学，一变于荀卿，再变于灾异，三变于训诂，四变于心性，就中除君权思想为专制君王片面利用……宗法思想为社会保守派变本加厉外，其博大宏远之大同思想与仁爱精神，从未发扬光大，以见于政事者；而两千年来阳尊阴抑孔学之结果，反使世人养成笃旧脉从之奴性，复假封建社会以一强有力之观念基础，根据人心，牢不可破则不可讳之过失也。"②一部儒学史，就是一部统治阶级（或曰君王）不断强化"你们'应该'怎样怎样"的"应是"史，孔子动用的语调蕴藏在"应是"史的内部，参与了对历史的塑造；他举荐的那套管理学体系，则得到了变态性地征用。"夫万民之从利也，如水之走下，不以教化提防之，不能止也。是故教化立而奸邪皆止者，其提防完也；教化废而奸邪并出，刑罚不能胜者，其提防坏也。古之王者明于此，是故南面而治天下，莫不以教化为大。"③这种一厢情愿的理想主义局面从未化为现实，"教化"从来没有取得过像样的成功。和孔子与后世儒生的期望完全相反，因为"儒家试图以道德去创造政治，却不知政治是道德的生效条件，所以儒家从根本上说是不懂政治的"④。但作为一种性状奇特的工具，灵魂医生最终只能算作失败的贡献，仰仗那部"应是"史，在后世却取得了奇迹般的成功。孔子被后世利用的，最多只是他的语调和包裹在语调之中的热切号召，不是语调中包纳的自以为是的真理。但对孔子的语调和他举荐的管理学的阐释权，始终掌握在君王和视君王为"父"的御用儒生手中——李贽、金圣叹一类"歪儒"，从来都是被打击的对象，尽管他们从未真的否定过

---

① 李零：《去圣乃得真孔子》，第16页。
② 苏渊雷：《钵水斋外集》卷一。
③ 《汉书·董仲舒传》。
④ 赵汀阳：《反政治的政治》，《哲学研究》2007年第12期。

"父"的地位与作用。后世之人借用孔子只剩下躯壳的语调，包裹了太多的私货，却别有用心、处心积虑地把所有私货，说成是回忆者的伟大发明①。

　　天下所极重而不可窃者二：天子之位也，是谓治统；圣人之教也，是谓道统。治统之乱，小人窃之，盗贼窃之，夷狄窃之，不可以永世而全身；其幸而数传者，则必有日月失轨、五星逆行、冬雷夏雪、山崩地坼、霜飞水溢、草木为妖、禽虫为之异，天地不能保其清宁，人民不能全其寿命，以应之不爽。道统之窃，沐猴而冠，教猱而升木，尸名以徼利，为夷狄盗贼之羽翼，以文致之为圣贤，而恣为妖妄，方且施施然谓守先王之道以化成天下；而受罚于天，不旋踵而亡。②

　　王夫之在衡山上的滔滔不绝、咬牙切齿，还算不上对"应是"的过度强化与夸张，仅仅是在贯彻、落实"你们'应该'怎样怎样"发出的热切吁请，是对"吾'调'一以贯之"的正确回应。从表面上看，王夫之对明王朝覆灭的反思完全是在自言自语，但肯定有他念念不忘的耳朵，尤其是君王的耳朵。出于对充分利用"吾'调'一以贯之"那方面的精心考虑，两千多年来，君王与儒生们不断心照不宣地合谋，使拒绝大师重新确立的耳朵的公共管理学的突出地位，在后世得到了进一步强化；周礼的修正主

---

① 在这方面做得很优秀的人应该是朱熹（参阅朱熹：《四书章句集注》，《新编诸子集成》第一辑，中华书局，1983年）。
② 王夫之：《读通鉴论》卷十三。

义者的精神遗产，则从反讽主义（ironism）的角度①，得到了进一步确认②。最晚从汉武帝开始③，耳朵的公共管理学主持全面工作、负责领导其他各种器官的公共管理学的局面，一直没有太大的改变（或许魏晋时期算是例外）④。"你们'应该'怎样怎样"的号召响彻云霄，寄居在每一道谕旨、每一本典籍、每一行文字、甚至每一个偏旁部首的隐秘部位，在语调抑扬顿挫的音乐性中，随时准备跳出来，干预每一个人的"所是"——尽管"应是"的内容，早已偏离、越来越偏离孔子规定的内容，那个以周礼为准绳的内核。最终，灵魂医生一以贯之的语调在被制度性管理学和君王的真理强行征用的过程中，只剩下一个孤零零的躯壳，跟回忆者本人一再被符号化的遭遇恰相吻合。即使将历代君王实行的阳儒阴法的统治术计算在内，也无法改变这个坚固的事实⑤：没有躲在暗处的"法"（其实是酷刑），明面上的"儒"就是一堆毫无用处的零散部件，"应是"对"所是"的统辖之权，根本无力展开；于君王有利的、合"礼"的动作/行为，也不可能得到有效的生产，"儒"因此没有任何理由得到君王的青睐——耳朵打造工程必须由

---

① 虽然孔子肯定不是反讽主义者（ironist），但后世儒生在解释孔子时，恰好搞笑地把自己弄成了只有在现代性支撑下才能出现的反讽主义者。他们几乎完全符合理查德·罗蒂（Richard Rorty）为反讽主义者给出的标准："反讽主义者（ironist）必须符合下列三个条件：（一）由于她深受其他语汇——她所邂逅的人或书籍所用的终极语汇——所感动，因此她对自己目前使用的终极语汇，抱持着彻底的、持续不断的质疑。（二）她知道以她现有语汇所构作出来的论证，既无法支持，亦无法消解这些质疑。（三）当她对她的处境做哲学思考时，她不认为她的语汇比其他语汇更接近实有，也不认为她的语汇接触到了在她之外的任何力量。……相对的，反讽主义者是一位唯名论者（nominalist），也是一位历史主义者（historicist）。"（理查德·罗蒂：《偶然、反讽与团结》，徐文瑞译，商务印书馆，2003年，第105－107页。）
② 在儒家圣人中，历代只有孔子的地位是稳固的，即使是后来被追封为亚圣的孟轲也曾几起几落，到了朱洪武时代，地位更是降到了冰点。因为在朱洪武看来，孟子假传了来自于孔子的圣训，竟敢强调于王权不利的"民为重"、"君为轻"。全祖望《鲒埼亭集》卷三十五说："上读《孟子》，怪其对君不逊，怒曰：'使此老在今日宁得免耶！'时将丁祭，遂命罢配享。明日，司天奏：'文星暗'。上曰：'殆孟子故耶？'命复之。"但仍然有很多儒生为朱元璋的做法叫好，他们认为，洪武皇帝的深谋远虑岂是一般"浅儒"所能知晓（参阅钱曾：《读书敏求记》卷一"孟子节文七卷"条；虞稷：《千顷堂书目》卷三《孟子类》"《孟子节文》二卷"条）。从这里最能看出皇帝与儒生合谋产生的效果究竟有多大。
③ 参阅赵鼎新：《东周战争与儒法国家的诞生》，夏江旗译，华东师范大学出版社，2006年，第7页。
④ 参阅萧公权：《中国现代学术经典·萧公权卷》，河北教育出版社，1999年，第307－309页。
⑤ 詹启华（Leonel M.Jesen）将这种情形贬斥为人造儒教（Manufacturing Confucianism），参阅Leonel M. Jesen, *Manufacturing Confucianism, Chinese Traditions and Universal Civilization*, Duke University Press, 1997.

"法"保驾护航，才可能获得成功。"儒"只是一套冠冕堂皇的说辞。在"法"的帮助下，"你们'应该'怎样怎样"和这个句式中蕴藏着的音响形象或声音仆从，才能被君王的真理广泛利用。君王的真理：让所有臣民"跟在'使'字后面当宾语"①的制度性管理学，对天下民人的耳朵进行严格规训（to discipline），才是它的根本要义，与"你们'应该'怎样怎样"的绝对化口吻刚好契合。借用这件引人注目的外套，各位孤家寡人终于可以放心地"内多欲而外施仁义"②，有能力和资格独占意义上层的制高点，将自己从"你们"当中彻底剥离出去，君王的座椅因此距离臣下叩头、认罪的地方越来越远，宫廷在朝不断豪华的方向一路狂奔③。借助这个诡异却又冠冕堂皇的语调范式，君王们作为私货的真理或消息，得以成功地下放给每一个臣民；在"法"的公开保护下，意义下嫁（即消息的第二度分配）成为后世君王在明面上规训百姓最主要的法宝，耳朵中心主义、耳朵等级制度在不断得到确认和强化，耳朵打造工程的实施权，从孔子之手（孔子只拥有发明权）转渡到君王之手（君王拥有专利权），再也没有下放过。在各种器官的公共管理学中被孔子举荐为领班的耳朵的公共管理学，趁机上升为君王独掌的耳朵管理学。作为一种极具神圣特性的声音，"你们'应该'怎样怎样"是如此洪亮，以至于庶民黔首薄如蝉翼的耳膜，从古至今，一直在不停地震颤——这是中国两千多年来最大的、始终半掩半掩的秘密。这个秘密仿佛一架体力充沛、天长地久的机器，不屑于时光的流逝，无视物质磨损定律的严格规定，至今还在矢志不渝地自我运作、自我推行："你们'应该'怎样怎样"通过曲折而又过于直白地转换，至今还活在汉语中，活在今天的广告词以及革命话语的喉头与胸腔④。

作为君王的真理的核心内容，君王独掌的耳朵管理学必须依靠特定的语调范式，才能成为有声的管理学，才能进驻天下臣民的耳朵，才能在臣

---

① 李零：《去圣乃得真孔子》，第4页。

②《史记·汲郑列传》。

③ 参阅芮沃寿（Arthur Frederick Wright）：《中国城市的宇宙论》，叶光庭译，施坚雅（William Skinner）主编：《中华帝国晚期的城市》，叶光庭等译，中华书局，2000年，第45—51页；参阅杨宽：《中国古代都城制度史研究》，上海古籍出版社，1993年，第4—11页。

④ 参阅敬文东：《在革命的星空下》，《文艺争鸣》2002年第3期。

民的肉体车间中，生产符合这种管理学之要求的动作/行为，用以取代被臣民的欲望所激励的、违规越位的动作/行为。在"法"的强大作用下，"你们'应该'怎样怎样"帮助君王的管理学压制了人民的手足，为君王乐于接管的天下稳定，提供了巨大的外驱力；"你们'应该'怎样怎样"被君王的真理直接接管，经过无数代君王的努力，最终创造了中国的大部分历史。尽管这种语调并没有、也不可能完全扑杀天下民人的欲望生产出的动作/行为，但它始终是全体臣民的动作/行为最严厉的看管者①。灵魂医生因他的语调在生产动作/行为方面的有效性，在后世赢得了表面上的胜利；作为被追认的道学开创者②，灵魂医生理所当然被供奉在万人景仰的神龛上③。

属于孔子的时代已经一去不复返；他留下的只言片语④，"则向所有希望接近他的有学问的猿猴敞开，随他们评论和加注释。"⑤灵魂医生消失了，后世屡屡被提及的孔子，不过是关于孔子的比喻和传说。这个伟大的失败者，这个时间英雄和灵魂医生，依靠他无所不知的语调和修正主义者之身份，最终，让后人把他抬到了圣人的位置。孔子是以他的"吾'调'一以贯之"在后人那里，拯救了他的失败者身份而跃居于素王的神龛，并不仅仅是仰仗耳朵中心主义和耳朵等级制度的双重辅佐；把圣人的封号，搁置在"你们'应该'怎样怎样"的头上（"你们'应该'怎样怎样"和包裹它的语调是二而一的关系），远比授予孔子的肉身、灵魂和粗糙的学说更为妥当。孔

---

① 迈克尔·曼（Michael Mann）认为，一个帝国想要获取自身的生存，必须同臣民进行强制性合作（compulsory cooperation），出于对中国之特殊性的考虑，曼认为，中华帝国之所以能够达致强制性合作，是因为统治阶级掌握了一整套强制性普及（coerced diffusion）的方法。曼暗示过，这种普及既借助了孔子的语调，又往语调中塞进了私货。（参阅Michael Mann, *The Sources of Social Power*, Cambridge University Press, 1986, Chapter V.）
② 说孔子的身份是被追加的，出自于余英时。他在谈论朱熹时曾经说过："朱熹有意将'道统'和'道学'划分为两个历史阶段：自'上古圣神'至周公是'道统'时代，其最著显的特征为内圣与外王合而为一……周公以后，内圣与外王已分裂为二，历史进入另一阶段，这便是孔子开创'道学'的时代。"（余英时：《朱熹的历史世界》，三联书店，2004年，第15页）
③ 从宋朝开始，由于有道统和道学的区分，许多学者始终把孔子看作"祖述宪章之任"的人，却从此上升，将孔子看作"集众圣大成"的人（熊　：《熊勿轩先生文集》卷四），再在此基础上，要求朝廷在祭祀孔子时，需要"则天子下达矣"（宋濂：《孔子庙堂议》）。一个"祖述宪章"的人，怎么可以成为一个"集众圣之大成"者？他凭什么能获得这么高的荣誉？排除后世儒家的政治理想必须要一个说得过去的偶像外，首先是因为孔子的装饰性身份所致。
④ 显赫的《春秋》被王安石当作"断烂朝报"（参阅《宋史·王安石传》），就是明证。
⑤ 艾柯（Umberto Eco）：《误读》，吴燕莛译，新星出版社，2006年，第78页。

庙中最崇高的位置，有必要让位于仅剩下空壳，但又异常管用的那道宏亮的声音。是灵魂医生的语调在得到强行征用后，改变了中国的历史；是回忆者发明的眼耳辩证法促成的"吾'调'一以贯之"，塑造了中国的历史；是时间英雄和回忆者的语调，看管着中国人的日常生活。但最终的真相只有一个：是被后人有意误读的回忆者的语调，让灵魂医生在中国历史上扮演着汉语版耶和华的身份[1]；是藏于暗处的"法"，在辅佐灵魂医生专司装饰之职——君王独掌的耳朵管理学必须借重孔子的装饰性才最具冠冕堂皇的特征——并由此怂恿、督促、监视和强迫只剩下符号披风的装饰者，负责型塑（to form）中国的历史面貌。直到今天，这个伟大的梦魇还没有完结——完结永远在试图回归它形成胎记的最初那一刹，悲观的诗人因此有话可说：

> 理想国，故国了，我离开它
> 有些年头，偶尔心中悲戚，便派
> 褐马探访。马儿离开的时候
> 卷起一些寒意。仿佛死了，
> 仿佛破音，不舒服，但使你留意。
> 贤人在时，也就是一根鳜鱼刺。[2]

---

[1] 比如康有为等人就曾将儒家定义为孔教（参阅康有为：《孔子改制考》）。
[2] 桑克：《桑克诗歌》，太白文艺出版社，2007年，第20页。

中国的灵魂医生：老子篇

凤兮凤兮归故乡，

遨游四海求其凰。[1]

从旁观到遁世

老子的身世扑朔迷离，在漫长的中国思想史上，算得上一桩千古谜案，给后世之人（他们在今天被尊称为学者）留下了数不清的争议，也为他们创造了无数个就业和再就业的宝贵机会[2]——这是老子给后人做出的最令他意想不到的贡献。这一切，或许跟他惊世骇俗、悲观绝望的处事态度有关。

---

① 司马相如《琴歌》。

② 司马迁只说了老子的籍贯，却"莫知其所终"（《史记·老子韩非列传》），庄子则明确地提到了老子的死（参阅《庄子·养生主》）；清人李涵虚为老子做传时，引《路史》、《内传》、《五宗网记》、《月令广义》、《索绥前凉录》、《酉阳杂俎》、《高士传》、《神仙传》、《列仙传》、《唐记》、《广记》、《山堂肆考》等，将老子描述得更加矛盾百出、不可捉摸（参阅李涵虚：《老子真传》）。解决老子的身世问题对学术史影响重大，诚如钱穆所说："余尝谓老子之伪迹不彰，真相不白，则先秦诸子之学术思想之系统条贯终明，其源流派别终无可信。"（钱穆：《先秦诸子系年》，中华书局，1985年，第204页）

作为一个过早开了"天眼"和打通"小周天"的得道之人，老子肯定看到了其他所有人都无缘得见的东西。而孔子，后人眼中的至圣先师、素王、文宣公、万世师表、"吾'调'一以贯之"的唯一拥有者，很可能是当年有幸拜会过老聃的名人当中十分幸运的一位。他们的相见，已经被当作神话或佳话，传颂了数千年，[1]只因为那是中国的天空中，太阳与月亮仅有的一次相会，是人中"龙"、"凤"不可复制的难得聚首，尽管后世之人都明白：他们的互相对视，不可能取得一致的认识与见解，"至少是达不到幽灵所能够透露给灵魂的知识。"[2]

鲁昭公二十四年（公元前518年），受昭公赞助，一生以挽救东周命运为己任的孔子，离鲁去周，让眼睛辅佐耳朵，让看协助听，进行田野作业，实地考察周公之礼，以便为耳朵打造工程做准备。在周王朝的首都，孔子除了"历郊社之所，考明堂之则，察庙朝之度"，除了由衷赞叹"吾乃今知周公之圣，与周之所以王也"外，还幸运地遇见了形容枯槁但耳朵奇大的老聃（当然还有精通音律的苌弘）。[3]在倾听过李耳的一番高论后，刚逾而立不多年的孔子沉思有时，禁不住对弟子们赞叹有加："鸟，吾知其能飞；鱼，吾知其能游；兽，吾知其能走。走者可以为罔，游者可以为纶，飞者可以为矰。至于龙，吾不能知，其乘风云而上天。吾今日见老子，其犹龙邪！"[4]究竟是什么原因，让至圣先师居然对老子动用了罕见的赞美语调，他可是对尧、舜、周公，也没有授予过"龙"的称号啊？[5]还是听听老子的言论吧，那无疑是除一年后（即公元前517年）的齐景公外，又一次有人对

---

[1] 关于这件事历来众说纷纭，很多人认为不可能，有些人认为老子的年龄小于孔子，甚至有人认为有没有老子其人都成问题，更不用说《老子》或《道德经》是老子的作品了。但现在有足够多的证据证明老子早于孔子，孔子确实向老子请教过礼仪方面的问题。关于这一组问题此处不作纠缠，其大体情形可参考熊铁基等人对此的研究综述（参阅熊铁基等：《中国老学史》，福建人民出版社，1995年，第1—25页）。李学勤也认为老子其人早于孔子，《老子》成书时间也早于《论语》（参阅《当代学者自选文库·李学勤卷》，安徽教育出版社，1999年，第578—586页）；另可参阅刘建国：《老子时代通考》，《哲学史论丛》第一辑，吉林人民出版社，1980年。
[2] 刘禾：《帝国的话语政治》，第26页。
[3]《孔子家语·观周》。说鲁昭公二十四年孔子适周是采阎若璩的观点（参阅阎若璩：《四书释地续》）。
[4]《史记·老子韩非列传》。
[5] 孔子对尧、舜、周公的赞美可参阅《论语·泰伯》、《论语·雍也》。

孔子兜头泼出的一盆凉水，后人至今还能隐约分辨出凉水浇在热火上发出的轻微响声："君子得其时则驾，不得其时则蓬累而行。吾闻之，良贾深藏若虚，君子盛德，容貌若愚。去子之骄气与多欲，态色与淫志，是皆无益于子之身。吾所以告子，若是而已。"①其余的话，饱经世事、口风甚严的老聃一句都不愿多说：他是中国历史上第一位有案可稽的语言禁欲主义者②。

　　老子与孔子生活在绝地天通之后一个波澜壮阔、人声鼎沸的大时代，一个礼崩乐坏、欲望不断看涨的坏年辰，张牙舞爪、合乎欲望之要求的动作/行为遍地都是。在上天渐行渐远、逐渐失去对人间的统治地位后，象征世界的保护作用开始逐渐隐匿，各种属人的奢欲，却像开花的芝麻、雨后的春笋节节攀高，见风即长，一则让人心热，顿起救世之志；一则令人心寒，随时准备遁入山林，与鸟兽为伍，与天地同参。尽管对老子佩服得五体投地，热心肠的回忆者兼灵魂医生一定清楚地知道，面对分崩离析、道术"已"为天下裂的年月，他的长辈临近冰点的看法，跟自己的炽热理想形如冰炭③。面对同一个事实，有人在为即将崩溃的天下寻找火热的词汇，有人却在缄默中，吐出冰块般寒冷的句子，就像有人在忙着活（busy living），有人在忙着死（busy dying）："孔子见老聃，老聃新沐……孔子便而待之，少焉见，曰：'丘也眩与，其信然与？向者先生形体掘若槁木，似遗物离人而立于独也。'老聃曰：'吾游心于物之初。'"④闻听此言后，热心救世、四处推销管理学的灵魂医生不会不明白，他面对的那个一生下来就已经怅然老去的长者，那个身如枯木的老叟，中国历史上另一个

----

① 《史记·老子韩非列传》。

② 童书业认为道家起源于杨朱，老聃等只是杨朱的后继者（参阅童书业：《先秦七子思想研究》，齐鲁书社，1982年，第110页）；而"杨子取为我"（《孟子·尽心上》），所以"杨朱无书"（鲁迅：《而已集·小杂感》），因此杨朱才是最早、最大的语言禁欲主义者。但这是本书不予承认的：一个"无书"的人实在谈不上语言禁欲或纵欲。

③ 有趣的是，不少重要的儒家典籍在谈到孔子和老子的关系时，都乐于把老子打扮成孔子的热心同道（参阅《礼记·曾子问》、《韩诗外传》卷五等）。

④ 《庄子·田子方》。后世许多人认为《庄子》不过是寓言，记载的事情颇不可信（参阅王叔岷：《慕庐论学集》第一卷，中华书局，2007年，第569–590页），但庄子本人却不这么看（参阅《庄子·寓言》）；郭象在注《庄子·寓言》所谓"寓言十九，重言十七"时也说："寄之他人，则十言而九见信。"

著名的私生子①，令他意外地是一位化外之人，是这个大时代心胸冰冷的旁观者（"吾游心于物之初"），很容易让人联想到与老子差不多共用同一个时代的第欧根尼（Diogenes）——西诺卜（Sinope）的犬儒主义者——对哪怕一盎司的阳光的敬意与尊重，都要大于对亚历山大大帝（Alexander the Great）的绝对鄙弃：旁观者的旁观品德分明具有冷眼、斜视的特性。

对于孔子在兵戈四起的时代居然还能心肠滚烫，李耳明显怀有一种"孺子不可教也"的鄙夷心绪：从古至今，冷对热的威胁，始终大于热对冷的挤压。这不仅是一个物理学现象，更是一个令人目眩的人文事实。在送别孔子的那一刻，耳朵巨大的老聃——想想"聃"字的涵义就行了——轻描淡写地对前来拜望他的鲁国人说："吾闻富贵者送人以财，仁人者送人以言。吾不能富贵，窃仁人之号，送子以言曰：聪明深察而近于死者，好议人者也；博辩广大危其身者，发人之恶者也。为人子者毋以有己，为人臣者毋以有己。"②都什么时候了，还在为迂阔的救世臧否人物和"发人之恶"！在一个被各种奢欲反反复复、进进出出早已用破了的二流时代，一个象征的光辉开始大规模隐退的年月，闭嘴少言才是最合适、最安全、最明智的选择。

老子用笃定的口吻，述说谶语一般，否定了孔子愤激的救世热忱和他四处推销的管理学③。作为周代国家图书馆馆长④，一个饱读上古文献的博学之士，一位领取周王室俸禄的国家公务员，老子成为即将倾覆的周王朝的冷眼旁观者，实在有些令人惊讶，让人怀疑他是不是犯有渎职罪。但老子无疑亲眼目睹过如下事实："春秋之中，弑君三十六，亡国五十二，诸侯奔

---

① 李涵虚《老子真传》引《内传》云：老子，"姓李，名耳，其母见日精下落，如流星飞入口中，因有娠。怀之七十二年，于陈国涡水旁李树下生。指李树曰，此为我姓。生而白首，故号老子。耳有三漏，故号老聃。"

② 《史记·孔子世家》。道家对孔子的攻击在老子之后一直在持续进行，比如庄子"著书十余万言……以诋訾孔子之徒，以明老子之术。"（《史记·老子韩非列传》）

③ 吕思勉先生不同意先秦诸子学说在后人那里留下的互相反对的印象，但必须要承认，它们确实"各有其安立之处所，自各有其所适用之范围"（吕思勉：《先秦学术概论》，东方出版中心，1985年，第18页）。这是非常高明的看法。

④ 《史记·老子韩非列传》："老子者……周守藏室之史也。""索隐"："按：藏室史，周藏书室之史也。又张苍传'老子为柱下史'，盖即藏室之柱下，因以为官名。"

走，不得保其社稷者，不可胜数。"①饱经风霜、熟知经籍、通晓兴亡更替之律法的老子，见惯了这种惨烈的局面："争地以战，杀人盈野；争城以战，杀人盈城。"②作为一个深谙"成败、存亡、祸福、古今之道"③的智者，李耳对这等歹徒的仪式（即器官大起义）早已绝望透顶甚或见惯不惊④。与孔子周游列国、"知其不可而为之"大不一样，丝毫不惧怕身体年代学的语言禁欲主义者早就下定决心，要在一个看上去合适的时刻，离开这个熙熙攘攘、人来人往的花花世界，离开这个为夸张、突出器官和欲望不惜铤而走险的时代；但正式离开前，不妨对正在迅速分崩离析的岁月施以冷眼，权当观风望景——还有什么东西，比这台群魔的舞会，更值得旁观者冷眼旁观的呢？公元447年，"托莱多公会议(Council of Toledo)对魔鬼的描述是：又高又黑，有脚有爪，驴耳，两眼发光，牙齿咯咯作响，长着硕大的生殖器，浑身还散发着硫磺的味道。"⑤这跟周代那些人面、人身（而不是女娲一样的蛇身）的黄面魔鬼，当真有区别么？面对这样的局面，老子像极了两千多年后巴黎著名的垃圾拣拾者，整天"在首都聚敛每日的垃圾，任何被这大城市扔掉、丢失、被它鄙弃、被它踩在脚下碾碎的东西，他都分门别类地收集起来。他仔细地审视纵欲的编年史，挥霍的日积月累。他把东西分类挑拣出来，加以精明的取舍；他聚敛着，像个守财奴看护他的财宝"⑥。面对属人的世界上各种各样稀奇古怪的垃圾，老子不会不明白，"旁观者就该这样：他是生活的旁敲侧击者，各种秘密的窥探者，精神的偷香窃玉者……告诉你们吧，我们旁观者，小人物，多余的人，在鞋底寻找真理的人，其实就是些用眼睛为灵魂拍快照的人。"⑦因此，尽管老子很少开口说话，在大多数时候干脆关闭了发声器官，但他掌握的关于罪恶的知识比谁都多，对将倾的天下无药可治这

---

① 《史记·太史公自序》。

② 《孟子·离娄下》。

③ 《汉书·艺文志》。

④ 比如说，"在75个年代可考的被征服的小国中，有37个是在春秋开始后的第七至第十七个十年中被征服的。"（许倬云：《中国古代社会史论》，第69页。）

⑤ 罗贝尔·穆尚布莱（Robert Muchembled）：《魔鬼的历史》，张庭芳译，广西师范大学出版社，2005年，第12页。

⑥ 波德莱尔（Charles Baudelaire）语，转引自本雅明（W. Benjamin）：《发达资本主义时期的抒情诗人》，张旭东译，三联书店，1989年，第99页。

⑦ 钟鸣：《旁观者》，海南出版社，1998年，第234页。

一事实比谁都清楚，他的心肠因此比谁都冷，他偶尔开口说话，语调比谁都冷静、笃定和超然，绝不像孔子那样婆婆妈妈、拖泥带水和滔滔不绝。

"天下最可厌可憎可鄙之人，莫过于旁观者。旁观者，如立于东岸，观西岸之火灾，而望其红光以为乐；如立于此船，观彼船之沉溺，而睹其凫沐以为乐。……故旁观者，人类之蟊贼，世界之仇敌。"[1]但这种晚到的、高分贝的斥责声，对心如死灰的老子毫无意义。作为一个见惯了灾难，却深知其无法可救的旁观者，一个立志遁世而不是逍遥的人[2]，老子完全可以免于这一指责。"凉风用事，而众草皆病；兴贪残之政行，而万民困病。"[3]作为一个绝望主义大师，"置身大道崩圮的时代，老子深知他最终不能选择在世的时刻，但他却能够挑选在世的策略。"[4]在看够了无穷多的歹徒的仪式，在获知一切形式的拯救的不可能之后，出于"挑选在世策略"方面的精心考虑，年迈的老子（按传说，他一生下来就72岁了！）终于决定西出秦关[5]，前往传说中西王母居住的地方[6]，不愿再多看那个世道哪怕仅仅一眼，不愿再多呼吸它的空气哪怕仅仅一口。"天下兴亡，匹夫无责。"[7]反正天下又不是被他弄坏的。在一个家天下的时代，只有人家的家人，才拥有令天下倾覆的资格，别的人（比如热心肠的孔子）大可不必狗拿耗子，抢着去认领具有"莫须有"性质的责任。"唯有革命，才能把地狱的污垢从地上清除。"[8]在老子寄居的时代，那些反复上演的歹徒的仪式、那些听从欲望的吩咐揭竿而起的器官大起义，真的称得上革命么？

---

① 梁启超：《呵旁观者》。

② 逍遥是道家中的庄子路线，是庄子对老子的刻意修改（参阅李泽厚：《中国古代思想史论》，安徽文艺出版社，1995年，第181—223页；葛兆光：《中国思想史》，复旦大学出版社，1998年，第279—289页）。

③《诗经·四月》郑玄注。

④ 朱大可：《话语的闪电》，华龄出版社，2003年，第246页。

⑤ 吕思勉认为秦关究竟是函谷关还是大散关已不可考（参阅吕思勉：《先秦学术概论》，第28页）；清人汪中则认为应该是函谷关（参阅汪中：《老子考异》）。此处笼统地说秦关，是采李涵虚之说（参阅李涵虚：《老子真传》）。但这个问题是否有正确的答案对本书没有任何影响。

⑥ 这是萧兵等人提出的假说（参阅萧兵、叶舒宪：《老子的文化解读》，湖北人民出版社，1993年，第1052—1066页）。

⑦ 刘子钊：《"天下兴亡，匹夫无责"论》，http://www.teacherclub.com.cn/tresearch/a/1713454351cid00049，2012年10月31日访问。

⑧ *The Poetical Works of Lord Byron*，Oxford Press，1933，p745.

没有人知道老子为全身远祸①，骑着青牛，慢腾腾离开周王室的首都前往三秦之地时，究竟怀揣着怎样的心绪。作为一个语言禁欲主义者，他不愿意多说一句话是完全可以肯定的事情；作为一个深知"口是祸门"②、"口舌者，祸福之门"③的得道者，老子骑在青牛背上，目不斜视，神情枯槁，宽容着青牛的慢吞吞，也是很容易想见得到的做派。"多病支郎念行止，晚年生计转如蓬。"④从那以后，老子迅速摆脱了历史的强行观照，决绝地脱离了所有人的视线，毫不犹豫地去了一个人"莫知其所终"的处所；凭借联通了先秦档案密室的太史公，后世之人只知道，他和他的青牛被阻拦在秦关之下，守关吏员——尹喜⑤——对语言禁欲主义者提出了一个苛刻的条件：要想过关，必须留下著作作为"买路钱"⑥。

职业军人尹喜也是一位体制内的旁观者，只是没有老子那么极端——老子不愿开口说话，他却著有《道书》九篇⑦。就在老子下定决心离开周代首都前往秦关之后不久，"能相风角"的守关吏员，就望见东边有祥云飘来，顿悟将有"神人"驾到。职业军人"相风角"的能力很快得到验证：骑青牛的老聃居然应运而至⑧，"尽管到达的时间有些可笑"⑨。面对尹喜的善意要挟，老聃唯有以"天之所恶，孰知其故"⑩的心情聊以自慰，面对竹简，捉刀用力。多亏尹喜的灵机一动，语言禁欲主义者终于宽衣解带，被迫献上了贞洁；后世之人才有机会一睹中国历史上最伟大的思想家留下的最深邃的教诲，后世中国的一切阴谋家和养生术士，都应该感谢秦关守吏的大恩

---

① 《史记·老子韩非列传》：老子"居周久之，见周之衰，乃遂去"。
② 《古尊宿语录》卷四十。
③ 严遵（君平）：《座右铭》。
④ 唐·栖蟾：《牧童》。
⑤ 高亨认为，守关吏员的真名应该是关尹，而不是尹喜，原因在于，"《史记》原本无'令'字，只作'关尹喜曰'，其意则关尹喜悦而发言也。后人误以尹字为官名，以喜字为人名，而《史记》原意失……关尹姓名，于是隐晦。"（高亨：《史记老子传笺证》）但本文仍愿意从众使用以讹传讹而来的通用名字。
⑥ 参阅《史记·老子韩非列传》。
⑦ 参阅《吕氏春秋·不二》高诱注。
⑧ 参阅《吕氏春秋·不二》高诱注。尹喜后来抛弃官职，跟老子去了化外之地（参阅《汉书·艺文志》"道家类"自注）。
⑨ 谢阁兰（V. Segalen）：《中国书简》，邹琰译，上海书店，2006年，第23页。
⑩ 《列子·力命》。

大德。"哲学是智慧，它完全是哲学家个人的私事。"①作为一个绝望主义大师、一个经典意义上的旁观者，李耳绝对无意给后世留下任何东西，决不会把"私事"主动公之于众；他答应守关吏员善意而又近乎无礼的要求，仅仅是想尽快换取过关隐居的通行证。在出关心切的李耳看来，这是一桩勉强称得上划算的买卖，尽管他压根儿就没想到，他精密算计后的无奈妥协，便宜了后世几乎所有的阴谋术士和养生家。在被胁持中，他被迫成为了一位弱的灵魂医生，负责型塑后人的灵魂，却不像孔子那样，去主动认领强的灵魂医生的身份。

"遁者就是藐视和遗弃石头的人：让命运之石悬置在山脚之下，独自翻越山巅，向一个他在其中能够更自由地生存的世界奔走。遁者是厌烦过去的人，借助逃遁从旧境遇里抽身隐退。他是自我和世界的双重解放者：首先改变了他的状态，随后也改变了世界的状态。"②依照旁观者的身份和立场，作为决心已定的遁世者，老子对这个世界早就没什么好说的了；多年前对强的灵魂医生讲过的那些话，称得上遁世之前最后的遗嘱、轻描淡写的最后告白。尹喜的要挟，不过是善意地逼迫他将讲过的话再讲一遍，就像把花过的钱，在想象和玄思中再花一次。这对洞明阴阳、明了权变的老子，根本就没什么了不起。在捉刀下笔之前，他很可能是这么想的：我无奈的写作，我被迫的失贞，权当一个体制内的前国家公务员隐遁之前，对周王朝的最高统治者提出的无偿建议吧③。

被混合了的看与听

"母腹中的十个月足以使我成为老人。"④即将成行的遁世者更进一

---

① 胡塞尔（Edmund Husserl）语，尚杰：《归隐之路——20世纪法国哲学的踪迹》，江苏人民出版社，2002年，第13页。
② 朱大可：《话语的闪电》，第273页。
③ 有人（比如白居易）以老子追求隐逸，但偏偏创作了"五千言"，提倡清静，却偏偏发愤而作，是口是心非（参阅白居易：《读〈老子〉》）。但这无疑是错误的论断。
④ 舍斯托夫（Lev Shestov）：《旷野呼告》，方珊等译，华夏出版社，1999年，第34页。

步：他不满世事、对属人的世界心怀疑惧，在母腹中赖着不走，一呆就是七十二年，终于成为一个名副其实的"老子"（即老迈的儿子）[①]。虽然这很可能只是一个意味深长的小道消息，一个精心编织的谣传，却十分符合老子的隐遁者形象："他的拒绝出世表达着对婴儿立场的热烈颂扬，硕大的耳朵则暗示了对听觉和声响的异乎寻常的偏爱。老子是沉默的，他的生命操作集中于谛听——一个纯粹肃穆的动作。正是在对天籁之音的谛听里他获得了有关'道'的全部知识；同时，谛听引出了对'有为性'的最深切的疑虑。"[②]但先于谛听的，始终是观察、是看，是隶属于眼睛的每一个细小毛孔面对天下万物的全面打开，是对周遭世界的彻底扫描、逼视和吸纳。沉默的老子凝目于硕大、广阔的现象界，谛听于深远、冷静的天籁之音和潮湿的母腹之音，却至今没有人能够弄明白，他究竟采用了何种神秘的方法，才打通了眼睛与耳朵之间的界限。尽管"耳有三漏，故号老聃"，至今却没有任何人能够知晓，弱的灵魂医生究竟使用了何种偏方，与孔子截然相反地令眼睛统治耳朵，让耳朵成为眼睛的下属、眼睛的一个重要组成部分[③]，以至于让看包容了听、统辖了听，然后，令人意外地催生出了关于道的全部抽象理念，让超验的观念界，在中国思想史上第一次向华夏古人全面打开，纯粹的、"一般性地'看'"[④]，得以进驻中国文化的心脏部位[⑤]。

孔子重视耳朵，所以他善于倾听过去；弱的灵魂医生过度开发眼睛的形而上学功能，所以他擅长预见未来。但那是一个"莫须有"的未来，一个不断向后的、慢腾腾奔向象征世界的未来，反正东周时期的知识分子

---

① 参阅李涵虚《老子真传》注引《内传》言；参阅《太平广记》卷一。

② 朱大可：《话语的闪电》，第245页。

③ 遍读《老子》，我们看不到李耳对听觉的描写，似乎他的一切思想和经验都来自眼睛，但这显然不是真实的，所以此处才有耳朵化作眼睛的一部分的荒诞说法。

④ 老子的观察方式，很像两千多年后胡塞尔所强调的那种现象学还原所强调的观察方式，即穿过事物的物理属性，直接进入一个观念性的异域，亦即胡塞尔强调的"一般性地'看'"（参阅胡塞尔：《现象学观念》，倪梁康译，上海译文出版社，1986年）。

⑤ 很多人认为老子的思想有所本（即"古之道术"），但无论如何，与"述而不作"的孔子绝不相同，老子的思想更应该被理解为老子的原创（关于这个问题的综述请参阅陈鼓应、白奚：《老子评传》，南京大学出版社，2001年，第18～27页），就连大智大慧的庄子也对老子的思想赞叹有加（参阅《庄子》《养生主》、《德充符》、《应帝王》、《在宥》、《天地》、《天道》、《天运》等篇）。

"谁都怀旧，谁都复古，谁都不满意当世的社会"①。作为耳朵中心主义和耳朵等级制度的双重认领者，孔子的眼睛隶属于他那双体积不大的耳朵，他的眼睛也乐于听取耳朵的号令；和强的灵魂医生仰仗耳朵押解眼睛、听取周公之言成为回忆者和转述者截然不同，作为另一种眼耳辩证法的主动发明者，老子掌握了一整套神秘的观察方法，得以让弱的灵魂医生"眼界""大开"："不出户，知天下；不窥牖，见天道。"②这是一个遗世独立的旁观者才配拥有的视点，是混合了看与听之后的视听的混沌状态，是以耳朵为支点的眼耳辩证法的特异之处。"视力所及之处，心灵必能到达。"③这个珍贵而不可复制的视点或浑沌状态，不仅被眼睛所占用，也为眼睛的内在组成部分——耳朵——所认领："人之生也柔弱，其死也坚强。草木之生也柔脆，其死也枯槁。故坚强者死之徒，柔弱者生之徒。是以兵强则灭，木强则折。强大处下，柔弱处上。"④作为洞明世事的旁观者，老子在眼耳辩证法的指挥下，被他的眼睛所统领，将目光投向了一切柔软的事物，不愿意再过多凝视他早已通晓的那个熙熙攘攘的世道，那个群魔乱舞的戏台，那些被一再复制的歹徒的仪式，总之，那个唯力是务、推崇武功、注定要速死和猝死的阳的世界——象征世界不断隐退之后，迅速赶来填补空白的那个更为火暴的世界。阳的世界是属人的世界最通常、最基本的存在方式：

> 大河吞吃小河，并要烧尽青树与枯木，
>
> 河流似火，吞噬一切喝水的人
>
> 火焰烧掉一切泥土的根基
>
> 烧掉所有坚固的岩石，
>
> 连山的根基都变作熊熊烈火……⑤

---

① 李零：《去圣乃得真孔子》，第2页。
② 《老子》第四十七章。《老子》的版本很多，本书所引《老子》原文，全部参照陈鼓应《老子注释及评介》一书中的"老子校定文"部分（陈鼓应：《老子注释及评介》，中华书局，1984年，第442—473页）。
③ 乔纳斯（Hans Jonas）语，转引自卡罗琳·考斯梅尔（Carolyn Korsmeyer）：《味觉》，第31页。
④ 《老子》第七十六章。
⑤ 《死海古卷》，曹兴治译，商务印书馆，1995年，第148页。

作为阳的世界的标志性物品，火的吞噬能力有目共睹，虽然它也曾尽心尽力地辅佐过象征世界①。但在统领了硕大的耳朵之后，作为哲学的中场发动机②，老子的眼睛迅疾跃迁为一个否定性的器官，对过于炽热的火毫无兴趣，并且坚定、决绝，毫无商量的余地："持而盈之，不如其已；揣而锐之，不可长保。"③"故飘风不终朝，骤雨不终日。"④这是一个迅速向遁世方向滑行的旁观者，对阳的世界提出的彻底质疑，是弱的灵魂医生对阳的世界轻描淡写的蔑视和鄙弃。对于这种在猝不及防之间迅速到来的局面，后世之人有理由目瞪口呆，也有理由持绝对怀疑的态度⑤。

作为一个强的灵魂医生，孔子是阳的世界坚定而热情的守护者，为此，他发明了与老子的眼耳辩证法施力方向完全相反的同类设备。孔子不屑于歌颂柔弱的事物，他乐于提倡刚健、进取，欢呼太阳的热度与光辉，推崇火热的词汇，称颂阶梯般整齐划一的纪律⑥。"知识只有当它用自己尖锐的针尖穿透人的灵魂时方显可贵，肤浅的经验毫无用处。"⑦仰仗眼睛对耳朵高度专制诱导出的神力，跟所有推崇太阳、呼唤阳的世界的思想家绝不相同⑧，弱的灵魂医生将眼睛，那个否定性的器官，那架"哲学的中场发动机"，从火热的世界迅速撤回，死死盯住了阴的世界。没有人知道，老子何以坚定不移地确信，阴的世界才是世界的各种存在形式中的最佳形式；也没有人知道，老子何以坚持不懈地相信：只有阴的世界，才是阳的世界上一切疑

---

① 《韩非子·五蠹》。

② 参阅柏拉图（Plato）：《蒂迈欧篇》，谢文郁译，上海人民出版社，2005年，第32页。

③ 《老子》第九章。

④ 《老子》第二十三章。

⑤ 有意思的是，陈鼓应认为，道家不仅尚柔，也有尚阳的一面（参阅陈鼓应：《易传与道家思想》，三联书店，1996年，第69-129页）。即使他的举证有力，本书依然有足够的证据认为"尚阳"跟老子全不相干。详论见后。

⑥ 因此，有人将儒家在四季上对应于温暖的春天，而将道家对应于清冷的秋天（参阅王博：《心灵四季》，《光明日报》2012年7月30日）

⑦ V. Rozanov, *The Apocalypse of Our Time*, Dr. Robert Payne and N. Romanoff, Praeger Publishers, Inc, 1977, p. 185.

⑧ 在中国古人的观察方式中，对阳刚的太阳一直用力最著（参阅叶舒宪：《中国神话哲学》，中国社会科学出版社，1992年；参阅雷蒙德·范·奥弗编：《太阳之歌——世界各地创世神话》，毛天祐译，中国人民大学出版社，1989年）。

难杂症的唯一解决方式。在眼耳辩证法的指挥下，老子首先把裹挟了耳朵的冷眼，投向了阴柔、清冷的月亮①，阴的世界中最醒目的物体，像银盘一样悬挂在夜空，以它凄冷的目光，注视人间的一切，像个高高在上的旁观者，满面清风，一言不发。只有在这种极少数的时刻，和"光而不耀"②的月亮相呼应，老子的目光才具备了有限的热量，佩带了少许的热情，怀揣着不多的、异常珍贵的温柔。同太阳相比，月亮才是老子目击和谛听的最重要的对象：因为它代表母性③，因为它长生不老、生生不息④，是水但更是水的精华⑤；因为它是玄妙的光，清冷、柔弱、凄美却又无比仁慈⑥。在旁观者眼中，道体最好、最初的原型，无论如何都应该非月亮莫属⑦。它是阴的世界的首领和酋长，是阴的世界中的最高神祇：

> 人有赤黄兼黑白，
> 道无南北与西东；
> 不信乞看天上月，
> 青光透彻太虚空。⑧

月亮仰仗它值得称道的德行，把旁观者老子与热心肠的孔子，从根

---

① 关于这个问题历代说法很多，其综述可以参考陈鼓应、白奚：《老子评传》，第50–60页。
②《老子》第五十八章。
③《礼记·礼器》："大明生于东，月生于西，此阴阳之分、夫妇之位也。君西酌牺象，夫人东酌罍尊。礼交动乎上，乐交应乎下，和之至也。"
④ 屈原《天问》："夜光何德，死而又育？"对月亮长生不老观念考证最精的是王国维（参阅王国维：《生霸死霸考》）。
⑤《太平御览》卷四引范蠡言："月，水精。"王充《论衡·说日》："夫月者，水也。"《淮南子·天文训》："水气之精者为月。"今人何星亮则从人类学角度对月亮和水之间的关系给出了精彩的阐释（参阅何星亮：《中国自然神与自然崇拜》，上海三联书店，1992年，第182–190页）。
⑥《老子》一书中多次说到了光，比如："和其光，同其尘，是谓玄同。"（第五十六章）尤其是说"光而不耀"（第五十八章），那就肯定不是炫目的太阳光；最值得注意的是第二十一章："道之为物，惟恍惟惚。惚兮恍兮，其中有象；恍兮惚兮，其中有物；窈兮冥兮，其中有精；其精甚真，其中有信。"我们几乎可以肯定这是在以月亮（光）描摹道体。
⑦ 今人王博先生对此有过详细、精当和有说服力的考辨（参阅王博：《老子思想的史官特色》，文津出版社，1993年，第160–165页）。叶舒宪认为老子的"道"的原型是太阳，这和老子尚柔的思想相冲突（参阅叶舒宪：《中国神话哲学》，第118–120页），故本文不采其说。
⑧ 日·释宗演：《禅诗》。

本上区别开来，并在阳的世界和阴的世界之间，画出了一道醒目的分界线①——是老子对月亮的超验观察，在中国思想史上，首次奠定了阴的世界的崇高地位。这情形，很容易让人联想到德里达（Jacques Derrida）和他的解构主义的种种品质②。弱的灵魂医生占据的那个珍贵的视点，那个混合了看与听的视听的浑沌状态，由此成为一个不可多得的、精密的探测器：对阴的世界进行细心勘探，争取对阴的世界有所发明、有所增益，争取在一个完全不可能的时代，为象征世界保存更多的疆域和领地，最起码，也要为象征世界保存最后的记忆、最后的影像和最后一次的回光返照。

奇迹总是倾向于对神秘领域的温柔侵占。依靠冥冥之中无法言说的神秘力量，奇迹说来就来。弱的灵魂医生不紧不慢地让眼睛驱使耳朵，让看继续包容听，让听继续成为看的内在组成部分；伴随着眼睛"无为而无不为"③的工作方式，作为眼睛附属物的耳朵与眼睛一道，在眼耳辩证法的敦促下，继续将自己投向更为柔弱的事物，向月光照耀下更为柔软的事物鞠躬致敬。在肉眼所见的天下万物中，最柔弱的事物莫过于水，最有穿透力的事物也莫过于水，只因为更加飘忽的空气，是肉眼无力把捉的事物——水才是无孔不入而又找不到任何敌手的至柔至弱者。作为月亮在阴的世界中的最佳对应体，作为和月亮互为母子关系的柔弱之物④，水对人的重要性不言而喻。中西方的早期观察家一眼就洞明了这个基本常识，不无夸张地提出了水是万物本源（primary substance）的观点⑤。而一切关于本源的思想学说，都必然和感恩的激情密切相关；但对水的热情颂扬，至今没人能

---

① 依照萧兵、叶舒宪的解释，老子之所以有这样的思维方式，跟远古时期的巫风有很大的关系（参阅萧兵、叶舒宪：《老子的文化解读》，第1041−1051页）。
② 关于德里达的解构主义，可以参阅尚杰：《归隐之路——20世纪法国哲学的踪迹》，第168−182页。有趣的是，尚杰在论及德里达时，明确使用了"归隐"一词来描述德里达在拆解二元对立方面所做的工作。
③《老子》第四十八章。
④ 水与月亮在中国古人那里互为母子关系可参考《论衡》与《淮南子》的描述（王充《论衡·说日》："夫月者，水也。"《淮南子·天文训》："水气之精者为月。"）。
⑤ 作为西方历史上第一个哲学家，泰勒斯（Thales）明确提出了"水是万物本源"的命题[参阅杨适：《哲学的童年》，中国社会科学出版社，1987年，第82页；参阅第欧根尼·拉尔修（Diogenes Laertius）：《名哲言行录》，第17页]；中国古人对此命题表述得最完备的可能要数管子（参阅《管子·水地》）。

达到老子占据的那个绝对高度："上善若水。水善利万物而不争，处众人之所恶，故几于道。"①但这仍然要归功于旁观者的眼睛在驯服了他的耳朵之后，所处的那个始终于己有利的观察位置。这个神秘的视点至今令人目眩和匪夷所思；弱的灵魂医生那双集否定性器官和探测器于一体的眼睛（当然还包括作为附属物的耳朵），至今让人对它的神力感到不可思议。

苏格拉底乐于无限缩小自己，是因为他相信：只有将自己变小，才能更清楚地仰视"大人物"们身上的灰尘，以便提醒他们过一种洁净的生活；老子遗世独立、冷眼旁观，令眼睛征用耳朵为部属，是为了看清柔弱的事物身上暗藏着的伟大力量，是想对阴的世界有所发明、有所增益。阳的世界暴戾、强横、贪婪、放纵，推举欲望为神祇，自以为很有力量；弱的灵魂医生仰仗包容了听的看，促使统括了耳朵的眼睛，意外地发现：柔弱的事物（比如水）并不真的柔弱，阳的世界对阴的世界由来已久的居高临下，才是一个真正的笑话。当然，笑话不可诠释，只因为"笑话若需要解释必然会扼杀它的效果"②。老子说："天下莫柔弱于水。而功坚强者，莫之能胜。以其无以易之。"③阳的世界之所以会有如此这般"失察的时刻"（歌德语），是因为它太相信蛮力，太迷信、太崇拜强盗和土匪的品德。耳朵（它倾听天籁之音）与眼睛（它面对现象界）合谋，通过弱的倾听和强的透视，仰仗倾听与透视的混融带来的巨大力量，老子被神秘地告知：柔弱之极的水之所以不可战胜，是因为它处于下位，始终在向下运动；是因为它所寄居的"容器"（比如江、河）虚位以待，有足够的能力和空间，接纳无穷无尽的事物而又不溢、不满、不盈："江海之所以能为百谷王者，以其善下之，故能为百谷王。"④百谷王：一个硕大而看不见边际的洞穴，一个曲折蜿蜒、不断掏空自己的器皿，它有用之不尽的空间，任何强大或弱小的事物，都能不分高低贵贱、不分地域出身，在这里找到它们的回声、阴影和心得，

①《老子》第八章。
②艾柯：《误读》，第3页。
③《老子》第七十八章。
④《老子》第六十六章。

找到必不可少的对角线与辅助线①。

　　"水从上流而东，日夜不休，上不歇，下不满，小为大，重为轻，圜道也。"②"河在离村不远的地方从矗立的峭崖、巨大半圆形的山脚的石洞中冲出来，经过一连串瀑布后，注入极深的峡谷里。河流愈降到深处，植物长得愈茂盛，它们从岩石的缝隙中吐出来，给下面巨大的深谷里澎湃或潺湲的溪流铺上一层绿色的面纱。"③……眼睛裹挟耳朵对现象界全方位打开，使弃绝阳的世界的老子，意外发现了阴的世界的伟大功用，并趁机促成了阴的世界再次诞生（实际上，它早就存在，只是被不断强化欲望的人有意遗忘了）：阴的世界以它的下位与虚空④，成就了一切战无不胜的事物⑤；下位与虚空一举成为不死之物的根本属性。关于弱的灵魂医生赖在母腹中拒绝出生的谣言并非没有依据：正是对虚空的子宫的细心体认、对潮湿的环境中阴柔之声的神秘谛听，使老子在对阳的世界倍感绝望之后，能重新发现和开启另一个让人震惊的新世界，一个充满象征色彩及其保护功能的新疆域。在对阴的世界凝视过太长时日后，经由尹喜的要挟，"其犹龙耶"的旁观者，即将成行的遁世者，终于有能力提出一个关于阴的世界的辉煌命题："谷神不死，是谓玄牝。玄牝之门，是谓天地根。绵绵若存，用之不勤。"⑥这是自

---

① 关于水和中国哲学思想之间的关系，可参阅李云峰：《水与中国古代哲学》，湖北人民出版社，2001年。郭店楚简《太一生水》篇被认为是道家的重要文献："太一生水，水反辅太一，是以成天。天反辅太一，是以成地。天地复相辅也，是以成神明。神明复相辅也，是以成阴阳。阴阳复相辅也，是以成四时。四时复相辅也，是以成冷热。冷热复相辅也，是以成湿燥。湿燥复相辅也，成岁而止。"有人这样解释水和道（即太一）之间的关系："太一是宇宙之本体，是最高形上实体，是万物的终极创造者。这是第一个层次。第二个层次为水。一方面，水由太一直接创生：'太一生水'；另一方面，太一又存在于水之中：'太一藏于水'。"（郭沂：《郭店竹简与先秦学术思想》，上海教育出版社，2001年，第139页。）这就更加点明了水跟道之间的关系就是现象界与观念界之间的关系。
② 《吕氏春秋·圜道篇》高诱注。
③ 弗雷泽（J. G. Frazer）：《金枝》，徐育新等译，中国民间文艺出版社，1987年，第478页。
④ 老子对虚空的称颂明显表现在第十一章："三十幅，共一毂，当其无，有车之用。埏埴以为器，当其无，有器之用。凿户牖以为室，当其无，有室之用。故有之以为利，无之以为用。""无"在此应该训作"虚"或"空"（参阅钱锺书：《管锥编》，中华书局，1986年，第424页）。
⑤ 有意思的是，水在远古时期在民人之中经常引起争端（参阅《易·讼卦·大象》），甚至会出现打斗场面（《春秋元命苞》引《说文》释"刑"字时说："刑从井从刀。井以饮人，争陷于泉，以刀守之。"）。
⑥ 《老子》第六章。

女阴崇拜以来①，对女性生殖器官的最高礼赞——因为女性生殖器官不仅是"生命之始"，更是生命所需要的"水"②；也是对阴柔化生万物的极端肯定，是对不死的生命之门的无上赞美③：

心能做出牺牲
阴道也能
心能宽恕、修补
它能改变形状，让我们进
它能扩展，让我们出
阴道也能
它能为我们疼，为我们伸展，为我们死
流血，把我们流进这个艰难、奇妙的世界
阴道也能
那间房，我在场
我不会遗忘。④

"身体反映出世界的真谛；"⑤弱的灵魂医生则"观天于上，视地于下，而稽之男女"⑥。老子通过"水"这一看似平常，实则无比神秘的意象的桥梁作用⑦，使道体的原型（即月亮）和女性生殖器官（即玄牝）神秘地联为一体，构成了一个首尾照接、互相声援的观察系统，并为裹挟了耳朵的眼睛

---

① 参阅刘达临：《世界性史》，郑州大学出版社，2005年，第32—40页。
② 罗科在《性神话学》中解释梵语中关于女性生殖器的词Yoni时就是这么认为的（参阅萧兵、叶舒宪：《老子的文化解读》，第602页）。
③ 关于这个问题的综述可以参考萧兵、叶舒宪：《老子的文化解读》，第601—612页。李零也说，"'玄牝'是宇宙生殖器，'玄牝之门'是它的阴道口。"（李零：《人往低处走》，第10页）
④ Eve Ensler, *To Celebrate the Vagina*, 中译文参阅程宝林：《人生易逝，美酒趁时——中西诗歌中的性爱之美》，《星星诗刊》2008年第6期。
⑤ 费侠莉（Charlotte Furth）：《繁盛之阴——中国医学史中的性》，甄橙等译，江苏人民出版社，2006年，第19页。
⑥ 马王堆帛书《十大经·果童》。
⑦ 巴什拉曾专门论述过水的母性和女人性，对本书此处的持论或可做一参证（参阅巴什拉：《水与梦——论物质的想象》，顾嘉琛译，岳麓书社，2005年，第127—147页）。

所吸纳；从此以后，在眼耳辩证法的再次帮助下，阴的世界神秘地拥有了它的全部性征：柔弱而不可战胜，轻微却能生出阳刚，至软至弱却永远不死。面对表面上强硬无比的阳的世界，阴的世界永不衰老、永不枯竭、永不满足……

实体的水能被分解、融化为化学成分，但对水的神秘观察"属于本质性的东西……它没有化学成分，没有实在的性质"①。在打通眼睛和耳朵之间的界限后，经由对阳的世界的细心观察，老子推出了一个全新的阴的世界——实则是对象征世界的深情回眸；经由复合了听的看、统括了耳朵的眼睛，老子把自己从现象界，迅速提升到观念界，"道"（或称"一"、"大"、"玄"、"朴"）从此成为一个绝对的观念、一个创化世界万物的概念②。"有物先天地，无形本寂寥。能为万象主，不逐四时凋。"③无形之道才是天地的始源④，是万物的尺度，当然也是人的尺度。这和普罗泰戈拉（Protagoras）"人是万物的尺度"（Man is the measure of all things.）的狂妄看法刚好相反，尽管"奇异的事物虽然很多，却没有一件比人更奇异"[索福克勒斯（Sophocles）语]。没有人能够知道，老子通过对现象界中阴柔事物的超验观察，究竟是凭借怎样的路径，才一跃而达到了"玄之又玄"的观念世界⑤。

在建立起阴的世界（即象征世界的最后影像）后，老子自信他找到了对付阳的世界的技巧，并以此为条件，临时性地认领了他不愿认领的弱的灵魂医生的身份：绝灭礼法，抛弃仁义；让人从成人世界（即正在失去象征能力的阳的世界）大步后撤，向母腹返进，至少也要朝婴儿的方向回返，以便让阳的世界彻底更替为阴的世界，让"道"像月光那样，照耀阴的世界中的每一个人，让水滋润他们，让母亲的门洞重新打开，让子宫深处的

① 胡塞尔语，参阅尚杰：《归隐之路——20世纪法国哲学的踪迹》，第13页。
② 据不完全统计，在《老子》五千言中，"道"出现过六十九次（参阅熊铁基等：《中国老学史》，第28页）。
③ 朱熹以为这个佛家语与儒学大意接近（参阅《朱子语类》卷一二六"释氏"条），但章炳麟则认为和老子更接近（参阅章炳麟：《国学说略》，香港中文大学出版社，1972年，第146页）。
④ 《老子》第四章："道冲，而用之或不盈。渊兮，似万物之宗；湛兮，似或存。吾不知谁之子，象帝之先。"第二十五章："有物混成，先天地生。寂兮寥兮，独立而不改，周行而不殆，可以为天下母。"
⑤ 陈鼓应批评老子由观察具体事物而跃入抽象的观念界有以偏概全之嫌（参阅陈鼓应：《老子注释及评介》，第46页），但这显然是隔靴搔痒的看法，不足以解释老子神秘的思维能力。

湿润、阴霾之气重新哺育他们，让他们无忧无虑、无知无识，以便歹徒的仪式和器官大起义偃旗息鼓，天下重归于平静，重归于"超出一切理解的安宁"①，让他们重新成为大自然一个渺小而又炫目的组成部分。阴的世界是对象征世界的怀旧式追寻，是弱的灵魂医生对象征世界的缅怀和思念。与强的灵魂医生反复强调而被君王独占的那套管理学（即君王独掌的耳朵管理学）大不相同，阴的世界上新的动作/行为，倾向于虚静给它带来的新规范：它必须是一种合乎虚静的动作/行为，就像孔子的管理学要求合"礼"的动作/行为；而一整套全新的管理学，将从这里，获得它念想中能够让自己独自坐大的那根脐带。老子的眼睛统摄他的耳朵，创造出了一种关于虚静的学说②，却至今没有人能够弄清楚，这本该属于上天的思想，何以通过身份诡秘的老子，竟然来到了一个阳的世界，一个天天都在上演歹徒仪式的疯狂境域③。但后世之人——他们是天生的"事后诸葛亮"——肯定知道，就是在这种看似匪夷所思的学说中，老聃为他从旁观者迅速滑向遁世者，找到了坚定不移的依据：他不惜丧失语言贞洁地出走西土，敢于将"命运之石悬置在山脚之下"，靠的就是那个依据带来的巨大决心。但最终，他把决心也给坚定地决心化了。

---

① 这是梵语Shantih的意思，是每一部《奥义书》的正式结尾（参阅《T．S．艾略特诗选》，赵毅衡等译，四川文艺出版社，1988年，第49页注6）。

② 和许多学者强调老子的"道"有些差异，牟宗三强调老子的"无"。以他看，"'无'首先当动词看，它所否定的就是依待、虚伪、造作、外在、形式的东西，而往上反显出一个无为的境界来。……所以一开始，'无'不是个存有论的概念（ontological concept），而是个实践、生活上的概念；这是个人生问题，不是知解的形而上学之问题。……经此否定正面显示一个境界，用名词来表示就是无。将名词的nothing（无）拆开转成句子就是no-thing（没有东西）。所以nothing（no-thing）不是存有论的无（没有东西）。……但当'无'之智慧彻底发展出来时，也可以涵有一个存有论，那就不是以西方为标准的存有论，而是属于实践的（practical），叫实践的存有论（practical ontology）。"（牟宗三：《中国哲学十九讲·第五讲·道家玄理之性格》，上海古籍出版社，2005年）

③ 陈鼓应认为，老子的思想源头是《易经》，并经由《老子》开启了《易传》中的哲学思想。不过，连陈先生也承认这个观点会得到大多数人的反对（参阅陈鼓应：《易传与道家思想》，第69-86页）。

超然的言说

作为一个伟大的旁观者、一位出人意料的弱的灵魂医生，老子"发明"了一个全新的世界——那是他念想中的归隐之地；作为一个面无表情、须发飘飘、骑着青牛向西王母居住地渐次进发的遁世之徒，一个绝望主义大师，一位语言禁欲主义者，老子对阳的世界岂止是"大辩若讷"①，根本上就是无话可说。眼睛在成功统治耳朵之后，也顺理成章地关闭了嘴巴的张合，让舌头与牙齿同居口腔，安于母子同体的休眠状态②：在牙齿砌成的囚牢中，龟缩着的，正好是能够扬起语词之帆的舌头。和"吾'调'一以贯之"的自信风度迥然有别，面对尹喜的善意要挟，急于出关又懒得开口的老子，只好在内心深处，勉强动用一种不无结巴感的强为之名的语调，一种近乎于失去贞洁的口吻，用以换取迈向西土（即阴的世界）的通行证。作为一个在竹简上而不是在空气中发表意见③，将内心之声誊写到竹简上的弱的"演说家"（而不是孔子那样的强的演说家）④，老子十分清楚，为了尽快赶往阴的世界，他的任务"不仅在于他要谈论的事物，同样在于词语本身，要把发明与布局区分开来：发明寻找和揭示事物，布局安排事物"⑤。奇怪的是，面对不可捉摸的道体只能强为之名的语调，却让老子在表面的结巴中，毫不费力地找到了流畅的语速，舒缓、从容、毫无凝滞之态："有物混成，先天地生。寂兮寥兮，独立而不改，周行而不殆，可以为天下母。吾不知其名，强字之曰道，强为之名曰大。"⑥ "古之善为道者，微妙玄通，

---

① 《老子》第四十五章。

② 关于嘴巴同时拥有雌雄同体和母子同体特性的描述，请参阅敬文东：《看得见的嘴巴》，《文学界》2007年第3期。

③ 此处关于老子时代用于书写的材料是竹简仅仅是一种推测，但也并非没有证据（参阅李零：《简帛古书和学术源流》，三联书店，2007年，第64—66页）；另可参阅钱存训：《书于竹帛——中国古代的文字记录》，上海世纪出版集团，2006年，第64页。

④ 马克思说："'精神'从一开始就很倒霉，注定要受到物质的'纠缠'，物质在这里表现为震动着的空气层、声音，简言之，即语言。语言和意识具有同样长久的历史；语言是一种实践的、既为别人存在并仅仅因此也为我自己存在的、现实的意识。"（《马克思恩格斯选集》第1卷，人民出版社，1972年，第18页。）

⑤ 西塞罗（Marcus Tullius Cicero）语，参见尚杰：《归隐之路——20世纪法国哲学的踪迹》，第177页。

⑥ 《老子》第二十五章。

深不可识。夫唯不可识，故强为之容：豫兮若冬涉川；犹兮若畏四邻；俨兮其若客；涣兮其若凌释；敦兮其若朴；旷兮其若谷；混兮其若浊；澹兮其若海……"①为此，老子发明了一整套和强的灵魂医生完全不同的消息系统：在耳朵的帮助下，他用眼睛提炼道体；在内心言语的声援下，他在竹简上召开消息发布会——但那些神秘的消息不来自上天，不来自圣训，不来自周公之礼，通通出自道体发出的幽冥之光：

> 我们知道，我们不被允许使用你的名字。
> 我们知道你不可言说，
> 贫血，虚弱，像一个孩子
> 疑心着神秘的伤害。②

"每一种疑问只揭示基础中存在的一个缝隙……只有首先怀疑可怀疑的一切，然后再消除所有这些疑问，一个理解才算可靠。"③老子克服"强为之名"的语调中屹立着的结巴感的秘密仅仅在于：眼睛统治耳朵、关闭嘴巴之后，内心深处的声音反倒在不断发酵、破损，裂变出试图"揭示""基础中"存在的诸多"缝隙"；它们相互裹挟，朝寂静的方向不断趋近，在弥合了诸多"缝隙"之间的鸿沟才最终获得的寂静中，取消了结巴在发生学上的全部可能性："为学日益，为道日损。损之又损，以至于无为。无为而无不为。"④面对尹喜开出的条件，洞明一切的老子接下来要做的唯一一件事，仅仅是将这种声音以极为流畅的语速、以它表面上的结巴感为形式，倾倒在粗糙的竹简上。"这些表达方式与人们得以走向一个需要推动的'世界'的冲动是分不开的；这些表达方式与其说是人的定义，还不如说是转向一种有待创造的文明的指针；因此，使命仅仅对于一个沉思的世界才具有意义，仅仅对于一个参与的世界才是体现，仅仅对于一个被剥夺的世界才是

① 《老子》第十五章。
② 扎加耶夫斯基（Adam Zagajewski）：《灵魂》，李以亮译，转引自王家新：《为凤凰寻找栖所》，北京大学出版社，2008年，第14页。
③ 维特根斯坦（L. Wittgenstein）：《哲学研究》，汤潮、范光棣译，三联书店，1992年，第57页。
④ 《老子》第四十八章。

共享。"①在暗中，在巍峨挺拔的秦关之上，老子的语调同意这种珍贵的"共享"，但也仅仅赞同这种"共享"，因为老子的语调分享的，是较为弱小的、没有多少强制性的管理学——尽管它最终将被君王的真理收编、利用；尽管被利用的方式是变态的、可笑的。

和孔子对来自于西周的消息动用赞美语调至少有表面上的一致性，老子在眼耳辩证法的帮助与激励下，把自己从现象界提升到观念界之后，对阴的世界，尤其是对无以名之只能"强为之名"的"道"，也动用了罕见的赞美语调。但和热心肠的孔子动用的语气截然不同（孔子并未因老子和齐景公的兜头凉水心灰意冷），这是超然、冷静、始终在内心深处忙于计算和算计的绝望主义大师偶尔的热情喷发；这少许珍贵的热情，为语言禁欲主义者成功克服内心的结巴感，起到了必不可少也不可忽视的声援作用。在秦关之上，作为一个思维着的此在（dasein），老子不可能处于雅斯贝尔斯（Karl Jaspers）所谓"主客体分裂"（subjekt-objekt-spaltung）的危险状态。对阴的世界怀有的不可多得的热情，反倒促使弱的灵魂医生对不可言说、只能"强为之名"的"道"，果断地采取了一种滔滔不绝的赞美语调：

唯之与阿，相去几何？善之与恶，相去若何？人之所畏，不可不畏。荒兮，其未央哉！众人熙熙，如享太牢，如春登台。我独泊兮，其未兆；沌沌兮，如婴儿之未孩；傫傫兮，若无所归。众人皆有余，而我独若遗。我愚人之心也哉！俗人昭昭，我独昏昏；俗人察察，我独闷闷。众人皆有以，而我独顽且鄙。我独异于人，而贵食母。②

载营魄抱一，能无离乎？专气致柔，能如婴儿乎？涤除玄览，能无疵乎？爱国治民，能无为乎？天门开阖，能为雌乎？明白四达，能无知乎？③

对于自己那双统治了耳朵的眼睛，老子怀有一种异乎寻常的信任感；

---

① 保罗·利科（Paul Ricoeur）：《历史与真理》，姜志辉译，上海译文出版社，2004年，第126页。需要说明的是，此处的引文只在字面意义上才能得以借用。
②《老子》第二十章。
③《老子》第十章。

对于眼睛迫使耳朵与它合谋之后才发明出来的阴的世界，老子更是怀有不可遏制的信心——这就是滔滔不绝的赞美语调在发生学上的主要来源。原本对耳朵打造工程毫无兴趣的弱的灵魂医生，却乐意在竹简上，暴露这个珍贵的源头："孔德之容，惟道是从……自古及今，其名不去，以阅众甫。吾何以知众甫之状哉？以此。"①"故以身观身，以家观家，以乡观乡，以邦观邦，以天下观天下。吾何以知天下然哉？以此。"②被有意暴露出来的源头为老子的遁世，为他即将与道体联姻、与阴的世界合而为一，提供了坚不可摧的依据。只有在面对被他"强为之名"的道体，老子才考虑动用这种热烈的语调，因为"道"是万物的始源，注定会催生出一整套作为意识形态或话语定式的公共管理学。但它首先是阴的世界的精华，是从阴的世界中，抽取出来的珍贵汁液，更是月亮、水和女性生殖器官共同举荐的超验之物（即"玄牝"、即"道"）。滔滔不绝的赞美语调是"强为之名"的语调的升级版本，是对近乎失贞的语调的补偿和安慰。老子，这个有意暴露自己语调之源头的得道者，"从沉默中迈出坚定的步子，一点点地激活、充实、提升和组织他的句子，他的句子有时形成一个穹顶，周边由巧妙排列的分句支撑，句子凸现出来并将位于其上的插入句向拱顶石推进，经过安置一系列神奇的从属和平衡关系后，句子沉落到确定的词上，直至力量完全消解。"③但老子又在从内心深处向竹简誊写声音的过程中，从"完全被消解的力量"的无底深渊，令人倍感神奇地托起了赞美的和声④；而句子的"沉沦"与"力量的完全消解"所表征的，刚好是一种不断繁殖着的、节俭的美学。

孔子用耳朵胁持眼睛以"闻"道（即周公之礼），老子促使眼睛驱遣耳朵以"看"道（即那个玄之又玄、先天地而生的"道"）；占据了意义上层（meaning élite）的孔子主动用嘴巴向东周的耳朵大声宣"道"，老子在他

---

①《老子》第二十一章。

②《老子》第五十四章。

③ 瓦莱里（Paul Valéry）：《文艺杂谈》，段映红译，百花文艺出版社，2002年，第49页。此处引文只在比喻意义上有效。

④ 清人阮元对此有另一套说法："古人无笔砚纸墨之便，往往铸金刻石，始传久远；其著之简策，亦有漆书刀削之劳；非如今人下笔千言，言事甚易也……是必其词，协其音，以文其言，使人易于记诵，无能增改，且无方俗语杂于其间，始能达意始能行远。"（阮元：《文言说》）

的眼睛强行关闭自己的嘴巴后，只能在内心深处，朝秦关之上简陋的竹简念"道"——这是一种来自内心的声音，几乎已不是声音，却跟老子弃绝阳的世界的做派十分吻合。"写作是有声音的，这种另类的声音，就是沉默和沉默的各种潜在形式。克制、畏缩和暗藏的话语在沉默，或者更确切地说，在权利的庄重外表下孤独无助，在缺失中销声匿迹。"①跟孔子的回忆者身份和他的语调始终在相互造就性质完全相同，老子的旁观者身份、遁世者身份，也拥有一整套恰相匹配的声音仆从或音响长随。除了在内心深处颇动感情地对"道"大声称颂外，在其他所有时刻，老子的语调都是超然的、冷静的，与处于下位和虚空状态的"百谷王"遥相映照；即使对阳的世界采取决绝的鄙弃态度，弱的灵魂医生也仅仅倾向于启用一种低平语调，不像热心救世的强的灵魂医生那般激烈和有温度："大道废，有仁义；慧智出，有大伪；六亲不和，有孝慈；国家昏乱，有忠臣。"②老子只愿意述说事实、陈叙结论。出于对旁观者身份的坚决固守，冷漠与超然才是老子在语调上的最佳选择。作为一个候补的遁世之徒、一位现役的旁观者，秦关之上的老子只需要把冷眼旁观到的事实和结论说出来，就算大功告成："民之饥，以其上食税之多，是以饥；民之难治，以其上之有为，是以难治；民之轻死，以其上求生之厚，是以轻死。"③"天之道，损有余而补不足；人之道，则不然，损不足以奉有余。孰能有余以奉天下？唯有道者。"④尽管和孔子的做派相似，在轻微的责备声中，笃定语调和独断口吻始终横亘其中，但老子的语调毫无热情，连愤怒的最后一丝火星都被他有意熄灭了，完全是一个人生生意人精密计算和算计的产物，是一个老于世故的人生工兵的口吻，是一个旁观者充满斜视的语调造型，像一个有局限的、皱巴巴的心脏："他成功地遗失一切。他着手从小件上开始。他有许许多多可以遗失的。易于遗失的地方正多着呢！"⑤

---

① 居伊·珀蒂德芒热（Guy Petitdemange）：《20世纪的哲学与哲学家》，刘成富等译，江苏教育出版社，2007年，第5页。

② 《老子》第十八章。

③ 《老子》第七十五章。

④ 《老子》第七十七章。

⑤ 卡内蒂（Elias Canetti）：《耳证人》，沙儒彬等译，三联书店，1989年，第50页。

在大声赞美过道体后，作为周王室的前国家公务员，弱的灵魂医生在彻底隐遁之前，还是愿意为前雇主做出起码的贡献：对他们提出最后的建议，至于听与不听，就不关遁世者的事了。这是老子对阳的世界仅剩的热情、仅有的义务[①]。对于一个绝望主义大师，这当然是难得的好品质；但和孔子的急功近利、愤怒决绝大不一样，老子在不露声色、不动情感的低平语调中，向周王朝的统治者提供的仅仅是建议，没有任何强求的元素包含其中。对于一个洞悉器官大起义之五脏六腑、肠肠肚肚的得道者，老子知道，他的建议纯属多余；而他无奈的写作，他被迫的失贞，完全是守关吏员的热情勾引，方才生出的怪胎："天下皆知美之为美，斯恶已；皆知善之为善，斯不善已……是以圣人处无为之事，行不言之教。"[②] "以道佐人主者，不以兵强天下。其事好还。师之所处，荆棘生焉；大军之后，必有凶年。"[③]老子比任何人都更加清楚，他誊写在竹简上的建议语调，决不会被他的前雇主所重视，他只是为急于出关尝试着提出建议："道常无为而无不为。侯王若能守之，万物将自化。化而欲作，吾将镇之以无名之朴。镇之以无名之朴，夫将无欲。不欲以静，天下将自定。"[④] "昔之得一者：天得一以清；地得一以宁；神得一以灵；谷得一以生；侯王得一以为天下正。"[⑤]……从老子倾泻在竹简上的声音中，后世之人听不到任何强制性的语调，感觉不到高于摄氏零度以上的任何体温：弱的灵魂医生不仅是语言禁欲主义者，还是对语调进行幽闭和施以宫刑的绝世高手，又岂是"零度写作"（Le Degré zéro de l'écriture）的简单说教能够总结、概括和阐释的。

与孔子的"吾'调'一以贯之"截然不同，老子的建议语调像秋天一样，清爽、超然、冷静、不急不躁，没有任何强制性，与时人或君王的耳朵，不会发生任何正面冲突，因为它仅仅是一种具有提醒功能的音响形象。

---

① 《淮南子·要略》认为，包括《老子》在内的先秦诸家之学都起于救时之弊，确实非常有眼力。Herrlee G. Greel统计过，在《老子》中共12次提到"无为"，其中有一半是关于统治术的（Greel, *What is Taoism,* Chicaga and London, 1970, p. 54.）。
② 《老子》第二章。
③ 《老子》第三十章。
④ 《老子》第三十七章。
⑤ 《老子》第三十九章。

依照老子的本意，他对耳朵打造工程毫无兴趣，灵魂医生的身份也是被逼而认领的，随时可以弃之不顾。但建议语调还是以它独有的音势充分暗示了：耳朵中心主义仍然若明若暗地存在，耳朵等级制度则差不多完全被消除了；建议语调当然有它念想中的耳朵，尤其是君王的耳朵，因为它也要宣道，只是丝毫不承认自己受制于眼睛的耳朵，比君王的小蒲扇有任何高明之处——毕竟老子所得之道，全部来自混淆了眼睛和耳朵的那个浑沌的视点，毕竟耳朵只是眼睛的奴仆。而奴仆就是奴仆，从来就不会、也不可能是别的任何东西。与阴的世界发出的清冷号召相呼应，旁观者仅仅试图发明一种较弱的耳朵的公共管理学；作为一个热心救世的理想主义者，孔子接管、涂改周礼的结果，则是超强的耳朵的公共管理学。但老子从不打算占据意义上层的制高点，因为那不是旁观者和即将遁世之人的做派；他从来就没有像李唐王朝的假隐士那样，巴望过终南捷径——一种断了气的丑闻。弱的灵魂医生仅仅希望通过建议语调中暗含的提醒功能，吁请周王室的最高统治者和它的列位诸侯遵从道的教导，在阳的世界上，重新发明一整套各种器官的公共管理学，最终将阳的世界转渡为阴的世界。但让老子难堪的是：作为象征世界的回忆性形式，阴的世界在他生前和死后，从来不曾化为现实；但作为阳的世界中某些人内心深处的绝对理想主义状态，阴的世界却广泛存在于文学艺术的各种想象结构之中[①]。

"道家者流，盖出于史官，历记成败、存亡、祸福、古今之道，然后知秉要执本，清虚自守，卑弱以自持，此君人南面之术也。"[②]在彻底隐遁之前，老子为周王室和名义上受它辖制的列位侯王所做的唯一贡献，仅仅是建议和提醒："不尚贤，使民不争；不贵难得之货，使民不为盗；不见可欲，使民心不乱。是以圣人之治，虚其心，实其腹，弱其志，强其骨；常使民无知无欲。使夫智者不敢为也。为无为，则无不治。"[③]建议语调以它独有的音势，轻轻叩击着周王室及其诸侯们薄如蝉翼的耳膜——经由狭长、呈

---

① 陶渊明的《桃花源记》就是显明的例证，它引发的后世慨叹极多（参阅张隆溪：《中西文化研究十论》，复旦大学出版社，2005年，第237-244页）。
②《汉书·艺文志》。
③《老子》第三章。

爆破态势的耳道——不动声色地建议他们应该如何管理百姓的手脚、眼睛、心灵和肠胃，建议他们听从道的号召——而"道法自然"——放弃阳的世界上所有的陈规与教条，重新建立一套意在让人爬行的各种器官的公共管理学，以便和阴的世界相呼应，与道体相对称。尽管老子的语调包裹了一整套令人震惊的管理学，还巴望着生产面容怪异的、合"道"的动作/行为，但那个弱的灵魂医生，那个即将成行的遁世者，却把实施消息第二度分配（即意义下嫁）的权力，递交到君王的手中；一旦越过秦关，遁世者就将对它不闻不问，任其自生自灭或烟飞灰灭。

在较弱的耳朵公共管理学轻描淡写地吁请下，在建议语调不动声色的念想中，意在让人爬行的各种器官的公共管理学，需要整体照搬阴的世界发出的悠长召唤，全面接管阴的世界放射出的幽冥光线。这刚好和以耳朵的公共管理学为领班的各种器官的公共管理学截然相反。面对同一种性质的器官大起义，孔子始终是个激进的行动主义者（aktivismus），弱的灵魂医生则最终把自己塑造成了一个绝对的寂静主义（quietistism）大师。但孔子向老子问礼的传说，绝不是空穴来风，因为老子确实比孔子更加了解周礼的内涵；作为阴的世界和另一套眼耳辩证法的发明者，老子比孔丘更熟悉周礼身上暗藏着的缺陷[1]："上德不德，是以有德；下德不失德，是以无德。上德无为而无以为，下德无为而有以为。上仁为之而无以为；上义为之而有以为。上礼为之而莫之应，则攘臂而扔之。故失道而后德，失德而后仁，失仁而后义，失义而后礼。夫礼者，忠信之薄，而乱之首。"[2]建议语调以它的低平、超然和冷静，轻描淡写之间，就点破了一个惊人的秘密：强的灵魂医生倡导的那套管理学及其音响长随，才是祸乱之首、灾难之源，因为它推崇的一切，都建立在尊重强力和等级的基石之上，还号称征得了太阳的同意，获得了天空的授权，赢得了礼乐的仪式性认可——一种在逻辑上大有同义反复之嫌的认可。因此，"绝圣弃智，民利百倍；绝仁弃义，民复孝慈；绝巧弃利，盗贼无有；此三者以为文，不足。故令有所属：见

---

① 参阅陈鼓应：《老庄新论》，三联书店，1991年，第86—96页。
② 《老子》第三十八章。

素抱朴，少私寡欲，绝学无忧。"①包裹在"吾'调'一以贯之"和"你们应该怎样怎样"之中的圣智、仁义、巧利、忠信……必须要被它们的反面属性所替换："大道之要，去健羡，绌聪明，释此而任术。"②出于对阴的世界的高度仰慕，弱的灵魂医生用来自内心深处的建议语调，满怀自信地宣称：需要在"道法自然"的启示下，建立一套自然、原始、向婴儿与子宫看齐的、意在让人爬行的各种器官的公共管理学——但前提是"圣人皆孩之"、"圣人在天下歙歙焉，为天下浑其心"③。和"吾'调'一以贯之"性质十分相似，作为一个弱的灵魂医生发出的声音，建议语调首先针对的依然是君王（即意欲成圣者）的耳朵："老聃之言，根本是向统治者在说话，老百姓哪里懂得他半句？"④

尽管两个灵魂医生都生活在不断追杀象征世界及其保护作用的大时代，但和孔子相比，老子对天的打击更具毁灭性。出乎所有人和老天爷之所料，先于天地而生的至柔之"道"，才是一颗威力巨大的核弹头⑤。"山川而能语，葬师食无所；肺肝而能语，医师色如土。"⑥天训在道的温柔闪击下，彻底丧失了它的领地。尽管孔子将周礼视作绝对真理，还以赞美语调将之推到了准宗教的神龛，尽管老子的"道"直接得自对月亮、水和女性生殖器官的神秘观察，尽管它们"都是些吵来吵去的政治意见"⑦，但在周礼和至柔之道间，依然构成了一种真理上的相互较劲。作为一种异常古怪的思想结果，儒道互补是距离两个灵魂医生十分遥远的事情。尽管"道家之学，实为诸家之纲领。诸家皆专明一节之用，道家则总揽其全；诸家皆其用，而道家则其体"⑧，但作为思想观念系统的儒道互补，不过是后人在阳的世界上呼吸

①《老子》第十九章。
② 司马谈：《六家要指》。
③《老子》第四十九章。
④ 郭沫若：《中国古代社会研究》（外二种），第619页。
⑤ 参阅《哲学研究》编辑部编：《老子哲学讨论集》，中华书局，1959年，第34页。
⑥ 杨慎《古今谚》录方回《山经》引《相冢书》。
⑦ Anthony Pagden, *The Fall of Natural Mam: The American Indian and the Origins of Comparative Theology*, Cambridge University Press, 1982, p. 7.
⑧ 吕思勉：《先秦学术概论》，第27页。

困难时迫不得已的发明，是为了给他们的肺部寻找洁净的空气①——"我奇怪的肺朝向您的手，／像孔雀开屏，祈求着赞美。"②老、孔二人在真理上的相互较劲，构成了中国思想史上一道奇观；即使从抑扬顿挫的语调上，后世之人也能辨析奇观的由来和它展示出的具体涵义。

老子不但准备身体力行地向阴的世界闪进，把自己塑造成一个遁世者，也希望新的公共管理学被组建起来后，阴的世界能够替换歹徒仪式不断上演的阳的世界，君王能以身作则，带领人民向阴的世界逃逸。超然而又略负一点点责任的建议语调的全部命意、一个弱的灵魂医生的全部热情，最终不过如此："小国寡民。使有什伯之器而不用，使民重死而不远徙。虽有舟舆，无所乘之；虽有甲兵，无所陈之。使民复结绳而用之。甘其食、美其服、安其居、乐其俗。邻国相望，鸡犬之声相闻，民至老死，不相往来。"③这是老子在动用滔滔不绝的赞美语调表彰道体之后，仅仅使用建议语调贡献出来的理想社会；这个臆想中的社会，像老子的语调在走势上具有的向后性那样，从容、超然、尊重事物的本性；而在老子毫无热切度的念想中，它充满了象征，有能力让所有进入它的强硬事物朝它鞠躬致敬。和"吾'调'一以贯之"大为不同，老子的语调不仅分有了管理学的血统，还构造了它念想中的全部管理学。

"吾'调'一以贯之"逆着时光滑行，和光阴摩擦进出的细小火花至今隐约可辨；作为一个时间英雄独有的语调，孔子的全部声音，都试图将阳的世界拉向周公制礼作乐的时代，一个象征世界及其保护作用尚未彻底消逝的岁月。老子的语调则在吁请时人朝"道"指示的方向进发，向婴儿的状态返进，向始源回复，视仁义礼智为粪土，认君王独掌的耳朵管理学为万恶之源。老子比孔子更激进、也更为怀旧：孔子只将耳朵投向西周之音，老子则把双目死死投向了更为古旧的象征世界。和略显幼稚、天真、火热的孔子相比，老子的全部音势最终聚集在老谋深算的语调之上。正是得之

---

① 其实，后世所谓的儒道互补主要是指以庄子为代表的道家而不是以老子为代表的道家跟儒家的互补（参阅李泽厚：《中国古代思想史论》，第181-223页。）
② 张枣：《卡夫卡致菲丽丝》，《张枣的诗》，人民文学出版社，2010年，第172页。
③《老子》第八十章。

于两种语调之间持久、广泛的紧张关系，老子吁请的意在让人爬行的各种器官的公共管理学和孔子称颂的强制性管理学，才分别走上了不同的路径，相互之间还大打出手[①]。和孔子的语调及其目的（耳朵打造工程）相一致，以耳朵的公共管理学为领班的各种器官的公共管理学被组建起来了，它试图在对天下耳朵的规训过程中，让一切有耳之人（包括君王）恪守本位，在周礼划定的地盘内，生产合"礼"的动作/行为，保证阳的世界和谐、有序，顺便部分性维护象征世界的尊严。跟老谋深算的语调的超然、冷冰冰相俯仰，和较弱的耳朵的公共管理学相适应，意在让人爬行的各种器官的公共管理学被组建起来了，它试图通过对君王建议，经由对合"道"的动作/行为的生产，开创一个平和、自然、弃争尚让的原始世界，甚至对麟都持一种鄙弃的态度。作为一个强的灵魂医生，孔子积极强调阳的世界可以得到修复（恸哭是孔子的积极性的极端表现），以至于天下民人能够回归恪守秩序与份位的好世界（即西周盛世）；作为一个弱的灵魂医生，老子在极端的消极中，反倒更为激进地否弃了孔子提供的答案：真正的革命不是修复，而是取代阳的世界。在两套截然不同的管理学之间，没有任何可以通约的桥梁；儒道互补仅仅是后人的假想，它建立在对老、孔二人全面歪曲的基础之上。但它最终不过是后人基于自身的险恶处境，在蓄谋已久之后，搞出的一个性状奇特的思想产品、一个可以拯救自己的心灵安慰物。

老谋深算的旁观者语调和它支持、举荐的管理学，把老子绝望主义大师的身份给进一步摆明了："道家练身的最后目标是要人重新回归到母胎状态中去。至于已经生下来的人，老子提供了一套维持'活死人'状态的'死亡崇拜'。……这是一种'生中之死'的状态。……重新钻回娘胎中去其实是钻进坟墓中去。"[②]是啊，"自然焉在？无为何居？"[③]在老谋深算的语调之

---

① 《史记·老子韩非列传》："世之学老子者则绌儒学，儒学亦绌老子。"但不少人根据1993年在湖北荆门郭店出土的楚简得出结论说，老子和孔子的学说并没有后人想象的那么严重，他们之间甚至具有一种同源关系（参阅任继愈：《郭店竹简与楚文化》，《中国哲学史》2000年第1期；庞朴：《古墓新知——漫读郭店楚简》，《中国哲学》第20辑），但孔、老二人的绝对分歧并不能因为楚简的出土获得消解（参阅《张岱年先生谈荆门郭店主竹简〈老子〉》，王博整理，《道家文化研究》，第17辑；晋荣东：《略论郭店楚简的思想史意义及其限度》，《人文杂志》2001年第1期）。
② 孙隆基：《中国文化的深层结构》，集贤出版社，1985年，第117页。
③ 王充：《论衡·自然》。

中，确实暗藏着一种"令人顿生爬行之渴望"[1]的巨大力量，就像看不见的内功和空气中的波浪。在华夏文化的"轴心时代"，身份、语调和它们推荐的管理学，这个中国式的三位一体，最终将会生产出令人惊讶的动作/行为。但不知老谋深算的旁观者语调是否预料得到：它在后世竟然能收获这种鄙夷的语气？反正老子将内心之声誊写在竹简上后，将义无反顾地骑着青牛，一言不发，继续向西土迈进。他越来越接近渴望的空间形象了。从此以后，他连建议语调都不屑于使用，后人明显迟到的鄙夷与他何干？这个伟大的遁世者唯一的希求，或许就是后人将他彻底遗忘。和强的灵魂医生一样，老子也是一位时间英雄、时间的造反派，他的语调中寄存着的让人爬行的各种器官的公共管理学，将同样惨遭失败，只是失败的做派与样态，跟孔子遭遇到的境况绝然两样：冷对热的挤压作用，再次发挥出了它命定的威力。

被背叛的遗嘱

"沉默是一种告退的方法，然而值得注意的是，作为告辞，也就意味着这种批评的失败。"[2]前国家公务员、周代国家图书馆馆长因洞明阴阳两界的一切秘密，渐次成为旁观者和遁世者（即"告退"者）；作为一种特殊的"告退"方式，在遁往西土、主动与道体合而为一之前，出于对阳的世界的轻微回报、对太阳的微薄谢意，老子还是以向竹简倾泻内心之声为方式，被迫积极了一回，成了一位临时性的灵魂医生：他用低平的建议语调（作为老谋深算的语调的下属）呼唤自然、原始、符合道体的动作/行为。"天道无为，听恣其性，故放鱼于川，纵兽于山，从其性命之欲也。……夫百姓，鱼兽之类也，上德治之，若烹小鲜，与天地同操也。"[3]几百年后，

---

① 参阅李瑜青主编：《伏尔泰哲理美文集》，第213页。
② 罗兰·巴尔特（Roland Barthes）：《批评与真实》，温晋仪译，上海人民出版社，1998年，第30页。
③ 王充：《论衡·自然》。

建议语调在漫不经心的等待中，收获了第一批耳朵：西汉的诸多帝王（比如汉景帝）迫于连年战乱带来的压力，倾向于纡尊降贵，有限度地听从老子的建议语调，重新安排、调整了各种器官的公共管理学内部的结构与秩序，征用了让人爬行的各种器官的公共管理学的内在语义及其声音仆从，为大汉盛世埋下了伏笔①。这是老子遁世之前的遗嘱在中国政治史上仅有的成功②，建议语调难得一见地获得了君王们居高临下的尊重和接纳：月亮悬挂在西汉清冷的天际，像被人景仰的秋天一般，为万民崇敬，直如同阴的世界已经如期到来，一切都在老谋深算的语调的掌控之中。但"黄老之术"决非"长治久安之术，必须随社会发展而有所变化"③。弱的灵魂医生及其声音仆从获取最终的失败，是可以想见的事情，只因为他称颂的"道"实在太高迈、太迂远而阔于世情。

尽管一切转机，都蕴藏在急剧的变化之中，但紧接着出现的，却是广泛的误解；是表面上的尊敬中，埋藏着的大量恶意。老子的遗嘱：包裹在声音中的道体，寄居在内心之声中、誊写在竹简之上的阴的世界。它注定要穿越它必经的命运之路：遗嘱能决定命运，但遗嘱有它自己的命运，并不被它的撰写人所操控。在较弱的意义上，《老子》算得上一部"救世之书"④，老聃本来怀有一颗"悯时救世之心"⑤。而"我多阴谋，道家（即指老、庄——引者注）之所禁"⑥。但抹去被后人加添在《老子》身上的清风之后，更多的人，还是愿意从阴谋学的角度，解读老子的遗嘱；从谋士的立场，

---

① 参阅夏曾佑：《中国古代史》，河北教育出版社，2003年，第236页。李长之甚至认为西汉根本就没有地道的儒家，有的只是黄老之学和糅合了黄老之学的包括儒家在内的各门学问（参阅李长之：《司马迁之人格与风格》，天津人民出版社，2007年，第2-8页）。但老子对西汉盛世做出的贡献绝对不可高估。

② 自西汉统治者有意识地听取老子的建议外，老子几乎很难从统治阶级那里找到别的知音。有趣的是，倒是一些后世文人能够理解老子的遗嘱。1956年，蒋介石七十大寿，远在美国的胡适写文章为蒋祝寿，其中有云："一国元首要努力做到'三无'，就是要'无智、无能、无为'；'无智，故能使众智也。无能，故能使众能也。无为，故能使众为也。'这是最明智的政治哲学。"（胡适：《述艾森豪总统的两个故事给蒋总统祝寿》，《自由中国》1956年第10期）稍微知道近代史的中国人都知道，胡适想当今之老子的愿望落空了。

③ 赵吉惠：《国学沉思》，浙江人民出版社，1998年，第192页。

④ 魏源：《老子本义》第三章。

⑤ 魏源：《老子本义》第六十一章。

⑥ 《汉书·陈平传》引陈平语。

破译老聃眷写在竹简上的内心之声。老子和他老谋深算、没多少功利性的旁观者语调一道，只得被迫跃迁为"后世阴谋者法"①、"持机械变诈以徼幸之祖"②。是不是建议语调真的"不外一个装字"③，是不是老子的心肠真的"最毒"④，是不是他发明出阴的世界后，确实找到了对付阳的世界的技巧，用让人爬行的各种器官的公共管理学代替以耳朵的公共管理学为领班的那种管理学，才导致了这种喜剧性的结局，才让后世孔门弟子不断施以热嘲冷讽？

老谋深算的旁观者语调、老子的消息系统拥有的特殊性征，确实容易授人以柄："天长地久。天地所以能长且久者，以其不自生，故能长生。是以圣人后其身而身先，外其身而身存。非以其无私邪？故能成其私。"⑤容易让后世之人戴上扩音机，从阴谋学角度解读旁观者语调的证据比比皆是："将欲歙之，必固张之；将欲弱之，必固强之；将欲废之，必固兴之；将欲取之，必固与之。是谓微明。"⑥只因为老谋深算的旁观者语调是一种饱经世事、看穿一切人间伎俩、洞明现象界一切表象之后，才获得的超然口吻，只因为旁观者唯有获得老谋深算的语调之后，才配成为旁观者，月亮才愿意真心实意地照耀他。最晚从韩非开始⑦，老子作为中国阴谋家始祖的看法，

---

① 章太炎：《訄言·儒道》。

② 王夫之：《宋论·神宗》。

③ 张舜徽：《周秦道论发微》，中华书局，1982年，第2页。

④《朱子语类》卷一三七。

⑤《老子》第七章。

⑥《老子》第三十六章。

⑦ 对老子十分仰慕的韩非就曾从比喻的角度解释过老子的语调，尤其是上引第三十六章中暗含的语调："越王入宦于吴，而观之伐齐以弊吴，吴兵既胜齐人于艾陵，张之于江济，强之于黄池，故可制于五湖。故曰：'将欲翕之，必固张之；将欲弱之，必固强之。'晋献公将欲袭虞，遗之以璧马；知伯将袭仇由，遗之以广车。故曰：'将欲取之，必固与之。'起事于无形，而要大功于天下，'是谓微明'；处小弱而重自卑，谓'损弱胜强也。'"（《韩非子·喻老》）

渐渐成为共识，从阴谋学角度宗法老子的人层出不穷①。但这肯定是对老子及其语调的有意误读②，是对他的遗嘱的蓄意歪曲，跟"吾'调'一以贯之"被肆意扭曲性质相若。但"正如不能因为人们滥于玩火而责难普罗米修斯"③，弱的灵魂医生被歪曲的责任，不能由老子来负；依据被误认的旁观者语调生产充满机心和阴谋的动作/行为的责任，也不能由老谋深算的语调来承担。

至弱之道和弱的灵魂医生对它动用的赞美语调，被后人篡改了：道体成为机运的总管，它幽冥的光线，开始照耀机运诡诈的身躯，宠爱机运妩媚的身段；赞美语调变作了密室中对阴谋的轻声颂扬，还不时眨巴着它狡黠的小眼睛；平和、柔软的"阴"的世界，变作了"阴谋"的世界，拖着浑身的乌云和黑暗躲在密室里，不敢矗立在阳光中，但仍然像极了无往而不胜的水，具有以柔克刚、以弱胜强的效用，只因为"秘密是言语的封条，时机则是秘密的封条"④——"时机"和"秘密"，就是打满阴谋之私人印章的水，拥有无孔不入的超级才华；建议语调的低平、超然和冷静，则变作了谋士们在密室中构思阴谋蓝图时的伴音，只是不敢把它拿到广场上大声宣扬，不像法术主义者韩非那样胆大妄为；何况建议语调能为试图一击致命的阴谋，提供伪装，提供必不可少的辅助线，让阴谋在这件精致的夜行衣的帮助下，百试不爽、屡屡中的。与孔子获得的待遇性质相若，中国的历史在很大程度上，因为老子的遗嘱的被背叛，而成为了中国的历史："老聃之术传于世者两千余年，经过关尹（即尹喜—引者注）、申不害、韩非等

---

① 比如黄老之学盛行的西汉时期的丞相陈平："孝惠帝崩。高后欲立诸吕为王，问王陵，王陵曰：'不可。'问陈平，陈平曰：'可。'吕太后怒，乃详迁陵为帝太傅，实不用陵。陵怒，谢疾免，杜门竟不朝请，七年而卒。陵之免丞相，吕太后乃徙平为右丞相。……吕媭常以前陈平为高帝谋执樊哙，数谗曰：'陈平为相非治事，日饮醇酒，戏妇女。'陈平闻，日益甚。吕太后闻之，私独喜。面质吕媭于陈平曰：'鄙语曰'儿妇人口不可用'，顾君与我何如耳。无畏吕媭之谗也。'吕太后立诸吕为王，陈平伪听之。及吕太后崩，平与太尉勃合谋，卒诛诸吕，立孝文皇帝，陈平本谋也。"（《史记·陈丞相世家》）。无独有偶，公元1585-1590年在位的罗马教皇西克斯特·昆特（Sixte Quint）算得上陈平的知音。此人在选为教皇前，"弓腰拄拐而行，红衣主教们以为他行将就木，便投了他的票。一旦被选，当场丢开拐杖，昂首挺胸，高唱圣诗，声震窗棂。"（参阅李瑜青主编：《伏尔泰哲理美文集》，第3页。）
② 参阅陈鼓应：《老子注释及评介》，第18—22页。
③《普列汉诺夫的政治遗嘱》，《汉藏》（民刊）总第3期（2007年4月），第3页。
④ 梭伦（Solon）语，参阅第欧根尼·拉尔修：《名哲言行录》，第36页。

人的推阐，在中国形成为一种特殊的权变法门，养出了大大小小不计其数的权谋诡诈的好汉……魏晋以后更得到印度思想的支援，于是乎道家思想直可以说垄断了二千年来的中国学术界；墨家早被吞没了，孔家店仅存了一个招牌。礼教固然吃人，运用或纵使礼教以吃人的所谓道术，事实上才是一个更加神通广大的嗜血大魔王呀。"①但这是老子的管理学及其音响形象被误读、误认和误用后，才造就的局面，跟宫廷官衙装饰物被强迫着去型塑（to form）中国的历史性质相当。

除了在一些诗人（比如陶渊明）和少数文士（比如王弼）那里，老子的语调被全方位地假借了，只剩下对阴谋术士们有用的老谋深算的语调（它当然已经浑身遍布了机关和功利），似乎一切都尽在他们的掌控之中；月光的幽冥和老谋深算的口吻共用同一种色调，道体的"光而不耀"和阴谋发出的光线遥相呼应。跟通红的太阳相比，阴的世界上的最高神祇（即月亮），已经变作了阴险的象征；下位与虚空改换容颜，换作了机心和陷阱，变成了韬光养晦的不二法门，而建议语调呼吁的公共管理学，则毫无商量余地地被替换为机运的私人管理学，只试图让别人"爬行"，以便自己"站着"捞取利益。天在遭到老子的毁灭性打击后，机运急需新的管理者、命令的颁布者和规矩的制定者。臣民依靠机运的私人管理学，在阳的世界谋取利禄；君王依靠它，谋取王权的万古长青——皇宫中"正大光明"的匾额，更能衬托机运的私人管理学拥有何等巨大的威力。匾额像一个打眼的笑话、一行黑体字、一个出轨的动作，突出了机运的私人管理学及其音响长随（即老谋深算语调）的欲盖弥彰。和孔子的被掠夺、被绑架相比，对老子的语调的有意误读，让君王的真理有能力拥有另一幅面目；制度性管理学的神秘内容和辅佐它的语调，从一个令人惊异的角度，得到了丰富和补充。而得到补充的制度性管理学在被误读的语调的帮助下，更有能力生产于君王有利而不合"道"的动作/行为。经误认、误识转换而来的机运的私人管理学，在被征用、被修改过的老谋深算的语调的声援下，有充足的能力，将自身衍化为各种器官的管理学：臣民依靠它，发明了一整套为

①郭沫若：《中国古代社会研究》（外二种），第619—620页。

自己的各个器官谋取福利的机械设备，并注定要以合乎自身目的的动作/行为来体现；君王依靠它，能更阴险地控制臣民的所有器官、臣民身体上的每一个零部件，他有能力让自己之外的所有人，都像婴儿一样不谙世事、像婴儿一样弱小与无知无识，让他们生产出的幼稚、无力的动作/行为，不足以对王权构成任何威胁。

在老子的遗嘱被全方位假借后，在谋士们的念想中，老谋深算的语调再也不是旁观者毫无功利性的音响长随，而是一种以退为进、以下谋上、试图以弱胜强的克敌制胜之术——看不见的语调一跃而为看得见的实体性技术，能大规模地生产动作/行为。这是后人，那些立志成为谋士的后起之秀，对老子的遗嘱做出的伟大阐释："《老子》是由兵家的现实经验加上对历史的观察、领悟概括而为政治–哲学理论的，其后更直接衍化为政治统治的权谋策略。这是中国古代思想中一条重要线索……一方面在于它对中国专制政治起了长远影响；同时也由于，贯串在这条线索中对待人生世事的那种极端清醒冷静的理智态度，给中国民族留有不可磨灭的痕迹，是中国文化心理结构中一种重要的组成因素。"[1]仰仗着被误识的语调，在君王和臣民的共同劳作中，中国历史上充满迷雾的、更新一轮的动作/行为由此诞生。

但更加出乎老子意料的，还是他的遗嘱在另一批人那里获得了更加别有用心地崇拜：

无根树，
花正无，
无相无形难画图。
无名姓，
却听呼，
搐入中间造化炉。
运起周天三昧火，

---

[1] 李泽厚：《中国古代思想史论》，第83页。

锻炼真空返太无。

谒仙都，

受天符，

才是男儿大丈夫。①

和立志成为阴谋家的人思路不同，养生术士借力打力，借用老子的建议语调，并一改语调中包裹着的管理学，发明出了一整套保全性命的私人管理学，试图建议自己——合适的时候也建议他人——把阴的世界替换为长寿成仙的世界。"用将需分左右军，饶他为主我为宾，劝君临阵休轻敌，恐丧吾家无价珍；"②"夫道者，能却老而全形……呼吸精气，独立守神，肌肉若一，故能寿蔽天地。天有终时，此时道生。"③这是让人爬行的各种器官的公共管理学在民间享受的最高礼遇，它由此成为精英文化和下层文化的重要源头之一。月亮、水、女人的洞穴中，自此装满了具有长寿功能的金丹，只是需要养生术士清心寡欲、勤加修炼。金丹是养生术士眼中唯一的"人格神"，但它只垂青得"道"的修炼者。这样的格局是养生术士们乐于看到的，但老子的遗嘱却由此走上了不同于阴谋家预期的路径。老子对阳的世界老谋深算的旁观者语调，变作了养生术士一窥性命之秘密后恍然大悟的语调："道要歌，效用多，不知道要必遭魔。看玄关，调真息，知斯二要修行毕。以元气，入气海，神气交融默默时，变得一玄真主宰……"④就在这种歌咏式的深情语调中，老子的遗嘱被全方位地替换为保命哲学，一种十足的软体哲学，拥有弧线型的柔软腰身⑤："吐老庄之秘密，续钟吕之心传；揭示先天妙理，劈开曲径虚悬。鼎炉邪正分判，药物真假显然。空色混为一气，刚柔匹配两弦。咦！丹法始终皆泄尽，火符进退俱写全。

---

① 张三丰：《无根树词》第二十四首。

② 张紫阳：《悟真篇·七言绝句》第二十三首。

③《黄帝内经·上古天真论篇》。

④ 张三丰：《道要秘诀歌》。很显然，这阕长歌明显是对《老子》第一章的发挥。

⑤ 关于《老子》被用于养生的具体情形，请参阅詹石窗主编：《道教与中国养生智慧》，东方出版社，2007年，第47-57页。

二十四词长生诀，知者便成不老仙。"①因此，中国人"往往憎和尚，憎尼姑，憎回教徒，憎耶教徒，而不憎道士。懂得此理者，懂得中国大半"②。

"治身者，爱气则身全"③；"治身不害神明，则身安而大寿"④。健康、长寿乐于同神秘的"气"、"神明"联系在一起，这是对柔弱事物的创造性转换。本着这一极富想象力的结构性调整，在完成了对遗嘱的其他组成部分的偷梁换柱后，保全性命的私人管理学接下来的主要任务，是对养生术士的各个器官进行严格管理，嘴巴、眼睛、耳朵、心胸、四肢和肠、胃、肝、脾，都是重点照管的对象："珍奇、玩好，人所共夺。故珍好随身，行亦妨也。色、声、味、猎、货五者之损人如此，是以圣人贱之。独守内宝，轻视外物，故能去彼取此焉。"⑤"夫上帝有厚生之德，圣人有摄生之方……摄生之道，则即以三阳之乾卦种一阳于三阴之中，坤遂实而成坎。三阴之坤卦，萌一阴于三阳之中，乾遂虚而成离。坎离者，药物也。入室精修，观我一阳来复，即行摄之而归，摄之而伏。……又何三阳而生、三阴而死，同夫凡人凡物也哉？"⑥而在所有的身体零部件当中，生殖器当然是重中之重，尤其需要打点好，因为经过术士们的神秘测量，阳具的尺寸，正好是夭寿的度量衡；在女性洞穴的滋补下，阳具的软硬，刚好是术士们能否长寿的监测器。老子对女性生殖器官的热烈推崇，被养生术士一变而为男根崇拜，被男根当作了辅助性的物件。这是他们对老子的遗嘱做出的最伟大的修正。"黄帝曰：'何为五常？'素女曰：'玉茎实有五常之道，深居隐处，执节自守，内怀至德，施行（无行）无已。夫玉茎意欲施与者，仁也；中有空者，义也；端有节者，礼也；意欲即起，不欲即止者，信也；临事低行者，智也。是故真人因五常而节之，仁虽欲施与，精苦不固；义守其空者，明当

① 刘悟元：《无根树词》第二十四首注释之"赞"。

② 鲁迅：《而已集·小杂感》。

③ 河上公：《道德真经注·能为第十》。

④ 河上公：《道德真经注·仁德第三十五》。

⑤ 李涵虚：《〈道德经〉注释》（东来正义）第十二章（《老子》第十二章："五色令人目盲，五音令人耳聋，五味令人口爽，驰骋畋猎，令人心发狂，难得之货，令人行妨。"）

⑥ 李涵虚：《〈道德经〉注释》（东来正义）第五十章（《老子》第五十章："出生入死。生之徒，十有三。死之徒，十有三。人之生，动之于死地，亦十有三。夫何故？以其生生之厚……虎无所用其爪。兵无所容其刃。夫何故？以其无死地。"）

禁，使无得多；实既禁之道矣，又当施与，故礼为之节也。……故能从五常，身乃寿也。'"①尽管当代的女权主义者可以在歇斯底里中，反驳这个伟大的转向，但提倡采阴补阳的养生术士却乐于对她们的吼叫视而不见。太阳和月亮是互不理解的，它们一个发光，一个借光，就像凡间人世的男人和女人那样。虽然这只是养生术士的意见，从未征得过道体的首肯，但跟保全性命的私人管理学配套的动作/行为，却被养生术士们大规模地生产出来了。

和强的灵魂医生一样，老子通过超然的建议语调，发出了让"应是"（is）替换"所是"（ought）的号召。和弱的灵魂医生的身份相适应，老子的号召是弱的号召；作为一个旁观者和遁世者，老子的全部潜台词无非是：我恳请你（即圣人，即君王）对他们说"你们'应该'怎样怎样"——依照符号学原理，人称的转换实在太具有致命性了②。和孔子的语调只剩下躯壳并被君王大肆利用很不相同，老子的号召只在私下得到了有限的尊重。老子享受这等待遇的原因仅仅在于：意在让人爬行的公共管理学不仅建议臣民爬行，还建议君王以身作则率领臣民爬行。这样的格局，不能让君王早已揭竿而起的欲望和各种关键器官（比如阳具）满意。君王们对弱的灵魂医生和建议语调不予过多理睬是正确的；但他们又从一个于己有利的角度，征用和修改了老子的语调，以便促使所有臣民匍匐爬行，仰视站立着的君王。跟孔子举荐的管理学被有意误认为君王独掌的耳朵管理学至少有表面上的相似性，老子建议的那套充满阴霾之气的管理学，经由韩非的改造③，被君王当作了机运的私人管理学，能在更诡诈的角度，为列位君王平添勇气与活力。除此之外，还能为天下民人提供利禄（比如谋士）、更为意外地给他们提供长生的偏方（比如养生术士）。这些被误认后的语调生产出的动作/行为，是老子的本有语调做梦都想不到的，但并不妨碍灵魂医生们举荐的管理学，在被误识的语调的声援下，联手为君王提供说不尽的好处。

人中"龙"、"凤"之间的区别显而易见：孔子是个绝望的失败者，他

---

① 《医心方·房内·五常第六》。
② 参阅敬文东：《从静安庄到落水山庄》，《海南师范学院学报》2004年第4期。
③ 参阅本书第四章对此的详细论述。

拒绝失败、唾弃失败，始终认为太阳应该站在他那一边，应该是他的天然同伙。依靠被后人误读的语调和被强行修改的管理学，孔子在后世猎获了表面上的成功。在母腹中赖着不走的老子是个天生的失败主义者，他的语调被反复挪用、反复涂改，他发明的阴的世界、他柔软疲沓的"应是"，还有那个永远不死的"道"，被一再撕去、一再修复；他发明的试图让阴的世界诞生的管理学，被不断裁剪、不断阴谋化和术士化，生产出了数不清的、诡异至极的动作／行为。但这一切，肯定是他早已预料到或从来不曾料到的事情。作为一个时间英雄微弱的美意，老子建议君王们回返的小国寡民，从来没有出现过，当然不值得他遗憾。比强的灵魂医生更为激进，老子在呼唤整体性的象征世界，可他跟孔子一样失败了，更不值得他忧伤。但两个灵魂医生在后世享受的待遇在大"异"中，依然有小"同"：孔子和老子举荐的管理学被误认后，构成了制度性管理学的门面；他们的语调被有意误读后，则成为包裹制度性管理学的声音仆从——它是国家主义音响形象最主要的组成部分之一。

面对歹徒的仪式不断上演的时代，面对象征世界及其保护作用一再衰减的年月，老子的语调和遗嘱的其他组成部分早已表明：从古至今，以至于在可以想象的未来时代，能按老子的遗嘱行事的，最多只有老子一人。这肯定是他骑青牛过秦关、随手扔掉灵魂医生的临时身份时，就已经明白的事情。他因此愿意主动响应他的语调的号召，生产出能让它满意的、完全合"道"的动作／行为。

但月亮跟他在一起，无论他隐居在西土的哪个角落里。

话语拜物教批判

　　一种神话，当然不是一种神仙故事，它是用只适用于一种范
畴的事实来表现属于另一个范畴的事实。因此，打破一种神话就
不是要否定事实，而是重新安排事实。

　　　　　　　　　　　　　　　　　　　　　　　　——Gilbert Ryle

1. discourse释义

　　话语是discourse的汉语译文，在现代汉语中，大有行情不断看涨之势。
若许年来，中国的摩登学究就十分喜欢咋呼如下语词：历史话语、小说话
语、女性话语、法律话语、经济话语、政治话语、中产阶级话语、流氓话
语、小蜜话语、麻将话语、宠物话语、土匪话语甚至二奶话语……依照摩
登学究们的逻辑，"话语"在现代汉语中几乎可以和所有名词对接。这种颇
具几分搞笑特性的现实，正好印证了话语一词在现代汉语空间中的凛凛威
风。饶是如此，还是有不识相的人认为，把英语中的discourse弄成汉语中

的话语实在是荒谬有加。金克木先生说："近年来常见有人使用'话语'一词，它是'语言'，又不等于'语言'，也不同于'言语'。这是20世纪一股新思潮的一个术语，涉及语言学、心理学、文艺学、哲学等，深奥得很。不过照我所知，它又是很古老的一种思想的延伸，就是说，有个语言世界，不是古希腊和古犹太人所说的'逻格斯'——'道'，不等于真实世界，而两者又有关系。"①许宝强等人就说过，尽管discourse在原初意义上，意味着一组具有内在稳定结构关系的语言表达方式，将它通译成论述或话语也在力图保留这些意思，但显然不能算是尽如人意。在说完这些含蓄的声讨之辞后，许先生等人堪称追本溯源：

> 但根据运用此概念最多，亦是使这个概念快速流行起来的福柯理论，discourse一词所表达出来的这种稳定性、连续性，并不是福柯所要说明的。相反地，他要透过discourse一词所表达的，正好是不稳定，充满断裂和缝隙的过程。从语言学来说，无论是否受到福柯理论的影响，都有一种将discourse看成一个只是较大的语言分析单位的倾向。从这个传统出发，discourse翻译成论述的问题不大。不过，只要我们所指的discourse是一个对话、交往和不断商讨和斗争着的过程，论述一语所意指的稳定性，是无法将充满政治和动力的这部分意思表达出来的，特别是如果我们将discourse的形容词discursive，指实践交往过程中以说话形式展开的策略运用，亦即discursive strategy等，论述一词就显得不大恰当。曾经有试图将之译成"对话"，因诘一字有对话、质问一意，以强调discourse是对话中的动力面向，但在一般使用上，论述已成为相若于theory，paradigm等义，并非都循福柯、巴赫金、Benveniste等的用法，所以"对话"亦非常普遍适用。②

许先生代表他的同好建议我们：最好将discourse译成论述或论诘，以

---

① 金克木：《末班车》，中央编译出版社，1996年，第243页。
② 许宝强等：《译后余话》，麦克洛斯基（D. McCloskey）等：《社会科学的措辞》，许宝强等译，三联书店，2000年，第288页。另可参阅哈特曼（R. R. K. Hartmann）：《语言与语言学词典》，黄长著等译，上海辞书出版社，1981年，第104页。

保留discourse内部固有的动力学特征；或者根据实际情况两种译法交替使用，以求不伤及discourse的内在冲动及其原始语义①。扫兴的是，无论是在汉语学界还是在人民群众的口语中，许先生的提议都没有得到应有的尊重。考虑到英语里有"翻译者即背叛者"（A translator is a traitor.）的老生常谈，许先生的倡议受到如此这般的待遇，就是再正常不过的事情了②。

面对现代汉语中汹涌而至的话语大潮，章国锋先生也显得忧心忡忡。他的"窃以为"是：话语非但未能传达discourse的原意，还误传了discourse的原意；如果再考虑到话语大潮在实际生活中的坚实存在，事态无疑显得更加严重。相比较于许宝强等人，章先生的办法倒是直截了当、干净利落：他在简要考察了该词在当代欧美学者（主要是后现代主义者）那里的通常用法后认为，discourse的真正含义，应该是"由社会规定的、在特定历史条件下形成的、为公众普遍认可的，具有某种必然性的话语方式"③。这调门听上去和许宝强等人的嗓音差不离，或者应该说成是英雄所见略同？稍翻一下老黄历就可以知道，法国哲学家米歇尔·拜肖（Michael Pecheux）基本上就是在许宝强和章国锋指出的含义层次上使用discourse一词，并取得了大快人心的理论成果。依赵一凡先生的睿见，在拜肖那里，discourse特指语言在特定社会历史条件限定之下的群体表现形式；discourse不存在单个作者，它向来都是一种隐匿在人的意识之下却又暗中支配人的不同言语、思想、行为方式的潜在逻辑④。它像天罗地网一样无处不在，像冒牌的上帝一般无所不能：它规定了我们的视线，调教了我们的手脚，培育了我们的呼吸，诱拐了我们心跳的节奏。章国锋和许宝强虽然没有提及法国的拜肖，也未曾提及拜肖的师尊路易斯·阿尔都塞（Louis Althusser），但他提

---

① 澳大利亚学者J. 丹纳赫（Geoff Danaher）等人也认为，discourse "通常指的是和一个机构有关的一种语言，它包括表达了这个机构价值体系的思想和语句。在福柯的作品中，话语被用来描述语言的个体表达，或者是'行动中的语言'——我们理解和'认识'事物的思想和语句。"（丹纳赫：《理解福柯》，刘瑾译，百花文艺出版社，2002年，第192页。）
② 自1840年以来，由于某些迫不得已的原因，无数西方典籍纷纷进入中国，术语方面的翻译困难苦恼了好几代中国翻译家。对这方面有着辉煌论述的是旅美华裔学者刘禾（参阅刘禾：《跨语际实践》，宋伟杰等译，三联书店，2002年）。
③ 章国锋《话语定式》，赫尔曼·海塞（Hermann Hesse）等著，《陀思妥耶夫斯基的上帝》，斯人等译，社科文献出版社，1999年，第206页。
④ 参阅赵一凡：《欧美新学赏析》，中央编译出版社，1996年，第92—93页。

到了许多与法国仅仅一墙之隔的德国学究；依据诸多德国学者对discourse的使用，章先生坚持认为：将discourse不加限定、不加说明地译成话语，差不多是将discourse弄成了和语言相对的言语[①]。所谓言语者也，根据索绪尔的定义，就是应用给定的语言规则进行的谈话和对话，亦即对语言规则的具体应用和运用。章先生在此基础上苦口婆心地建议我们：如果将欧美后现代主义者广泛使用的discourse译成话语定式，庶几更符合discourse的原意[②]。

相比较而言，我更愿意赞同章先生的观点，因为他的译法比许宝强等人的更符合汉语习惯，更迻近于一般汉语大众的口味[③]。但我仍然有足够的理由相信，话语定式作为discourse在当代欧美学术术语中的主要释义，恐怕更是discourse语义变迁的结果[④]；这种结果的得来自有它漫长的经历，无论是维特根斯坦所谓用法上的还是逻辑传承上的[⑤]。秉承着某种不言自明的理由，我愿意在此追加一句：语义变迁和社会/历史内容的更替、哲学/社会思潮的演变紧密联结在一起；当代欧美学者之所以基于种种现实境遇、历史变迁，在语义的几番闪、转、腾、挪之后，将discourse径直定格在话

---

① 徐赳赳从语言学的角度认为，最好还是将discourse译成话语或篇章。discourse在徐先生那里显然成了言语或对话（参阅徐赳赳《现代汉语篇章回指研究》，中国社会科学出版社，2003年，第30—55页）。

② 章国锋：《话语定式》，赫尔曼·海塞等：《陀思妥耶夫斯基的上帝》，第207页。不过，有一点可以指出，最先使用discourse的并不是后现代主义者。限于题旨，此处不准备在这方面做过多纠缠。

③ 诺曼·费尔克拉夫（Norman Fairclough）在总结福柯对discourse的使用时也持同样的观点。费尔克拉夫说："在M．福柯的作品中，话语涉及用来建构知识领域和社会实践的不同方式。因此，'医学'话语通常是健康保健实务的支配性话语……话语不仅反映和描述社会实体与社会关系，话语还建造或'构成'社会实体与社会关系；不同的话语以不同的方式构建各种至关重要的实体，并以不同的方式将人们置于社会主体的地位……另一个重要的关注点是历史变化：不同的话语如何在不同的社会条件下结合起来，以建造一个新的、复杂的话语。一个当代的例子是艾滋病的社会建构，在此，各种各样的话语（例如，性病学话语、'异族'文化'入侵'话语、污染话语等）被结合起来，从而构筑了一个有关艾滋病的新话语。"（参阅费尔克拉夫：《话语与社会变迁》，殷晓蓉译，华夏出版社，2003年，第4—5页）。

④ 王福祥在《话语语言学概论》（外语教学与研究出版社，1994年）中，将discourse当作语篇、对话，显然指称的是discourse的最初含义。当然，这也许因为王先生是语言学家，只对语言学有兴趣。但从王先生的字里行间推测起来，discourse的含义众多显然和其语义变迁有关系。

⑤ 即使是在欧美学者那里，也不见得人人都将discourse用作话语定式，至少在语言哲学和语言哲学家那里，谈话、说话仍然是discourse的主要含义之一[参阅万德勒（Zeno Vendler）：《哲学中的语言学》，陈嘉映译，华夏出版社，2002年]。

语定式的含义层次上，无疑和discourse复杂而多层次的语义直接相关①。以我们这些事后诸葛亮通常应该配备的眼光看来，在discourse的多层语义之间本身就暗藏着某种逻辑关联；在某个语词的诸多语义之间存在着逻辑传承、意义递进，并且该语词还允许它的诸多语义承前启后、薪火相传甚至毫无矛盾地共存一体，很可能和该语词的语义空间的伸缩能力、容量大小密切相关②。

按照马克思的幽默之言，语词顶多不过是震动着空气层的声音，仅仅占据纸张上的面积，和真实的三维空间扯不上瓜葛③。但这个名之为语义空间的特殊场域却有一种包纳、涵括事实与事物的功能：它能依据事物与事实的实际需要，给语词的意义留出可以居住的地盘，以便"切中"事物与事实。面对中国儒生的经典搞法，陈嘉映先生说过，在儒家那里，"多半谈到言的时候，言辞似乎只是达意的工具。后世儒学大致以此为纲，特重小学功夫，由字以通其词，由词以通其道。语言是道的途径，而不是道的体现。"④乾嘉学派的代表、儒学大师戴东原，正可谓"由字以通其词，由词

---

① 意大利符号学家、小说家艾柯（Umberto Eco）在其著名小说《傅柯摆》中对胡子有过一段议论，也许可以间接帮助我们理解语义的变迁究竟是什么意思。艾柯的一个主人公对另一个主人公说，在意大利，"直到（20世纪）60年代开始之前，留大胡子便是法西斯党，因此你必须加以修剪，且把双颊刮得干净。但是到了1968年，大胡子却表示抗议，而现在大胡子却渐渐成为中性、普遍的，只是个人的偏好。"（艾柯：《傅柯摆》，谢瑶玲译，作家出版社，2003年，第90页）中国诗人、作家钟鸣对胡子也有上佳描写："胡子改变了一个旧时代/胡子改变了一张旧面孔/而新面孔却等着旧胡子。"（《红胡子》之二）"周恩来这个人，很讨人喜欢，为什么呢——他曾有个性化的串脸胡，后来登上了天安门，便刮掉了。新中国需要新面孔。"（钟鸣：《旁观者》，海南出版社，1998年，第378页）俄罗斯作家爱伦堡也曾说到胡子："在第一次世界大战前夕，巴黎人的胡子开始匿迹，但是一些上了年纪的急进社会党人出于对高尚的19世纪传统的敬意，仍留有大胡子。"（爱伦堡：《人·岁月·生活》，花城出版社，1998年，第11页）很容易看出来，如果我们在提到作为语词的胡子时，在不同的时刻具有不同的含义。这就是所谓的语义变迁。
② 关于语义空间的含义还可以参阅利奇（Geoffrey Leech）：《语义学》，李瑞华等译，上海外语教育出版社，1987年，第1-3页。
③ 马克思的原话是这样的："'精神'从一开始就很倒霉，注定要受到物质的'纠缠'，物质在这里表现为震动着的空气层、声音，简言之，即语言。语言和意识具有同样长久的历史；语言是一种实践的、既为别人存在并仅仅因此也为我自己存在的、现实的意识。"（《马克思恩格斯选集》第1卷，人民出版社，1972年，第18页）很显然，在马克思看来，一切用语言表达出来的东西，一切观念，一切结论性命题，一切鸡毛蒜皮的谈论和关于鸡毛蒜皮的谈论，都饱经意识形态的熏蒸。在意识形态的浇灌下，不可能有在各个含义层面上都呈中性的discourse。
④ 陈嘉映：《语言哲学》，北京大学出版社，2003年，第1-2页。

以通其道"那方面集大成式的人物①，他具有纯正中国特色的主要哲学思想，几乎都沿着这样的线索展开②。但我们依然可以把儒生们眼中高于言辞、敢视言辞为小儿科的"道"，看作语词之意义的一部分——这种误读的安全保证，来自陈先生十分赞同的现代语言哲学。有关语义空间的伸缩能力和容量大小，鄙人也曾有过简陋的叙说：

　　每一个语词都是自成体系的，按照米哈伊尔·巴赫金的对话理论，每一个词汇都是一个小小的、竞技性的语义场或语义世界。恩斯特·卡西尔针对M.米勒（F. Max Muller）的"有神论"语言观，以幸灾乐祸复兼斩钉截铁的口吻说："语词的巫术功能消失了，代之而起的是语词的语义功能。"按照现代语言学理论，卡西尔的观点算不得大错。不过，事情并没有卡西尔想象的那么简单、那么美好。当语词真正的、原始意义上的"巫术功能"消失后，代之而起的却是堪称另一种意义上的"巫术功能"：词汇的语义空间看起来很小，其实又很大；看起来很大，其实又很小。而词汇在语义空间大小上的变化，几乎完全取决于这个词汇面对的具体事境的大小；词汇语义空间在大小上的变化，有一种类似于六祖惠能"逢怀则止，逢会则藏"的特征，套用北海若的句式我们也许可以说：因其所大而大之，则"语词"莫不大；因其所小而小之，则"语词"莫不小。语词能随着它所面对的事境空间在容积上的变化，改变自身语义空间的大小：在被它包纳和框架的事境需要它大的时候，它能陡然增大，在需要它小的时候，它不由分说地小了起来。这实在是一个奇迹。按照马克思"语言是思维的外壳"的著名论断推断起来，我们差不多可以说，语词就是以上述方式和人的思维紧密地结合在了一起，从而让人有能力去认识世界。③

　　按照牛津英语辞典的训示，discourse最初级的含义是交谈或谈话，较

<hr>

① 参阅《章太炎全集》，第3册，上海人民出版社，1985年，第122—123页。
② 参阅戴震：《孟子字义疏正》。戴震的学术走向和思想趣味可参阅余英时：《论戴震与章学诚》，三联书店，2000年。
③ 敬文东：《被委以重任的方言》，中国人民大学出版社，2003年，第43—44页。

高级的含义是论述或论证。尽管这中间的区别堪称井然，但交谈、谈话与论述、论证之间的逻辑关系依然十分清楚：后者必须以前者为基石；discourse收放自如、"因其所大而大之"、"因其所小而小之"的语义空间，也为这种逻辑上的承继关系提供了充足的可能性：和许多具有包孕性的语词一样，discourse也能依据事境的变化在不同的时刻释放不同的意义，以求"切中"变化了的事境。交谈、谈话意指具体地谈论某件特定的事情；交谈、谈话基本上都应该是叙事性的，因为它直接面对事情①；即使我们要对某件事情做出结论性的评价或曰抽象性的判断，也必须首先将事情拉进语言空间充当抽象性评价得以存在与成立的证据。所谓抽象，从来都是对一个或一系列具体事情的抽象。对于生活世界而不是数理世界，不存在没有具体事情作为支撑的结论性命题，也不存在不针对具体事情发言的结论性命题——黑格尔的形而上学之所以归于失败，就是因为他太不给活生生的事情以必要的面子②。

弗雷泽（J. G. Frazer）和维柯早已从人类学的角度证明：最初的人总是首先面对距离自己最近的事物及其动作/行为，诉说的总是离他们最近的各种事物及其动作/行为。语言哲学能够提醒我们：围绕着某物组建起来的动作/行为，不过是事情的另一种名号。我们的祖先从一开始就知道，自然界的运行不受人的干扰，一件事情的发生，总是不以人的意志为转移地追随着另一件事情的出现。在初民们心目中，只要洞悉了事情嬗变、衍生的规律，就能够达到预期的目的。通过对诸多事情的观察，他们发明了一整套抽象的观念。这套观念被弗雷泽认作相似律和接触律。所谓相似律，指的是彼此相似的事物可以产生相同的效果；所谓接触律，指的是物体一经接触，仍会远距离地相互作用③。弗雷泽以一个现代人的眼光知会我们：这种抽象的巫术思维是虚妄的，是不可信的。没有必要理会弗雷泽对

---

① 此处之所以提前这么说，基于两个原因：首先，它是一个基本假设，其次，它是一个基本事实。就基本假设的层次上说，它给了我们建构自己的观点以原初起点；就基本事实的角度上说，特指人类在运用语言思维时总是首先面对具体的事情。即使是抽象也是对具体事情的抽象，哪怕是以转弯抹角的方式。

② 参阅赵汀阳：《长话短说》，东方出版社，2001年，第55页。

③ 参阅弗雷泽：《金枝》，徐育新等译，中国民间文艺出版社，1987年，第19—57页。

巫术心怀善意的驳斥，我们倒是能够较为容易地从弗雷泽的描叙中识别出来：作为对特定事情的结论性命题的巫术观念，作为对特定事情的结论性评判的原始理念，相似律和接触律恰恰建基于对特定事情的观察；那些特定事情必须潜入语言构架当中（无论通过何种转折方式），才能在语言的帮助下，生产出哪怕是荒谬的巫术观念、可笑的原始理念。这意味着，谈论总是针对特定事情的谈论，因而首先是也必然是叙事性的谈论，然后才能在此基础上形成看待自然的抽象观念。谈论意味着叙事。所谓叙事，不过是特定的事情被语言包纳了起来，不过是事情和语言上下其手、里应外合及至沆瀣一气并最终和平相处。

维柯的贡献之一，就在于他提出了一整套隐喻理论；该理论被认为是在诗性逻辑的基础上，作为讨论诗性逻辑的关键而被发展起来的[1]。诗性逻辑指的是初民们理解事物的指称形式[2]；初民们对事物的认识只能是感觉的和想象的[3]；初民们的形而上学就是他们的诗歌。凭借这一能力，我们的祖先通过想象，在语言空间中，把自然界创造成了一个无比巨大的生命体[4]。为此，维柯举了一个颇具说服力的小例子：

在把个别事例提升为共相，或把某些部分和形成总体的其他部分相结合在一起时，替换就发展成为隐喻。例如"可死者"原来是特别用来指人的，因为只有人的死才会引起注意。用"头"来指"人"在拉丁俗语中很普通，是因为在森林中只有人的头才能从远处望到。"人"这个词本身就是抽象的，因为作为一个哲学的类概念，"人"包含人体其他各部分，人心及其他一切功能，精神及其一切状态。[5]

排开维科的题旨，我们大致上可以推断：当初民们说"树"时，不仅仅意味着那棵树是一棵树，更是指那棵树在怎样和怎样地（比如在摇晃、

①参阅海登·怀特：《后现代历史叙事学》，陈昕译，中国社会科学出版社，2003年，第200页。
②维柯：《新科学》，朱光潜译，人民文学出版社，1986年，第177页。
③同上书，第161-162页。
④同上书，《新科学》，第163页。
⑤同上书，《新科学》，第182页。

倒了），就像初民们下结论说那是一个人，意味着丛林中有一颗头正在冒出、有一颗头正在晃动。维柯无疑暗示了：从最原始的角度看，所有的谈论都是叙事性的言之有物的谈论；言之有物的"物"绝不仅仅意指实物，更是指而且首先是指围绕着实物组建起来的事情。

洪堡特（Wilhelm Von Humboldt）则从"语言结构的差异及其对人类精神发展的影响"的宏大角度，令人信服地证明了：所谓谈论，首先是谈论某件事情①。没有洪堡特的宝贵提醒，我们也能较为容易地推断：在最初的意义上，事情从来都是人们能够在一起交谈、谈话的唯一基础。列维－布留尔（Lucien Levy-Bruhl）通过野外作业，完好地证实了这一结论②。恩格斯曾在某处说过，欧洲一切语言中的名词都是由动词转化而来的。无论恩格斯的观点从语言学的层面看是否正确，依照维柯等人的睿见，我们不难揣测，他之所以愿意冒险下这样的结论，或许正是因为他至少从直觉上洞明了一个事实：包括人在内的一切物生产出的所有动作/行为的实际存在，都早于我们对动作/行为的命名；围绕着人与物组建起来的事情的出现，都早于我们对它的描述——无论是叙事性的描述，还是抽象的、结论性的叙说。在恩格斯的头脑中，谈论很可能首先要以动词来承担；动词在其后漫长的语义变迁中，才逐渐上升或下降为名词③。维柯用晃动着的"头"暗喻作为概念的"人"，正可以为恩格斯的天才想象作证。

即使不从语义变迁史的角度观察，仅仅从逻辑的层面粗略地勘探，论述、论证要想有效，也必须以谈论的言之有物或言之有物的谈论作为基础，宛若中国坏人大学（其构词法模仿了"中国人民大学"）的录取线是心狠手辣、卑鄙无耻。至于章国锋所谓的话语定式，实在是经由discourse的语义空间之外的多种思想运作获得的最终含义。话语定式作为discourse的当代释义，自有一个漫长而辛苦的历史和逻辑过程：人首先要言之有物地谈话、说话，要具体地谈论围绕着某"物"组建起来的某"事"，才配得上论述，

---

① 参阅洪堡特：《论人类语言结构的差异及其对人类精神发展的影响》，姚小平译，商务印书馆，1997年；参阅姚小平《洪堡特》，外语教学与研究出版社，1995年。
② 列维－布留尔：《原始思维》，丁由译，商务印书馆，1981年。
③ 仅就汉语方面的情况来说，可参阅杨树达先生的《汉文文言修辞学》（科学出版社，1954年）的详细论述。

才可能对世界有所论述，也才称得上言之有物地对世界或世界的某个部分进行了论述；论述的可靠与否、有效与否，只能求诸discourse的基础含义，即言之有物的叙事性谈论。没有叙事性谈论的无私帮助，论述就万难成立；没有对特定的、具体的事情言之有物的谈论作基础，论述注定的结果不外乎胡言乱语、酒后梦呓。如果没有张三打了李四一拳这件事情（而不是对这件事情的语言表达），如果我们相信法律是公正的，如果在中国这块地球上法律居然是公正的，我们就可以毫不含糊地断言：海淀区某法庭关于张三、李四的所有谈论就不存在，对张三进行的宣判性质的论述或论述性质的宣判更是无从谈起。因此，言之有物的谈论可以被视作discourse的第一层含义；言之有物的谈话、说话（即谈论）构成了一切论述的物质性基础。言之有物的谈论即叙事性的谈论保证了论述的及物性。所谓及物性，颇有点儿类似于胡塞尔（Edmund Husserl）的"切中"（treffen）。在20世纪初年，困惑胡塞尔的重大问题之一是："认识如何能够确信自己与自在之物一致，如何能够'切中'这些事物？"[①]如果叙事性谈论不具备"切中"能力，一切论述要么是"巧言令色鲜矣仁"般的空谈，要么就会堕落为纯粹的语义空转，不大可能触及世界的真相。建立在言之有物地谈话、说话（即谈论）之基础上的论述，可以被认作discourse的第二层含义。

大多数人都愿意爽快地承认，让discourse以话语定式的含义迅速流布开来的，是法国大哲米歇尔·福柯。福柯经由他的诸多著作精辟地阐述了discourse的本质：在每一个社会，discourse的产生都是通过一系列程序来加以控制和调整的。"这些程序的作用在于，以一定的方式排除话语（Parole）的离心力和危险性，控制其任意的、不可预测的野性，使其原始形态纪律化，成为被统治秩序所允许的话语以及这一秩序的认同性的重复，即被行政机构权威化了的确定意义的重复。在这种纪律化的话语中，说话人的作用是微乎其微的，它最终导致了语言个性的异化和丧失。"[②] 福柯的重大贡献之一，就是通过对诸多具有致命性质的discourse的历史进程的细致分析，详尽阐明了discourse的第三层含义：话语定式以及它在人文／

---

① 胡塞尔：《现象学观念》，倪梁康译，上海译文出版社，1987年，第7页。
② 章国锋：《话语定式》，赫尔曼·海塞等：《陀思妥耶夫斯基的上帝》，第206页。

社会学科中、在人类（主要是在欧洲）历史和知识学上的重要性。福柯试图从话语定式入手，揭露西方人一向引以为豪的理性、文明、文化、历史等诸多彰而未显或隐而不见的秘密。福柯的诸多论著都旨在勇敢地说明：具有某方面强硬规定性和鲜明倾向性、目的性的话语定式，始终来源于discourse背后的权力（power）。是权力出于自身的需要，挑中、挑选了某种或某类论述导出的结论性命题，来彰显自己的权力，来突出自己的威信。那些让某种、某类论述跃迁为话语定式的力量，来源于一切可以想见的能够支撑、支持某种论述具有威严的权力①。正是各种各样的权力，最终使某种具体的论述、对某件或某类事情的论述成为了权力。话语定式就是权力化的论述，就是权力性的论述生产出的抽象的结论性命题。也就是在此基础上，福柯才愿意反过来说：话语定式就是权力②。话语定式早已经过了各种型号和各种性质的权力的打磨，早已从各种可以想见的权力那里获得了授权，并因此拥有绝对的话份。这种性质的话语定式就如同福柯的同胞兼好友罗兰·巴尔特所谓的法西斯。按照巴尔特的看法，法西斯不是阻止人说话，恰恰是强迫人说话；不是随便说话，而是只能说某种话。在《话语的秩序》中，福柯道出了某些论述及其结果如何上升为话语定式的隐秘机制。作为例证，真理成了福柯打击的靶子：所谓真理就是权力的一种，它激发了尊严和恐惧，由于它支配一切，故而一切必须服从它，它是掌握了权力的人根据必需的礼仪说出的话，它自认为能够提供正义的言辞即话语定式，或自认为能对话语定式进行自觉的应用。在绝大多数时刻，真理都拥有巨大的权力：诸如"真理面前人人平等"一类堂皇的说教，径直把真理当作了至高无上的法官或教主；在更多的时候，权力就是以真理来体现自身或

---

① 此处所谓的权力是从最广的角度说的，绝不仅仅指称政治权力——政治权力只是最为显眼的权力形式而已（参阅严家其：《首脑论》，上海人民出版社，1986年，第7—40页）。诚如罗素（Bertrand Russell）所言："权力是最基本的概念，""社会动力学的规律——我主张——只能用权力来加以说明。"（参阅罗素：《权力论》，吴友三译，商务印书馆，1998年，第9页）权力有其事情方面的来源，这一点我们容后再论。

② 在汉语中，人们更愿意将这个命题称作"话语即权力"。王小波则认为，这话恐怕应该反过来说："权力即话语。"（参阅《王小波文集》第四卷，中国青年出版社，1999年，第7页）虽然王小波是在一篇随笔里提出了这个命题，但这个提法本身是意味深长的，那就是在将discourse译成汉语时出了问题，将discourse译成话语，确实给人一种它是纯粹的说话这样或怪异或平常的感觉。

假借真理之名来装点自身的。所有型号的真理都必须由话语定式来体现，所有真理必定都是话语定式。正是在这个意义上，才出现了福柯那个著名的、即使在汉语学界也早已变作了常识的观点：话语定式的最终结果之一，就是导致了语言个性的丧失和异化。语言转向（language turn）之后几乎所有的摩登理论都可以告知我们，语言个性的丧失和异化，绝不是微不足道的事情，恰恰相反，它对我们有着致命的特性。它几乎涂改了我们的一切。这或许就是维特根斯坦那个早已被人用滥了的老生常谈：一种语言方式就是一种生活方式。

到此为止，语义至为丰富的discourse至少拥有三层含义。首先，它是言之有物的谈论。因为谈论直接面对事情，所以谈论只能是叙事性的[①]。其次，它是建立在言之有物的谈论基础上的论述。论述属于更加抽象的领域。论述的目的，就是为了得出关于某件事情的更为抽象的结论性命题，是对某件事情做出的特定的语言性消化。最后，discourse是在各种可能的权力支撑之下的、具有某方面权力合法性的言之有物的论述即话语定式。

对discourse进行如此这般的分层处理，也许才算基本符合discourse的原意，才没有仅仅照顾到它在某家某派（比如后现代主义）那里的特定内涵。仅仅听从章国锋先生的建议将discourse译成话语定式，或者单单听从许宝强先生的看法将discourse翻成论述、对诘，难免不牺牲论述、对诘和话语定式的语义学基础，难免不废除话语定式之所以为话语定式在发生学上的缘由。

2．话语拜物教素描

尽管奇人、独行侠、各种怪僻的收藏者、"20世纪最后一位大师"米歇

[①] 列维－布留尔也论证过，叙事在人类认知史上堪称最低等但也是最基本的认知方式，因为叙事直接面对事情本身（参阅布留尔：《原始思维》，第68页以后）。

尔·福柯经过艰苦努力，终于让话语理论（theories of discourse）①名声大噪，以至于在全地球的学术界尽人皆知，但意味深长的是，话语理论的源头却不在法国而在俄罗斯。米哈伊尔·巴赫金（Mikhail Bakhtin）就是其中最为重要的人物之一②。

巴赫金开始学术活动的时候（大致在20世纪20年代前后）③，正值索绪尔的结构主义语言学在俄国蹿红飙升。在《普通语言学教程》中，索绪尔干净利落地区分了语言和言语，辨析了历时与共时，并据此声称：语言学的正业应该是语言研究而不是言语研究（简称语言＞言语）；语言学的正经工作是共时研究而不是历时研究（简称共时＞历时）。索绪尔由此开创了旨在强调语言本身具有原始自治功能的内部语言学④。几乎所有的学术民工都知道，内部语言学十分强调共时性，只愿意将语言内部各要素之间的结构方式和各自的功能奉为圭臬，除此之外的一切，诸如以事情为标志的历史内容、生活内容、现实内容，统统被看作语言的外部或语言外部的东西，全受到了扫地出门的待遇。内部语言学是一种纯洁的语言学，是处女。它清洗了除结构和共时性之外的一切要素。尽管索绪尔在人类认知史上拥有十分特出的地位，但对共时性的信奉、对结构的迷信，使索绪尔以及其后一切型号的泛形式主义流派，都陷入了无时间性的巨大漩涡之中——共时性的内在音色和根本底蕴就是无时间性，因为它从一开始就把历史因素排除在外；寻找文本的无时间性的基本语法，则成为索绪尔之后一大批专家、学者和思想家的时髦工作。20世纪初期以来的几代学术生产者的思想冲动，基本上都围绕着共时性展开⑤。这伙值得我们尊敬的思想家的宏伟理想是：

① 按照本书的立论，theories of discourse应该译成"话语定式理论"，但此处照顾到汉语习惯以及该术语在汉语空间中的既成事实，权且译成话语理论。"话语理论"一词中的"话语"的确切意思当然是话语定式。本书就是在这个含义层面上使用话语理论这一术语。
② 话语理论始于俄罗斯和巴赫金的观点采自赵一凡。参阅赵一凡：《欧美新学赏析》，第57—70页。要感谢赵先生的是，本节在阐述话语理论的历史进程时借用了赵先生的思路和他提供的某些材料，但本节最后得出的结论和赵先生的全然不同。
③ 参阅凯特林娜·克拉克等：《米哈伊尔·巴赫金》，语冰译，中国人民大学出版社，1992年，第10—20页。
④ 参阅《雅各布逊文集》，铁军等译，湖南教育出版社，2001年，第3—36页。
⑤ 弗朗索瓦·多斯（F. Doss）对此有过极为生动的描述（参阅多斯：《从结构到解构：法国20世纪思想主潮》，季广茂译，中央编译出版社，2004年）。

通过对共时性的揭示、对结构的探索和探险，为认识人类活动提供一个一劳永逸的解决方案，最起码也应当是最科学、最经济的解决方案。就在这个伟大的梦想做得酣畅淋漓的时候，像个幽灵和半神一样，拖着一条残腿的巴赫金出现了。

早在20世纪20年代，巴赫金及其同人B．H．沃洛希诺夫（Voloshinov）就提出①：应该将语言＞言语的公式颠倒过来。巴赫金认为，索绪尔的教义只是一套理想主义的语言学理论，因为它无法完好地说明非纯洁的庸常现实，无法解释不干净的、甚至在通常情况下还带有几分肮脏气息的生活内容。语言不过是言语的正确起点和必须起点；只要我们能够言说，在实际生活中，实在没有太多必要强调语言规则，正如索绪尔的学生薛施蔼（Albert Sechehaye）认为的，"言语是语言的活动（functioning）。"雅各布逊对此有过评论："这一定义令人钦佩。"②巴赫金据此坚定地认为，只有对言语以及言语实践的重视，才能将语言学变作活的理论。言语始终是流动的波浪，它假借人的实践，使语言中暗含的行动胚胎化为了现实。所以，巴赫金与沃洛希诺夫才毫不含糊地说，语言的实际真实性，既不是由语言规范因素构成的抽象系统，也不是导致该系统实现自身的心理/生理机制，而是在言谈中完成的言语交往反应③。巴赫金由此提醒我们：在索绪尔那里万难更动的语言规则的重要性，才被活生生的、沾满了露水和粪水的言语实践的重要性所取代。

巴赫金更重要的先导工作被认为是提出了言语行为、言语实践中的意识形态符号论。从任何一个角度观察，这都是一个至关重要的学说，因为其后一切型号的话语理论、一切型号的话语理论的分支，大致上都在这个

---

① 《马克思主义与语言哲学》在1929年出版时署名沃洛希诺夫。此书出版时巴赫金已经被捕入狱。该书在20世纪七八十年代就作者著作权问题有过争论。1993年，俄文第三版出版，标有"面具下的巴赫金"。C.鲍恰洛夫根据与巴赫金的谈话记录，于1993年著文说，三本著作（其中一本就是《马克思主义与语言哲学》——引者）都是巴赫金写的，甚至从头到尾都出自巴赫金之手，巴赫金是为朋友们而写并让出了著作权（参阅《巴赫金全集》第二卷，李辉凡等译，河北教育出版社，1998年，第547页）。
② 参阅《雅各布逊文集》，2001年，第17页。
③ 参阅巴赫金、沃洛希诺夫《马克思主义与语言哲学》，《巴赫金全集》第二卷，河北教育出版社，1998年，第346–351页。

前提下展开。意识形态符号论将一切庸常的、带有几分肮脏气息的属人的一切，都包纳在自己的视界之内。它的大致意思是：在言语实践中，对言语行为的制约拥有最大能力的，从来都是意识形态（ideology），根本不是索绪尔所谓的符号系统内部的符号制约①。那是两种完全不可比拟的力量。对此，巴赫金有过明确的述说：

> 我们所清楚的话语②的所有特点——就是它的纯符号性、意识形态的普遍适应性。生活交际的参与性、成为内部话语的功能性以及最终作为任何一种意识形态行为的伴随现象的必然现存性——所有这一切使得话语成为意识形态科学的基本研究客体。③

对话语理论有着重大影响的另一位人物，是被称作结构马克思主义者的阿尔都塞④。按赵一凡先生的精辟理解，这位巴黎高师的哲学教头在他卓有影响的《意识形态与意识形态国家机器》中暗示过，索绪尔的结构主义语言学虽然以无时间性的共时分析见长，但要用之改造人文学术，局限性仍然十分明显；作为索绪尔和马克思的双重崇奉者，阿尔都塞不无遗憾地认为，索绪尔振聋发聩的理论之所以未能在人文学术革命中毕其功于一役，至为重要的原因，就在于它无视语言应用中的意识形态之争，无视语言运用中的层级现象，也无视语言使用中的历史传统和历史因素，因此，新生的理论一定要为索绪尔的结构语言学引入历时冲突的法则⑤。很明显，巴赫金颠倒了索绪尔语言＞言语的教条，阿尔都塞则颠倒了共时＞历时的理论预设。至此，依然按照赵一凡先生的阐释，在阿尔都塞那里，有一个和话

---

① 参阅巴赫金、沃洛希诺夫《马克思主义与语言哲学》，《巴赫金全集》第二卷，第386-452页。
② 考诸巴赫金等《马克思主义与语言哲学》，此处巴赫金所谓的话语和我们所说的discourse的第一层含义相当。
③ 巴赫金、沃洛希诺夫：《马克思主义与语言哲学》，《巴赫金全集》第二卷，第356页。
④ 这个观点采自赵一凡先生，参阅赵一凡《欧美新学赏析》，第82-94页。德里达在《路易斯·阿尔都塞葬礼上的致辞》（参阅陈越编：《政治与哲学：阿尔都塞读本》，吉林人民出版社，2003年，第507-514页）也暗示了这一点，只不过德里达说得过于隐晦。
⑤ 参阅阿尔都塞：《意识形态与意识形态国家机器》，《马列主义研究资料》1988年第4辑。此文被孟登迎重译后又收入陈越编：《哲学与政治：阿尔都塞读本》，吉林人民出版社，2003年。

语理论密切相关的结论呼之欲出，尽管阿尔都塞未曾对此产生过浓厚的兴趣：必须变结构语言学为话语研究（discourse study）[①]，变纯洁的处女为小媳妇。

作为阿尔都塞的学生，米歇尔·拜肖对乃师的提示似乎特别能够心领神会。他在1975年出版的《语言、语义学与意识形态》一书中，迂回曲折地提出了两个重要论点。其一，话语理论等同于语义政治学。大致意思是，语义应该是意识形态的组成部分，话语定式无非是意识形态的特殊形式。与乃师一样，拜肖的矛头直指索绪尔并与巴赫金遥相呼应：语义的深层内里和纯粹的"语言学财产"毫无干系，倒是与劳动、物质生活、阶级斗争关联更大，联络也最为紧密[②]。拜肖的另一个观点与话语定式的生产与形成有关。它的基本意思是：所谓discourse，无非是人在特定时空中决定自己该说什么和怎样说什么的潜在机制。这跟巴尔特的"法西斯"比喻有些类似。但更为重要的是，在拜肖那里，discourse还是不同型号、不同性质的意识形态相冲突的重要场所[③]。在话语理论的演变史上，拜肖的理论十分重要，虽然看起来有些彰而未显——毕竟在拜肖生活的时代，在话语理论领域执牛耳者，向来都是他的同胞米歇尔·福柯。在乃师的启示下，拜肖给话语理论设定了一个大致的方向：将意识形态合乎逻辑、合乎理论需要地拖入到话语理论的内在纹理之中。和那个拖着一条残腿的巴赫金一样，手脚齐全、生猛有加的拜肖也认为，语言规则对discourse的制约，远小于意识形态对discourse的制约；除此之外，拜肖还更上层楼，径直把政治学以及

---

① 参阅赵一凡《欧美新学赏析》，第90—91页。
② 参阅Michael Pecheux, *Language, Semantics and Ideology：Stating the Obvious*. London：Macmillan，1982，pp. 184—186.
③ 参阅赵一凡《欧美新学赏析》，第92—93页。

政治学所表征的一切，拖进了话语研究范畴①，使话语理论较之索绪尔以及索绪尔之后一切型号的泛形式主义，对社会现实更有针对性、更有力道，也更具直接性。

米歇尔·福柯无疑是话语理论发展史上最有影响的人物之一。在福柯那里，话语理论不外乎由"语言、知识、权力"和合而成。他在一系列著作中分阶段、有侧重点地申述了这一思想。福柯的话语理论意在表明：陈述（statement）如何利用语言构成知识，知识如何与各种相匹配的权力相勾结从而成为话语定式②。"权力已经给知识的维度画出一个不可缩减的第二维，尽管两者都构成了一些无法具体分割的混合体；但是知识是由形式构成的，是可见，可言，总之，是档案，而权力是由力量、力量关系构成的，是曲线图。"③ "福柯所遇到的，令其有所触动的，乃是眼睛、声音以及两者间的垂直高度。从语词中迸出闪光、闪耀、陈述，甚至福柯的笑也是一种陈述。在可看与可说之间有一个间隔，而两者被隔离、被一种不可缩减的距离分隔，这仅仅意味着：乞灵于相应或相一致是解决不了知识的问题的。应该在其他地方寻找使两者相互交叉或交织的理由。这犹如档案被一条巨大的缝隙所贯穿，这条缝隙一方面建立了视的形式，另一方面建立了陈述的形式，这两种形式都是不可减少的。是在这两种形式之外，在另一个维度里，有将两种形式连缀或连接在一起的线。"④福柯由此坚定地认为：正是这一复杂而隐蔽的运作模式，催生和构成了欧洲的整部历史。所谓历史，不过是

---

① 对作为概念的政治和政治学此处不作辨析，只指明一点：本书是在最广的范围内使用这两个术语的。也就是说，凡是有权力存在和有权力运作的地方，都有政治和政治学存在。正如德勒兹所说，存在本身就是政治（参阅德勒兹：《哲学与权力的谈判》，刘汉全译，商务印书馆，2001年，第102页）。通常所谓的政治，尤其是汉语中的政治，主要是指党派政治和国家政治，这种政治不过是最显眼、最有影响力的政治形式而已。权力从来都是世俗的，哪怕以神权面目出现的权力，也必定是世俗的，无论神学家、政治神学家如何以神学的口吻说话，用神学的逻辑进行证明。不存在超验的政治，不存在所谓"自然的政治"，即列奥·施特劳斯（Leo Strauss）意义上的那种政治。施特劳斯认为，古典形式的自然权力是与一种宇宙目的论联系在一起的，因此他认为自然政治具有超自然的特性。不管施特劳斯如何精通文献，大规模地引证史料，上述结论都不可能从事实的角度得到证明——当然，老施肯定对此持不屑一顾的态度，因为他坚决反对所谓的经验事实（参阅列奥·施特劳斯：《自然权力与历史》，彭刚译，三联书店，2003年，第169—205页）。
② 参阅丹纳赫等《理解福柯》，第25—28页。
③ 德勒兹：《哲学与权力的谈判》，第106页。
④ 德勒兹：《哲学与权力的谈判》，第110—111页。

话语定式不断变迁、不断裂变的行程；研究历史，不过是研究话语范式不断转换以及话语范式不断转换的过程；而历史事件，向来都以事情为存在方式的历史事件，在福柯那里是不重要的。当然，提出一整套话语分析的具体操作方法，应该是福柯的话语理论的题中应有之义。福柯也确实完美地完成了这个任务——《性经验史》、《词与物》、《临床医学的诞生》、《疯癫与文明》堪称辉煌物证——也给我们这些后来者提供了无尽的启示。

在索绪尔开创的泛形式主义和福柯的基础上，欧美的学术民工和学术打工仔成功地构建出了具有鲜明特色的新历史主义①。和一切旨在批判的理论共同体一样，在福柯之后兴起的新历史主义，也可以视作对话语理论一般教义的忠实实践。依照威塞尔（H. Aram Veeser）的看法，谈不上有多少思想想象力的新历史主义有如下特征：

1.我们每一个陈述行为都来自物质实践的网络；2.我们揭露、批判和树立对立面时所使用的方法往往都采取对方的手段，因此有可能沦陷为自己所揭露的实践的牺牲品；3.文学和非文学文本之间没有界线，彼此不间断地流通往来；4.没有任何话语可以引导我们走向固定不变的真理，没有任何话语可以表达不可变更的人之本质；5.我们批判和分析文化时所使用的方法和语言，分享和参与该文化机制的运转。②

……从上述简陋得近乎寒碜的素描中，不需要花费太多力气，就能看出两个相互关联的问题。其一，虽然话语理论按照自身的规定性和理论目的、理论旨趣，愿意强调社会/历史内容对言语实践的功效，也愿意强调权力性的话语定式在言语实践中的作用，甚至还索回了被泛形式主义扫出门墙的诸般物件，但话语理论对话语定式的重视，远远超过对其他一切事物的器重，尤其是有意忽略了让话语定式得以成立的基础性内容，比如事情。

① 参阅弗兰克·林特利查：《福柯的遗产：一种新历史主义？》，张京媛主编：《新历史主义与文学批评》，北京大学出版社，1993年，第144—159页。
② H. Aram Veeser, ed, *The New Historicism*. New York: Routledge, 1989, p. 10.中译文参见张京媛《新历史主义与文学批评·前言》，第8页。

这在所谓的新历史主义那里表现得尤为明显，它所强调的"厚描"（thick discription）、将一个文本置放在所有相关文本之中来考察其含义等原则，仍然逃不出上述指控，也不可能逃出上述指控。话语理论除了重视话语定式，对其他一切东西最多不过是行注目礼，而且还是在它需要人家助拳、壮胆和发威时，才愿意向这些东西行注目礼。即使是福柯在一系列著作中对话语定式的形成过程有过详尽描述，情况依然如此。福柯曾公开声明：他关心的从来不是事实，而是古往今来的各色人等为事实给出的一套套说法。福柯无疑是诚实的，但也无疑是傲慢的，因为那一套套"说法"，不过是承载和吸纳了各类事实的诸种话语定式。因此，无论话语理论有多少变种，discourse的优先性，尤其是discourse的终极含义即话语定式的优先性，在话语理论中始终得到了保证与凸显；在极端的时刻，比方说在福柯那里，话语定式甚至成了人的唯一主体（此即福柯所谓"人死了"的真实含义）。这种种做派，顺理成章地导致了话语理论的一个典型症候，那就是话语理论对话语定式实施的自恋狂一样的自我崇拜，即话语拜物教。其二，无论是在巴赫金、阿尔都塞、拜肖、福柯那里，还是在新历史主义或者一切旨在批判的左派理论那里，所谓discourse，尤其是discourse的终极含义——话语定式，无一不浸透了意识形态的熏蒸和陶冶。福柯虽然几乎从不明言意识形态，但从他的理论表述中，我们依然可以感觉得到他对意识形态的挪用①。何况拜肖早就逻辑谨严地证明过，话语定式不仅是意识形态的竞技场，还是意识形态的存在方式。

---

① 意识形态始终是和权力联系在一起的，尽管阿尔都塞认为意识形态没有它自己的历史，但阿氏明确道出了意识形态和权力相勾结以至于歪曲现实的诸种情形（参阅陈越编：《政治与哲学：阿尔都塞读本》，第349—352页）。就是在这个意义上，福柯大肆讨论的权力，实际上和意识形态有着相当的联系，或者说，在福柯那里，权力几乎等同于意识形态（参阅J. 丹纳赫等《理解福柯》，第87—92页）。

3. discourse与意识形态的关系

> 船上见月如可呼，
> 爱之且复留斯须。
> 青山倒影水连郭，
> 白藕作花香满湖。
> 仙林寺远钟已动，
> 灵隐塔高灯欲无。
> 西风吹人不得寐，
> 坐听鱼蟹翻菰蒲。[①]

这一首诗，说的是元代僧人梵琦在面对某个拂晓时分的西湖景色时产生的瞬间顿悟。禅宗有言："道是平常心。"所谓平常心，不过是像僧人梵琦那样直面风景，直面西湖的船、月、各种倒影、白藕、仙林、灵隐塔、鱼蟹以及被鱼蟹翻动的菰蒲：这正是谈论（即discourse的第一层含义）一心一意要做的事情。与梵琦遵循的"见性成悟，直指本心"的禅宗教义大体相若，谈论也直接针对事情、直接面对事情。谈论是事情的容纳器，宛若僧人梵琦虚其心以待西湖之景：谈论将严格依照索绪尔大声称颂过的、有着原始自治功能的语言规则，也按照谈论自身的需要，将事情的整体或切片纳入语言幽暗的肠胃，对事情进行语言性消化、打磨和吸收，最终将事情吸纳和凝结到自己的血液当中。很容易想象，这种时刻的谈论，也颇有一番"西风吹人不得寐，坐听鱼蟹翻菰蒲"的潇洒风范。

不过，所谓潇洒风范，所谓谈论自身的需要，却不来自谈论，而是来自论述（即discourse的第二层含义）：是论述拥有的目的性授权谈论获得了谈论"自身的需要"，是论述拥有的根本大旨为保证论述意欲到达的目标始终处在论述的控制范围之内，才赋予了谈论直面事情的翩翩禅意。所谓

---

① 元·梵琦：《晓过西湖》。

风范，所谓谈论自身的需要，顶多是一件拿着鸡毛当令箭或狐假虎威的事情；谈论不过是论述依凭自己的目的有意塑造出的一个傀儡、一个木偶、一只拉线完全掌控在论述手中的风筝。谈论本着论述的旨意，精心挑选着事情以及事情的每一个部位甚或侧影；谈论借用语言规则，对事情进行消化、打磨和吸纳，最终给论述提供了可资利用的证据。谈论消化的事情被吸收进了谈论的血管；这些被谈论幽暗的肠胃化作血液的事情，经过谈论浑身上下四通八达的毛细血管，被输送到论述的大嘴前，供后者吞吃、消化、吸收和利用。谈论的终点就是论述的起点。论述建立在谈论的基础上，论述必然是对具体事情的论述——即使自然科学也不能完全例外①。如果没有苹果掉到牛顿头上并让牛顿大惊失色这件事情，万有引力定律又从何谈起？要不是地球、火星、土星、木星……无事忙般天天围着太阳兜圈子，万有引力定律从何出生？

论述是无时态的，它只有前提、推导以及结论。只要有了前提或证据，论述照例只遵循一般的逻辑规则进行演算（即推导）并达至自身（即结论性命题）。但论述只要关涉人类生活，就不只是前提、逻辑运算直至得出结论性命题那样简单的自为运动②。这刚好和自然科学相悖③。纯粹的逻辑运算只是一种处女逻辑。一切与人的生活与愿望相关的论述，都比逻辑运算可预知的最大可能性和最大量值，至少要多出半斤八两。相对于生活以及生活所拥有的想象力，逻辑总是后置性的东西。至于像罗兰·巴尔特那样，试图借用结构主义语言学的"科学"招式，去寻找生活世界的基本语法④，除了表面上的翩翩风度，恐怕失败才是它真正的内里——尽管基本语法也透

---

① 参阅卡尔·波谱尔(K. Popper)：《猜想与反驳》，傅季重等译，上海译文出版社，1986年。
② 参阅李零在《中国方术考》（人民中国出版社，1993年）一书中给出的精辟解释。
③ 关于这个问题，陈嘉映给出了原因："自然科学力求建立一个理论框架，在这个框架里可以进行单义的推论，达到了这个目标，推论就成为自动化的，就可以在严格定义的范围内进行预测。人文社会科学所要提供的则是普通意义上的理解和解释，因此必须保护'原生现象'的丰富含意，从而不可能进行自动的推论。"（参阅陈嘉映：《谈学术和学术语言》，《泠风集》，东方出版社，2001年，第100页）
④ 参阅巴尔特：《流行体系——符号学与服饰符码》，敖军译，上海人民出版社，2000年。

露了生活世界一星半点的真实讯息①。法国大哲孟德斯鸠（Montesquieu）就曾热情赞扬过气候、宗教、法律、治理原则、过去事例、习惯风俗形成的社会"总精神"所拥有的巨大能量②。人情、风土、民情、世情，作为具体而特殊的权力形式，作为具有幽微力道的事物，作为孟德斯鸠的总精神，向来都会以自身的力量干扰纯粹的逻辑运算，干扰逻辑运算的纯洁度③。人情、风土、世情、民情……自有它们的逻辑，自有它们的分量，以至于论述所仰仗的处女逻辑必须考虑它的存在，并做出必要的妥协④。放眼现实，我们会发现，符合人情而不符合形式逻辑的事例，符合形式逻辑而不符合人情物理的事例，无论古今还是中外，实在是多如恒河沙数。这或许就是休谟（David Hume）所夸张的：理性不但是而且应该只是情感的奴隶，除了为情感服务和服从情感以外，绝不能自称有任何其他才能。关于生活世界，逻辑拥有了在自然科学那里不会拥有的暧昧性和晦涩性。不过，经由论述而来的结论性命题，只要得到来自一切可以想见的权力的支持、支撑和壮胆，并被这种权力举荐为权力自身的形象代言人，该论述以及由此而来的结论性命题都将跃迁为话语定式（即discourse的第三层含义）。

在中国，恐怕没有多少俗语能像"婊子无情"那样更具有话语定式的秉性。它的威风，它的杀伤力，它历经千载而不败的权威，使得几乎所有

---

① 陈嘉映说："生活世界不是由事实构成的，相反，我们之所以能够确立这样那样的事实，首先因为生来就在一个共同的生活世界里，其次在于我们在一代一代的交往中形成了形形色色确立事实的办法。"（参阅陈嘉映：《谈学术和学术语言》，《泠风集》，第100页）陈先生暗示的是：生活世界根本就不是逻辑或曰基本语法的线性展开，生活世界以及生活世界上诸多活生生的事情进入论述过程，也就不能完全唯逻辑运算之马首是瞻。

② 参阅孟德斯鸠：《论法的精神》，张雁深译，商务印书馆，1992年，第78～103页。

③ 仿佛是孟德斯鸠的知音一样，半个世纪以前，文载道（即金性尧）先生就在一篇散文中这样写道："中国号称以农业立国，全国人口中农民占十分之八。如果慎终追远地说来，则我们不只有猩猩的血液，而且还有农民的气息，对于一切乡国之爱，在后天的'教训'之时，一部分是应该算在先天方面去的。而对于故乡，长住的时节也许并不觉得怎样爱慕，但如一旦作客得长久了，却在在的易于引起关心亲切……就我个人而论，每次到尝新入市的鱼介，慢慢的就会浮起一个粼粼的影子，于是我像驾着一叶征帆，顺流而下了。语云：'闻鼙鼓之声则思将帅之臣。'可见因某一的暗示而使哀乐的情绪特别发达者，虽对象不同，而兴比则一。"（文载道：《风土小记·关于风土人情》，太平书局，1944年）

④ 赵汀阳认为，判断人做出的事情至少有两种理由（即合理性与合情性），而不是一种理由（即仅仅只有合理性），伦理问题要比知识问题复杂得多（参阅赵汀阳：《论可能生活》，中国人民大学出版社，2004年，第1页）。

货真价实的婊子都只能昼伏夜出，不敢把自己摆放在众目睽睽的光天化日之下。但作为一种口耳相传的超级话语定式，"婊子无情"只能是论述的结果，是某种特定的论述提供出的结论性命题。人们之所以对某类女士的特殊秉性做出那样不雅的断语，首先是基于那些叫婊子的从业人员待人接物的方式，基于婊子们围绕自身建立起来的那些惹人注目的事情。如果没有这些特殊女士们被认为是招人厌恶的动作/行为，就不大可能有人以这种方式谈论婊子，更不可能经由九曲回肠般复杂无比的赋值（evaluation）过程，将结论性命题的"婊子无情"提升为具有巨大威慑力的话语定式①。这正如弗朗兹·博厄斯（Franz Boas）在列举了食物的禁忌、乱伦的禁忌、星期天的意义等习俗的由来后所下的结论："这些习俗必须被看作是自发的，是经过长期连续不断的习惯行为确立起来的。当它们逐渐上升到意识层面，我们理性化的冲动就会要求一种满意的解释，紧跟着而来的便是一种思想模式的流行。"②

话语定式经由论述而来；论述的前提和依据是谈论；谈论直接面对的是事情。事情为话语定式提供了可以存在的基础；论述的目的，正是要为某件、某种或某类事情给出某种而不是随便哪一种结论性命题，比如"婊子无情"。不过，我们依然可以说，只有在非常特殊的情况下，由论述而来的结论性命题才有可能跃迁为话语定式。在繁殖力仅次于昆虫和兔子的中国，民间美女不计其数，却只有极少数能入选宫廷；皇帝的性能力较之我等草民虽然太过强大，比如汉光武帝的"臣妾亿兆"③，后宫中的佳丽也只有一二人才能得到皇上的垂爱。与此相类，事情多如恒河沙数，能进入人之视野者只能是极少数；人对事情做出的论述不计其数，有威慑力的结论性命题却少得可怜。在此，我们可以预先给出一个初步性的论断：从最宽泛的意义上说，话语定式就是特殊的意识形态；从最弱的立场说，话语定式就是意识形态大家族中的主要成员，在不少时刻还是最极端的成员，再比

---

① 关于这一话语定式的历史来源可参阅杨君等《妓女史》（上海文艺出版社，1995年）；高罗佩（R. H. Van Gulik）的《中国古代房内考》（李零等译，上海人民出版社，1990年）也能给我们提供教益。
② 参阅博厄斯：《人类学与现代生活》，刘莎译，华夏出版社，1999年，第104-107页。
③ 范仲淹：《严先生祠堂记》。

如说"婊子无情"。

正是从这个特殊而又众目睽睽的角度，话语定式以及论述之结果（即结论性命题），终于明目张胆地把自己哄抬到了意识形态的位置上。至迟在1975年，拜肖就明确申说过，话语定式不过是意识形态的特殊形式罢了。话语定式从来就和意识形态在同一个振幅上跳动，它们拥有同一颗心脏，尽管意识形态较之于话语定式是一个更早出现的概念。所有性质的意识形态都表征着看待世界的观念，观念从来都是特定的语言表达式，所有观念都是用结论性命题表达出来的观念[1]。话语定式作为其来有自的结论性命题，排除种种其他可能性，至少为意识形态大家族增加自身的成员提供了最方便的路径、最便捷的渠道。因此，如果我们说话语定式就是意识形态肯定不会有错，何况伊格尔顿（H. Eagleton）早就为我们壮过胆、助过拳。我们的同志伊格尔顿先生说，意识形态一词所表征的，就是话语定式与权力之间的关系或联系[2]。让我们说得再直白些，并将结论预先抖出来：话语定式就是意识形态的存在形式。如果再对意识形态的身份和来历稍加考证，我们的结论就更有些铁板钉钉的味道了[3]。

---

[1] 参阅蒯因（Willard Van Orman Quine）：《真之追求》，王路译，三联书店，1999年，第2页。

[2] 伊格尔顿：《二十世纪西方文论》，伍晓明等译，陕西师范大学出版社，1986年，第203页。

[3] 据伊格尔顿介绍，有人嘲笑西方的意识形态批评家：在你们眼中，似乎一切都是意识形态的，哪怕是超市中出售的婴儿的尿布。其实或许嘲笑者更应该得到嘲笑的待遇。因为我们显然可以理直气壮地问：难道婴儿尿布上真的不体现意识形态的作用？究竟是谁在使用哪种价位上的尿布？为什么某种品牌的尿布能够畅销？广告在其中起了什么作用？它迎合了哪种消费者的哪种消费心理？在广告的作用下，尿布们如何塑造出了这种消费者的这种消费心理，从而让他们兴高采烈、心悦诚服地消费这种牌子的尿布而不是那种牌子的尿布？难道广告本身不就是一种显而易见的权力吗？阿瑟·奥肯（Arthur M. Okun）说："生产更多的威士忌、更多的香烟以及更多的大型汽车，人们是否能过得更好一些呢？社会是否真正变得更有效率呢？这个质询又引出了一些更进一步的问题。人们为什么需要他所购买的东西呢？教育、广告以及爱好等如何影响人们的选择？有没有比观察人们的选择行为更好的标准来评价福利程度？"（参阅阿瑟·奥肯：《平等与效率》，王奔洲等译，华夏出版社，1999年，第2-3页）法国大哲鲍德里亚（Jean Baudrillard）在《物体系》中也有类似的议论："如果说，我们把产品当作产品来消费，那么，我们则通过广告来消费其意义。……广告业真正的所指是在一夜之间以其全部纯粹性而出现的。广告……促成了大众社会，它借助一种任意的、系统的符号来诱使人们的认同，刺激人们的意识，并在此过程中把自身重新构造为一个集合体。大众社会和消费社会不断地从广告中获得其合法性。"（参阅季桂保：《后现代境域中鲍德里亚》，包亚明主编：《后现代性与地理学的政治》，上海教育出版社，2001年，第58页）阿瑟·奥肯的众多问号和鲍德里亚的言说或许已经超出了我们的题旨，但我们依然有足够的理由相信，阿瑟·奥肯连珠炮一样的反问、鲍德里亚的精辟之言，正好打中了那些嘲笑意识形态批评的高妙人士的要穴。

一般人都乐于承认，自法国大革命时代的思想家托拉西（Destutt de Tracy）创造了作为概念的意识形态后，意识形态随即在整个欧洲——更长时间后是在整个世界——开始了它漫长的语义之旅。从词源的角度看，托拉西的意识形态意为"观念学"，本义是想从感觉的维度，试图科学地、精确地描写和分析人的心灵。黑格尔、费尔巴哈（L. Feuerbach）看中了这个叫作意识形态的朋友，认为它有足够的能力和资格为他们的理论张目、壮胆。但黑格尔、费尔巴哈却又明目张胆地修改了托拉西为意识形态规定的含义和思想操作线路。老黑、老费试图从"观念"如何对人产生"异化"这个老谋深算的角度，给意识形态提供更新颖、更具批判力道的内涵。在他们那里，意识形态主要是一种幻觉，是对现实的有意歪曲，是为了将现实神秘化①。黑、费等人玄奥的形而上学论证我们懒得去转述，此处只举一个很性感的小例证，以图说明费尔巴哈和黑格尔的精湛看法。这个例证来自苏珊·桑塔格（Susan Sontag）。桑塔格揭露过，从19世纪以来的很长一段时间内，人们坚持不懈地相信，肺结核的病因主要是遗传、不利的气候、足不出户的生活、通风不畅、阳光不足以及情绪压抑。"情绪导致疾病的理论被应用于结核病，"桑女士说，"到20世纪仍然相当流行——直到找到治疗这种疾病的方法才告寿终正寝。"②这个例证或许能够充分说明一种流行的意识形态（即观念或曰话语定式）对现实的歪曲，能够达到何种程度，又能在何种程度上影响人们的行为。较为公平地说，黑格尔、费尔巴哈的看法自有他们的深刻性；他们借鸡下蛋、借腹怀胎的超级能力，也给他们带来了相当的深刻度，以至于他们有本事道出意识形态的一般特性。但他们没有注意到，或者是不那么愿意承认如下事实：恰恰是在经由了对具体事情的谈论、论述以至于获得结论性命题（即话语定式）之后，结论性命题作为某种特定的观念，才机缘巧合化成为意识形态——考虑到黑、费二公对形而上学的高度忠诚，情形可能就更是这样了；即使意识形态一如老黑、老费所说从来都是对现实的故意歪曲，也必然有它要故意歪曲的理由，何

---

① 有关意识形态的语义变迁请参阅Raymond Williams, *Keywords: A Vocabulary of Culture And Society*, Oxford University Press, 1976, pp. 153–157.
② 参阅苏珊·桑塔格：《疾病的隐喻》，程巍译，上海译文出版社，2003年，第50页。

况这种结论性命题（即话语定式）的确能给某些人、某些机构故意歪曲现实，提供了坚实的基础、美满的借口和充足的可能性。有眼睛的人肯定看到了，黑格尔、费尔巴哈早就是这方面的既得利益者。

和黑格尔等人一样，马克思也相中了意识形态所拥有的巨大的语义空间，相中了意识形态在语义空间方面可大可小的伸缩性。马克思既批判又继承前辈同胞黑格尔等人的思路，从唯物史观的角度给了意识形态以崭新的内涵。和黑格尔的绝对观念的逻辑推演不同，在马克思那里，按照物质构成世界、物质决定意识的一般原理，意识形态必须建基于经济基础之上；意识形态的出生直至消亡的过程，也必然与政治制度的变革相伴随。在咱们中国，犹太人马克思的看法总是有道理。按照孟登迎先生的解析，马克思眼中的意识形态有以下四种特性：具有意义的指向性；并没有自身绝对独立的历史；本质上受统治阶级思想的支配；掩盖或扭曲现实的不公，并为现实的合理化做有意的辩护[①]。到了和马克思关系很大的法兰克福学派那里，意识形态就更具有否定意义——法兰克福学派基于特定现实境遇而来的绝对批判精神，似乎有点儿过分强调意识形态对人民群众的欺骗性。法兰克福学派的诸君子指着意识形态的鼻子异口同声地说：你不过是具有操纵功能、欺骗功能和辩护功能而已[②]。

爱德华·赛义德（E. W. Said，又译萨义德）曾提出过一种名叫旅行理论的新花样，大致能够说明某一个极具意义包孕性的词汇的语义之旅：

首先，有一个起点，或类似于起点的一个发轫环境，使观念得以生发或进入话语。第二，有一个得以穿行的距离，一个穿越各种文本压力的通道，使观念从前面的时空点移向后面的时空点，重新凸显出来。第三，有一些条件，不妨称之为接纳条件或作为接纳所不可避免之一部分的抵制条件。正是这些条件才使被移植的理论或观念无论显得多么异样，也能得到引进或容忍。第四，完全（或部分）地被容纳（或吸收）的观念因其在新

---

① 参阅孟登迎：《意识形态与主体建构》，中国社会科学出版社，2002年，第88页。
② 参阅欧力同、张伟：《法兰克福学派研究》，重庆出版社，1990年，第263—266页。

时空中的新位置和新用法而受到一定程度的改造。①

　　旅行理论不过是道出了某种常识，实在算不上多么了不起的发现。但意识形态也确实是在如此这般的语义之旅中，为应对社会/历史内容的朝令夕改和朝三暮四，赢得了太多的含义，得到了太多的改造②。上述诸位先哲的做法堪称范例。但求诸思维和经验，关于意识形态的基本特征，以下六个方面大体上还是可以得到肯定的。

　　第一，无论意识形态是否具有欺骗性，无论我们对意识形态抱持何种态度，它都是一种客观存在。意识形态归根结底来源于我们对特定事情的结论性命题。第二，无论意识形态如何扭曲了现实，无论意识形态在何种程度上真实地反映了现实，意识形态对社会现实都具有改造作用——无论是建设性的还是破坏性的。第三，尽管意识形态是一种特殊的人造物，但它对个体之人始终具有独立性，对个体之人具有极大的教化和规训作用。所以，第四，意识形态往往具有超强的无意识特征。第五，任何一种意识形态都是某种观念体系，都有它特定的观念内容，同时还是一种拥有权力支持的话语定式。意识形态就是话语定式，而且是所有话语定式中最极端、最具权势的话语定式。意识形态必须以话语定式为存在形式，才能挺立在世界上，必须以结论性命题为存在方式，才能成就和显现自身。第六，意识形态要想作用于人和现实，最终要落实到语言上——这也是话语定式是意识形态的存在形式的部分理由；正如传说中的上帝传说是用语言创造了

---

①《爱德华·赛义德自选集》，谢少波等译，中国社会科学出版社，1999年，第138—139页。
② 伊格尔顿认为，若许年来，意识形态大致上有如下指谓："1．社会生活意义、符号与价值（生活价值，非本书其后所谓discourse的价值——引者）的生产过程；2．显示某种群体或阶级特性的理念体系；3．对主流政治权力合法化有特殊效用的某种思想；4．对主流政治权力合法化有特殊效用的某种虚假观念；5．歪曲的、体系化的交流；6．为主体提供立足点的东西；7．经由社会利益导致的特定思想方式；8．同一性思想；9．必需的社会幻觉；10．权力和discourse的联结；11．自觉的行动者在其间透视其周遭世界的媒介；12．为具有目的性的行为提供的信念体系；13．语言事实和现象事实的混淆；14．符号圈套；15．主体与社会结构发生联系的媒介；16.社会生活转化为自然现实的过程。"（参阅T．伊格尔顿Ideology：an introduction，London：Verso 1991，pp．1-2）从伊格尔顿的陈述中，我们大致上可以看出意识形态一词的语义变迁。

世界①，人也是用语言来创造自身、创造世界和改造世界的。

任何一种意识形态都势必经过某种形式的文化遗传，从而成为文明的一部分被代代相因。所谓文化遗传，不过体现为教育、教化以及文明内容对人的移风易俗，对人的灵魂的塑造②。正是在这个过程中，人情、风土、世情、民情拥有的特殊逻辑和权力对论述起到了至关重要的作用，进而干扰了以话语定式为存在形式的意识形态的基本走向和行进步伐：或笔直地前进，或东倒西歪地迈着八字步做螺旋式上升。也正是在这个过程中，诸如"婊子无情"一类的话语定式，才逐渐内化为人的无意识的一部分。意识形态最大的秘密、最大的阴险之处就在这里：通过文化遗传，通过某种话语定式对人的灵魂的再生产和不断重塑，它有充分的能力把自身转化为人的无意识，从而让自身通过人的动作/行为再度生产出来的事情十分隐蔽地发挥作用，并借此机会让自身得到彰显。已故中国作家王小波举过一个很有说服力的例证：《红楼梦》中两个大名鼎鼎的小姐深夜难眠，玩起了对句的游戏，但对着对着，突然开始颂圣。王小波评论说，这不是那两个小姐有问题，而是《红楼梦》的作者脑子有水③。王小波的举证至为精当，因为它既表明了意识形态无意识化后对人的规训，也标志了人在无意识地利用意识形态时，意识形态趁机成就了自身、彰显了自己的端部。赵汀阳则这样写道：

> 人们经常理直气壮地说：你应该这样这样或你应该那样那样。这种充满自信的规劝对于经受过长期社会教育而已经习惯各种规范的人来说似乎具有一种不言而喻的说服力，尤其是如果当所给出的规劝是所谓的金科玉律的话，最后的一丝怀疑勇气也没有了。④

情况是不是赵先生说的那样，我愿意把做结论的权力和机会让给那些

---

① 参阅奥古斯丁：《忏悔录》，周士良译，商务印书馆，1996年，第235-236页。
② 弗洛姆（Erich Fromm）的社会潜意识或许可以说明这一问题（参阅弗洛姆：《逃避自由》，陈学明译，工人出版社，1987年；《为自己的人》，孙依依译，三联书店，1988年等）。
③ 参阅王小波：《沉默的大多数》，中国青年出版社，1998年，第22页。
④ 赵汀阳：《论可能生活》，第27页。

有本事的人。但此处没有必要重新定义无意识[1]，更无必要详述弗洛伊德（Sigmund Freud）对无意识的一般描叙，仅仅借用德勒兹等人的看法就足够了。德勒兹和他的学术伙伴一致认为："无意识不表现什么，而只生产；它不意味什么，而只发挥作用。"[2]在德勒兹等人眼中，无意识是另一种性质的法西斯。但这里有必要引述马克思的精辟之言，因为马公的言论，恰可谓提前给出了德勒兹等人的观察以明确的前提："通过传统和教育承受了这些情感和观点的人，会以为这些情感和观点就是他的行为的真实动机和出发点。"[3]很显然，马克思的言语之间充满了嘲讽。在此，为着同样的目的，我们也有必要同意伽达默尔（H. Gadamer）的著名论断：不是历史隶属于我们，而是我们隶属于历史；早在我们通过反思理解自己之前，我们已经在我们生活的家庭、社会成见和国家中理解着自己了[4]。正是在以话语定式为存在方式的意识形态阴险、狡诈的行进过程中，诸如"婊子无情"一类看似意识形态实则早已内化为无意识的东西，深刻地熏蒸、陶冶了谈论以及论述。谈论的翩翩禅意、论述授权谈论直面事情的能力，就来源于意识形态的无意识特征。

据说，新爱尔兰岛上莱祖村的居民就深信，假如狩猎者中有谁违反了性禁忌，不仅违禁者本人，而且他的所有伙伴在狩猎时都不会有好收成；生活在北美西海岸的努特卡印第安人更为有趣：如果他们在捕获鲸鱼时发生不幸事故，他们会依照某种意识形态或曰风俗的指引，毫不犹豫地认定有人违背了性禁忌，甚至要将管不住自己力比多的罪魁祸首找出来严加惩处[5]。但他们忘记了，就在他们惩罚受制于来自肉体的力比多的犯罪者时，

---

① 根据Raymond Williams的工作，我们大致可以推知，即使在英语学界，即使在弗洛伊德之后，人们还是倾向于subconscious（潜意识）的词义和unconscious（无意识）的词义可以互换，尽管有许多人反对（参阅*Keywords: A Vocabulary of Culture And Society*，Oxford University Press，1976，pp. 323）。本书是在这两个词的词义可以互换的层面上使用无意识或潜意识这个概念的。

② 德勒兹等：《反俄狄浦斯》，转引自詹姆逊（Fredric Jameson）：《政治无意识》，王逢振等译，中国社会科学出版社，1999年，第13页。

③《马克思恩格斯选集》，人民出版社，1972年，第629页。

④ 参阅伽达默尔：《真理与方法》，洪汉鼎译，上海译文出版社，2004年，第357页。

⑤ 这两个有趣的例证出自金泽先生的著作，特此致谢。请参阅金泽：《宗教禁忌》，中国社会科学出版社，1998年，第12页。

他们正被另一种人造的、精神性的力比多所控制，这就是早已无意识化了的性禁忌。性禁忌无疑是一种典型的、具有莫大权威的话语定式，是一种威风凛凛的意识形态——尽管按照黑格尔、马克思等人的观点，这种性质的禁忌（taboo）确实歪曲了现实，但是毫无疑问，它也成功地生产出了新一轮的事情。因此，无论禁忌是对是错，都有十分重大的用途。恩斯特·卡西尔（Ernst Cassirer）说："禁忌体系尽管有一些明显的缺点，但却是人迄今为止所发现的唯一的社会约束和义务体系。它是整个社会秩序的基石。社会体系中没有哪个方面不是靠特殊禁忌来调节和管理的。统治阶级和臣民的关系，政治生活，性生活，家庭生活，无不具有神圣的契约。这同样适用于经济生活。甚至连财产一开始似乎也是一种禁忌制度：占有一个物或人——占有一片土地或同一个女人订婚——的最初方法，就是靠一个禁忌记号来标志他们。"[1]中国学者任骋也认为："禁忌成为原始社会唯一的社会约束力，是人类以后社会中家族、道德、文字、宗教、政治、法律等所有带有规范性质的禁制的总源头。"[2]但无论如何，禁忌依然有着事情方面的来源。考诸流传下来的浩如烟海的民族志，禁忌既来源于特定事情对人的危害，又旨在限制这种事情对人可能产生的危害：禁忌就是为了限制人身上的动物成分。借用谢苗诺夫在《婚姻与家庭的起源》中的术语，就是"动物个人主义"[3]。但更重要的是，任何一种旨在限制动物个人主义的禁忌，作为一种观念体系，即意识形态的某种极端方式或某种饱具权力色彩的话语定式，必然首先是对某种事情（即导致这种禁忌出现的事情）的谈论。台湾学者林明峪先生曾经举过一个例子："将一只母猴及一只刚生下不久的小猴同关在一只铁笼里饲养，而笼子里已安装有黑、白、红、蓝、绿五个按钮，到了母猴饥饿的时候，它只要拉下黑、白、蓝、绿四个按钮，就立即可以得到不同的食物，但若是拉红色按钮，它所得到的却是一股电流。反复几次之后，母猴就学乖了，再也不敢去碰触红色按钮，并视红色为一种危险的、恐怖的颜色。原来它已把红色当作获取食物时的一项禁忌——若

---

① 卡西尔：《人论》，甘阳译，上海译文出版社，1985年，第138页。
② 任骋：《中国民间禁忌》，作家出版社，1990年，第14页。
③ 参阅马林诺夫斯基（B. K. Malinowski）：《神圣的性生活》，何勇译，知识出版社，1998年。

是换作原始人的话，他可能以为红色按钮就是曼那（即"玛纳"）的潜生物——然后再把这项不准触及的禁忌传递给小猴，使小猴也感染这项禁忌。而传递的方式，即母猴每当小猴也要顽皮学着碰触红色按钮时，必然龇牙咧嘴咻咻地吓阻；此时，小猴即被灌输与感染这项危险的、恐怖的、颤栗的禁忌。"①为了说明我们的问题，此处如将"猴子"改换成"人"，这个例证或许同样成立。可以设想，一切禁忌作为观念体系即话语定式，也即通常意义上的意识形态，首先要让语言凝结可被凝结的事情（比如按电钮等）；被凝结在语言空间当中的事情作为discourse的第二重含义（即论述）的基础，一旦进入论证领域，就可以得出一些抽象的、看似失去了事情含量的观念即结论性命题（比如"不许触及红色按钮"或"红色是恐怖色"等）。这些观念代代相传，不仅可能成为饱具权力色彩的意识形态，而且还会内化为人的无意识，以至于让人（或按林先生的例证是猴子）一看到红色，就莫名其妙地打起了冷战。

关于意识形态的无意识特征，老阿尔都塞有过精辟的评论②，法兰克福学派也有过诸多不俗的见解③。在此基础上，我们尽可以提纲挈领地说，意识形态的无意识特征给了谈论和论述以鲜明的目的无意识。"婊子无情"的例证使我们完全有资格下结论（尽管我们没有引证其来有自的历史文献）：意识形态在人那里已经得到内化，从而成为在无意识中支配我们的巨大力量④；意识形态的无意识特性，已经转化为我们在行为之目的性上的无意识。目的无意识在此不过具有貌似的心理学色彩，它的意思十分简单：在我们的交流中，在我们有目的地生产事情的过程中，初看起来一切事情都出于

① 林明峪：《台湾民间禁忌》，台湾联亚出版社，1981年，第35页。
② 阿尔都塞是这样说的："意识形态在多数情况下是形象，有时是概念。它们首先作为结构而强加于绝大多数人，因而不通过人们的'意识'。它们作为被感知、被接受和被忍受的文化客体，通过一个为人们所不知道的过程而作用于人。……意识形态根本不是意识的一种形式，而是人类'世界'的一个客体，是人类世界自身。……人类通过并依赖意识形态，在意识形态中体验自己的行动，而这些行动一般被传统归结为自由和'意识'。总之，人类同世界——包括历史——的这种'体验'关系要通过意识形态而实现，甚至可以说，这种关系就是意识形态本身。"（参阅阿尔都塞《保卫马克思》，顾良译，商务印书馆，1984年，第202—203页）
③ 比如马尔库斯的《单面人》、《爱欲与文明》，曼海姆（Karl Mannheim）的《意识形态与乌托邦》等在这方面都有精湛的论述。
④ 参阅弗洛姆：《逃避自由》，工人出版社，1987年；《为自己的人》，三联书店，1988年等。

我们的渴望，实际上这个渴望来自更高的"事物"、更隐蔽的力量，这就是通过文化遗传早已内化为无意识的意识形态。目的无意识并不是指目的的盲目性，而是指我们这些活生生的人或完全或部分地在无意识中，被意识形态当作长枪使用了，被意识形态的存在方式即话语定式，当作了傀儡、木偶或拉线始终攥在意识形态手中的风筝。这正如一位土人对前去调查他的人类学家所坦言的："我们怕天地之间的一切精灵，所以天长日久，我们的祖先才定下了那么多规矩；这是从世世代代的经验和才气中得到的，我们不知道，也猜不出原因在哪里，我们遵守这些规矩，是为了平平安安过日子，凡是不知道的东西我们都怕，身边见到的东西我们怕，传说和故事里讲的东西也怕，我们只好按老规矩办，只好遵守我们的禁忌。"①

　　需要阿尔都塞原谅的是，话语定式以及话语定式意在显现的意识形态，很可能不仅仅是他所鄙夷的大言欺人、故意混淆视听。意识形态确实有坚实的事情作为支撑；也正是意识形态导致的目的无意识给了我们看待特定事情的特定眼光。我们之所以这样而不是那样谈论某一件事情，就是因为我们从一开始，就受到了目的无意识的暗中指挥和操纵，我们的头脑中或多或少早已有了关于这件事情的看法。这或许就是伽达默尔所谓的成见（vorurteil）、海德格尔所谓的前理解（vorverständnis）。任何一个话语定式或意识形态，都是在某一种、某一类事情的促使下被人生产出来的；但我们在谈论任何一件事情的时候，都会以既定的话语定式或意识形态尤其是经由它们而来的目的无意识为依据，都会将既定的话语定式或意识形态的呼吸和心跳，当作我们的地平线，当作我们天然的出发点。我们一出生，我们的眼光就得到了它们的熏陶和培养。我们注定无路可逃。

　　就是在这个地方，我们遇到了一个类似于鸡生蛋抑或蛋生鸡式的进化论问题。这个问题曾经深深地困扰过达尔文。它迫使后者乘坐排水量仅仅235吨的"贝格尔号"（HMS Beagle）考察船，历时五年，为的是收集解决"鸡—蛋"问题的博物学证据。现在，让我们在想象和思维中，也乘上我们自己的"贝格尔号"——这当然只能是一艘排水量更少的小木船——来一

---

① 转引自王学辉：《从禁忌习惯到法起源运动》，第9页。

番简单的游历；上述过于漫长的常识性描叙，大体可以看作是我们打造那只小木船必须经历的劳作。

4．双重循环

事情首先进入谈论；谈论给论述提供了唯一的合法性与可能性；论述通过繁复的运作，生产出了关于某件特定事情的结论性命题；结论性命题在被反复筛选的过程中，成为饱具威慑力的话语定式。作为特定的观念表达式，话语定式不过是意识形态的外在显形，不过是意识形态的另一个名号。而意识形态在长期的文化遗传中，总会内化为人的目的无意识从而指挥我们的行动，划定我们的手足的运行疆域。只要放眼我们的言语实践，就不难发现，作为一个鸡生蛋抑或蛋生鸡式的难题，上述过程其实是可逆的：特定的意识形态及其存在方式即话语定式在人那里内化而成的目的无意识，反过来会赋予论述以及论述过程以特定的目的，这无疑意味着论述获得了某种隐蔽力量的授权；当此之际，被授权的论述有资格也有机会向谈论放权，使谈论一开始就具有某种特定的眼光，以至于让谈论以这种方式而不是那种方式，去直接处理、消化和打磨某件特定的事情，并将这件事情的整体或切片置入语言框架之内，从而成为新一轮论述的开端。比方说，某个真正的正人君子只要一看见某个搔首弄姿的真资格的婊子，马上会遵循"婊子无情"的教诲，去看待这个叫婊子的尤物，并做出"婊子无情"的结论性命题。这无疑是一个有趣的循环。很显然，这个循环是针对话语生产来说的。

作为一个蛋生鸡抑或鸡生蛋式的问题，还有一个循环存在于另一个更为明显、也更容易为人察觉的地方：事情经由谈论、论述、结论性命题从而跃迁为话语定式或曰意识形态，并经由文化遗传内化为人的目的无意识，这种目的无意识肯定会在暗中支配我们生产出新一轮事情。很明显，这个循环是针对事情生产来说的。比方说，又一个名叫某某的正人君子又一次有幸瞻仰了一个名叫某某的青楼美女，当即就会不假思索地做出种种不让婊子待见，而又明显忠实于"婊子无情"的动作/行为，并最终围绕着该正人君子组建起了新一轮事情。新一轮事情首先是属人的事情，它打上了人的烙印，一如马克思所说，它是人的本质力量的对象化，是人化的自然；其次，它也可能是非人的事情，比如对水来说，人工运河改变了它的流动方向，比如对山体来说，用TNT实施爆破引发了它的滑坡。这有点儿类似于口语中的"理论指导实践"，也有些类似于阿伦·布洛克（Alan Bullock）在谈论法国大革命与启蒙主义"话语"的关系时所说，那些启蒙主义思想家的思想已把这个世界改造得面目不可辨认了[①]。

第一重循环（即话语生产）深刻地提醒我们：discourse内部各层含义之间的关系以及discourse与意识形态的关系，必须由事情来界定；第二重循环（即事情生产）则始终在启发我们：事情和discourse是相互造就的[②]。对第二重循环的含义，J.丹纳赫等人在分析福柯的思想时有过明确的申说："……人们并不是他们自己行动的创造者，也不是他们自己意图的缔造者——他们的行动和意图都是被话语和非话语的力量塑造出来的——这些力量恰巧经过他们所占的位置。为了把犹太人描述成另一完全不同的生命形态而非人类，希特勒利用或借用了哪些话语？哪些规训力量和运动塑造了希特勒在纽伦堡集会（Nuremberg rallies）上的身体动作，以至于这些

---

① 阿伦·布洛克：《西方人文主义传统》，董乐山译，三联书店，1997年，第127页。
② 许多北京人因为"葱"与聪明的"聪"谐音，所以喜欢使用葱头保护孩子的聪明。北京人首次给婴儿洗澡时要把葱头浸泡在洗澡水里，还要在孩子身上画一道亮，然后由一个又聪明又高大的男子把葱头扔到街上。这样做，是为了保证婴儿能够长得既高大又聪明（参阅Mrs J. G. Cormack．*Everyday Customs in China*．Cambridge：Harvard University Press，pp. 53－54）。正是认为"聪明和高大是好的"这样的discourse的教诲，人们才会做出上述事情；上述事情正好是某种特定意识形态的产物。这就是"事情和discourse相互造就"的基本意思。台湾小说家张大春则有更为抒情的描写："一个词，幼儿认识世界的开始。这个词可以是国王、可以是杰克、可以是孙悟空、可以是大鼻象。对于一个词，我们会问：'它是什么？'可是一旦经历了时间，我们也许会改问：'那后来呢？'国王离开皇宫、杰克把牛换了一袋豆子、孙悟空从石头里蹦出来、大鼻象飞上天空。一个原本陌生的词在时间里的奇遇除了唤起我们问：'它是什么？''那后来呢？'之外，还会带来新的问题：'为什么？'虽然，在提出'那后来呢？'以及'为什么？'的时刻，原先的'它是什么？'未必获得解答，但是，解答并非目的，像幼儿一样满怀好奇地认识一整个世界才是目的。那个最初的词，可以是主角，可以是配角，它甚至可以不是角色，它只需负责显现其身为第一块拼图碎片的位置，便足以唤起父亲膝盖上的孩子、幽暗阒黑的庭院里的孩子启动他构筑一整个世界的能力。"（参阅张大春：《小说稗类》，广西师范大学出版社，2004年，第18页）

动作对他人的行为和态度产生了如此深远的影响？"①阿尔都塞则认为，以话语定式为存在形式的意识形态，归根到底是个人与其生存条件的想象关系的表达，意识形态具有一种物质的存在。阿尔都塞用雄辩的语气宣称：

这个个人具有这样那样的行为方式，采取了这样那样的实践姿态，而且，更重要的是参与了特定意识形态机器的某些常规实践，他作为主体在完全意识到的情况下自由选择的观念就"依赖于"这个意识形态机器。如果他信奉上帝，他就会去教堂做弥撒、跪拜、祈祷、忏悔、行补赎……当然还有葡匐悔过，等等。如果他信仰职责，他就会采取相应的姿态，并"按照正确的原则"把这些姿态纳入仪式化的实践。如果他信仰正义，他就会无条件地服从法律的准则，甚至会在这些准则遭到亵渎时提出抗议、联名请愿和参加示威游行，等等。②

在此需要预先指出的是，discourse与事情的相互造就是以扩大再生产的方式进行的。这无疑意味着：discourse生产出了较之先前更多属人或更多非人的事情；更多属人或更多非人的事情，则引发了更多的discourse。赵汀阳先生对此有过很好的表述："一方面，我们似乎是按照观念去行为，但是，行为却又有着观念所不能包括的可能性；于是，另一方面，我们的行为总是改变了原来的观念和问题。"③犹如赵先生的注脚一样，一生以特立独行著称的日本作家三岛由纪夫自杀后，他母亲对前来采访的记者说过一句看似骄傲，实则无可奈何的话："我儿做步人后尘的事，这是头一回。"

讨论、处理以至于解决双重循环是本书的任务，不是导言的责任。导言只负责报道双重循环的存在，指明双重循环在发生学上的由来。本着导言的目的，此处只想借用在常识中早已存在的双重循环，来预先地、简单地甄别一下话语拜物教——经过漫长而费人精力的迂回包抄，我们终于可以再次回到正题上了。

---

① 丹纳赫：《理解福柯》，第118页。
② 陈越编：《哲学与政治：阿尔都塞读本》，第357-358页。
③ 赵汀阳：《直观》，福建教育出版社，2000年，第237页。

话语理论较之一切型号的泛形式主义的优越之处、话语理论拥有的较为巨大的阐释能力，已经为业内人士耳熟能详，也为业内人士交口称赞。作为预防针，导言只想说说话语理论的弱点，只想和众多受惠于话语理论的业内人士（也包括本书作者）唱唱反调。一般说来，话语理论导致的话语拜物教秉承着话语理论的宗旨，意在从语境（context）的角度，为某一个具体的文本（text）寻找解读的依据。但在实地操作中，诸如新历史主义一类的话语理论的孝子贤孙，为文本寻找到的依据，不过是写在纸面上的社会/历史内容，不过是一切过往文本或相关文本中对社会/历史内容的语言记载。一如福柯之后兴盛起来的所有左派理论，新历史主义也秉承话语理论的教诲，在此基础上大行演绎、归纳、推论之实。这种种搞法无疑是在强调：对活生生的社会/历史内容的一套套说辞才是关键，却几乎全方位忘记了标定discourse各层含义以及各层含义之间之关系的事情，更不屑于考察discourse和事情相互造就这一至关重要的事实，双重循环对"话语"的功效似乎也就当然性地被置诸脑后。因此，相对于活生生的社会/历史内容，相对于尘埃般的事情，话语理论有着浓厚的语义空转的特性。这使得诸如新历史主义、女权主义、后殖民主义、东方主义一类左派理论表面上扬扬得意、风度翩翩，也貌似真理在握，却被美国思想家戴蒙德（S. Diamond）嘲笑为"错将历史当作文献"。

话语拜物教是话语理论的必然结果。这一结果在话语理论的开端处似乎就已经被预示出来了。全地球的学术界在运用话语理论时，似乎已经将它视作理所当然，根本不问话语理论的极限在哪里；业内人士兴高采烈地行驶在话语理论这座高架桥上，却不那么明白这座人工桥梁能够承载多大的重量，也不问允许行驶的最高时速是多少。过度阐释的出现就是必然的结果。所谓过度阐释，就是赋予活生生的事情以事情本身无法肩负的意义重担。我们的学者、思想技工上了话语拜物教的大当，却几乎毫无知觉。这确实是一件令人遗憾的事情，也是人云亦云却又号称价值多元的现代社会为自身制造的反讽。这里实在用得上列奥·施特劳斯（Leo Strauss）针对某些妙人所发的妙言："我们对于据以作出选择的最终原则、对于它们是否健全一无所知；我们最终的原则除却我们任意而盲目的喜好之外并无别的根据可言。我们落到了这样的地位：在小事上理智而冷静，在面对大事时却像个疯子在赌博；我们零售的是理智，批发的是疯狂。"①

……在粗陋、设备简单而又略显几分古怪的小木船即将起锚航行之前，我愿意代替"贝格尔号"抛出它渺小的野心：它的目的，就是想通过对言语实践中始终存在的双重循环的分析，为话语理论的稳当成立与安全运行，提供一个较为坚实的基础。小木船"贝格尔号"极其愿意以语言哲学已有的基本成果作为起航的码头。为了这个目的，需要一个简单的开场白。请允许小木船首先从世界的定义开始。

在语言哲学那里，世界（world）和语言（language）始终是相对应的概念。作为对德里达"文本之外，无物存在"的较为羞涩的反对，我们暗中的同志诺维兹先生的观点是："我们还是可以观察非语言的或非符号的对象，以确定我们是否正确地描述了它们；……必定有一个非语言、非符号、非构造的世界……而且这是一个对我们说什么和怎样组织、区分及整理材料具有某种制约的世界。"②奥斯汀（J. L. Austin）倒是颇为坚定地认为：世界向来都是语言所指涉、所描述、所表达的东西③。有必要承认，这确实是一个质朴得让人提不出额外意见的"学说"，犹如村姑之于田野。正如不少人认为的那样，奥斯汀的想法只是一个常识，一个微笑，一个随意做出来的简单动作。与奥斯汀不同，话语拜物教的信徒们不愿意直面这样的常识。据他们保证说，常识意味着小儿科，意味着智力上的缴械和投降④。对

---

① 列奥·施特劳斯：《自然权利与历史》，彭刚译，三联书店，2003年，第4页。
② 参阅罗蒂《后哲学文化》，第107页。
③ Austin, *Truth, Philosophical Papers*, Oxford University Press, 1950, p. 121.
④ 近世以来，说到常识就不那么动听了。连海德格尔和纳博科夫（Vladimir Nabokov）那样的头脑都认为，常识只是人们为思想惰性与庸俗所提出的自欺欺人的借口。罗蒂认为，常识代表创新的反面，在不少时刻，尤其是在哲学写作中，常识往往是靠不住的。在罗蒂那里，似乎对常识进行反动正是哲学写作的要义之一（参阅罗蒂：《偶然、反讽与团结》，2003年，第15—35页）。我赞同奥斯汀的暗示：常识是人类经验中最值得尊敬的经验类型，毕竟常识是经过生活反复检验过的经验；在对常识保持足够的警惕的前提下，必须尊重常识带给我们的教诲。本书及本书的作者绝不是常识主义者，但此处我愿意公开表态：本书以及本书的作者将对常识保持坚决的敬意。

这些说辞我们没必要理会，"贝格尔号"此时此刻特别想知道的是：奥斯汀那个常识意义上的世界究竟意味着什么？对此，一位中国学者以客观的笔调和语气忠实地写道：

奥斯汀的头脑中所构想的"世界"是一个复杂的概念，它既意指一个由实际存在或实际发生的东西所构成的现实世界，又意指我们可以想象的、我们的语言所能谈及的、由可能的事物或事态等构成的可能世界。而且，无论是在现实世界中，还是在可能世界中，其中所包括的东西还以不同的、复杂的方式存在，我们语言中的"事物"、"现象"、"事件"、"事况"、"境况"、"特征"等词汇就有区别地表示它们的不同存在方式。[①]

依据这样的逻辑起点，我们接下来可以在奥斯汀的意义上将世界分为两类：一类是现实世界，也就是我们存身其间的实际的世界、实存的世界。就它和我们生死相依的角度说，这是一个哥们般的世界；就它慷慨给予我们痛苦这个角度说，这无疑是一个仇人般的世界——但它也由此让我们产生永不衰竭的愿望。另一类是可能世界，也就是通过言语行为、言语实践，人为炮制和生产出来的非实际的世界、非实存的世界（它自始至终和愿望密切相关）。这个世界，这个情人般的世界，从任何意义上说，都只能是存在于纸面上、口头上、银幕上、荧屏上……的虚拟世界。这个叫作可能世界的看似离奇、荒诞的怪物，和我们存身其中的现实世界始终具有各种各样盘根错节、藕断丝连的关系。

一片澄心似太清，
浮云了不碍虚明。
夜深人寂浑无寐，
时听空庭落叶声。[②]

① 杨玉成：《奥斯汀：语言现象学与哲学》，商务印书馆，2002年，第43页。
② 宋·郭印：《秋日即景》。

我，或名之为我的这个非分之徒，衷心希望从这个土得掉渣的知识贫下中农的码头出发，乘坐木制的"贝格尔号"，开始我们既充满希望又似乎注定没有前途的航行……

2004年3月，北京丰益桥。